Hebreos • Santiago
UN COMENTARIO

J. Vernon McGee

©2018 THRU THE BIBLE RADIO NETWORK
Primera Edición en Español
Traducido de materiales escritos en inglés por J. Vernon McGee

Impreso en los Estados Unidos
Printed in the United States

Al menos que se indique lo contrario, el texto Bíblico ha sido tomado de la versión Reina-
Valera © 1960 Sociedades Bíblicas en América Latina;
© renovado 1988 Sociedades Bíblicas Unidas. Utilizado con permiso.
Reina-Valera 1960™ es una marca registrada de la American Bible Society,
y puede ser usada solamente bajo licencia.

Agradecemos a Joseph Ferguson y Joseph Miller
por su labor de edición de la presente obra.

Radio Trans Mundial
PO Box 8700
Cary, NC 27512-8700
Tel: 1.800.880.5339
www.atravesdelabiblia.org
atb@transmundial.org

Radio Trans Mundial es el ministerio en español
de Trans World Radio

A TRAVÉS de la BIBLIA
con J. Vernon McGee

Al Dr. McGee, autor del estudio bíblico A Través de la Biblia, le importaba mucho que todos los que quieran entender la Palabra de Dios tengan las herramientas para hacerlo. Es por eso que escribió el librito titulado

Las Guías para el Entendimiento de la Escrituras.

Este recurso le brinda siete principios para la lectura y comprensión de la Biblia.

Para obtener una copia, descárguela gratis en nuestro sitio web:
www.atravesdelabiblia.org/EstudiarLaBiblia

www.atravesdelabiblia.org
atb@transmundial.org

Radio Trans Mundial es el ministerio en español
de Trans World Radio

Indice

Hebreos

Santiago

La epístola a los
Hebreos

INTRODUCCIÓN

Esta epístola marcha lado a lado con la epístola a los Romanos, y no hay ningún otro libro que yo pudiera colocar sobre la epístola a los Romanos. Me he preguntado cómo comenzar la introducción a esta epístola magnífica, ya que se merece la mejor introducción posible. Tengo ante mí a algunos autores que han escrito en cuanto a esta Epístola a los Hebreos, y he decidido permitir que estos eruditos en las Escrituras comiencen este estudio de esta Epístola a los Hebreos para usted. Cada uno de ellos, aunque hace una declaración diferente, está declarando algo que es de suma importancia, y es algo que me gustaría declarar también.

Uno de los escritores, el Dr. G. Campbell Morgan, en su libro La última palabra de Dios al hombre, dice: "La carta a los Hebreos tiene un valor especial porque existe hoy una concepción muy amplia en cuanto a Cristo que es inferior a la del Nuevo Testamento. Para ilustrar lo que quiero decir con esto, permítame citar lo que dijo un escritor recientemente:

"'Una de las mejores cosas que nosotros podemos decir en cuanto a la naturaleza humana es, que en cualquier momento cuando se presenta una situación que pueda ser resuelta solamente por medio de una persona que tenga que entregar su vida por sus amigos, alguna persona heroica se presentará tarde o temprano y se ofrecerá a sí mismo como la víctima. Un Curtius para que salte al vacío; un Sócrates que se beba la cicuta; un Cristo para que se haga crucificar a Sí Mismo en el Calvario'".

Ésa es una cita de un liberal que menciona el Dr. Morgan, y él está usando esto para ilustrar que existe un punto de vista inferior en cuanto a Cristo. Eso fue cierto en su día, y lo es mucho más en nuestro día. El Dr. Morgan continua:

"No estoy proponiendo discutir eso de manera extensa, pero sí quiero decir que el ubicar a Cristo en esa conexión es algo similar a una blasfemia. Podemos hablar así de 'un Curtius', de 'un Sócrates', pero cuando hablamos de 'un Cristo', nuestra referencia a Él no sólo no está en armonía con la presentación del Nuevo Testamento, sino que es implícitamente una contradicción de lo que éste declara en cuanto a la persona de Jesucristo".

Eso es algo tremendo para comenzar nuestro estudio de esta Epístola a los Hebreos.

El Dr. William Pettingill es, otro escritor que da un énfasis diferente a esto:

"Desde Adán hasta Moisés, a través de 2.500 años, y desde Moisés a Malaquías, a través de 1.100 años, los profetas estaban hablando por Dios al hombre. Pero al final de 3.600 años, la revelación de ellos en cuanto a Dios era sólo parcial. Luego, después de un silencio de 400 años, cuando el cumplimiento del tiempo de los tiempos llegó, Dios envió a Su Hijo, y en ese Hijo, la revelación de Dios es perfecta".

Eso, es otra declaración tremenda, ¿no le parece?

Voy a presentar a continuación una tercera introducción a la Epístola a los Hebreos, y ésta viene de un libro excelente por E. Schuyler English, Estudios en la Epístola a los Hebreos:

"La Epístola a los Hebreos, uno de los libros más importantes en el Nuevo Testamento ya que contiene algunas de las principales doctrinas de la fe cristiana, es también un libro de una lógica infinita y de una gran belleza. El leerlo, es el respirar la atmósfera del cielo mismo. El estudiarlo, es participar de un alimento fuerte espiritual; y el morar en sus enseñanzas es ser guiado de la inmadurez a la madurez en el conocimiento de la verdad cristiana y de Cristo Mismo. Es el de seguir avanzando hacia la perfección".

Y aquí tenemos otra declaración:

"El tema de la Epístola a los Hebreos, el único libro en el Nuevo Testamento en el cual nuestro Señor es presentado en Su posición como Sumo Sacerdote, es la gloria suprema de Cristo, el Hijo de Dios y el Hijo del Hombre".

¡Ésta es una declaración verdaderamente extraordinaria!

La cuarta introducción es, de Sir Robert Anderson, y es de su libro La Epístola a los Hebreos a la luz de los tipos. Espero que, al pasar a través de las páginas de esta epístola, voy a poder enfatizar lo que este autor enfatiza, y también espero que esta introducción, de una forma u otra, pueda clarificar los pensamientos.

"Que la iglesia profesante en la tierra es la vid verdadera, es la mentira atrevida e impía de la apostasía. Que ella es el olivo, es la decepción compartida por la masa de creyentes en las iglesias de la reforma. Pero, la enseñanza de las Escrituras es explícita: Que Cristo Mismo es la vid y que Israel es el olivo. Porque, No ha desechado Dios a Su pueblo, al cual desde antes conoció."

Esta Epístola a los Hebreos no era aceptada por la iglesia occidental por mucho tiempo, y la razón se encuentra en este punto en particular, porque la iglesia quería usurpar la posición o el lugar de Israel, y ellos adoptaron todas las promesas y las espiritualizaron y las tomaron para sí mismos y rechazaron el propósito de Dios en la nación de Israel, y como resultado, usted puede ver que la iglesia en esos días tempranos llegó a ser en realidad antisemita, y persiguió a los judíos. Por tanto, decir que Dios ya no tiene nada que ver con la nación de Israel es una triste equivocación, y confío que esta epístola pueda ser de ayuda para nosotros para comprender la gran verdad de que un hebreo es un hebreo, y que cuando éste llega a ser un creyente, él continúa siendo hebreo; tal cual sucede con nosotros cuando llegamos a ser hijos de Dios. Eso no cambia para nada nuestra nacionalidad, sino que nos lleva a algo nuevo, al nuevo cuerpo de creyentes llamado la iglesia. Dios está llamando tanto a judíos como a gentiles, para formar un pueblo para Sí. Cuando eso sea consumado, Dios sacará a Su iglesia de este mundo, y Él continuará Su propósito con la nación de Israel, cumpliendo todas Sus promesas hechas a ellos y a través de ellos al mundo gentil en aquel día. Creo yo que esta epístola nos va a ayudar. Éstas son cuatro grandes introducciones a esta Epístola a los Hebreos, y quedo en realidad endeudado a estos cuatro maravillosos expositores de la Palabra de Dios por ayudarme a comenzar de esta manera en este estudio, y ahora podemos lanzarnos con confianza a las aguas de la Palabra de Dios en el día de hoy.

Siempre se ha presentado una pregunta que podría decir es discutible, y es: "¿Quién es el autor humano de la Epístola a los Hebreos?" Si usted está familiarizado con la literatura de la Escritura, usted reconocerá que no ha habido unanimidad de pensamiento y que no se ha llegado a ningún acuerdo en cuanto a quién es el autor. Cuando yo era un estudiante, escribí una tesis en cuanto a esto porque me interesaba mucho este problema. Tanto me fascinaba que pasé bastante tiempo considerando este asunto. Yo escribí esa tesis sobre quién escribió la Epístola a los Hebreos y traté de mantener allí la posición de que Pablo el Apóstol fue el autor. No voy a entrar aquí en detalles o en materia técnica o de erudición porque esto puede volverse un poco cansador y aburridor para aquéllos que leen estos estudios, y en realidad, no están muy interesados en cuanto a esto. Después de todo, el autor humano es algo que no es muy importante. Lo importante es que esto es parte de la Palabra inspirada de Dios.

Yo he mantenido la posición de que fue el Apóstol Pablo quien escribió esta epístola. Cuando escribí mi tesis, yo creía que había resuelto este asunto de tal manera que todos iban a estar de acuerdo conmigo. Pero, encuentro que hay tanto desacuerdo hoy en cuanto a quién la escribió, como antes. John Calvin no aceptaba esta posición; tampoco la aceptaba Martín Lutero, y muchos en el pasado tampoco lo aceptaban. Pero de otro modo, había muchos otros que sí lo aceptaban. El autor humano, no es lo importante. Como ya he dicho, lo importante es que es una parte de la Palabra inspirada de Dios.

Aunque no se puede declarar dogmáticamente que Pablo escribió esta epístola, hay abundante evidencia que indica que Pablo fue el autor de esta epístola. Tanto la evidencia interna como la externa apoyan que Pablo fue el autor. El escritor había estado en prisión (He. 10:34). Él escribió desde Roma (He. 13:24). Su compañero era

Timoteo (He. 13:23). El estilo es paulino. También, en mi opinión, Pedro identifica a Pablo como el autor (2 P. 3:15-16). Creo que existe una razón buena y suficiente por la cual Pablo puede haber cambiado su estilo de escritura y no presentar su nombre en esta epístola. Voy a tener ocasión de destacar estas cosas durante el estudio propio del libro.

La fecha es importante en este sentido: Ha habido varios eruditos en cuanto a las Escrituras que han asumido la posición de que fue escrita después del año 70 d.C. Algunos dan la fecha del año 85 o 96 d.C.; otros dicen que fue alrededor de los 90. Si usted lee la epístola, creo que puede llegar a la conclusión de que el templo de Jerusalén aún estaba en pie cuando el Apóstol Pablo escribió esta epístola. Por supuesto, eso indica que tenía que haber sido escrita antes del año 70, porque Tito, de Roma, destruyó el templo en el año 70 d.C., y Pablo ya había ido a estar con el Señor, y como él había dicho, había finalizado ya su carrera, él ya había entrado en la presencia del Señor. Así es que, yo creo que fue escrita por el Apóstol Pablo y que fue escrita antes del año 70 d.C.

Coleridge dijo que el libro de Romanos revelaba la necesidad para la fe cristiana, pero que la Epístola a los Hebreos revelaba la superioridad de la fe cristiana. Ese pensamiento se presentará a través de toda esta epístola. El adjetivo comparativo "mejor", se usa doce veces en esta epístola. Aquí tenemos una declaración que pienso es muy importante. Se puede presentar todo de la siguiente manera: La Epístola a los Hebreos dice que la ley era buena y que ahora bajo Cristo, bajo la gracia, es mejor; pero que la gloria que vendrá va a ser mucho mejor. Así es que lo que tenemos en la Epístola a los Hebreos es algo que es mejor, es aquello que es mejor. La palabra "perfecto", o palabras semejantes, ocurren 12 veces. Esta epístola también es un reto para nosotros. Es un desafío. Uno puede encontrar aquí expresiones o palabras como "procuremos", "temamos", "haremos" que son mencionadas muchas veces. En realidad, ésta es una epístola que contiene el alimento sólido de la Palabra.

Hay dos versículos que indican un mejor camino: Por tanto, hermanos santos, participantes del llamamiento celestial, considerad al Apóstol y Sumo Sacerdote de nuestra profesión, Cristo Jesús. (He.

3:1) Nosotros debemos considerarle a Él. Luego, en Hebreos 12:3, leemos: Considerad a Aquél que sufrió tal contradicción de pecadores contra Sí Mismo, para que vuestro ánimo no se canse hasta desmayar.

Eso es exactamente lo que vamos a hacer en el estudio de esta epístola: Considerad a Aquél, al Señor Jesucristo. Estoy convencido que eso es lo más importante que pueda hacer un creyente.

Bosquejo

I. Cristo es más excelente que la economía del Antiguo Testamento, Capítulos 1-10 (Sección doctrinal)

    A. Cristo es superior a los profetas, 1:1-3

    B. Cristo es superior a los ángeles, 1:4-2:18

        1. La Deidad de Cristo, 1:4-14

        2. La humanidad de Cristo, 2:1-18

        (Primera señal de peligro: El peligro de extraviarse, 2:1-4)

    C. Cristo es superior a Moisés, 3:1-4:2

        (Segunda señal de peligro: El peligro de desconfiar, 3:7-4:2)

    D. Cristo es superior a Josué, 4:3-13

    E. Cristo es superior al sacerdocio levítico, 4:14-7:28

        1. Nuestro Gran Sumo Sacerdote, 4:14-16

        2. Definición de un sacerdote, 5:1-10

        (Tercera señal de peligro: El peligro de hacerse tardos para oír, 5:11-14)

        (Cuarta señal de peligro: El peligro de desviarse, 6:1-20)

        3. Cristo nuestro Sumo Sacerdote según el orden de Melquisedec, 7:1-28

            a. Cristo es un Sacerdote eterno, 7:1-3

            b. Cristo es un Sacerdote perfecto, 7:4-22

            c. Cristo en Su persona es un Sacerdote eterno y perfecto, 7:23-28

    F. Cristo como nuestro Sumo Sacerdote oficia en un santuario superior por medio de un pacto más excelente establecido sobre promesas mejores, 8:1-10:39

1. El verdadero tabernáculo, 8:1-5

2. El nuevo pacto es mejor que el antiguo, 8:6-13

3. El nuevo santuario es mejor que el antiguo, 9:1-10

4. El sacrificio superior, 9:11-10:18

5. Estímulo, 10:19-25

(Quinta señal de peligro: El peligro de despreciar, 10:26-39)

II. Cristo trae beneficios y deberes más excelentes, Capítulos 11-13 (Sección práctica)

A. La fe, 11:1-40

B. La esperanza, 12:1-29

1. La carrera cristiana, 12:1-2

2. Los creyentes se hallan ahora en competencia y conflicto, 12:3-14

(Sexta señal de peligro: El peligro de negar, 12:15-29)

C. El amor, 13:1-25

1. La vida secreta de los creyentes, 13:1-6

2. La vida social de los creyentes, 13:7-14

3. La vida espiritual de los creyentes, 13:15-19

4. Bendición, 13:20-25

CAPÍTULO 1

La primera sección en esta epístola es doctrinal. Los primeros diez capítulos revelan que Cristo es mejor que todo lo que se encuentra en el Antiguo Testamento. Todo lo que allí se encuentra, señala hacia Él. Los primeros tres versículos del capítulo 1, dicen que Cristo es superior, que es mejor que los profetas. Luego, comenzando con 1:4 y hasta 2:18, encontramos que el Señor Jesucristo es superior o mejor que los ángeles. Estas cosas son importantes, y debemos mantener esto en mente y pensar también que esta epístola es dirigida a los creyentes hebreos, que estaban unidos en un punto donde había dos grandes dispensaciones. Allí se unían. La dispensación de la ley ahora llegaba a su fin; los sacrificios en el templo que habían sido tan significativos para ellos ahora ya no tienen ningún significado, y lo que antes Dios había requerido se convierte ahora en pecado para el creyente al volver a hacerlo.

La segunda y última sección de esta epístola es práctica, y muestra que Cristo trae mejores beneficios y deberes. Éste es un patrón que el Apóstol Pablo sigue en sus otras epístolas; es decir, la parte doctrinal y entonces la parte práctica. En mi opinión, hay una abundancia de evidencia que fue Pablo quien escribió esta epístola.

Aunque no puedo declarar dogmáticamente que Pablo escribió esta epístola, sí puedo decir muy dogmáticamente que estamos tratando con la Palabra de Dios—aquello que el Espíritu de Dios nos ha dado. Ya que el Espíritu Santo es sin ninguna duda el Autor de esta epístola, el escritor humano y la fecha son de importancia secundaria. La Epístola a los Hebreos es una de las epístolas más grandes que tenemos en la Palabra de Dios. No estoy simplemente tratando de ser piadoso al decir que no me siento digno ni competente para tratar con esta gran epístola. Ésta es la razón por la cual dejé que cuatro comentaristas sobresalientes introdujeran la epístola por mí. Desde cuatro puntos de vista diferentes, cada uno llegó al mismo punto de enfatizar a la Persona de Jesucristo. Por lo tanto, tomo como mía la promesa del Señor Jesús cuando Él dijo que, cuando el Espíritu de Dios viniera, Él tomaría las cosas de Cristo y nos las enseñaría (Jn. 16:12-15).

Debemos tener en mente que esta epístola, está dirigida a los creyentes hebreos, quienes se encontraban entre dos grandes dispensaciones. La dispensación de la ley había llegado a su fin. Los sacrificios en el templo que antes habían tenido tanto significado ya no tenían significado. Lo que requería Dios antes, era ahora de hecho pecado si un creyente lo practicaba, como aclarará muy bien esta epístola. Esta epístola fue escrita por y para los creyentes hebreos, aunque las enseñanzas que encontramos aquí son para todos los creyentes. Tiene mucho significado para usted y para mí hoy. Es por tanto necesario que mantengamos estas dos cosas en mente al estudiar esta Epístola a los Hebreos. Es muy significativo para usted y para mí hoy. Sin embargo, necesitamos recordar que fue escrita para los creyentes hebreos. Por ejemplo, el decir que Cristo es superior a los profetas tendría mucha significación para un hebreo.

Cristo es superior a los profetas

Dios, habiendo hablado muchas veces y de muchas maneras en otro tiempo a los padres por los profetas. [He. 1:1]

Usted ha notado que este versículo comienza con la palabra Dios. Esta epístola tiene cierta tesis en la cual descansa. Usted sabe que cuando uno estudia geometría, hay ciertos axiomas con los cuales uno debe comenzar. Si uno no comienza con ellos, entonces no puede avanzar. Si dos más dos no son igual a cuatro, entonces, estamos muy lejos en cuanto a lo que se refiere a la matemática. También se nos enseña que una línea recta es la distancia más corta entre dos puntos. Ellos pueden probar eso, de eso estoy seguro. Pero usted lo acepta. Eso es verdad. Cuando se presenta eso, entonces usted comienza a avanzar y luego puede probar otra cosa. La Palabra de Dios en esta epístola, lo mismo que en el libro de Génesis, no trata de ninguna manera de probar la existencia de Dios. Si usted no cree en Dios, debo decirle honesta y cariñosamente, como dice el Salmo 14:1: Dice el necio en su corazón: No hay Dios. Esa palabra necia, en realidad quiere decir una persona que es demente.

Encontraremos en esta epístola, en el capítulo 11, el cual es llamado "el capítulo de la fe", que es necesario que el que se acerca a Dios crea que le hay, y que es galardonador de los que le buscan. Digamos que, esto es algo que se asume en esta epístola, se da por sentado y lo mismo ocurre en el libro de Génesis. Eso es lo que asume la Palabra de Dios. La Biblia no hace ningún esfuerzo por tratar de probar la existencia de Dios. En el presente existen algunos cursos en colegios y seminarios en los cuales se trata de construir algún sistema filosófico por medio del cual uno puede probar la existencia de Dios. Allí, se está perdiendo el tiempo. Si usted no puede ir allá afuera y mirar las montañas, o dirigirse a la costa y observar el mar, o mirar hacia los cielos que declaran la gloria de Dios, y estas cosas no le están diciendo algo a usted en cuanto al Creador, como dice en Génesis: En el principio creó Dios los cielos y la tierra, entonces, usted no está observando las cosas con una mente clara. Hay algo que anda completamente mal con su forma de pensar.

La segunda cosa que se asume aquí es que Dios ha hablado. Si nosotros no tuviéramos la revelación de parte de Dios, y estuviéramos sin ella, creo que dándonos cuenta que Dios es una Persona inteligente, y que Él le ha dado a la humanidad cierto grado de inteligencia, Dios nos hablaría. Si nosotros no tuviéramos una revelación, entonces yo sugeriría que esperemos y veremos que Él nos hablaría. Es lógico que el Creador nos enviaría un mensaje. Él es una inteligencia y nos ha dado cierta inteligencia también. Él puede comunicarse y se ha comunicado con nosotros. La revelación que tenemos de parte de Dios es la Palabra inspirada de Dios. El primer versículo de Hebreos asume que estas Escrituras son inspiradas divinamente. Por tanto, creo, que Dios nos ha hablado aquí. Él trata aquí con esa revelación, y la revelación de la que Él está hablando aquí, es el Antiguo Testamento, como lo tenemos en el presente.

Hay quienes piensan que el Apóstol Pablo no escribió la Epístola a los Hebreos, porque esta carta se ha escrito en un idioma griego magnífico. Es algo muy suave, que se ha escrito por una persona muy erudita en el idioma griego. Hay una belleza en esto que uno pierde en las traducciones que tenemos. Uno encuentra que aquí mismo, al comienzo de esta carta, hay cierto juego de palabras. Comienza diciendo aquí: habiendo hablado muchas veces. Muchas veces—la palabra en griego es polumeros. De muchas maneras es polutropos. Usted puede darse cuenta pues, de la belleza que tenemos aquí. Eso es algo casi poético. Polumeros y polutropos. Hay cierta belleza en esto, pero hay mucho más que simplemente belleza, tenemos una declaración que es muy cautivante e interesante presentada ante nosotros.

Muchas veces—Dios habló a través de Moisés, pero antes de eso, Dios habló a Abraham. Él le habló a Abraham aparentemente por medio de sueños, y enviándole el ángel del Señor. Cuando Él habló con Abraham, no le dijo a Él lo que le dijo a Moisés. Él no le dijo nada a Abraham en cuanto a la ley. No le dio los diez mandamientos. Pero Él le dio los diez mandamientos más tarde a Moisés. Y aún más tarde Él le dijo a David que iba a nacer uno de su linaje que iba a ser un Rey, y que ese Rey llegaría a ser el Salvador. David dijo cuando ya era un hombre entrado en años: "Ésta es mi Salvación. Viene uno que será mi Salvador". Dios no le dio esto a Moisés, tampoco se lo dio a Abraham. La realidad es que Él le dijo a Moisés una ley que no debían tener un rey, que deberían volverse a Dios. Pero Dios conocía el corazón humano, y al pasar el tiempo ellos dijeron que querían ser como las otras naciones que les rodeaban, y ellos pidieron un rey. Es maravilloso ver la forma en que Dios actúa en ocasiones como éstas. Él les dio lo que ellos pedían, aunque Él envió esa mortandad para sus almas; pero Dios utilizó eso como el método de enviar el Mesías, el Salvador, a este mundo. Así es que, lo que Él está diciendo aquí en este maravilloso versículo es que Dios no le dio todo a Abraham. Fue en realidad en el cumplimiento del tiempo, que Dios envió a su Hijo, así es que, lo que uno tiene aquí es un desarrollo de la verdad.

La segunda palabra polutropos, "de muchas maneras", indica que él usó diferentes métodos de comunicación. Él se apareció en sueños a Abraham, pero a Moisés le dio la ley, y más tarde Él hizo ciertas promesas a Josué y habló a través de sueños. Él habló a través de la ley; habló a través de diferentes tipos; habló a través del rito; a través de la historia; a través de la poesía; a través de la profecía, y utilizó todas estas maneras o formas diferentes en un período largo de tiempo. Dios reunió a unos 45 escritores y les comunicó Su Palabra en un período de unos 1.500 años. Así es que el escritor está diciendo aquí algo realmente maravilloso.

De paso, yo quisiera preguntarle, si alguna vez usted se ha detenido a pensar que esto en sí hace de la Biblia un libro muy notable. Los escritos de Miguel de Cervantes Saavedra son algo fantástico en el nivel humano, pero él fue el único que los escribió. Lo importante es que Dios utilizó una serie de escritores humanos; hombres diferentes con diferente educación y antecedentes, con estilos y competencia muy diferentes también. Simón Pedro no era muy bueno en cuanto al idioma griego, pero no lo voy a criticar porque yo, con nueve años de estudiar griego, soy peor que él. Pero Dios lo utilizó. En esta Epístola a los Hebreos, sí creo que Pablo fue quien la escribió, se revela que Pablo era un maestro en cuanto al idioma. Cuando él escribe a los Gálatas, y cuando les escribe a los Corintios, él les habla de forma directa, de manera que ellos entiendan lo que él está diciendo. Él usa el idioma de la gente de los puertos. Pablo había estado allí porque había viajado mucho por barco. Pero su carta a los Hebreos es una obra de arte.

Así es que esta epístola comienza de una manera tremenda, y no hay nada aquí que trate de probar que Dios existe. Espero que por lo menos haya podido comunicar este mensaje. Si usted niega la existencia de Dios, quizá esto le dé a usted algunos pensamientos nuevos en los cuales pueda considerar lo que digo. Quizá el problema está con usted y no con Dios. Muchas mentes pequeñas que han obtenido doctorados en la universidad niegan la existencia de Dios. Yo me pregunto quiénes son en realidad estas personas que colocadas al lado de Dios no tienen ninguna relevancia; entonces no me sorprende que Dios no haya perdido tiempo tratando de probar quién es Él. Si usted se acerca a Él, usted primero tiene que creer que Él es.

Dios ha hablado en otro tiempo a los padres por los profetas. Quizá convenga preguntar aquí quiénes son los padres. Abraham, Isaac, Jacob, Josué, Moisés, David, Isaías; éstos son los padres, pero no son mis padres. Quizá no sean los suyos tampoco. Él es el Dios de Abraham, de Isaac, de Jacob, y gracias a Dios que Él también es nuestro Dios. Pero aquí se dice que es el Dios de los padres. Les estaba hablando aquí a personas que llaman a Abraham, a Isaac y a Jacob sus padres, y por esa razón ésta es la epístola a los hebreos. Eso ha sido hablado por los profetas. Él es también Padre de los gentiles, y por eso podemos estar agradecidos.

Habiendo hablado…en otro tiempo a los padres por los profetas. Un profeta, es alguien que habla por Dios, es Su vocero. En el hablar por Dios, él podía hablar de las cosas que iban a ocurrir en el futuro. Dios habló por muchos hombres que eran profetas, y ellos eran hombres notables con mensajes tremendos. Todos ellos juntos eran necesarios para darnos el Antiguo Testamento, pero lo mejor que se podía decir es que ellos dieron solamente una revelación parcial.

En estos postreros días nos ha hablado por el Hijo, a quien constituyó heredero de todo, y por quien asimismo hizo el universo. [He. 1:2]

Dios finalmente nos ha hablado por medio de Su Hijo, y la traducción literal es que Dios nos habló en el Hijo. O como cierto expositor bíblico dice: "Dios nos habló en Alguien que tiene el carácter de que es un Hijo". Dios finalmente nos ha hablado a través de Su Hijo. Y escuche bien, amigo, lo que decimos al finalizar: Dios ha hablado, por última vez a este mundo, en Cristo. Si Él hablara en este día desde el cielo mismo, Él repetiría algo que ya ha dicho, porque aquí tenemos la última palabra de Dios para este mundo en Cristo Jesús.

En estos postreros días nos ha hablado. Y ese nos creo que es muy importante. Él ha hablado a los mismos que habló, es decir, a los padres, por los profetas del Antiguo Testamento. Por tanto, éstos eran creyentes hebreos. Si Dios ha dado Su palabra final en el Señor Jesucristo, entonces esto es lo último que Él tiene que decirnos a usted y a mí en el día de hoy. Usted recuerda lo que el Padre dijo desde el cielo: Éste es mi Hijo amado, en quien tengo complacencia; a Él oíd. (Mt. 17:5) Él es quien está ante nosotros.

Dios nos ha hablado por el Hijo. Por tanto, Cristo es superior a cualquiera de los escritores del Antiguo Testamento, porque la revelación es completa en Él, y Él cumple todo lo del Antiguo Testamento y Él Mismo presenta la Palabra final a los hombres. La Palabra final vino a través del Hijo de Dios cuando Él estuvo aquí hace 2.000 años. El Señor Mismo dijo: …el Espíritu de verdad… tomará de lo Mío, y os lo hará saber. (Jn. 16:13-14) El Espíritu de Dios está hablando a través de Juan y Santiago, Lucas y Pablo, y nos ha dado la revelación completa ahora de Dios.

Él muestra aquí la superioridad del Hijo en siete declaraciones incomparables. Estas declaraciones que tenemos nos hacen dar cuenta que ninguno de nosotros puede llegar a comprender alguna de ellas completamente.

El programa para el futuro

A quien constituyó Heredero de todo. Esto es algo que nos revela el programa para el futuro. El Señor Jesucristo es el Heredero de todo. Pero hay algo aquí que debemos mirar cuidadosamente. Juan dice: Todas las cosas por Él fueron hechas y sin Él nada de lo que ha sido hecho, fue hecho. (Jn. 1:3) Así que esto ya le pertenece a Él. La creación es Suya porque Él la creó, se nos dice. Entonces ¿cómo puede ser que Él es el Heredero de todo? Bueno, Él vino a este mundo y tomó para sí la humanidad nuestra. El primer hombre de la raza humana recibió dominio sobre toda la creación y nosotros no enfatizamos eso lo suficiente porque en Génesis hay declaraciones tremendas que se presentan con sólo unas pocas palabras. En cierta ocasión un predicador estaba hablando, y cuando llegó al final del mensaje, él quería presentar una ilustración y dijo: "Yo quiero decir eso en palabras pequeñas". Lo que él quería decir era "en pocas palabras". Él quería decir las cosas breves. Así es como escribió Moisés los primeros 11 capítulos del Génesis, con pequeñas palabras. Cuando digo eso, indico que él está declarando las cosas de una manera breve. Cuando Dios dice que le dio al hombre dominio, Él no hizo de él un jardinero de primera clase para que cuidara de las plantas y atendiera a los árboles. Eso no era lo que estaba haciendo Adán. Adán tenía dominio. El dominio tiene que ver con el gobierno. Toda la creación estaba bajo él. Creo que cuando él quería que lloviera, simplemente llamaba a la lluvia, y creo que cuando él quería un poco más de calor, simplemente hacía que subiera la temperatura. Creo que él controlaba este mundo. Pero cuando pecó, él perdió todo eso.

Cuando el Señor Jesucristo vino a esta tierra, Él se hizo hombre. Usted puede notar que una de las razones por la cual realizó ciertos milagros es que los realizó en todos los medios: el medio natural, el medio físico. Él podía controlar al cuerpo humano, podía controlar la naturaleza. Él podía calmar las tormentas. Él podía alimentar a 5.000 personas. Él recobró todo ese poder. El Señor Jesucristo va a ser el Heredero de todo. Él recobró aquello que Adán había perdido y se nos dice en las Escrituras que nosotros vamos a ser herederos también. Romanos 8:16-17, nos dice: El Espíritu Mismo da testimonio a nuestro espíritu, de que somos hijos de Dios. Y si hijos, también herederos; herederos de Dios y coherederos con Cristo... Somos herederos junto con Cristo. Eso es una palabra interesante, esto de ser herederos junto con Él. Esto no indica que nosotros vamos a ser herederos iguales. Permítame ilustrar esto. Hay algunas personas que han estado muy interesadas en nuestro ministerio radial, y nos han apoyado de manera maravillosa. Algunos nos mencionan en sus testamentos. A veces nos colocan como herederos juntamente con otros y a veces iguales. A veces ellos dicen: "Bueno, yo quiero que tanto vaya para tal misión, y tanto para A Través de la Biblia". Eso es igual, es decir, cada uno de nosotros puede usar eso como quiera y lo que indica esto es que es nuestro. Pero a veces uno es heredero juntamente con otro. Eso indica que una persona tiene control de todo esto y que simplemente le da a otro, tanto como sea necesario en el tiempo propicio. Es decir, están controlando esa heredad. Pues, bien, el Señor Jesucristo es el Heredero. Nosotros somos herederos juntamente con Él. Esto indica que Él controla todo esto, pero Él me puede permitir a mí tener algo en algún lugar. Él puede ponerme a mí a cargo de algo. Pero es así como nosotros somos herederos juntamente con Cristo. Así es que, nosotros tenemos una herencia que es incorruptible, limpia, pura, que no se marchita, y esto ha sido reservado para nosotros en el cielo. ¿Por qué? Debido a las muchas cosas maravillosas que Él hizo por nosotros. Él recobró aquello que Adán había perdido y aún mucho más que eso. Ahora nosotros somos herederos juntamente con Él. Así es que, Él es quien va a heredar todo. Hasta donde sé yo, eso no se le prometió nunca a ningún profeta del Antiguo Testamento.

Un propósito en todo

La segunda cosa es: Y por quien asimismo hizo el universo. Hay muchas personas que interpretan esto como la creación; y dicen que esto se refiere a lo que dice Génesis 1:1. Pero, yo no creo que se refiera a eso en realidad. La palabra que se utiliza aquí en griego significa "edades". Así es que diría, "por quien asimismo hizo las edades". Esto es un poquito más que sencillamente un Creador. Eso le da propósito a todo. Él es el Heredero que da el programa para el futuro. El hecho de que Él hizo las edades le da propósito a todo. Él no sólo creó todo, sino que lo hizo con un propósito.

Así es que la Biblia tiene sentido. Dios tuvo un propósito en todo lo que Él hizo, y Él sigue teniendo un propósito hoy en todo lo que hace.

Dios creó al hombre, lo colocó en el jardín y le dio una sola condición: "No debía comer de cierto árbol". No había nada malo con ese árbol. Creo que la comida que se encontraba allí era buena, pero ésa era la prueba por la cual tenía que pasar el hombre. Dios no estaba probando el fruto del árbol, sino a esa pareja que había puesto allí. Allí es donde estaba el problema. Así es que, el hombre fracasó absoluta y completamente en esa ocasión.

Dios tiene un programa y Él tiene un propósito en todo. Así es que llegó otro período cuando Dios prueba al hombre. Entonces Él le dio al hombre la ley. Hoy usted y yo podemos vivir bajo la gracia. Es así como pudimos entrar. Nunca lo podríamos haber hecho por medio de la ley. En primer lugar, no fue dada para nosotros, y, en segundo lugar, usted y yo no la podemos cumplir. Nosotros nunca podemos alcanzar esa norma justa que Dios ha establecido. Dios no nos puede salvar por nuestras buenas obras. Debería ser algo muy obvio, para cualquier persona, que Dios no puede salvarnos por nuestras obras. La razón para eso es algo realmente sencillo. Él no nos puede salvar por nuestras obras perfectas porque nosotros no las podemos ofrecer. Nunca podemos alcanzar ese nivel. Él no nos puede salvar por obras imperfectas porque Su norma es mucho más alta, más elevada que eso. Por tanto, Dios tiene que tener otro camino. Hoy nosotros somos salvos por la gracia.

El Señor Jesucristo no sólo es el Creador, sino que hay propósito para este universo. Este universo en el cual usted y yo estamos viviendo hoy, no está avanzando a través del espacio y del tiempo a una velocidad aterradora, peligrosa y sin control. ¿De dónde habrá salido esa idea tan tonta que usted y yo estamos viviendo en un universo que está corriendo locamente en el presente y que es como un automóvil que no tiene chofer? Es interesante ver que cuando un automóvil pierde a su chofer, ocurre un accidente, pero este universo, aun según los científicos, ha estado andando por millones de años, y lo ha estado haciendo bastante bien. El sol sale a cierta hora todas las mañanas. Es por cierto algo muy preciso, muy exacto. Lo mismo ocurre con la luna. Las personas que trabajan en los programas espaciales indican que uno tiene que dirigir el cohete en cierta dirección y que eso es todo lo que se necesita hacer, que la luna estará allí cuando el cohete llegue a esa posición. Uno siempre puede confiar en eso. No es un universo que está andando locamente. Me puedo imaginar que la luna puede moverse cuando ve que se acerca ese cohete y decir: "Bueno, yo me voy a burlar de esa gente". Y se dirige en otra dirección. Éste no es un universo loco en el cual usted y yo vivimos. Tiene un propósito, y el Señor Jesucristo es Aquél que le da ese propósito.

La Persona de Dios

El cual, siendo el resplandor de su gloria, y la imagen misma de su sustancia, y quien sustenta todas las cosas con la palabra de su poder, habiendo efectuado la purificación de nuestros pecados por medio de sí mismo, se sentó a la diestra de la Majestad en las alturas. [He. 1:3]

Eso es en realidad algo verdaderamente maravilloso. El resplandor de Su gloria, y la imagen misma de Su sustancia. Ese resplandor significa "brillantez". En realidad, quiere decir "refulgencia". Creo que el material del sol allá en el espacio nos da una buena ilustración de esto. En primer lugar, nunca podríamos apreciar la gloria de este sol material. Uno no lo puede mirar directamente. Uno quedaría ciego si lo hiciera. Pero de los rayos del sol nosotros recibimos luz. Recibimos el calor, y en realidad, hasta sanidad. Ésa es la manera en que conocemos en cuanto al sol. Nosotros nunca hubiéramos llegado a conocer nada en cuanto a Dios aparte de lo que Dios nos ha dado en su Hijo. Él es el resplandor. Nunca lo hemos visto. Yo nunca lo he visto personalmente y estoy seguro que usted tampoco lo ha visto. Pero sabemos en cuanto a Él a través de Jesucristo. De la misma manera en que los rayos del sol con su calor y su luz nos hablan en cuanto al sol físico; así es como el Señor Jesucristo nos revela a Dios hoy.

Y la imagen misma de su sustancia. Esa palabra imagen misma quiere decir, en realidad, "grabada en acero". La palabra usada es jaraktér. De allí obtenemos la palabra "carácter". Así es que, hoy nosotros decimos que el Señor Jesucristo es la revelación de Dios, porque Él es Dios. Eso es lo importante. Él no es sólo el material impreso. Él es el grabado de Dios en acero porque Él es la copia exacta. Él es la imagen de Dios. El Apóstol Pablo dice en Colosenses 2:9: Porque en Él—o sea en Jesucristo—habita corporalmente toda la plenitud de la Deidad. ¡Cuán maravilloso es Él!

Preservador de todo

Y quien sustenta todas las cosas con la Palabra de Su poder. Cuando Él nació en Belén, yacía allí como un bebé en el seno de María, y Él podía haber expresado una palabra que podría haber volado la existencia a este universo. Recuerde, Él sustenta todas las cosas con la Palabra de Su poder. Él no sólo creó todas las cosas por Su Palabra, sino que Él sustenta todas las cosas en el día de hoy. ¿Se ha detenido usted alguna vez a pensar, en cuanto al poder que es necesario para mantener todo esto junto? El hombre ha aprendido muy poco en cuanto a esto. Pero ha aprendido algo. Por ejemplo, el hombre tomó el átomo, eso tan pequeñito, y lo desató, y cuando el hombre desató ese pequeño átomo y lo dividió, por cierto, que liberó mucho poder. ¿Quién puso todo ese poder allí? ¿Quién mantiene todos esos átomos juntos? Es el Señor Jesucristo. Él es quien lo hace. Él es el Programa, el Propósito; Él es la Persona de Dios y Él es el Preservador de todas las cosas. Él no sólo creó al universo por Su Palabra, sino que Él sustenta todas las cosas. Usted y yo somos mantenidos sobre este mundo en el cual vivimos. No vivimos dentro de él, sino que vivimos sobre él. Si Él no nos mantuviera aquí por lo que se llama la gravedad, entonces saldríamos volando por el espacio. Él mantiene todas las cosas. Este universo se desintegraría si no hubiera esa supervisión y poder constante de Él. Él no es un Atlas que sostiene la tierra de forma pasiva. Él está actuando activamente manteniendo toda la creación. Y eso, es mucho más grande que haberlo creado al principio. Él lo mantiene todo junto. Él hace que las cosas sigan funcionando. Que sigan andando. Ésa es una de las cosas grandes y tremendas que Él está haciendo en el presente.

Perdón de pecados

Habiendo efectuado la purificación de nuestros pecados por medio de Sí Mismo. Ése es el perdón de nuestros pecados. Él purificó nuestros pecados. Se puede decir que éste es el único purgatorio que se menciona en la Biblia. Él pasó a través de esto por usted y por mí. No hay ningún purgatorio para cualquier persona que confía en Cristo porque Él ya purificó nuestros pecados. Él pagó el castigo. Hasta ahora habíamos ido solamente a Belén, pero ahora llegamos al Calvario mismo. Él, hoy ofrece el perdón de los pecados. La purificación fue lograda por lo que Él hizo en el Calvario por usted y por mí. Y hoy nosotros somos aceptados en el Amado. Uno no puede agregar nada a lo que Él ha hecho por nosotros.

Provisión para el presente

Él se sentó a la diestra de la Majestad en las alturas. Éste es en realidad el mensaje de la Epístola a los Hebreos. El Señor Jesucristo recibió una gloria y una majestad, cuando regresó al trono de Su Padre, algo que Él no había tenido antes. Es decir, hay algo en el cielo en el día de hoy que no había 2.500 años atrás, o en la eternidad pasada, porque en la gloria está ahora el Hombre con Sus manos perforadas por los clavos, así como también con Su costado mostrando la herida de la lanza. Aún en un cuerpo glorificado todavía se pueden ver esas cicatrices. Cuando le veamos a Él algún día, le conoceremos a Él por las cicatrices de los clavos en Sus manos. Él era Dios hace 2.500 años, pero en el día de hoy, es el Dios Hombre.

Él se sentó, no indica que Él estaba cansado y está descansando ahora, o que no está haciendo nada. Significa que cuando Él finalizó con nuestra redención, Él se sentó porque ya estaba completa, y eso es exactamente lo que significa el séptimo día de la creación. Dios descansó en el séptimo día. ¿Por qué? ¿Estaba cansado? Claro que no. John Wesley dijo que Él llegó a crear el universo y ni siquiera se esforzó para hacerlo. Dios no estaba cansado; ya había completado todo, y ya no había nada más que Él necesitara hacer.

No es lo mismo conmigo. No pasa un día que al concluir mis tareas me vaya a casa habiendo finalizado todo lo que tenía en mi escritorio. Siempre hay algo por hacer, y si usted pudiera contemplar mi escritorio, se daría cuenta de cuántas cosas hay allí sobre él. Hay muchas cartas que necesitan hacerse, que están pendientes y a veces no tengo tiempo para terminarlas. En cambio, Cristo se sentó porque la redención estaba completa. Usted no puede levantar ni siquiera su dedo meñique para agregarle algo a la redención que Él logró para usted en la cruz del Calvario. Él ha completado ya su redención, y nosotros estamos completos en Cristo. Permítame finalizar lo que dije ya en cuanto a lo que el Apóstol Pablo decía en Colosenses 2:9: Porque en Él habita corporalmente toda la plenitud de la Deidad. En el versículo siguiente, dice: ...y vosotros estáis completos en Él, que es la Cabeza de todo principado y potestad. Nosotros hemos sido hechos completos en Él, y ahora somos...aceptos en el Amado. (Ef. 1:6). Eso es lo que significa cuando Él se sentó. Pero aún hay otro aspecto y este aspecto es, según pienso yo, lo que dijo el escritor: "Hay un hombre en la gloria, pero la iglesia lo ha perdido de vista". Opino que lo que él pensaba al decir estas palabras estaba relacionado con el presente ministerio de Cristo.

Jesucristo tiene un ministerio para hoy y ese ministerio puede interpretarse de la siguiente manera: Él murió para salvarnos, Él vive allí en el trono para mantenernos salvos. Él tiene un ministerio en el día de hoy, y es un ministerio de intercesión, un ministerio de pastorado, un ministerio para disciplinar a Su iglesia en el día de hoy, y Él aún está a la diestra de Dios, y está aún interesado en la iglesia. Y Él está dispuesto a ayudarle hoy.

¿Qué es lo que necesita usted hoy? ¿Necesita misericordia? ¿Necesita ayuda? ¿Necesita sabiduría? ¿Qué es lo que necesita? ¿Por qué no se dirige a Él? Cuéntele a Él cuáles son sus problemas. ¿Ha hecho usted eso? ¿Ha puesto usted sus problemas a Sus pies, es decir, a los pies de Cristo? ¿Le ha pedido usted que Él intervenga a su favor y que lo haga según Su santa voluntad? De paso digamos, que Él lo hará según la voluntad de Él, no la suya. La oración, no es algo para persuadir a Dios para que Él haga algo que Él no tiene intenciones de hacer; la oración es para que usted y yo nos pongamos en línea con el programa de Dios. Por tanto, Él se encuentra allí en el día de hoy; Él vive allí para hacer intercesión por nosotros. Nosotros podemos acercarnos al trono de la gracia, para alcanzar misericordia y hallar gracia para el oportuno socorro. (He. 4:16) Eso es lo que esta Epístola a los Hebreos nos va a decir, que éste es el ministerio presente de Cristo y eso hace de esto algo real y verdadero. Un Buda no le puede ayudar a usted hoy, Mahoma no le puede ayudar, y nadie, ninguno de los fundadores modernos de las religiones puede ayudarle. Me sorprende escuchar a personas que dicen que han sido sanadas por un milagro hecho por tal o cual persona. Más adelante me entero que esa persona que sanó a la otra ha fallecido. Entonces, si uno le pregunta a esa persona que fue sanada, ¿puede esa otra persona ayudarle a usted ahora? Por supuesto, que esa otra persona contesta: "No. Ha muerto". Bueno, entonces, Jesucristo está vivo, Él es nuestro Sumo Sacerdote y está vivo en el día de hoy. Eso es algo realmente maravilloso.

Se cuenta que en cierta ocasión un grupo de jóvenes se dirigió a la tumba de Lenín un domingo de Pascua y tenían una bandera que decía: "Lenín está muerto—Jesucristo vive". Luego cantaron algunos cantos de resurrección y no fueron arrestados. Pienso que las autoridades simplemente sonrieron a lo que vieron y no creo que eso gane a los perdidos para Cristo, pero diré que estos jóvenes demostraron cierto valor al hacer eso, y pienso que tenían un mensaje, y éste es el mensaje de la Epístola a los Hebreos: "Lenín está muerto, Jesús vive". Él, es quien nos puede ayudar hoy. Él, es Aquél a quien nosotros podemos dirigirnos y pedir ayuda.

Ése va a ser el mensaje de este libro, y ésa es la razón por la cual estoy predicando tanto tiempo que: Él se sentó a la diestra de la Majestad en las alturas. Y Él, llevó allá una gloria que aún Dios no tenía, y eso era ese cuerpo en el cual Él había logrado su redención y la mía aquí en esta tierra. Él se entregó a Sí Mismo, Él derramó Su preciosa sangre para que usted y yo, podamos vivir.

Jesucristo es superior a los ángeles

Hecho tanto superior a los ángeles, cuanto heredó más excelente nombre que ellos. [He. 1:4]

Cristo es superior a los ángeles. Los ángeles han figurado mucho en el ministerio de la nación de Israel. La ley fue dada por el ministerio y participación de los ángeles. (Sal. 68:17; Hch. 7:53: Gá. 3:19) Ellos figuraban de manera prominente en el Antiguo Testamento. Había querubines tejidos en el velo del tabernáculo. Había dos querubines en el propiciatorio, e Isaías tuvo una visión de un serafín. En los días postreros, en el libro de Apocalipsis, encontramos que después de que la iglesia es quitada, los ángeles tendrán un ministerio de juicio.

Permítame decir esto con mucho cuidado, el ministerio de los ángeles no está conectado con la iglesia para nada. Alguien me puede decir: "Bueno, después de todo tenemos un ángel guardián". Quisiera preguntarle, ¿de dónde saca usted eso? No creo que tengamos un "ángel guardián". Hay personas que dicen: "Es tan maravilloso tener un ángel guardián". Permítame preguntarle: "¿Es usted un hijo de Dios?" Usted dice: "Sí". Entonces en usted mora el Espíritu de Dios, ésa es la tercera Persona de la Deidad. ¿Qué es lo que Él no puede hacer que un ángel guardián pueda hacer por usted? ¿Quiere pensar en eso por un momento? En lugar de hablar de ángeles y de lo que ellos hacen en el día de hoy, yo pienso que el ministerio de los ángeles no tiene ninguna conexión o contacto con la iglesia para nada. En este momento, esto es algo bastante difícil y peligroso porque existe hoy una manifestación de los demonios, y hay muchos escritores que están diciendo que los demonios les están dirigiendo; lo único es que ellos los llaman ángeles. El ministerio de los ángeles no es para nuestro día como lo fue en los tiempos del Antiguo Testamento.

Todo esto entró a la iglesia porque algunos de los miembros de la iglesia primitiva, y opino que eran personas muy sinceras, tenían un don maravilloso como pintores, y les gustaba dibujar a los ángeles. Dudo que ninguno de ellos hubiera visto algún ángel, pero ellos pintaban a los ángeles. Si usted ha visitado la Capilla Sixtina en Roma, por ejemplo, y ha mirado hacia el techo, allí puede apreciar gran cantidad de ángeles; allí se encuentran por todas partes; están relacionados con todo y con todas las cosas. A Miguel Ángel, ciertamente le gustaba mucho pintar ángeles. No me gusta pensar mucho en esto, porque allí se enseña que hay ángeles que están relacionados con nuestro ministerio en el día de hoy. Recuerde que nosotros tenemos un Salvador viviente, un gran Intercesor por nosotros y al Espíritu Santo; concentremos nuestras mentes en la persona de Jesucristo. Él es mayor, mejor que los ángeles.

Alabanzas para el futuro

Hecho tanto superior a los ángeles. La palabra "ángel", sencillamente significa "mensajero"; y hablando honradamente, no tiene ningún otro significado aparte de ése. Los ángeles adoran al Señor Jesucristo. Son criaturas. Él es mejor que los ángeles y esta declaración se nos presenta aquí en forma muy directa y dogmática. El Señor Jesucristo, en el Antiguo Testamento, aparentemente es el Ángel del Señor. Ahora ha llegado a ser un hombre, y Él, habiendo tomado forma humana, ya no aparece como el Ángel del Señor. Él es el Hombre Cristo Jesús en el día de hoy, Él es el Hijo del Hombre. Ése es el énfasis que se da en esta epístola.

Empezando con Hebreos 1:5 hay una serie de citas del Antiguo Testamento. En realidad, son siete citas del Antiguo Testamento y 6 de ellas pertenecen al libro de los Salmos. Hay dos referencias al Salmo 110, el Salmo que se cita más a menudo en el Nuevo Testamento. Los Salmos nos enseñan o tienen más en cuanto a Cristo que cualquier otra cosa; son un himnario. Era el himnario que se usaba en el templo, y ese himnario nos habla de todo en cuanto a Él, y le alaba a Él; allí tenemos un cuadro más completo de Cristo en los Salmos, que el que uno pueda encontrar en los Evangelios. Estas citas en Hebreos son muy importantes. El escritor está citando del Antiguo Testamento para darle más fuerza a lo que está diciendo, lo cual es la superioridad del Hijo sobre los ángeles.

> *Porque ¿a cuál de los ángeles dijo Dios jamás: Mi Hijo eres tú, Yo te he engendrado hoy, y otra vez: Yo seré a él Padre, y él me será a mí hijo? [He. 1:5]*

Mi Hijo eres Tú, Yo Te he engendrado hoy. Ésta es la cita del Salmo 2:7 que Pablo citaba en el libro de los Hechos 13, en el gran sermón que predicó en Antioquía de Pisidia. Pablo dice que no tenía ninguna referencia a Belén. Pablo dejó en claro que esas palabras se refieren a la resurrección de Cristo, cuando Él resucitó de entre los muertos. Por tanto, Él es el Único que podía morir por los pecados del mundo. No hay ningún ángel que pueda salvarnos; sólo Cristo pudo llegar a ser un hombre y pagar el castigo del pecado, y ese castigo era la muerte. Porque la paga del pecado es muerte. (Ro. 6:23) Él tuvo que derramar Su sangre porque sin derramamiento de sangre no se hace remisión. (He. 9:22). Por tanto, Él hizo esa redención por usted y por mí.

Luego Él es resucitado de entre los muertos. ¿Por qué? Porque Él es el Hijo, es el engendrado de entre los muertos. Luego dice nuevamente: Yo seré a Él Padre, y él me será a Mí hijo. (2 S. 7:14) Ésa es la promesa que Dios le hizo a David cuando Él hizo un pacto con él. Él le dijo a David en esa ocasión: Yo levantaré después de ti a uno de tu linaje. Hay aquéllos que dicen que esto tenía referencia solamente a Salomón. Este pasaje en Hebreos 1:5 dice con toda claridad que cuando Dios le dijo esto a David, tenía referencia al Señor Jesucristo. Aquí tenemos la confirmación bíblica de esto. He escuchado a liberales y a otros decir que el pacto de Dios con David sólo tenía referencia a Salomón. Pero esto lo aclara muy bien. Tenía referencia al Señor Jesucristo, y Él fue el Único que lo pudo cumplir.

Y otra vez, cuando introduce al Primogénito en el mundo, dice: Adórenle todos los ángeles de Dios. [He. 1:6]

Aquí tenemos una cita del Salmo 97:7 y de Deuteronomio 32:43 en la Septuaginta (no está en el hebreo del Antiguo Testamento). Los ángeles de Dios son maravillosos, pero ellos son inferiores al Hijo. Ellos son Sus ángeles. Son Sus ministros y son Sus adoradores. Ellos le adoran a Él. El Señor no los adora a ellos.

Ciertamente de los ángeles dice: El que hace a sus ángeles espíritus, y a sus ministros llama de fuego. [He. 1:7]

Éste es una cita del Salmo 104. Los ángeles son del Señor, y ellos son Sus ministros, y son Sus adoradores. Eso es importante de notar. El escritor de este libro, y creo que es el Apóstol Pablo, está mostrando el hecho de que Cristo es superior a los ángeles, y él está usando estas Escrituras del Antiguo Testamento para probar esto y para hacerlo resaltar. Usted puede darse cuenta de lo importantes pues, que son estos dos primeros capítulos de la Epístola a los Hebreos, para poner así la base de lo que vendrá más adelante, lo cual es el ministerio presente de Cristo para usted y para mí. ¡Oh, qué estuviéramos concientes del hecho de que hay un Cristo vivo a la diestra de Dios en este mismo momento! Él es más real que yo, porque cuando usted lee estas palabras, usted no sabe dónde yo estoy. Simplemente no sabemos lo que dará de sí un día. Pero Cristo va a estar allá arriba a la diestra de Dios, por usted y por mí. Él es real; Él es el Cristo viviente hoy.

Es fácil entender que los ángeles eran muy importantes para los hebreos porque la mayoría de ellos tenían conocimiento del Antiguo Testamento. Ellos pensaban que los ángeles estaban junto al trono de Dios. Ellos habían leído de la aparición de ángeles a muchos de los siervos de Dios y a muchos de los profetas. Así que los ángeles, eran muy importantes para ellos.

Como he mencionado ya, no creo que haya un ministerio por parte de los ángeles a la iglesia en nuestro día. No creo que los ángeles se les aparezcan a los hombres. Si usted cree que ha visto un ángel, usted debe ver a su medico o a un psicólogo, porque usted vio algo que no eran un ángel. En la iglesia hoy mora el Espíritu Santo, la tercera Persona de la Trinidad.

Se cuenta una historia de dos jóvenes que no se habían visto por mucho tiempo. Uno de ellos le dice al otro: "¿Estás casado?" Su amigo contesta: "Sí, estoy casado". Luego sigue: "¿Qué clase de muchacha es tu esposa?" "Bueno", contestó el otro, "me casé con un ángel". El amigo contesta: "Tu tienes mucha suerte, la mía todavía está viva".

Uno no se casa con los ángeles. Quizá usted crea eso, pero Dios ha creado en este universo cosas que son visibles y cosas que son invisibles. En Colosenses 1:16, podemos leer: Porque en Él fueron creadas todas las cosas, las que hay en los cielos y las que hay en la tierra, visibles e invisibles. Usted no puede ver un átomo, pero es algo material, y se convierte en energía. Usted no puede verlo, pero por cierto que lo puede experimentar. Dios ha creado inteligencias que son superiores al hombre, y usted y yo vivimos en un universo en el día de hoy donde el Señor Mismo dijo: En la casa de mi Padre muchas moradas hay. (Jn. 14:2) Por tanto allí viven esas inteligencias creadas, y Dios tiene mucho más de lo que usted y yo nos podemos imaginar en el presente.

Nosotros no venimos, no procedemos de ningún animal. Existe un reino material y también existe un reino animal, el reino humano, el reino espiritual. Existen criaturas que son inferiores al hombre, y hay criaturas que son superiores al hombre. Usted y yo nunca fuimos producto de un animal, y tampoco vamos a llegar a ser un ángel.

Los ángeles son mensajeros, y pueden ser humano o divino. Existe cierto orden de criaturas que es sobrenatural, y eso lo encontramos en las Escrituras. Creo que nos sorprendería mucho si tuviéramos una idea en realidad de la cantidad de ángeles. Se les llama las huestes celestiales y eso indica que hay muchos de ellos. Aparentemente su cantidad no disminuye ni crece de ninguna manera. La ley vino por medio de ángeles, y como ya he dicho, había querubines en el velo en el propiciatorio. Israel pensaba de ellos como que estaban próximos al trono de Dios. Ellos tienen una parte importante en el plan de Dios, pero Cristo es superior, es mejor que los ángeles.

> *Mas del Hijo dice: Tu trono, oh Dios, por el siglo del siglo; cetro de equidad es el cetro de tu reino. [He. 1:8]*

Ésta es una cita del Salmo 45:6-7, y revela que éste es uno de los grandes Salmos mesiánicos; que hay Uno que viene del linaje de David. David dice: Mi lengua es pluma de escribiente muy ligero. (Sal. 45:1) Es decir que, David está diciendo que él podía decir muchas cosas mejor de lo que él las podía escribir. David está tan entusiasmado de que va a venir Alguien en su linaje, y Ése, según el escritor del libro de Hebreos, es el Señor Jesucristo. Él es Aquél que va a reinar en justicia y equidad, y Dios no le ha dado eso a ningún ángel para que lo realice.

> *Has amado la justicia, y aborrecido la maldad, por lo cual te ungió Dios, el Dios tuyo, con óleo de alegría más que a tus compañeros. [He. 1:9]*

Ésta es una declaración muy relevante. ¡Imaginase usted a este mundo bajo el control de Uno que ama la justicia y aborrece la maldad!

Tu trono, oh Dios. Éste es Dios el Padre llamando "Dios" a Dios el Hijo. ¿Quiere usted negar que Dios se ha manifestado en la carne? Entonces, usted está contradiciendo a Dios Mismo. Dios le llamó a Él "Dios". ¿Cómo le va a llamar usted? No sé cómo le llamará usted, pero yo le voy a llamar Dios. Él es Dios manifestado en la carne. Ésta es una declaración extraordinaria, por cierto. Él es mejor que los ángeles porque Él va a gobernar. Él es el Rey de Reyes, y el Señor de Señores, quien va a gobernar sobre toda esta tierra algún día.

Y: Tú, oh Señor, en el principio fundaste la tierra, y los cielos son obra de tus manos. Ellos perecerán, mas tú permaneces; y todos ellos se envejecerán como una vestidura, Y como un vestido los envolverás, y serán mudados; pero tú eres el mismo, y tus años no acabarán. [He. 1:10-12]

Ésta es una importante declaración de que Él es el Creador, y ya que Él es el Creador, los ángeles son criaturas. Éste es un gran contraste que se nos presenta en esta sección en particular. Los ángeles son criaturas. Él es el Creador. Ésta es una cita del Salmo 102:25-27.

Pues, ¿a cuál de los ángeles dijo Dios jamás: Siéntate a mi diestra, hasta que ponga a tus enemigos por estrado de tus pies? [He. 1:13]

Este versículo es una cita del Sal. 110:1, el Salmo que se cita más que cualquier otro en el Nuevo Testamento. Los Salmos enseñan la Deidad de Cristo. Hay un cuadro más completo de Cristo en los Salmos que en los evangelios.

¿No son todos espíritus ministradores, enviados para servicio a favor de los que serán herederos de la salvación? [He. 1:14]

Alguien va a decir: "Aquí dice que los ángeles van a ser espíritus ministradores para servicio a favor de los que serán herederos de la salvación". Veamos esto de la siguiente manera. A favor de los que serán. Aquí se está mirando al futuro cuando Dios se vuelva hacia la nación de Israel y al mundo de los gentiles, después de que la iglesia sea sacada de este mundo. Dios está actuando según un programa y un propósito, como ya hemos visto, y cuando Él lo hace, entonces, ellos nuevamente ministrarán; pero lo interesante de ver es que no dice aquí que es para aquéllos que ahora mismo son los herederos de la salvación. Creo que se debe notar esto.

Cristo es el Hijo, los ángeles son los siervos. Cristo es el Rey, los ángeles Sus súbditos. Cristo es el Creador, los ángeles son criaturas. Él está esperando hoy hasta que ponga a Sus enemigos por estrado de Sus pies. Dios nunca le dijo eso a un ángel. Pero Él se lo dijo a Su

Hijo, y Su Hijo reinará un día. En esta sección, por tanto, tenemos presentada la Deidad, la Divinidad del Señor Jesucristo. Aquí tenemos la exaltación, la elevación de Cristo, superior a los ángeles.

CAPÍTULO 2

La humanidad de Cristo

Después de haber visto la exaltación del Señor Jesucristo en el capitulo 1, ahora en este capítulo, vamos a ver la humillación de Cristo. Él se hizo hombre, y se hizo inferior a los ángeles. Él fue creado un hombre de la virgen María, y Él tomó en Sí Mismo nuestra humanidad. Él fue así y por tanto Cristo es el revelador de Dios, y Él es el representante del hombre. En esta epístola, vamos a encontrar dos cosas en cuanto a Él: que Él revela a Dios al hombre aquí en la tierra, y que Él representa al hombre ante Dios.

Yo tengo un representante allá arriba, tengo alguien que me está representado. Yo no sé en cuanto a usted, pero pienso que en la capital de mi país hay aquéllos que son llamados a representarme a mí y que no están haciendo una buena labor. Sólo están tratando de hacer las cosas que les interesa a ellos. Se interesan en nosotros únicamente cuando estamos votando, y en ese instante somos muy queridos por los políticos: Yo soy esa persona tan inteligente que no puedo hacer nada malo con tal que yo vote por ellos.

Es maravilloso tener un representante ante Dios, y saber que Él se encuentra allí por usted y por mí. Es bueno saber que lo tenemos a Él de nuestro lado, porque la Escritura dice que Satanás tiene acceso ante Dios y acusa a los hermanos día y noche. (Véase Ap. 12:10.) Satanás puede decir algunas cosas bastantes malas a Dios en cuanto a nosotros. Por eso es que estoy muy agradecido de tener un representante allí.

Primero, tenemos la exaltación, la elevación de Cristo, superior a los ángeles, porque Él es Dios. Ahora, Él se hace a Sí Mismo inferior a los ángeles. Él descendió y aquí tenemos la humanidad de Cristo. Tenemos las dos: la Deidad de Cristo, y la humanidad de Cristo.

A través de toda esta epístola hay seis señales, o advertencias, de peligro. Éstas son para que no fallen en disfrutar de todas las bendiciones que Dios ha provisto por Cristo.

1. El peligro de deslizarse, 2:1-4

2. El peligro de de incredulidad, 3:7-4:2

3. El peligro de ser tardos para oír, o un estudiante retrasado en la escuela de Dios, 5:11-14

4. El peligro de apartarse, 6:1-20

5. El peligro de despreciar, 10:26-39

6. El peligro de la negación, 12:15-29

Estas señales de peligro son advertencias para el pueblo de Israel, para que ellos no dejen de gozar de la bendición completa de Dios, la cual ha provisto a través de Cristo. Dios advirtió a la nación en Kadesh-barnea que, si ellos fracasaban en su intento de entrar a la tierra de Canaán, que ellos no iban a recibir la bendición. En realidad, todo lo que esa generación obtuvo fue la experiencia del desierto, y ellos nunca llegaron a saber lo que era vivir en las bendiciones de esa tierra.

Hay dos lugares en los cuales puede vivir el creyente del día de hoy. Usted puede vivir en el desierto, y tener la experiencia del desierto como creyente, o puede entrar al lugar de bendición. Usted puede entrar a esas bendiciones cruzando el río Jordán, en forma espiritual. Uno puede cruzar hoy el río Jordán por medio de un puente, pero no es una experiencia muy placentera porque cuando uno sale del puente y entra a Israel, el tráfico se detiene como cinco veces para ser inspeccionado; y esto produce frustración en los viajeros hasta el punto de no estar seguros de si en realidad quieren cruzar el río Jordán. Pero el creyente puede dar gracias al Señor porque ha cruzado el río Jordán de manera espiritual en el Señor Jesucristo, a través de Su muerte y Su resurrección; sepultados juntamente con Él por el bautismo; resucitados con Él en vida nueva. Eso es lo que significa cuando decimos que "el cristiano ha cruzado el Jordán". Josué guió literalmente a los israelitas cuando ellos cruzaron el Jordán. Cristo guía espiritualmente a los que creen en Él a cruzar el Jordán a una nueva vida.

La primera señal de peligro: el de deslizarse

Debemos darnos cuenta que ésta es una advertencia para todo hijo de Dios en el día de hoy también, una advertencia que hay un peligro de deslizarse.

Por tanto, es necesario que con más diligencia atendamos a las cosas que hemos oído, no sea que nos deslicemos. [He. 2:1]

Quizá usted ha oído la historia de un hombre que se acostó a dormir en un bote en un río. Ese bote se soltó y comenzó a deslizarse en las aguas del río hacia los rápidos. Cuando llegó a ese lugar ya era demasiado tarde. No había nada que se pudiera hacer en cuanto al bote y en cuanto al hombre, y éste se dirigió a las cataratas y allí murió. Alguien quizá puede preguntar: "¿Qué debo hacer para ser perdido?" Se nos da la respuesta a lo que se debe hacer para ser salvo en Hechos 16:31: Cree en el Señor Jesucristo y serás salvo... Pero ¿cuál es la respuesta a aquél que dice: ¿Qué debe hacer para ser perdido? La respuesta es: Sencillamente, nada. Siga por el camino que está recorriendo ahora. Usted se está deslizando y las cataratas se encuentran en su camino. Usted y yo pertenecemos a la familia humana perdida. Nosotros no estamos siendo juzgados. A veces me cansa oír que hay personas que dicen que Dios nos está probando. Pero no es siempre así. Nosotros estamos perdidos. Él está salvando a algunos hoy que se vuelven o que acuden a Cristo. Los demás ya están perdidos. No es necesario que usted haga nada para ser perdido. Usted ya lo está. ¿Qué debo hacer para ser perdido? Nada, porque ésa es nuestra condición natural.

Existe, por tanto, ese peligro de la negligencia; la negligencia en cualquier área de la vida es algo trágico. Esto me hace recordar de una secretaria que descubrió que tenía cáncer de la cadera. El médico le informó eso a ella, pero ella continuaba postergando la operación. Finalmente llegó un día cuando ya era demasiado tarde. Ella ya se estaba deslizando y eso era todo. Se le había advertido del peligro, pero ella siguió deslizándose, y cuando por fin se realizó la operación, ya era demasiado tarde.

Cuando uno se mueve en un nivel espiritual, cuando escucha el mensaje del evangelio y no hace nada en cuanto a eso, eso es mucho más trágico. Hay muchas personas que escuchan el mensaje. Lo siguen escuchando, pero no hacen nada en cuanto a esto.

Uno de los oyentes me informa que ha escuchado por mucho tiempo. Me dice: "Algún día voy a aceptar esa oferta y recibir a Cristo"; pero en este instante este hombre está deslizándose. No sé cuál es la distancia que haya recorrido, pero llegará un día cuando será demasiado tarde y ya no habrá más nada que hacer. Uno puede sufrir un ataque al corazón, un accidente, o algo así. Vamos a ver en esta epístola que ahora es el tiempo aceptable. Hoy es el día de salvación. Me agradaría ver a todos aquéllos que están leyendo en este instante que formaran parte de la generación de ahora. Ahora es el tiempo aceptable, hoy es el día de salvación. El peligro de deslizarnos es un peligro real. Así es que aquí tenemos una advertencia.

> *Porque si la palabra dicha por medio de los ángeles fue firme, y toda transgresión y desobediencia recibió justa retribución. [He. 2:2]*

Cuando aquellos ángeles llegaron a Sodoma, ellos anunciaron un juicio, y fue ejecutado. Usted descubrirá que cuando un ángel lleva un mensaje en el Antiguo Testamento, uno puede confiar en que eso que él dice va a llevarse a cabo.

> *¿Cómo escaparemos nosotros, si descuidamos una salvación tan grande? La cual, habiendo sido anunciada primeramente por el Señor, nos fue confirmada por los que oyeron. [He. 2:3]*

Había un predicador hace unos años que comenzaba sus sermones diciendo: "Tengo una pregunta que hacerle. Yo no la puedo responder. Usted tampoco la puede responder. Ni siquiera Dios puede responderla". Luego presentaba este texto: ¿Cómo escaparemos nosotros si descuidamos una salvación tan grande? No quiero ser irreverente al decir esto, pero ésta es una pregunta que Dios no puede responder. Él nos presenta esto de una manera muy clara, de que no lo puede hacer. ¿Cómo escaparemos? ¿Conoce usted alguna forma de escape? Él único Camino es Cristo. Él ha dicho eso. Yo soy el Camino, la Verdad y la Vida. Nadie viene al Padre sino por Mí. (Jn. 14:6) En la Escritura, también leemos, Hay camino que parece derecho al hombre, pero su fin es camino de muerte. (Pr. 16:25) Sin embargo, hay otros caminos que al hombre le parecen rectos. Muchos caminos hoy. Si usted está buscando una religión diferente, usted la puede encontrar. Si usted no encuentra una que le guste, puede comenzar una y usted tendrá unos cuantos que le sigan. Siempre hay aquéllos que van a estar de acuerdo con usted. Hay camino que parece derecho al hombre, pero su fin es camino de muerte. ¿Cómo escaparemos nosotros, si descuidamos una salvación tan grande? ¿Qué es lo que tengo que hacer para ser perdido? Nada. Simplemente, ¡descuídese!

La cual, habiendo sido anunciada primeramente por el Señor. Y el Señor dijo: El Hijo del Hombre vino a buscar y a salvar lo que se había perdido. (Lc. 19:10) Él también dijo: Venid a Mí todos los que estáis trabajados y cargados, y Yo os haré descansar. (Mt. 11:28)

Los que oyeron fueron los apóstoles. Luego, los apóstoles presentaron este mensaje después de Su muerte y resurrección.

> *Testificando Dios juntamente con ellos, con señales y prodigios y diversos milagros y repartimientos del Espíritu Santo según su voluntad. [He. 2:4]*

Creo, que ésta es una referencia directa al día de Pentecostés, cuando se pudo observar la utilización de esos dones. Los dones, por supuesto, confirmaban el mensaje. ¿A quién? A la nación de Israel.

¡Qué verdades más tremendas las que tenemos aquí en esta primera advertencia de peligro! La primera advertencia de peligro es, el peligro de deslizarnos hoy y no percibir estas grandes verdades de las cuales hemos estado discutiendo.

La superioridad de Cristo a los ángeles en Su humanidad

Esto es algo que también necesita enfatizarse, tanto como la Deidad de Cristo. Él trajo la Deidad a esta tierra. Él llevó la humanidad de regreso al cielo.

Ya hemos enfatizado eso, y este capítulo lo volverá a enfatizar.

> *Porque no sujetó a los ángeles el mundo venidero, acerca del cual estamos hablando. [He. 2:5]*

Para comenzar, debemos comprender de qué mundo está hablando aquí. Muchas personas al oír del mundo venidero inmediatamente piensan en el cielo. La palabra griega que se utiliza aquí para mundo es oikouméne que significa el mundo o la tierra habitada. Se refiere específicamente a la gente sobre esta tierra. Así se usa en Mateo 24:14: Y será predicado este evangelio del reino en todo el mundo. También se usa en Romanos 10:18: Antes bien, por toda la tierra ha salido la voz de ellos. Por tanto, esta palabra no se puede referir al cielo ni tampoco a la eternidad. No se refiere a la dispensación de la gracia en la cual vivimos hoy, sino que nos habla del reino Mesiánico, del reino que viene sobre esta tierra. Los creyentes hebreos, que habían aprendido bien el Antiguo Testamento, sabían que el cántico tema de ese libro, es el reino venidero sobre el cual Alguien del linaje de David reinaría.

No sujetó a los ángeles el mundo venidero. Esto se refiere al reino milenario y Él no sujetó a los ángeles el reino milenario que vendrá sobre este mundo. No sólo que ellos no han gobernado en el pasado, ellos han sido siervos y mensajeros; no sólo son siervos nada más en el día de hoy, sino que, en el futuro, ellos no van a gobernar tampoco. Continuarán siendo siervos. Ése es el pensamiento que el escritor está expresando aquí.

Luego él va al Salmo 8, y nos presenta en realidad una interpretación de ese Salmo maravilloso que tiene que ver con la creación. ¿Quién estará a cargo de la creación en el futuro?

> *Pero alguien testificó en cierto lugar, diciendo: ¿Qué es el hombre, para que te acuerdes de él, o el hijo del hombre, para que le visites? [He. 2:6]*

Esta cita viene del Salmo 8:4-6. ¿Quién es el hombre? El hombre es nada más que una criatura pequeña en uno de los planetas menores. Alguien lo dijo de la siguiente manera. "El hombre es un sarpullido sobre la epidermis de un planeta menor". Eso realmente coloca al hombre en su lugar, pero pienso que es más o menos aceptado. Nosotros somos algo muy pequeño en el universo de Dios. Alguien ha dicho que cuando uno levanta la parte más pequeñita de la creación, las partes de un átomo, y luego extiende su mano para buscar lo más grande, que el hombre se encuentra probablemente en medio de estas dos cosas. Él puede mirar hacia abajo, y por cierto que mira hacia arriba. Pero lo importante no es que el hombre se encuentra en el medio de la creación física, lo importante es que Jesús llegó a ser un hombre, o más bien, el Señor de la gloria; la segunda Persona de la Trinidad, se hizo Jesús, el Hombre aquí en la tierra.

¿Qué es el hombre para que Te acuerdes de él? La respuesta es ésta: Jesús llegó a ser hombre. Él dejó la gloria del cielo, y bajó a esta tierra, y no se convirtió en un ángel. Eso es lo que va a decir aquí. ¿Qué es el hombre, para que Te acuerdes de él, o el hijo del hombre para que le visites? ¿Qué es el hombre?

El hombre en sí mismo no es nada. Físicamente, si uno separa los elementos químicos de su cuerpo, y tratara de vender esos componentes químicos en el mercado, hubo una época cuando uno podía venderlos por unos pocos centavos, y quizá en el día de hoy, debido a la inflación, valga un poquito más. Pero en realidad, no tiene mucho valor, especialmente cuando uno piensa en el valor del dinero del presente. Así es que el hombre no es muy valioso físicamente hablando. Mentalmente, él piensa que es algo, pero conoce muy poco. ¿Qué es lo que el hombre conoce realmente en cuanto a este vasto universo en el cual estamos nosotros? Se ha gastado millones y millones para enviar al hombre a la luna para ver si se puede encontrar cómo comenzó todo. No se cree en el primer capítulo del Génesis, por tanto, se explora la luna. Génesis 1:1, aparece como un lugar mucho mejor que cualquiera que hemos podido ver en la luna, y así lo acepto, de esa manera. Así es que el hombre no vale mucho, mental, material o físicamente. No puede levantar mucho, tampoco puede hacer mucho. Cuando usted mira al hombre puede observar que es un pecador perdido. Se encuentra en una condición terrible.

¿Qué es el hombre, para que Te acuerdes de él...para que le visites? Él nos visitó porque venía a comunicarse con nosotros, y quería salvarnos de nuestra condición perdida.

Le hiciste un poco menor que los ángeles, le coronaste de gloria
y de honra, y le pusiste sobre las obras de tus manos. [He. 2:7]

Dios hizo al hombre un poco menor que los ángeles. El Salmo 8 aclara que, al hombre le tocó ocupar un lugar menor que los ángeles.

Aquél que es mayor que los ángeles, superior a los ángeles, es el Señor de la gloria, y Él estaba dispuesto a descender a un lugar menor que los ángeles. ¡Él no llegó a ser un ángel, sino un hombre!

En el Antiguo Testamento, tenemos el relato de un incidente en el que tomó parte el ángel del Señor. Se menciona el pacto de Jacob en el capítulo 32 de Génesis, y cerca de ese lugar el ángel del Señor luchó con Jacob. Muchos de nosotros creemos que ese ángel del Señor era el Señor Jesucristo Mismo.

Leemos en el Nuevo Testamento que, cuando Cristo vino a la tierra, Él se convirtió en uno menor que los ángeles. Aparentemente el ángel es una medida, él es la norma de las medidas. Cristo está sobre él. Pero ahora, Él desciende a algo menor que los ángeles. Lo hace para revelar a Dios. Él es el Representante del hombre ante Dios. Él trajo a Dios a la tierra y llevó al hombre al cielo. Si usted y yo llegamos allí, lo haremos en Cristo.

Ése es el propósito original de Dios para con el hombre. ...le coronaste de gloria y de honra, y le pusiste sobre las obras de Tus manos. El hombre va a hacer algo que los ángeles nunca han podido hacer. Los ángeles no gobiernan el universo de Dios. Ellos son mensajeros que obran bajo Dios. Hubo en cierta ocasión un ángel que trató de rebelarse contra Dios. Él trató de establecer su propio reino. Él trató de llegar a ser un gobernante; ése fue Lucifer, el "hijo de la mañana". En el día de hoy, lo reconocemos por el nombre de Satanás, o diablo. Él era un ángel de luz, pero él se rebeló y dijo levantaré mi trono sobre las alturas...seré como el Altísimo (Is. 14:13-14). Dios no tenía ninguna intención de que llegara a gobernar, pero había creado al hombre, y el hombre sí gobernará.

Pero el hombre hoy no es capaz de hacer eso. Él ha demostrado eso muy bien. Es algo trágico que se puede apreciar en cualquier nación. El hombre no puede gobernar, aunque cree que sí lo puede hacer. Él ha tomado este punto de vista de Satanás: Que de una forma u otra el hombre puede gobernar; pero la tragedia de todo esto es que él está tratando de hacerlo sin Dios hoy. Dios puede bendecir hoy, como lo ha hecho en el pasado. Él ha bendecido a las naciones abundantemente cuando los hombres le han reconocido como Dios. Pero el hombre no puede gobernarse a sí mismo.

Ya ha demostrado eso.

Yo he hecho varios viajes a Inglaterra, y, por lo tanto, he estudiado la historia de Inglaterra. Me he dado cuenta de lo terribles y sanguinarios que han sido algunos reyes de ese país. En el momento en que un hombre llegaba a ocupar el trono, asesinaba a todos sus parientes para que nadie le quitara el trono. Así es que, si uno era un hermano o el primo de un rey, uno tenía problemas, y podría ir a parar a la torre de Londres. Muchos perdieron las cabezas en ese lugar. El hombre no es capaz de gobernar esta tierra.

Pero Dios, por medio de la redención, puede llevarle al hombre de regreso a ese lugar. El Salmo 8:5b-6, dice: Y lo coronaste de gloria y de honra. Le hiciste señorear sobre las obras de Tus manos. Todo lo pusiste debajo de sus pies. Él hombre perdió eso en el jardín del Edén, pero Cristo lo recobró.

> *Todo lo sujetaste bajo sus pies. Porque en cuanto le sujetó todas las cosas, nada dejó que no sea sujeto a él; pero todavía no vemos que todas las cosas le sean sujetas. [He. 2:8]*

Todo lo sujetaste bajo Sus pies. ¿Los pies de quién? De Cristo, no del hombre. La tierra hoy no se ha deslizado de Su control, pero Él no está gobernando. Cuando el Señor Jesucristo gobierne en esta tierra, y usted puede estar seguro de que Él lo hará, no habrá ninguna necesidad de un hospital o de una cárcel. No habrá pobreza. No habrá crímenes cuando Él gobierne esta tierra. Será un milenio de paraíso, cuando Jesús gobierne. Pero Él no lo está haciendo hoy. El escritor está aquí citando al Salmo 8, y nos presenta esto muy claramente que el Salmo habla de Cristo. Pero esto no ha sido cumplido hasta el momento presente.

> *Pero vemos a aquél que fue hecho un poco menor que los ángeles, a Jesús, coronado de gloria y de honra, a causa del padecimiento de la muerte, para que por la gracia de Dios gustase la muerte por todos. [He. 2:9]*

Pero vemos a Aquél. Por lo que el Señor Jesús ha hecho, le vemos. Creo que aquí tenemos el corazón mismo de este capítulo. Vemos a Jesús, es decir, al hombre humano. La palabra "vemos," quiere decir que lo vemos con entendimiento. Reconocemos que, en Él, hay algo que nuestra mente pequeña no logra entender. Le contemplamos en fe, con confianza, con maravilla, en asombro, y en adoración. Todo esto está involucrado en la frase, "Pero vemos a Jesucristo". ¿Lo ve usted hoy? ¿Ha quitado el Espíritu Santo el velo en sus ojos para que usted pueda verle?

Vemos… a Jesús. Note que Jesús es Su nombre humano. Al tiempo de Su concepción, el ángel dijo: Llamarás Su nombre JESÚS, porque Él salvará a Su pueblo de sus pecados. (Mt. 1:21)

Pero vemos a Aquél que fue hecho un poco menor que los ángeles. Esa palabra "poco", es algo que se debe enfatizar. El énfasis no es que Él fue hecho un poco menor que los ángeles, sino que se le debe dar énfasis a una época, que fue por un poco de tiempo. O se debería decir: "Pero vemos a Aquél que fue hecho por un poco de tiempo menor que los ángeles". Él vino a este mundo por un breve período de tiempo, 33 años, y fue hecho menor que los ángeles.

¿Por qué? A causa del padecimiento de la muerte. Ése era el único camino. Él era el Único que podía redimir al hombre, y Él podía hacer eso solamente muriendo en la cruz por el padecimiento de la muerte. Ésa era la única manera de hacerlo.

Coronado de gloria y de honra. Él no fue coronado de gloria y de honra, por Su muerte, sino que Él fue coronado con honra y gloria porque Él vino a este mundo y murió sobre la cruz por usted y por mí. Eso es lo que yo había enfatizado antes, y algo que volveré a enfatizar una y otra vez. En la gloria hay un Hombre en el día de hoy. Él no estaba allí hace 2.500 años, sino que era la Segunda Persona de la Trinidad. Llamémosle Jehová, porque Jesús es Jehová, y Él es Dios. Él es tan Dios como el Mismo Dios, pero hoy es tan hombre como el mismo hombre. Él tomó eso sobre sí, y porque hizo esto, Él recibió gloria y honra; es decir, eso se encuentra en el cielo, y es algo que no estaba allí antes.

Para que por la gracia de Dios gustase la muerte por todos. Debo enfatizar esta expresión gustase la muerte. Él, no sólo experimentó la angustia de la muerte, sino que experimentó lo que la muerte realmente es. Una muerte verdaderamente completa. Él bebió la copa, la copa de muerte. Esa copa amarga fue puesta junto a Sus labios, y Él bebió todo lo que había allí; y Él lo hizo por usted y por mí.

Note que el escritor dice aquí que hizo eso por la gracia de Dios, para que Dios pudiera demostrar Su gracia hacia usted y hacia mí, y salvarnos.

Aquí tenemos una declaración realmente maravillosa.

> *Porque convenía a aquél por cuya causa son todas las cosas, y por quien todas las cosas subsisten, que habiendo de llevar muchos hijos a la gloria, perfeccionase por aflicciones al autor de la salvación de ellos. [He. 2:10]*

Jesucristo por tanto no era un hombre en el que Dios hizo algo. La humanidad de Jesús no quiere decir que es un genio religioso. Esto no indica que era un mártir por una causa. Esto tampoco nos indica que Él nos está presentando un buen ejemplo. La humillación de Cristo logró dos cosas. Consiguió la gloria y la honra para la Persona de Cristo, y logró la salvación del hombre, haciendo posible la salvación del hombre. Cristo, llevó la humanidad al cielo, y allí hoy se encuentra un Hombre en la gloria y allí hay gloria en ese Hombre, algo que no había antes allí. Esto era algo que Dios no podía hacer hasta que Jesús viniera y muriera en la cruz.

Porque convenía... simplemente quiere decir que esto era armonioso y consistente con Su Persona y propósito de llevar muchos hijos a Su hogar en la gloria. Él puede hacer esto sólo por medio de la muerte de Cristo.

Porque convenía a Aquél por cuya causa son todas las cosas. Todas las cosas fueron hechas para Él, y por Él fueron hechas. Es decir, que el Señor Jesucristo fue quien las hizo y fueron hechas para Él. Si usted quiere saber por qué existe este universo, es porque el Señor Jesucristo lo quería así. Es porque fue Su voluntad, y este universo existe para Él; ése es el origen de esto—la mente de Cristo.

Habiendo de llevar muchos hijos a la gloria. Ése es el propósito presente de Dios. Pero Dios tiene un propósito futuro, y es el de colocar a Su Rey sobre el Monte Santo de Sion. (Sal. 2) Dios está dirigiendo eso en aquella dirección en el presente. En el día de hoy, está llamando a un pueblo para Su nombre. El Señor Jesucristo está salvando a la gente. El Señor está llevando a muchos hijos a la gloria. Eso lo podemos apreciar por todas partes del mundo. Y Dios aún está llamando a Su pueblo en Su nombre. Llevando muchos hijos a la gloria, por el Autor de la salvación de ellos.

Perfeccionase por aflicciones al Autor de la salvación de ellos. La palabra autor, se repite otra vez en 12:2. En Hechos 3:15, se traduce como príncipe. En realidad, lo que indica es el originador, o el líder. El Dr. Scofield señala que es aquél que inicia y lleva a cabo algo. Es decir que, el Señor Jesucristo es el Alfa y Omega de todo. Él es el Comienzo y el Fin. Él comienza algo y lo completa. Él es el Autor, el Originador. Él es quien origina nuestra salvación. Él no sólo la origina, sino que hace del Autor de nuestra salvación algo perfecto. Esto tiene que ver con la idea de llevar algo hacia una meta, a consumarlo; así es que aquí tenemos esta palabra autor y también la palabra perfecto. Él origina, Él lo consuma. Él lo comienza, Él lo finaliza. Es el Principio y el Fin, el Alfa y Omega. ¿Cómo lo hizo? Viniendo a esta tierra y tomando en Sí Mismo nuestra humanidad; ahora está sentado a la diestra del trono de Dios. ¿Qué fue lo que Él hizo cuando vino aquí? Él probó la muerte: A causa del padecimiento de la muerte, para que por la gracia de Dios gustase la muerte por todos. Él vino para redimir al hombre y para procurar la salvación del hombre. Él reveló a Dios en la tierra, y hoy El representa al hombre en el cielo. Veremos esto cuando lleguemos al tema de Su sacerdocio.

Perfeccionase por aflicciones. Él fue hecho perfecto en el sentido de ser hecho completo. "Perfecto", es de una palabra en griego que significa "llevar a cabo; consumar, o completar". Dios no puede salvar al hombre lamentándose o demostrando un gran corazón y diciendo: "Yo te perdono". Dios no perdona nunca hasta cuando se haya pagado el castigo. Tiene que ser así, si Él va a ser el gobernante moral del universo.

Él fue hecho perfecto por el sufrimiento. De hecho, Su enseñanza no nos salva. Aunque Él era el Hijo de Dios, y aunque El era Dios Mismo, aun así, Su vida perfecta no nos salva. Su nacimiento virginal no nos salva. Sus milagros no nos salvan, ni tampoco Su ejemplo. Pero es Su muerte sobre la cruz que nos salva. Él fue hecho completo;

Él alcanzó la plenitud muriendo en la cruz. Si usted me pudiera convencer que Dios ha decidido no interesarse en el hombre, y todo lo que Él hizo por este mundo perdido fue tirarnos la Biblia, y ahora mientras Él esta sentado en el cielo, Él mira abajo al hombre y dice, "Qué lástima que estés en tal situación; aquí tienes un libro y espero que puedas encontrar tu salvación", entonces estoy yo dispuesto a volverle la espalda a El.

Pero eso no es lo que hizo Dios. Él vino a la tierra y tomó sobre Sí nuestra humanidad. Ya que Él sufrió y murió sobre la cruz, estoy preparado a confiar en Él. Estoy preparado a amarle por lo que El hizo por mí y por toda la humanidad perdida.

> *Porque el que santifica y los que son santificados, de uno son todos; por lo cual no se avergüenza de llamarlos hermanos. [He. 2:11]*

"Santificar" aquí no significa lo que la persona común puede creer. Uno pensaría que esto se refiere a una persona muy buena, una persona muy dulce. La santificación cuando se usa en relación con el Espíritu Santo tiene que ver con la obra de Dios en nosotros, para hacernos la clase de representantes que Él quiere aquí sobre la tierra, y es la obra del Espíritu Santo de Dios en el corazón de los redimidos. Pero, santificación, cuando es usada con la persona de Cristo, y ése es el verdadero significado aquí en la Epístola a los Hebreos, no es purificación. Es consagración. No es una condición, sino una posición que tenemos en Cristo. Él fue el Justo, que ocupó el lugar del injusto, para poder llevarnos a Dios. Él nos ha llevado ahora a formar parte de la familia de Dios, y en la familia de Dios.

Él no se avergüenza de llamarlos hermanos. Yo no me atrevo a llamarle a Él hermano, no me atrevería a decir esto en cuanto a El, pero Él nos ha llevado a la familia de Dios a nosotros. Él es el Primogénito de entre muchos hermanos. Él es la Cabeza de la familia. Él nos llama así a nosotros porque todos nosotros hemos llegado a ser hijos de Dios a través de la fe en el Señor Jesucristo.

Esto presenta de una manera muy clara, que la doctrina de la hermandad universal del hombre es una falsa doctrina, y es una herejía. Es una doctrina condenable que existe hoy, porque en realidad no es cierto.

Diciendo: Anunciaré a mis hermanos tu nombre, en medio de la congregación te alabaré. [He. 2:12]

Ésta es una cita del Salmo 22, ese gran Salmo de la cruz. En la primera parte de este Salmo, se muestra la humillación de Cristo, y aquí en realidad tenemos las siete últimas palabras que Él pronunció en la cruz. Pero, comenzando con el versículo 22 tenemos la exaltación de Cristo ya que allí dice: Anunciaré Tu nombre a Mis hermanos; en medio de la congregación Te alabaré. Este derecho creo que se podría restringir a los creyentes hebreos, porque esto ha sido escrito para los hebreos.

En medio de la congregación Te alabaré. Note el uso de la palabra congregación, en vez de la palabra técnica, "iglesia".

Siguiendo más adelante en este capítulo, hay otra cita del Antiguo Testamento, Isaías 8:17-18:

Y otra vez: Yo confiaré en él. Y de nuevo: He aquí, yo y los hijos que Dios me dio. [He. 2:13]

Esto nos revela cómo el Espíritu Santo interpreta la Escritura. Hay aquéllos que hoy, tratan de dar una interpretación digamos, de los profetas, que eliminaría cualquier referencia al Señor Jesucristo. Cuando yo leo Isaías 8:17-18, parece que él está hablando acerca de los hijos de Isaías. Así es como yo lo puedo entender. Pero en Hebreos 2:13, el Espíritu de Dios interpreta esto en referencia al Señor Jesucristo. Así es que hoy, cuando cualquier persona trata de eliminar al Señor Jesucristo de los profetas, entonces está contradiciendo la interpretación del Espíritu Santo aquí.

Usted recordará que cuando el Señor Jesucristo regresó de entre los muertos, Él dijo en San Juan 20:17: Ve a Mis hermanos, y diles: subo a Mi Padre y a vuestro Padre, a Mi Dios y a vuestro Dios. Él está diciendo a Mis hermanos, y Él se estaba refiriendo en esa ocasión en particular a los apóstoles. Todos ellos eran judíos. Enfatizo esto porque creo que es muy importante en esta ocasión. Si mantenemos delante de nosotros a aquéllos a quienes fue escrita esta epístola, nos permitirá darle una interpretación que creo nos puede llevar a una aplicación para mi corazón y el suyo.

> *Así que, por cuanto los hijos participaron de carne y sangre, él*
> *también participó de lo mismo, para destruir por medio de la*
> *muerte al que tenía el imperio de la muerte, esto es, al diablo.*
> *[He. 2:14]*

Esta declaración enfatiza la encarnación del Señor.

Él participó de carne y sangre. Él vino de una forma en la cual ellos no estaban esperando que Él viniera. Tendrían que haberlo esperado, porque los profetas indicaron claramente la forma en que iba a venir la primera ocasión. Pero como dice George McDonald: "Ellos estaban esperando un rey para que matara a sus enemigos y los levantara. Sin embargo, vino una criatura pequeña que hizo llorar a una mujer".

Él también participó de lo mismo. Él vino a este mundo por medio de un nacimiento humano, de la misma manera en que lo hicimos usted y yo. Y no sólo a través del nacimiento. Su nacimiento no salvó a nadie. Dice aquí: Para destruir por medio de la muerte al que tenía el imperio de la muerte. Fue sólo a través de la muerte que Él podía salvar. Su muerte nos salva, no Su nacimiento, ni tampoco Su vida. Es Su muerte la que nos salva. Él trajo salvación y libertad de la muerte; es decir, de la muerte espiritual y eterna.

> *Y librar a todos los que por el temor de la muerte estaban*
> *durante toda la vida sujetos a servidumbre. [He. 2:15]*

En mi opinión, E. Schuyler English ("Studies in the Epistle to the Hebrews--Estudios en la Epístola a los Hebreos", Pág. 82), tiene la interpretación correcta de este versículo. "La ley de Dios demandaba y demanda aún la muerte por el pecado. El alma que pecare, ésa morirá. La paga del pecado es muerte. Satanás fue la causa de que el hombre pecara en el primer lugar y, aunque él es usurpador, él puede reclamar, y justamente en un sentido, que el pecador debe morir. Él tenía el poder y la autoridad para demandar que todo pecador muriera por la paga del pecado. Y a causa de esto todos los hombres, ya que todos son pecadores, le tenían miedo a la muerte y estaban sujetos a esclavitud por pecador, y a servirlo y así tener que servir a Satanás."

> *Porque ciertamente no socorrió a los ángeles, sino que socorrió*
> *a la descendencia de Abraham. [He. 2:16]*

En el Antiguo Testamento Él había tomado la naturaleza de los ángeles, y los hebreos comprendían eso en el Antiguo Testamento. Ellos sabían que Él era un ángel del Señor en el Antiguo Testamento. Pero en esta ocasión, Él no tomó la naturaleza de los ángeles.

Sino que socorrió a la descendencia de Abraham. Es decir, que Él vino en ese linaje. Es así como Él vino a este mundo, y Dios comenzó la preparación hace muchísimo tiempo, al mismo comienzo, al principio de este mundo con Adán y Eva (véase Gn. 3:15). En aquella ocasión Dios dijo que iba a venir uno de la simiente de la mujer. Entonces Dios dijo que éste sería del linaje de Abraham. Un poco más adelante estaba la tribu de Judá, y un poco más adelante de esto se encontraba en la tribu de Judá la familia de David, de la nación de Israel, de la simiente de Abraham y eso puede hacerse regresar hasta el jardín de Edén. Dios estaba haciendo Sus preparaciones. Él nació de una virgen. Es así como Él tuvo que nacer y, el Señor dejó tantas señales que cualquiera podría haber encontrado su camino a Belén, no sólo los sabios del oriente, sino cualquier persona, aún un vagabundo. Éste podría haber encontrado su camino a Belén en aquel día porque Dios había puesto estas señales. Así es que Él fue de la descendencia de Abraham.

> *Por lo cual debía ser en todo semejante a sus hermanos, para venir a ser misericordioso y fiel sumo sacerdote en lo que a Dios se refiere, para expiar los pecados del pueblo. [He. 2:17]*

Cuando Él vino aquí en semejanza de los hombres, era una semejanza real. En Filipenses 2:7, leemos: Sino que se despojó a Sí Mismo, tomando forma de siervo, hecho semejante a los hombres. Él se identificó completamente con nosotros. Él podía haber nacido en el palacio de César, pero no nació allí; Él nació en la pobreza. Él nació en un pesebre. ¿Por qué? Para poder experimentar lo que era en realidad ser semejante al hombre para poder saber algo del efecto del pecado en el hombre. ¿Dónde podemos ver esto? Lo podemos ver en la pobreza. Lo podemos ver en la tentación. Lo podemos ver en la muerte violenta y que no merecía. Allí es donde uno puede ver el pecado manifestado.

Creo que es algo trágico en el presente cuando las personas inocentes sufren. Hace algún tiempo, una anciana cristiana fue asesinada por un joven que tenía algunos problemas psicológicos. Debemos darle gracias a Dios que Él va a arreglar las cosas algún día. Habrá que rendir cuentas algún día, y eso lo tendremos que hacer ante Él.

Así es que bajó aquí a esta tierra y conoció lo que era la verdadera pobreza. Muchas historias tristes se relatan de la segunda guerra mundial. Por ejemplo, se cuenta que durante esa época los trenes viajaban repletos de gente. Si los pasajeros por alguna razón u otra tenían que bajarse del tren, entonces subía otra persona al tren y ocupaba su lugar y no había quien los sacara de allí. Eran personas que habían llegado a la estación a despedir a los seres queridos. A veces la esposa había ido a despedir al esposo que se iba a la guerra, y ella quedaba allí sin un lugar a donde dirigirse. Por tanto, permanecía en la estación de tren hasta que podía subirse a otro tren y salir de ese lugar. Se cuenta que, en ese mismo lugar, en la estación del ferrocarril, nació un bebé. ¿Puede usted imaginarse lo que puede haber sido eso? Un bebé que nace allí en la estación del ferrocarril. Para esta fecha creo que será un hombre grande, y espero que alguien le haya hablado del Señor Jesucristo. Al Señor le ocurrió algo parecido, como usted recuerda. César había decretado que todos tenían que inscribirse para pagar los impuestos. Su madre, María, tuvo que ir a Belén, y allí no había lugar en el mesón, y Él nació en un pesebre. Él entonces, puede simpatizar con un muchacho como ése que nació en una estación de ferrocarril, ¿no le parece?

El Señor Jesucristo, vino a este mundo y Él pudo simpatizar con usted y conmigo. No interesa quién sea usted y dónde esté usted. Él le conoce y le comprende, no solamente porque es Dios, sino porque Él se hizo hombre, y sabe exactamente las cosas por las cuales usted tiene que pasar hoy.

Por lo cual debía ser en todo semejante a Sus hermanos. Note usted: en todo. Aún hoy hay mucha pobreza en la vida en aquella tierra, especialmente entre los árabes. Da pena, en realidad, ver a los refugiados en esa zona en el presente. No puedo aprobar algunas de las cosas que ellos hacen, como el asesinato y algo por el estilo. Pero, esta gente ha estado viviendo desde el año 1.948 en campos de refugiados. Es algo realmente terrible ver la forma en que están viviendo allí. Aun sus propios hermanos, los otros árabes, no les han permitido que se integren entre la gente. Ellos han sido limitados, confinados a estos campos. Todo lo que las otras naciones han hecho es ayudar con dinero. Se piensa que el dinero puede hacer cualquier cosa, que es como un dios que puede resolver cualquier problema; y usted tiene todo lo que desea si tiene suficiente dinero. Quizá muy pronto tengamos muchísima cantidad de dinero, porque quizá sea Dios Mismo quien está devaluando el dinero en todas partes. Nosotros pensamos demasiado en eso. Cuando uno viaja por otros países, se da cuenta que el dinero no es tan importante como lo era antes. Este dios ha sido derribado de su pedestal, y lo único que el hombre sabe hacer es enviar dinero y municiones, como si esto pudiera resolver los problemas en cualquier parte. Aquello que las naciones están despreciando hoy, es decir, el evangelio del Señor Jesucristo, eso es lo que ha llevado a cualquier lugar que haya llegado, grandes bendiciones, y eso es una lástima que no se hubiera enviado el Evangelio primero–antes del dinero y las municiones.

Cuando Perry llegó al Japón y observó las multitudes allí, dijo: "Envíen un millón de Biblias a este lugar. Si no se hace esto, entonces va a haber que enviar un millón de hombres para luchar". Bueno, las Biblias no fueron enviadas, pero por cierto que se envió a los hombres a luchar allí. Así es que, es mucho mejor enviar Biblias y misioneros para esparcir la Palabra de Dios hoy. Nosotros pensamos que hacemos las cosas de una manera muy práctica. Nosotros somos pragmáticos, y nuestro dinero y nuestro conocimiento y nuestra ciencia no resuelven los problemas en ninguna parte. Puede que se dé a la gente agua corriente en su ciudad, y que puedan disfrutar de ciertas comodidades, pero eso no resuelve los problemas. Lo que es necesario hacer hoy es esparcir la Palabra de Dios, y ¡cuán importante que es esto!

La pobreza de la familia de Jesús llegó a ser algo indecible. Él vino a formar parte de una nación subyugada. Estaba bajo el control de Roma. Él no nació en un palacio de Roma, Él nació en un pesebre. En todo fue hecho semejante a Sus hermanos. Él llegó a ser uno de ellos. Cuando usted ve a ese muchachito jugando en una de las calles de Belén, con la ropa en harapos, uno nunca sabía quién era. Ah, los artistas lo pintan de una forma destacada, con Sus ropas inmaculadas, pero probablemente Él tenía Su rostro sucio como cualquier muchachito de entonces. Él fue en todo semejante a Sus hermanos.

Al enfatizar la Deidad de Cristo, corremos el peligro de dar menos valor a la humanidad del Señor Jesús. Me alegra a mí el no tener que haber nacido en la ciudad de Belén. Me da mucha felicidad el no haber tenido que crecer en Nazaret. Aún hoy esa gente no tiene muchas oportunidades, que se diga. Piense lo que era en la época del Señor Jesucristo. Él no tenía muchas oportunidades. Pero llegó a ser un ser humano real y verdadero. Él es la raíz de tierra seca. (Is. 53:2) Fue realmente un milagro que Él hubiera salido de un lugar como éste. Él era un ser humano verdadero. Usted nunca tuvo un pensamiento, usted nunca sufrió algo que Él no sepa. Por esa razón, Él vino para ser misericordioso y fiel Sumo Sacerdote en lo que a Dios se refiere, para expiar los pecados del pueblo.

Él llegó a ser el propiciatorio para usted y para mí, y lo que nosotros necesitamos hoy es misericordia. Dios tiene mucha de ella, mucha misericordia; pero Jesús llegó a ser el propiciatorio, y usted puede ir allí y obtener toda la misericordia que necesita. Yo no sé en cuanto a usted, pero yo necesito mucha misericordia; y después de haber usado mucha misericordia, aún queda suficiente para usted. Él vino para ser misericordioso, para expiar los pecados del pueblo, y allí es el único lugar a dónde usted puede dirigirse y obtener misericordia.

Pues en cuanto él mismo padeció siendo tentado, es poderoso para socorrer a los que son tentados. [He. 2:18]

Se podría decir, en vez de tentado, que Él fue "probado". Quisiera que usted preste atención a lo que voy a decir, porque aquí es donde hay algunos que no van a estar de acuerdo conmigo, y eso está bien. Usted quiere estar equivocado, bueno, eso es asunto suyo. Pero espero que usted preste atención. Voy a hablar de una manera quizá dogmática aquí.

Hay personas que preguntan en cuanto a esta tentación o prueba del Señor, si Él podía haber sucumbido ante ella. ¿Podría haber fracasado Jesús? La respuesta es, rotundamente "No". Hay algo muy importante que debemos conocer aquí. Nosotros hablamos hoy de ser tentados a hacer algo malo. Lo que usted y yo queremos decir con eso es que tenemos la oportunidad de hacer algo malo, y nosotros queríamos hacerlo. La oportunidad era la prueba, la tentación, pero el deseo de hacer el mal era el pecado. El deseo pecaminoso es pecado en sí mismo; pero Él nunca tuvo ese deseo pecaminoso. Él no fue un pecador, pero Él tuvo la oportunidad, y allí fue donde comenzó Satanás a probarle. Él le dijo: "¿Por qué no haces pan de estas piedras? Hay mucha gente hambrienta en el mundo, ¿por qué no conviertes estas piedras en pan?" Si usted ha visto alguna vez ese lugar, sabe que hay muchas piedras allí. Tienen suficientes allí. El Señor podría haber hecho de las piedras pan. Pero no lo hizo. En realidad, la prueba que Él padeció fue mucho mayor que la mía. Quiero que sepa lo siguiente: Si yo pudiera haber hecho pan de las piedras, estaría ahora mismo en el negocio de la panadería, porque podría haber hecho mucho pan. Pero Él no lo hizo. Tuvo la oportunidad sí, de hacerlo, y ésa es la prueba, pero Él no sucumbió ante ella. Él nunca tuvo el deseo de sucumbir ante esa prueba, y Él no podía tener ese deseo por la misma razón de que era Dios.

Nuevamente hago la pregunta: "¿Podría haber pecado Jesús?" La respuesta es: "No". Alguien me puede decir entonces: "¿Cuál era entonces el propósito de la prueba, si Él no podía ser tentado"? Si uno quiere hacerlo de esa manera, entonces, se podría preguntar si el oro puro debería ser probado también. Cuando se saca el oro de alguna mina, éste es llevado a una persona que ensaya el oro, que lo prueba, éste es un oficial de la casa de moneda, cuyo deber es reconocer la ley del oro. ¿Sabe usted por qué hacen eso? Quieren probar ese oro, y si uno le preguntara a esa persona que está probando el oro, y le dijera: "¿No piensa usted que eso es oro puro?" El hombre contestaría: "Por supuesto, que es oro puro, pero nosotros tenemos que atestiguar que es oro puro". Es así que es probado. Él fue probado. Aún puedo presentar otra ilustración en cuanto a esto.

En cierta ocasión, una gran inundación derribó el puente de ferrocarril de la pequeña ciudad donde yo vivía. Para reemplazarlo se construyó un puente mucho más grande y de acero. Cuando la construcción de este gran puente de ferrocarril fue finalizada, los ingenieros llevaron y colocaron en ese puente dos máquinas de ferrocarril. Cuando los habitantes de la zona observamos lo que estaba ocurriendo, yo me animé a preguntarle a un ingeniero lo que estaba haciendo. Éste dijo que se estaba probando el puente. Yo le dije: "¿Piensa usted que se puede caer?" El ingeniero de manera un poco sardónica respondió: "Por supuesto que no se va a caer. Estamos colocando esas máquinas de ferrocarril allí para probar que no va a caer".

El Señor Jesucristo fue tentado, para probar que Él era quien decía que era. Eso es importante. Si Jesús de Nazaret hubiera pecado, eso no hubiera probado que Dios en la carne podía pecar. No habría probado eso, sino que había probado que Jesús de Nazaret no era Dios en la carne. La prueba demostró que era Dios en la carne. Él no puede pecar. Espero pues, haber aclarado este punto. Quizá usted no lo crea, pero eso es algo que se presenta en la Palabra de Dios. Se nos dice que Él fue probado, tentado en todo.

Esto es algo muy importante porque es el tema de la epístola que vamos a poder apreciar en el capítulo 5. De allí en adelante vamos a hablar del sacerdocio de Dios, del Sumo Sacerdocio del Señor Jesucristo. Él es capaz de ayudar a aquéllos que son tentados. Si hay una cosa que espero hacer resaltar de esta epístola, es que usted y yo seamos conscientes que tenemos un Sumo Sacerdote. Él está vivo en este mismo momento. Él se encuentra sentado a la diestra de Dios, y lo que es mucho mejor aún, Él está dispuesto a ayudarnos. Él se encuentra allí. Cuando uno se despierta en la noche y no puede volver a conciliar el sueño y se mueve de un lado para otro, cuando tiene alguna carga en el corazón, alguna inquietud, uno puede mirar a su Sumo Sacerdote, Él se encuentra allí en el cielo. Él me conoce; Él me comprende y uno puede llevarle la carga a Él. No importa lo que venga; cuando llegan esos momentos tenebrosos, cuando usted y yo pasemos por ese valle de sombra de muerte, tenemos un gran Sumo Sacerdote, y Él es poderoso para socorrer a los que son tentados. Él es capaz de ayudarle a usted hoy. Temo que no le estamos usando a Él como debiéramos usarle. Nos olvidamos de Él, y tratamos de luchar la batalla solos. Pero, Él está dispuesto a ayudarnos. Él quiere que usted y yo, vayamos a Él. Hagámoslo, pues.

CAPÍTULO 3

Cristo es superior a Moisés

Ya hemos visto que Cristo es mejor que los profetas, y acabamos de concluir la sección donde pudimos apreciar que Él es superior o mejor que los ángeles. Ahora vamos a ver que el tema aquí es el de "Cristo, como mejor que Moisés".

Por tanto, hermanos santos, participantes del llamamiento celestial, considerad al apóstol y sumo sacerdote de nuestra profesión, Cristo Jesús. [He. 3:1]

El escritor comienza diciendo: Por tanto, y ésta es otra de las razones por la cual pienso que el escritor de esta epístola es el Apóstol Pablo. Él acostumbraba a decir esto; lo dijo en la epístola a los Romanos, y él usaba allí "por tanto", y "por cuanto", como unión o cemento para presentar aquello que era lógico. Este por tanto es mucho más que eso. Por tanto, es para nosotros como una de esas bisagras en una puerta batiente, una puerta que se abre tanto para un lado como para el otro. También puede ser observado como una señal cuando uno se acerca a algún camino, o a una avenida principal. Así es que tiene la advertencia de que uno puede mirar para ambos lados. Mira para este lado, y mira para aquel lado. Por tanto, mira hacia atrás hacia lo que ya se ha dicho, y también mira hacia adelante hacia lo que se va a decir. Así es que, él comienza diciendo: Por tanto, hermanos santos.

Estoy tomando esas expresiones tal cual se presentan aquí. Hermanos, aquí, identifica a aquéllos que eran hebreos como Pablo. Pablo era un hebreo en la carne, y él les llamaba a ellos hermanos en la carne. Ellos eran creyentes y santos, no por lo que ellos hacen, sino porque esa palabra en realidad significa una persona separada, apartada. Son separados para Dios. Ellos le pertenecen a Él, hermanos santos.

Luego dice: participantes del llamamiento celestial. La nación de Israel tenía un llamamiento terrenal. Todas las promesas en el Antiguo Testamento para la nación de Israel tenían que ver con esta tierra. Dios les prometió a ellos la lluvia del cielo. Les prometió también un terreno fértil y abundantes cosechas. Esas bendiciones eran bendiciones físicas, aunque también son espirituales. Hay algunos que piensan que cualquier cosa física no puede ser utilizada de manera espiritual, pero es una equivocación. Ésa es una de las razones por la cual la gente no quiere que se mencione el dinero en la iglesia. ¿Qué hay de malo con eso? El dinero puede ser usado de una forma espiritual y no me impresiona mucho el escuchar a alguien que ora mucho por alguna cosa y luego no respalda eso con su dinero. Si usted, va a orar por las misiones, por ejemplo, le sugiero que dé dinero para las misiones, porque de lo contrario, sus oraciones no van a ser muy efectivas. Porque todo lo que su oración es, es nada más que viento. El dar es algo espiritual. Ésa es una de las cosas que el sacerdote hace. Él hace sacrificios espirituales. El dar es uno de ellos. Las alabanzas de nuestros labios es otra cosa.

Cuando dice, participantes del llamamiento celestial, indica que, éstos eran hermanos que habían tenido un llamamiento terrenal, pero que ahora ya han avanzado, son de la generación de ahora, aquéllos de Israel que hasta ahora han llegado a Cristo. Entramos a una edad o era diferente. El escritor a los hebreos va a presentar eso de una manera muy clara. En el pasado ellos ofrecían sacrificios según la ley de Moisés, y eso estaba bien. Pero ahora, eso está mal, porque todo eso ya ha sido cumplido en Cristo, y ahora tenemos un llamado celestial. El llamado terrenal no ha desaparecido, sino que ahora el llamado terrenal ha sido cambiado por un llamado celestial, así es que ahora ellos son participantes del llamamiento celestial.

Eso es algo que varios misioneros judíos en Israel han tratado de aclararnos. Cuando uno testifica ante un judío, le damos la impresión a él que tiene que dejar de ser judío. No sé por qué es que hemos entrado en un hábito como ése, pero lo tenemos. Un hombre puede continuar siendo judío y llegar a ser un hijo de Dios. Él ahora tiene este llamamiento celestial. No dejamos de ser lo que somos, cuando llegamos a ser hijos de Dios. Continuamos siendo argentinos o colombianos, o ecuatorianos, o españoles, y también somos hijos de Dios. Nadie nos pide que desistamos de eso. Los judíos le dicen a un judío que ahora él ha venido a Cristo, y ha avanzado junto con la revelación de Dios, y es ahora participante del llamamiento celestial.

Es importante que veamos que la Epístola a los Hebreos se convierte en algo sin significado si uno no considera a quién fue escrita. También creo que debemos considerar cuándo fue escrita.

John Wycliffe escribió las "reglas de oro" de interpretación. Este hombre nació en el año 1324 y murió en 1380; de modo que, usted puede darse cuenta que vivió hace mucho tiempo. Aquí tenemos lo que él presentó como la regla de oro de la interpretación; pienso que aún es de oro, no se ha empañado para nada. Note lo que él dijo: "Será de mucha ayuda para usted para comprender las Escrituras, si usted señala no sólo qué fue lo que se dijo o se escribió, sino de quién, y a quién, con qué palabras, en qué fecha, donde, con cual propósito, cuáles fueron las circunstancias, considerando lo que se presenta antes y lo que sigue".

Usted no puede mejorar lo que allí se presenta. Si usted toma esa regla que presenta John Wycliffe y la aplica al libro de Hebreos, no creo que usted pueda encontrarse con ninguna clase de problemas. Participantes del llamamiento celestial. Esto llegaría a ser algo sin ningún significado aparte de estos creyentes hebreos.

Note lo que sigue diciendo: Considerad al Apóstol y Sumo Sacerdote de nuestra profesión. Y permítame cambiar esto de profesión por otra palabra, "confesión".

Cristo Jesús. La palabra que indica Cristo aquí, no se encuentra en los mejores manuscritos, y creo que algunas de las traducciones más nuevas indican eso claramente. Por esa razón, deseo leerlo de la siguiente manera: Por tanto, hermanos santos, participantes del llamamiento celestial, considerad al Apóstol y Sumo Sacerdote de nuestra confesión, Jesús. Es Jesús.

Se nos dice aquí que debemos considerar; y "considerar" es una palabra muy importante. Es la idea de que debemos prestar una atención fiel a lo que se dice aquí, que debemos considerar esto, que debemos darle tiempo. Hablando honradamente, ésta es una declaración muy importante en la cual debemos meditar y considerar. Debemos darle tiempo, pensar en cuanto a esto, considerándolo. Es una palabra de mucho significado y es una palabra que debemos reconocer indica que debemos hacer las cosas cuidadosamente, que debemos pensar con cuidado, y darle mucha atención a Éste.

Él dice, considerad al Apóstol. ¿Qué es lo que quiere decir? De paso digamos que el Señor Jesucristo era un apóstol, y eso ateniéndonos al significado de esa palabra. No creo que sea necesario leer cualquier otra cosa en esta palabra. Después de todo, ¿qué es un apóstol? Es alguien que es enviado. Él fue enviado por Dios a este mundo. Considerad al Apóstol. Él fue enviado por Dios a este mundo. Él trae el mensaje de Dios. Él es la revelación de Dios. Bueno, consideradle.

Él viene de parte de Dios al hombre como apóstol, pero él dice: … considerad al Apóstol y Sumo Sacerdote. Ése va a ser el tema de esta epístola, y por el momento, el escritor a los hebreos lo omitirá; y cuando él regrese nuevamente a esto, él hablará solamente de esto, y tenemos que esperar hasta llegar allá al capítulo 5 para poder analizarlo. Un sumo sacerdote actúa en la dirección opuesta a la del apóstol. El apóstol viene de Dios al hombre con un mensaje. Eso era lo que hacía el profeta. El profeta hablaba de parte de Dios al hombre. Pero un sumo sacerdote es quien se dirige en la dirección opuesta. Él va a Dios de parte del hombre. Él representa al hombre ante Dios.

Ahora Él es nuestro Sumo Sacerdote. Él nos representa ante Dios a nosotros. ¿Quién es Él? Es Jesús, el Hombre. El énfasis se da aquí a Su humanidad. Nuevamente quiero decir esto: Hay un Hombre en la gloria en el día de hoy, y Él nos está representando allá arriba. Me agrada mucho saber esto porque se nos dice que Él es nuestro Abogado. Él nos defiende, Él está de nuestro lado. Él nos comprende; Él me comprende a mí como ninguna otra persona me comprende.

A veces pienso que cuando hablo con alguien y trato de aclarar algo, que no logro mi objetivo. Por ejemplo, hace algún tiempo, traté de explicar a una audiencia lo que yo sentí, cuando supe que tenía cáncer. Hablé y hablé y parecía que no lograba mi cometido, que la gente realmente no comprendía lo que yo quería decir. Pero, hay Alguien que sí comprende.

esucristo comprende exactamente cómo nos sentimos. Él comprende cómo se siente usted en este momento. Debemos considerar esto y debemos prestarle seria atención a esto. Tenemos un Apóstol enviado por Dios y Él es un Sumo Sacerdote en la presencia de Dios para usted y para mí hoy.

Como usted puede ver, éste es un versículo realmente maravilloso.

Cristo es superior a Moisés

Ahora, el escritor va a demostrar que Cristo es superior o mejor que Moisés. Habiendo visto a los profetas que hablaron de parte de Dios en el Antiguo Testamento, y habiendo demostrado Su superioridad para con los ángeles, él prestó mucha atención a eso; ahora, él va a demostrar que es mejor que Moisés. Moisés es muy importante. Hace algún tiempo, varios años ya, tuvo lugar un debate entre algunos rabinos para decidir quién era mejor, si Abraham o Moisés. Entiendo que ellos decidieron que Moisés era el superior. Moisés era mejor que Abraham. Moisés era superior. Si Jesús se considera aquí, Él tiene que ser superior a Moisés. Y el escritor de la Epístola a los Hebreos va a demostrar eso.

El cual es fiel al que le constituyó, como también lo fue Moisés en toda la casa de Dios. [He. 3:2]

El Señor Jesucristo fue fiel cuando Él bajó a la tierra a representar a Dios ante los hombres. Él es fiel al representarnos a nosotros ante Dios.

Como también lo fue Moisés en toda la casa de Dios. ¿De qué casa estamos hablando aquí? De paso digamos que la palabra casa se menciona siete veces en los próximos seis versículos. Es importante determinar de qué casa se está hablando aquí. ¿De la casa de Moisés? No creo que sea eso. Él está hablando aquí de la casa de Dios. Moisés fue fiel en la casa de Dios. Moisés fue llamado a hacer cierta tarea, y Moisés fue hallado fiel.

Moisés cometió algunas equivocaciones y él escribió en cuanto a eso. En cierta ocasión, un liberal recorrió varios lugares hablando de las equivocaciones que había cometido Moisés; y este liberal era seguido por un predicador quien hablaba de las equivocaciones que el liberal estaba cometiendo. Bueno, Moisés cometió algunas equivocaciones, pero no en las Escrituras. Él escribió el Pentateuco. Moisés habló en cuanto a sus equivocaciones en el Pentateuco, pero las equivocaciones no están en lo que escribió, porque Dios le dijo qué escribir. Las equivocaciones estuvieron en sus acciones. Él no debía haber golpeado esa roca (Ex. 17:6); quizá en ese momento él se encontraba de mal humor. Pero él no debió haber golpeado la roca en la manera en que lo hizo, golpearla una segunda vez. Una vez era suficiente, porque esa roca nos habla de Cristo, y Dios estaba protegiendo ese tipo, ese cuadro de Cristo, de que Él fue castigado una vez por nosotros. No es necesario castigarle a Él nuevamente. Pero Moisés estaba de mal humor. Él no se dio cuenta de lo que estaba haciendo, y golpeó esa roca dos veces. Moisés cometió algunas equivocaciones; pero ¿no le parece algo maravilloso notar que cuando ya pasó toda la vida de Moisés, que él es señalado por su fidelidad? Él fue fiel a Dios y eso es lo mismo que el Señor Jesucristo va a notar en los Suyos—su fidelidad. ..Bien hecho, buen siervo y fiel… (Mt. 25:21) No importa quienes seamos ni la obra que el Señor nos haya dado, debemos ser fieles para con aquéllos con los cuales trabajamos.

En cierta ocasión, yo salí a jugar golf con un asistente de un Pastor. Encontré durante nuestra conversación, que éste no era fiel con el Pastor, y gustaba hablar mal del Pastor. No estaba siendo fiel. Era una persona desleal.

La próxima vez que visité esa iglesia, noté que ese asistente ya no estaba allí. El Pastor me explicó que había tenido que despedirle, porque ese individuo no le era fiel, y había causado muchos problemas para el Pastor. Yo no puedo soportar a una persona que no es fiel al que sirve. Si usted, no es fiel a su superior, entonces no es fiel a Dios. Usted no es una persona en la cual se puede confiar.

Pero Dios dice que Moisés fue fiel. ¿No seria maravilloso oír a Dios decir algo así en cuanto a usted?

Lo interesante de notar aquí es que el Señor Jesucristo fue fiel. ¿Cómo puede entonces Él ser superior o mejor que Moisés?

Porque de tanto mayor gloria que Moisés es estimado digno éste, cuanto tiene mayor honra que la casa el que la hizo. [He. 3:3]

Moisés fue fiel en la casa de Dios. Pero el Señor Jesucristo fue Aquél que construyó esa casa. Él es el Creador. Moisés es la criatura.

Allí está la diferencia.

Porque toda casa es hecha por alguno; pero el que hizo todas las cosas es Dios. [He. 3:4]

El Señor Jesucristo es el Creador. Él es Dios. Moisés nunca dijo que él había hecho tal cosa.

Y Moisés a la verdad fue fiel en toda la casa de Dios, como siervo, para testimonio de lo que se iba a decir; Pero Cristo como hijo sobre su casa, la cual casa somos nosotros, si retenemos firme hasta el fin la confianza y el gloriarnos en la esperanza. [He. 3:5-6]

No sólo es que Cristo es mejor que Moisés en el sentido de que Él es el Creador y Moisés es la criatura, sino que lo mejor que puede ser dicho de Moisés es que era el siervo de Dios; nunca el Hijo de Dios. Cristo, en cambio, es el Hijo de Dios y allí tenemos una diferencia.

Hay mucha diferencia entre el hijo de la casa y el siervo en la casa. Así es que Cristo es superior a Moisés en dos cosas aquí. Cristo es el Creador y Él es el Hijo, y eso es muy importante.

Él dice aquí: Si retenemos firmes hasta el fin la confianza y el gloriarnos en la esperanza. El Apóstol Pablo tenía la costumbre de usar esta palabra Si, no como una condición, sino como un método de argumento, y también de lógica. Creo que lo que él está diciendo aquí es que, ya que retenemos firmes hasta el fin, la confianza y el gloriarnos en la esperanza, es decir, si nosotros somos hijos de Dios, si nosotros somos participantes de este llamamiento celestial, seremos fieles. Retendremos la confianza. Ésta es la prueba de que somos de la casa de Dios.

El Apóstol Juan dijo en 1 Juan 2:19: Salieron de nosotros, pero no eran de nosotros; porque si hubiesen sido de nosotros, habrían permanecido con nosotros; pero salieron para que se manifestase que no todos son de nosotros. Siempre he creído que Dios ha permitido que las sectas y los cultos tomaran auge para sacar de las iglesias a quienes no son realmente creyentes. Ésa es una de las formas que tienen para probarlas. La prueba de que usted es un hijo de Dios es que usted es fiel a Dios, y que usted retiene la fe. Eso no hace de usted un hijo de Dios, sino que es prueba de que usted ya es un hijo de Dios. Si usted es un hijo de Dios, usted continuará; no porque es capaz de hacerlo, sino porque Él le ayuda a usted a permanecer allí.

Así es que, aquí tenemos ese sí del argumento de que está reteniendo firme hasta el fin la confianza, y eso quiere decir que usted es participante del llamamiento celestial. Usted se encuentra entre los hermanos. Si no es así, entonces va a salir. Es por eso que es bueno el utilizar la Palabra de Dios como un medio de probar a los creyentes. Cuando al creyente se le enseña la Palabra de Dios, y cuando esa persona es en realidad un hijo de Dios, él se va a mantener fiel a la Palabra de Dios. Esa persona va a amar la Palabra de Dios. Es que éste es el Padre que le habla. Y el creyente quiere escuchar que le hable.

Yo siempre he utilizado la Biblia para probar a las personas. Si una persona es de veras un hijo de Dios, él mantendrá la Palabra de Dios, y él amará la Palabra de Dios porque quiere oír a Su Padre hablándole.

Este pensamiento puede llevarse aún más lejos, y quisiera tratar aún un poco más con este contraste entre Moisés y el Señor Jesucristo. Moisés y Jesús presentaron un sistema ético, el sistema de Moisés, o el sistema mosaico. Hay un acuerdo general, o un consenso hoy, aún entre aquéllos que están fuera del redil de Cristo, y todos dicen que Moisés presentó el mejor sistema legal que se haya conocido, y que el Señor Jesús, en Su Sermón del Monte, anunció un sistema tremendo de leyes; pero, hay una diferencia tremenda entre los dos. Las leyes que vinieron de Dios a Moisés eran leyes que tenían que ver con la conducta. Pero, cuando el Señor Jesucristo presentó lo que nosotros llamamos "el Sermón del Monte", Él comienza hablando de esas maravillosas bienaventuranzas: Bienaventurados los de limpio corazón, porque ellos verán a Dios. Esto no tiene nada que ver con la conducta, sino que tiene que ver con el carácter. Usted puede apreciar que las demandas éticas del Señor Jesús en el Sermón del Monte, si uno trata de darlas aparte de la gracia salvadora del Señor Jesucristo en Su muerte y resurrección, puedo decirle que esto presenta un sistema sin esperanza para el hombre de hoy. Y repito esto: El Sermón del Monte, aparte de la redención que tenemos en Cristo Jesús, ha hecho más hipócritas hoy en la iglesia que ninguna otra cosa. Hay personas que piensan que es bueno enseñar ética y decir que uno debe guardar lo que se dice en el Sermón del Monte. Sólo a través de la redención de Cristo, uno puede siquiera acercarse a eso. Dios habló por medio de Moisés, en el Monte Sinaí, y allí hubo truenos, y hubo nubes, y relámpagos, y allí había algo terrible; hubo un terremoto. Había gente por allí, pero alejados de Moisés. Ni siquiera el ganado se acercaba, sino que se mantenía a la distancia. Dios nos ha hablado hoy, no de esa misma manera, sino que nos habló desde la cima de un monte llamado Calvario. Sobre ese monte estaba una cruz, y en esa cruz se encontraba un Hombre quebrantado, golpeado, moribundo; pero Él era mucho más que un hombre. Por medio de esa muerte en la cruz se ha derramado sobre este mundo la gracia de Dios, y le doy gracias a Dios que Él no nos salva por la ley. Si hubiera sido así, entonces tendríamos que decir que hemos fracasado y tendríamos que buscar ayuda por otra parte. Gracias a Dios que hay otra ayuda, por medio de la gracia de Dios.

Así es que, el Señor Jesús es superior a Moisés, y se nos dice que debemos considerarle. En el versículo 1 leemos: Considerad al Apóstol y Sumo Sacerdote de nuestra profesión, Jesús. Considere, al Señor. Se va a repetir esto nuevamente en el capítulo 12:3, donde se ve el lado práctico: Considerad a Aquél que sufrió tal contradicción de pecadores contra Sí Mismo, para que vuestro ánimo no se canse hasta desmayar.

Uno puede llegar a ser una persona muy desanimada, si todo lo que uno tuviera fuera el Sermón del Monte. Siento compasión por usted, si ésa es su religión, y si esto es todo lo que usted tiene. Si eso es todo lo que usted tiene, entonces está actuando de manera equivocada; usted está lejos de la redención de Cristo. Usted debe considerarle a Él, considerar Su persona, considerarle a Él en Su actuación en Su obra en la cruz. Alguien ha expresado esto de una manera mucho mejor de lo que yo puedo hacerlo. Escuche lo que dice:

"Cuando la tormenta se desata con todo su furor, cuando la tempestad desgarra el cielo azul, cuando mis ojos con lágrimas se opacan, entonces mi alma, considera al Señor.

"Cuando mis planes por tierra caen, cuando mis más queridas esperanzas abatidas son, cuando cada fantasía insensata pasa, entonces, mi alma, considera al Señor.

"Cuando de mis queridos amigos me separo, cuando mi alma de profunda tristeza llena está, cuando lleno de dolor mi cuerpo vacile, entonces, mi alma, considera al Señor.

"Cuando cansado recorro mi camino, cuando cada día pruebas nuevas trae, cuando mi esperanza y mi fe opacadas están, entonces, mi alma, considera al Señor.

"Con nubes o cálido sol, con tinieblas o luz brillante, con la penumbra del atardecer o la luz del amanecer, cuando mi copa rebosando está, entonces, mi alma, considera al Señor".

Amigo, ¿va usted a considerarle a Él? Necesitamos que el Espíritu de Dios haga que Él sea real para con nosotros.

El peligro de dudar

Cuando llegamos a este versículo 7, notamos aquí la segunda señal de peligro. Aquí tenemos el peligro de la duda. Necesitamos considerar esto de una manera muy cuidadosa, porque nuevamente, cuando consideramos a quienes fue dirigido esto, y las circunstancias, entonces creo que esto va a tener mucho significado para nosotros. Note que la sección anterior concluyó diciendo: Pero Cristo como Hijo sobre Su casa. Y Él es el Hijo del Creador, Él no es una criatura, y no es un siervo. Él es el Hijo de Dios. La cual casa somos nosotros, dice. Nosotros pertenecemos a esta casa hoy, al cuerpo de creyentes, a la familia de Dios, la casa de la fe, y Él dice: Si retenemos firme hasta el fin la confianza y el gloriarnos en la esperanza.

Dios conoce su corazón. Él sabe si usted es salvo o no le es. Si usted es un hijo de Dios, usted va a hacer lo que se dice aquí. Ya que usted retiene firme la confianza, usted va a regocijarse, va a gloriarse en la esperanza, firme hasta el fin. Ésa es la razón por la cual es difícil hoy decir si muchas de las personas que van a las iglesias son salvos o no lo son; por cierto, que no se comportan como si lo fueran. Algunos de ellos parecen que lo fueran y se comportan así también. Sin embargo, son personas de cara larga; parece que hubieran tomado vinagre; no tienen mucho gozo en cuanto a esto. En el versículo 7, llegamos a la segunda señal de peligro; y amigo, Él nos está llevando a lugares bien elevados. Por tanto, debemos tener cuidado y quiero que usted preste atención a lo siguiente.

Por lo cual, como dice el Espíritu Santo; si oyereis hoy su voz.
[He. 3:7]

Aquí tenemos otra de estas expresiones. Este capítulo 3, está lleno de expresiones como ésta. En el versículo 1, vimos que comenzaba diciendo, Por tanto. Aquí, en el versículo 7, note que dice: Por lo cual. Y en el versículo 11, tenemos aún otra expresión: Por tanto. Ésta es una palabra muy importante, es como una de esas puertas batientes que se abre hacia el pasado y que también se abre al futuro. Aquí tenemos una señal de peligro, como cuando uno llega a una gran autopista. Esa autopista lleva al cielo, y la señal dice: "Mire hacia ambos lados antes de entrar a la autopista. Puede que venga algún chofer dirigiéndose en la dirección contraria, entonces uno tiene que tener mucho cuidado".

Hemos llegado a una parte muy importante de la Palabra de Dios, y dice: Por lo cual, en vista de lo que ya ha sido dicho; si las palabras pronunciadas por Moisés eran tan importantes y si las palabras habladas por los profetas eran tan importantes, entonces, ¿qué podemos decir en cuanto a las palabras habladas por Jesús? Por tanto, debemos tener mucho cuidado al tratar con esto.

No endurezcáis vuestros corazones, como en la provocación,
en el día de la tentación en el desierto, Donde me tentaron
vuestros padres; me probaron, y vieron mis obras cuarenta
años. [He. 3:8-9]

Ésta es una cita del Salmo 95. Yo creo que Cristo está expresado en todos los Salmos. No digo que yo lo pueda encontrar en cada Salmo, pero por cierto aquí lo tenemos en el Salmo 95: Porque Él es nuestro Dios; nosotros el pueblo de Su prado, y ovejas de Su mano. Si oyereis hoy Su voz, no endurezcáis vuestro corazón, como en Meriba, como en el día de Masah en el desierto, donde Me tentaron vuestros padres, Me probaron, y vieron Mis obras. Cuarenta años estuve disgustado con la nación, y dije: Pueblo es que divaga de corazón, y no han conocido Mis caminos. Por tanto, juré en Mi furor que no entrarían en Mi reposo. (Sal. 95:7-11)

Hebreos 3:7-11 es la interpretación de este Salmo en particular. Israel se nos presenta como un ejemplo, y quiero dedicar algún tiempo a estudiar esto. La gente que salió de Egipto había dudado. Ellos dudaron de Dios, y porque hicieron eso, nunca pudieron entrar a la tierra de Canaán.

Este pasaje concluye con la palabra reposo. No entrarán en Mi reposo. Creo que usted puede encontrar que hay por lo menos una docena de referencias a la palabra "reposo" en este capítulo y el siguiente. La palabra "reposo" en esta sección aquí no siempre indica la misma clase de reposo.

Aquí es el reposo de la salvación. El Señor Jesucristo se refirió a eso cuando dijo: Venid a Mí todos los que estáis trabajados y cansados, y Yo os haré descansar. (Mt. 11:28) Eso indica que Él quita esa carga de pecado. Usted va a Él porque Él llevó esa carga por nosotros en la cruz, y nuestros pecados son perdonados. Nosotros tenemos redención por medio de Su sangre, el perdón de los pecados. Por tanto, usted no tiene que hacer nada para motivar a Dios a que le perdone; Él ya lo ha hecho. Cristo murió por usted, y todo lo que usted tiene que hacer es aceptarle a Él, todo lo que usted tiene que hacer es creer en Él.

La gente de Israel ahora conoce el reposo de la redención. Ellos ya no son esclavos en Egipto. Ellos pudieron salir pintando los dinteles de las puertas con sangre. Salieron de allí por medio del poder: Dios los llevó a ellos a través del Mar Rojo. Dios les liberó. Ellos saben lo que es el reposo de la redención. Pero el Señor Jesucristo continuó diciendo algo, cuando Él hablaba en cuanto a ir a Él para hallar descanso, Él dijo: Llevad Mi yugo sobre vosotros, y aprended de Mí, que soy manso y humilde de corazón; y hallaréis descanso para vuestras almas. (Mt. 11:29) Aquí tenemos otra clase diferente de descanso. Éste no es el mismo descanso de la redención. Le llamamos a esto, el descanso de la obediencia; el descanso del disfrutar la vida cristiana.

Los hijos de Israel salieron de la tierra de Egipto, y cuando ellos cruzaron el desierto, entonaron un canto de Moisés y Jehová. Cantaré yo a Jehová, porque se ha magnificado grandemente; ha echado en el mar al caballo y al jinete. (Ex. 15:1b) Eso fue algo hermoso. Jehová es un Hombre de guerra. Él libera; Él es grande. Pero ellos habían salido y ellos podrían haber llegado a la tierra prometida en sólo 11 días, pero llegaron a esa tierra, y hasta enviaron espías. Esto no hacía falta realmente. Dios les había dicho: "Yo los cuidaré, simplemente confíen en Mí, sigan adelante". Sin embargo, Él permitió que ellos lo hicieran. Si usted necesita alguna prueba más, si usted es verdaderamente honesto, Dios se la puede dar. Así es que, ellos enviaron los espías. Los espías no pudieron observar esa tierra maravillosa. Todo lo que ellos vieron fueron los gigantes. Ellos se vieron a sí mismos tan pequeños como saltamontes. Pero ellos no vieron a Dios. Regresaron y presentaron un informe falso, en realidad, con la excepción de Caleb y Josué. Éstos dijeron: "Nosotros podemos apoderarnos de la tierra; nosotros podemos dominar a esos gigantes". ¿Cómo? Confiando en el Señor. Así es que esta gente, como podemos apreciar, envió espías, y perdieron 40 días hasta que regresaron los espías; y no querían aceptar el informe de Josué y Caleb, sino que aceptaron el informe de la mayoría de este comité. Ésa es una de las razones por la cual yo no creo en los comités; no creo que puedan realizar una tarea satisfactoria en la obra del Señor. Por tanto, ellos fueron al desierto, y por cada día que aquellos espías habían pasado en la tierra, ellos tuvieron que pasar un año en el desierto.

Lo que quiero señalar, es que ellos no creyeron lo suficiente en Dios como para entrar en esa tierra. Ellos le creyeron lo suficiente como para salir de Egipto, pero no lo suficiente como para entrar en la tierra. Dios dijo: "Esta generación que presenta esas excusas a sus hijos, no va a entrar. Sus huesos quedarán en el desierto. Allí es donde van a ser enterrados. Pero Yo voy a llevar a sus hijos a la tierra". De modo que, encontramos más adelante que Josué los llevó a ellos a la tierra de Canaán. Y ellos tuvieron que cruzar un cuerpo de agua, el río Jordán. ¿Cómo lo hicieron? Dios envió el arca (símbolo de la presencia de Dios) delante sobre los hombros de los sacerdotes. Cuando sus pies tocaron el agua del río, las aguas del Jordán se partieron. Mas los sacerdotes que llevaban el arca del pacto de Jehová, estuvieron en seco, firmes en medio del Jordán, hasta que todo el pueblo hubo acabado de pasar el Jordán; y todo Israel pasó en seco. (Jos. 3:17) Luego, ellos tomaron doce piedras del río, donde estaban estos hombres parados, y las colocaron en el otro lado del río, a donde ellos se dirigían, del lado de la tierra prometida. Tomaron entonces, otras doce piedras de ese lado, y las colocaron en el río Jordán. Esas doce piedras en el río Jordán, cuando son tapadas por el agua, habla de la muerte de Cristo. Esas doce piedras que fueron sacadas del río y colocadas en la otra orilla, ese monumento, habla de la resurrección de Cristo.

Usted y yo nunca vamos a entrar en ese descanso de Canaán de obediencia a Dios, y a los gozos y frutos de la vida cristiana sino hasta cuando entremos a ella por medio de la muerte y la resurrección de Cristo.

Eso es lo que Pablo dijo en Romanos 6:4: Porque somos sepultados juntamente con Él para muerte por el bautismo, a fin de que como Cristo resucitó de los muertos por la gloria del Padre, así también nosotros andemos en vida nueva. Ahora, estamos unidos a un Cristo viviente, y ésa es la única manera que nosotros vamos a disfrutar de Canaán; y, Canaán no es el cielo. Vamos a descubrir que es un descanso o un reposo eterno, y que Jesús nos da ese descanso, pero la pregunta para hoy es: ¿Ha entrado usted al descanso que los creyentes tienen que tener durante su permanencia en la tierra? ¿Es usted un creyente que se está regocijando hoy? La única forma en que puede descubrir eso es acercándose a la Palabra de Dios, creyendo en la Palabra de Dios, estudiando la Palabra de Dios. ¿Cuántos creyentes hoy, cuántos miembros de la iglesia del día de hoy, estudian de veras la Palabra de Dios? Haciendo eso, se nos va a decir aquí en este pasaje de las Escrituras que la Palabra de Dios es viva y eficaz. Esto se refiere en primer lugar al Señor Jesucristo. También se refiere a la Palabra escrita.

Por tanto, de la única forma en que usted y yo podemos mantenernos cerca de Él es permaneciendo cerca a la Palabra de Dios. De la única manera en que usted y yo podemos disfrutar de los frutos de la tierra y de la belleza de ella y de su gozo es estudiando la Palabra de Dios. Ésa es la razón por la cual estamos estudiando la Palabra de Dios; y es también la razón por la cual leemos cartas de personas que dicen que por primera vez ellos han descubierto lo que es el gozo del Señor. El haber sido nada más que miembros de la iglesia y creyentes nominales, había sido como un yugo para ellos. Todo lo que ellos escuchaban era que debían entregar dinero y que tenían que hacer ciertas cosas. Al Señor no le agrada mucho esto, si todo es una obligación; en lugar de acercarnos a la persona de Cristo.

El escritor de esta epístola a los hebreos está hablando a los que han sido salvados, pero que no han entrado en las bendiciones de la vida cristiana. Dudan de Dios, y como resultado, están pasando por una experiencia como en el desierto.

Él está diciendo: No endurezcáis vuestros corazones; luego dice: Me disgusté contra esa generación.

A causa de lo cual me disgusté contra esa generación, Y dije: Siempre andan vagando en su corazón, y no han conocido mis caminos. [He. 3:10]

Esta gente no había estado vagando en sus mentes, sino en sus corazones. ¿Qué fue lo que sucedió con ellos? Ellos habían vagado, se habían apartado, digamos, en su corazón, no en su mente. Piense en esto por un momento. Esa generación de entonces, que salió de Egipto, se presenta ante los creyentes de los días apostólicos, los creyentes hebreos, como una advertencia para ellos para que no hicieran lo mismo. Había el peligro que ellos hicieran eso. Esto tiene un mensaje para nosotros. Porque nosotros tenemos el mismo peligro. Tenemos el peligro de vagar en nuestro corazón.

En el versículo 11, encontramos otro "por tanto". Tenemos esta puerta batiente que se abre tanto hacia un lado como hacia el otro, y antes de entrar en la autopista de la salvación, a esa autopista que es el Camino, la Verdad y la Vida, o sea Cristo Jesús, miremos a ambos lados.

Por tanto, juré en mi ira: No entrarán en mi reposo. [He. 3:11]

No es necesario que Dios haga un juramento. Pero a causa de la incredulidad de ellos, Dios dice: "Esta generación no entrará en Mi reposo". Amigo, venga al Señor Jesucristo, no sólo para recibirle como su Salvador, sino para andar con Él por medio de la fe. Entréguele completamente su vida. Usted no va a poder disfrutar de la felicidad de Canaán a no ser que lo haga. Es por esto que hay tantas personas que se sienten incómodas en las iglesias. Son creyentes del desierto. El desierto es un lugar de muerte. El desierto es un lugar de inquietud. Es un lugar de incertidumbre, y un estado de insatisfacción. Ésta era la gente allá en el desierto. Él dijo: "Ellos no van a saber lo que el reposo es verdaderamente". Hay muchos creyentes hoy que no saben lo que es el reposo. Nunca han entrado en el reposo. Pero uno entra por la fe.

Mirad, hermanos, que no haya en ninguno de vosotros corazón malo de incredulidad para apartarse del Dios vivo. [He. 3:12]

Alguien quizá diga: "¿Puede ser eso cierto en el creyente?" Sí, amigo. El pecado aquí no es un pecado de asesinato. No es un pecado de mentir o de robar. Es el pecado de incredulidad. Es muy importante notar hoy este pecado de incredulidad. ¿Con quién estaba enojado Dios? Con esa generación del desierto; ellos habían pecado. ¿Qué habían hecho? Ellos no cometieron ningún asesinato, tampoco robaron, ni mintieron. ¿Qué fue entonces, lo que hicieron? Simplemente, no le creyeron a Dios. Ése fue su gran pecado.

Antes exhortaos los unos a los otros cada día, entre tanto que se dice: Hoy; para que ninguno de vosotros se endurezca por el engaño del pecado. [He. 3:13]

Esto tiene un significado directo para nuestra entrada a las bendiciones como creyentes; pero en realidad, es la incredulidad del corazón lo que le está robando a la gente la salvación. Alguien quizá diga: "Bueno, ¿qué nos puede decir en cuanto a los problemas que muchas personas tienen en el mundo?" Ellos dicen: "Bueno, yo tengo ciertos problemas. Tengo algunos problemas intelectuales". No quiero hablar de una forma grosera, pero permítame decirle que usted no tiene ninguna clase de problemas intelectuales. Usted dice: "¿Qué en cuanto a esa historia de Jonás? ¿Qué en cuanto a esa historia de Noé? Yo tengo problemas con eso".

En cierta ocasión un hombre de muy buena posición asistió a uno de los servicios de los jueves por la noche en la iglesia que yo pastoreaba. Este hombre se sorprendió mucho de ver cuánta gente venía a la iglesia en la mitad de la semana para estudiar la Biblia. Le llamó mucho la atención porque eran servicios entre semana. Luego, él siguió asistiendo cada jueves, y comenzó a ir a los servicios los domingos también.

Un día fue a visitarme y me dijo que tenía dificultades con algunas cosas; él pensaba que era creyente. Pero se había dado cuenta que no lo era, y que solamente era miembro de una iglesia. Él dijo que tenía algunos problemas intelectuales, y citó como ejemplo la historia de Jonás. Decía que era imposible para él creer que un hombre pudiera vivir tres días y tres noches dentro de un gran pez. Yo le pregunté: "¿Quién le dijo a usted que un hombre puede vivir tres días y tres noches dentro de un pez?" Este hombre dice: "¿No dice la Biblia eso? He escuchado a muchos predicadores decir eso". "Bueno", le contesté, "mi Biblia no dice eso", y mostrándole en el libro de Jonás, le dijo que Jonás había muerto y que estuvo allí por tres días y tres noches; porque el Señor Jesucristo dijo: "Que como Jonás estuvo dentro del pez, así era como iba a suceder con el Hijo del Hombre". (Mt. 12:40) Él estuvo muerto. Le dije a ese hombre que, si él iba a tener problemas con la resurrección de Jonás, entonces, iba a tener problemas también con la resurrección de Cristo.

Este hombre dice: "Bueno, yo no sabía que había sido así. Ya no existe ningún problema para mí entonces". Yo le pregunté luego, si tenía otro problema intelectual. El hombre dijo: "Bueno, quizá no lo tengo". Pero mirándole fijamente le dije: "¿Qué pecado tiene usted en su vida que no le deja llegar a Cristo?" Este hombre se sonrojó mucho y dijo: "¿Le ha estado hablando de mí alguien?" Yo le contesté: "No, sólo sé que su problema intelectual es un problema del corazón", y este hombre dijo: "¿Qué quiere decir con eso?" Yo le contesté: "No es un problema intelectual el que le está estorbando a usted para que venga a Cristo. Hay algo en su vida que no le permite hacer eso". El hombre entonces puso sus manos en su rostro y lloró, y dijo: "Estoy pagando el alquiler de un apartamento para mi secretaria, y yo paso mucho tiempo allí con ella". Yo le dije: "¿Sabe su esposa en cuanto a este asunto?" Él me respondió: "No, no creo que nadie sepa en cuanto a esto; lo he guardado como un secreto más bien". Entonces, le dije: "Ése es su problema. ¿Verdad? Usted no quería abandonar a su secretaria por Cristo". El hombre levantó su rostro y dijo: "Sí, lo voy a hacer". Ese hombre, allí mismo, decidió dejar de pagar el alquiler por el apartamento de la secretaria y hasta la despidió del trabajo. Ella le amenazó con hablar, y contar todo, pero no lo hizo. Ese hombre se arrodilló entonces allí mismo, en mi oficina, y aceptó a Cristo como su Salvador personal.

Después de estar en esto por muchos años, sé que no hay problemas intelectuales. Lo que existe son los problemas del pecado. Quisiera ahora observar lo que dice un pasaje de las Escrituras, porque quisiera que usted vea algo que tiene que ver con Moisés. En 2 Corintios 3:6, Pablo dice: El cual asimismo nos hizo ministros competentes de un nuevo pacto, no de la letra, sino del Espíritu; porque la letra mata, mas el Espíritu vivifica. Usted sabe que la ley le condena. Pero sólo el Espíritu Santo puede darnos vida. En el versículo 7 leemos: Y si el ministerio de muerte, grabado con letras en piedras fue con gloria, (aquí está hablando de los diez mandamientos), mucho más glorioso será lo que permanece. Pablo no está diciendo que no era glorioso, porque, lo era en realidad. Y continúa: Tanto que los hijos de Israel no pudieron fijar la vista en el rostro de Moisés a causa de la gloria de su rostro, la cual había de perecer. Esa gloria iba a desaparecer.

Luego, él continúa y dice en el versículo 11: Porque si lo que perece tuvo gloria, mucho más glorioso será lo que permanece. Es decir, que Él está presentando un contraste aquí. La gloria de la ley hizo que el rostro de Moisés resplandeciera. Cuando él bajó del monte, demostraba la gloria que había en la ley. Pero, ahora tenemos algo mucho más glorioso, lo que tenemos en Cristo. En 2 Corintios 3:12-13, dice: Así que, teniendo tal esperanza, usamos de mucha franqueza; y no como Moisés, que ponía un velo sobre su rostro, para que los hijos de Israel no fijaran la vista en el fin de aquello que había de ser abolido. Moisés no puso un velo sobre su rostro para disminuir esa gloria. Eso es lo que se interpreta generalmente; lo que ocurrió es que esa gloria iba a desaparecer. Era de mañana cuando se levantó Moisés, y la gloria ya se había ido y entonces él colocó ese velo sobre su rostro, para que ellos no supieran en cuanto a esto. Esta gloria estaba desapareciendo. Pero ahora tenemos otra gloria, y es la gloria en Cristo. En 2 Corintios 3:14, él dice: Pero el entendimiento de ellos se embotó... O sea, sus mentes no podían apreciar esto. En realidad, la gente habla en cuanto a problemas intelectuales, problemas de la mente, pero ése no es el problema. El apóstol sigue diciendo en estos versículos 14-15: ...porque hasta el día de hoy, cuando leen el Antiguo Pacto, les queda el mismo velo no descubierto, el cual por Cristo es quitado. Y aún hasta el día de hoy, cuando se lee a Moisés, el velo está puesto sobre el corazón de ellos. El problema con el hombre no está en su intelecto. El problema, es un problema del corazón; es un asunto del pecado. Tal vez usted no ha llegado a conocer a Cristo todavía, y lo que lo mantiene lejos de Cristo no es algo intelectual—sino que es un pecado en su vida que usted no quiere abandonar; ése es su problema. Ésa es la dificultad que usted afronta. En el momento en que su corazón esté listo a abandonar eso, en ese mismo momento sus problemas desaparecerán. Él quitará ese velo de su mente. Puede usted ir a Cristo y ser salvo.

Note ahora lo que dice 2 Corintios 3:16: Pero cuando se conviertan al Señor, el velo se quitará. Aquí está hablando del corazón. Allí está el problema. El velo se quitará. El velo de la mente será quitado cuando usted vuelva su corazón a Cristo Jesús. En el versículo siguiente, dice: Porque el Señor es el Espíritu; y donde está el Espíritu del Señor, allí hay libertad. El Señor Jesucristo, por medio del Espíritu Santo, entrará en su vida y hará que esto sea algo real, como Él lo está haciendo con gran cantidad de gente hoy, y Él lo puede hacer en usted también. Mientras usted continúe aferrado a ese pecado en su vida, y quizá no sea pagándole el alquiler del apartamento a su secretaria, puede que sea cualquier cosa diferente, pero es un pecado en su vida, y eso es lo que le está alejando a usted de Cristo. El versículo 18, dice: Por tanto, nosotros todos, mirando a cara descubierta como en un espejo la gloria del Señor, somos transformados de gloria en gloria en la misma imagen, como por el Espíritu del Señor. Amigo, si usted se vuelve a Él, ¡qué futuro más hermoso está delante de usted! Usted podrá crecer en la gracia y en el conocimiento del Señor.

Vuelva otra vez a Hebreos 3:13 que dice: Antes exhortaos los unos a los otros cada día, entre tanto que se dice: Hoy; para que ninguno de vosotros se endurezca por el engaño del pecado. Uno puede continuar por mucho tiempo de esta manera. En efecto, el creyente hoy puede llegar hasta el punto de creer que su mentira es algo satisfactorio para Dios, y él entonces está viviendo esa vida del desierto. Puede ser una persona deshonesta. Uno puede escuchar hoy decir: "Bueno, usted sabe que mi conciencia no me condena". Pero, ésa puede ser la declaración más trágica que uno pueda hacer, que su conciencia ya no le condene. Hay muchos creyentes hoy, que, si su conciencia no les condena a ellos, ellos deberían estar condenando a su conciencia, porque ha llegado a endurecerse por el continuo pecar. Conozco a muchas personas que forman parte de la iglesia, que están realizando alguna actividad allí, hasta integran la junta directiva de la iglesia y son completamente deshonestos; se ha descubierto que son mentirosos, y, sin embargo, ellos pueden representar algo que no lo son. Ah, se ponen de rodillas y usted los oyera orar, oran de una manera que uno pensaría que son personas completamente piadosas. Sus conciencias no les condenan. Por supuesto que no les condenan, porque ellos están permitiendo el pecado en sus vidas. El problema de hoy es el problema del pecado. No importa quien sea usted. Su problema es un problema de pecado.

Esto sí que es poner el dedo en la llaga, ¿verdad? El escritor de la Epístola a los Hebreos se refiere al pueblo antiguo de Israel, y lo aplica a los creyentes hebreos, en el primer siglo, y en nuestra época el Espíritu de Dios pone el dedo en la llaga. Es el Espíritu Santo que toma esto y lo aplica a nuestros corazones.

> *Porque somos hechos participantes de Cristo, con tal que retengamos firme hasta el fin nuestra confianza del principio. [He. 3:14]*

Porque somos hechos participantes de Cristo. Piense en esto. Usted está en Cristo. Él nos pertenece.

Con tal que retengamos firme hasta el fin nuestra confianza del principio. Éste es el mismo razonamiento que él usó en el versículo 6. Probamos que somos miembros de la casa de Cristo, que le pertenecemos a Él, si retenemos firme hasta el fin nuestra confianza del principio.

Ahora en esta sección el énfasis está sobre el descanso que es nuestro si confiamos en Cristo. La Escritura presenta un descanso quíntuplo: (1) el descanso de la creación; (2) entrada en Canaán; (3) el descanso de la salvación; (4) el descanso de la consagración; y (5) el cielo. Aquí el escritor está hablando en cuanto al descanso de confiar completamente en Dios, no sólo por su salvación, sino también por su diario vivir.

> *Entre tanto que se dice: si oyereis hoy su voz, no endurezcáis vuestros corazones, como en la provocación. [He. 3:15]*

Esta cita concluye con parte del Salmo 95, que ya habíamos visto en los versículos 7 y 8. Obviamente él lo repite para recordarle al lector que estas verdades no son sólo para el día de ayer, sino también para nosotros en el día de hoy.

Si usted me pregunta, "Pastor, ¿cuál es el pecado más grande en su vida? ¿qué le refrena más que nada?" yo tendría que contestar que es la incredulidad.

Hay muchas personas que tienen temor de viajar en avión. Estas personas que se ven obligadas a hacer viajes se preocupan tanto que nunca descansan en el avión. Aunque tengan que hacer un viaje largo, que demora diez u once horas, nunca pueden descansar. Siempre están preocupadas y se mantienen despiertas para de esa manera ayudar al piloto a guiar ese avión. Por supuesto que no es mucho lo que pueden hacer desde su asiento; sin embargo, no pueden dormir. Yo, en cierta ocasión, oré al Señor para pedirle que me ayudara a combatir esto; le pedí a Dios que me permitiera descansar en Él, reposar en Él. Dios contestó de forma maravillosa. Dios permitió que yo durmiera como un niño, aunque el avión se encontraba volando a 14.000 metros de altura. Dios permitió que yo durmiera a bordo de un avión, cosa que nunca había podido hacer anteriormente. Eso fue en realidad una pequeña victoria. Quizá no sea mucho para otras personas. Pero fue un gran triunfo para mí.

¡Qué maravilloso este pasaje de la Escritura! Tiene un gran mensaje para nosotros. Ah, que usted, y yo también, podamos confiar completamente en Dios.

Amigo, esto es el "descanso" del cual el escritor de esta Epístola a los Hebreos habla, el descanso de confiar completamente en Dios, no sólo para su salvación, sino también por su diario vivir, para la ayuda y la sabiduría y la fortaleza que necesitamos para vivir la vida cristiana.

El pueblo de Israel vagó en el desierto porque ellos no tenían suficiente fe como para entrar en la Tierra Prometida. Como hemos visto, Canaán no representa el cielo; representa el lugar de bendición espiritual y victoria. El apóstol Pablo era, creo yo, hablando de su propia experiencia cuando clamó: ¡Miserable de mí! ¿Quién me librará de este cuerpo de muerte? (Ro. 7:24) Éste no es el lamento de un hombre inconverso, es el lamento de un hombre salvo quien es un cristiano derrotado, que no encuentra ninguna satisfacción en

Cristo porque él no está confiando. El problema era falta de fe.

¿Quiénes fueron los que, habiendo oído, le provocaron? ¿No fueron todos los que salieron de Egipto por mano de Moisés? [He. 3:16]

Aquí tenemos una palabra que nos llama la atención: "provocar". Dios no estaba complacido con ellos, porque ellos habían oído, pero no habían creído. Tuvieron la suficiente fe como para salir de Egipto, pero no continuaron creyendo al Señor.

¿Y con quiénes estuvo él disgustado cuarenta años? ¿No fue con los que pecaron, cuyos cuerpos cayeron en el desierto? [He. 3:17]

Ahora, ¿cuál fue su pecado? Su pecado fue la incredulidad. En el día de hoy, nosotros no reconocemos eso como pecado serio. Este asunto de dudar de Dios, de dudar de Su Palabra, éste es uno de los peores pecados porque en realidad nos lleva a cometer otros pecados. Le llevó a esta gente a adorar el macho cabrío, los llevó a la fornicación, los llevó a una negación completa y absoluta de Dios. Hasta querían regresar a Egipto. Esta gente pensaba que era mejor la esclavitud de Egipto, que andar caminando por fe hacia la tierra prometida. Hay gran cantidad de creyentes hoy, que aún caminan gustando las cosas del mundo. Esta gente no sabe realmente lo que es confiar en Cristo y andar en una fe completa y confiar completamente en Él. Note, que él hace una pregunta: ¿Y con quienes estuvo Él disgustado cuarenta años? Esa multitud había salido de Egipto. ¿Quién había pecado? Toda esa gente que había salido de Egipto, porque todos aquéllos que salieron de Egipto, sus cuerpos cayeron en el desierto. Toda esa multitud que salió de Egipto, con la excepción de Josué y Caleb, que fueron los únicos dos de esa multitud que llegaron a la tierra prometida. Ni aún Moisés llegó a la tierra prometida. Pero la suya, fue una verdadera desobediencia de Dios. Pero, no creo que fue falta de fe. Él estaba enojado con los hijos de Israel, pero él no debió haber hecho lo que hizo, o sea, golpear la roca dos veces; él no tenía que haberla golpeado otra vez, porque ya había sido golpeada una vez, y esa roca nos habla de Cristo.

¿Y a quiénes juró que no entrarían en su reposo, sino a aquéllos que desobedecieron? [He. 3:18]

Es decir, al reposo de Canaán. Él no estaba hablando en cuanto al cielo. Con esto quiero decir que todos ellos murieron en el desierto por su incredulidad. Ellos no sabían nada en cuanto a caminar en Canaán, a disfrutar de sus frutos; a encontrar la satisfacción, en sólo creer en Dios. Y Él dijo: No entrarán en Mi reposo. Él juró en cuanto a eso. Él no tiene que hacer eso; pero, cuando Dios lo hace, bueno, el asunto es verdaderamente serio.

¿Quiénes fueron entonces? Fueron aquéllos que no creyeron. No es que ellos adoraron al becerro, no es que ellos cometieron fornicación. Ésos no fueron los pecados que los mantuvieron a ellos apartados de la bendición. El pecado que los mantuvo lejos de la bendición fue la incredulidad; y esto no sólo roba la bendición, sino que también conduce a otros pecados. El otro día un hombre me dijo, "Bueno, yo hice una cosa tan tonta, y yo soy un creyente". Lo que hizo, en realidad, fue algo bastante deshonesto. ¿Cuál fue el problema? Esta persona estaba tan preocupada por esa cosa deshonesta que había hecho, pero estaba haciendo caso omiso de la raíz del problema— que no le creyó a Dios, y eso parecía no molestarle.

Y vemos que no pudieron entrar a causa de incredulidad. [He. 3:19]

Usted puede subrayar este versículo en su Biblia; cada creyente hoy debería subrayar este versículo. Usted puede decir que esto es lo que nos está robando a usted y a mí, muchas bendiciones: la incredulidad.

CAPÍTULO 4

En los primeros dos versículos tenemos la continuación de la advertencia en cuanto al dudar. Luego, en la última parte del capítulo, en efecto, en todo el capítulo, el tema es que "Cristo es superior a Josué".

Temamos, pues, no sea que, permaneciendo aún la promesa de entrar en su reposo, alguno de vosotros parezca no haberlo alcanzado. [He. 4:1]

Note pues, cómo comienza este capítulo: Temamos, pues. Aquí tenemos una expresión que se repite mucho. Este escritor, que creo es el Apóstol Pablo, constantemente urge a los creyentes a ir con el Señor; y presenta este reto, este desafío, constantemente. Aquí llegamos a esta primera expresión de: Temamos, pues. Hay mucho similar a esto aquí en la Epístola a los Hebreos.

En el versículo 1 comienza diciendo: Temamos, pues. Aquí encontramos algo con lo cual mucha gente encuentra una falta, aún en la Palabra de Dios. Esto les parece una contradicción porque aquí dice: Temamos, pues. Sin embargo, se nos dice en la Escritura que nosotros no hemos recibido un espíritu de esclavitud para estar otra vez en temor. El Apóstol Pablo dice eso en Romanos 8:15, y en 2 Timoteo 1:7: Porque no nos ha dado Dios espíritu de cobardía, sino de poder, de amor y de dominio propio.

Tengo algo que decirle a esta gente. Vamos a hablar de cuándo no está mal tener temor. Espero que usted le tema a una víbora venenosa. Yo le tengo mucho temor a una serpiente cascabel; si yo me encuentro con una en el camino, me dirijo rápidamente en otra dirección. Hay pues, ciertas cosas a las cuales usted y yo debemos temer. Temamos, pues. Hay muchas cosas.

Me agradaría ver que los creyentes se preocupen más hoy, en cuanto a la ignorancia de la Palabra de Dios. Hay muchas personas que ocupan cargos de importancia en la iglesia, y que aún son ignorantes de la Palabra de Dios. Quizá tengan una buena posición socialmente, o tengan mucho dinero, y ésa es la razón por la cual ocupan un cargo de importancia. Pero, esta gente no debería ser ignorante en cuanto a la Palabra de Dios. Hay personas que se jactan de la ignorancia que tienen de la Palabra de Dios. ¿Qué es lo que tiene que hacer una persona así? Temamos, pues. Esta persona tiene que preocuparse mucho, tiene que tener temor; tiene que tener temor de ser ignorante de la Palabra de Dios. Pero, hay muy pocos creyentes que tienen temor de eso.

Aquí dice: Temamos, pues. Éste es un buen temor. Aquéllos que somos padres, sabemos que es necesario enseñarles a nuestros hijos que tengan temor de cosas que les puedan hacer mal. Por ejemplo, tenemos que enseñarles que el fuego les puede quemar; entonces, se les dice que no toquen algo que está caliente. También les enseñamos que no deben cruzar la calle solos. Queremos enseñarles a que tengan temor de lo que puede quemarles, así como también el peligro de cruzar la calle. Ése es un buen temor. Acaso, ¿no nos dice la Palabra de Dios que el principio de la sabiduría es el temor de Jehová? (Pr. 1:7) Es esa clase de temor que le ayuda a uno a comenzar a saber algo. El temor al cual se refiere el escritor aquí es con cierto propósito; él lo aclara muy bien. No sea que, permaneciendo aún la promesa de entrar en su reposo, alguno de vosotros parezca no haberlo alcanzado.

En lo que sigue de este capítulo, él va a hablar mucho en cuanto al reposo. Esta palabra se menciona como unas ocho veces en este capítulo. El reposo aquí se compara, no sólo con Canaán sino con el reposo del sábado, el reposo de la creación. Ya vamos a apreciar eso cuando nos toque leerlo. En realidad, hay varias clases diferentes de reposo. Aquí, él está hablando del reposo de Canaán, él está diciendo a los creyentes: "Tengan temor, porque ustedes no querrán perder eso". ¿Cuántos están perdiendo esto, en el día de hoy? ¿Ha entrado usted, en ese reposo? ¿Sabe usted, amigo creyente, lo que es en realidad confiar en Cristo? ¿Reposar en Él?

> *Porque también a nosotros se nos ha anunciado la buena nueva como a ellos; pero no les aprovechó el oír la palabra, por no ir acompañada de fe en los que la oyeron. [He. 4:2]*

Ahora, tenemos el reposo de la salvación, y ese reposo es el reposo de confiar en Cristo como Salvador.

Ellos oyeron el evangelio, pero no lo creyeron.

Cristo es superior a Josué

Moisés guió a los hijos de Israel fuera de Egipto, pero él no pudo guiarlos hasta Canaán. Josué los guió hasta la tierra, pero veremos aquí que él no podía darles reposo. Muchos de ellos nunca encontraron reposo—nunca asieron de verdad su posesión en esa tierra. El mundo, la carne, y el diablo roban a muchos las bendiciones que Dios tiene para ellos. Usted y yo vivimos en un mundo malo, malvado. Este mundo no es un amigo de la gracia; no es un amigo de los creyentes. Muchos de nosotros no hemos descubierto eso todavía.

Pero los que hemos creído entramos en el reposo, de la manera que dijo: Por tanto, juré en mi ira, no entrarán en mi reposo; aunque las obras suyas estaban acabadas desde la fundación del mundo. [He. 4:3]

El escritor está hablando aquí del reposo de la salvación, del reposo que encontramos confiando en Cristo. Permítame hacerle una pregunta: Si usted conociera a un hombre que profesa ser un creyente, que en realidad cree que es un creyente que ha nacido de nuevo, pero, de pronto deja de vivir la vida cristiana y comienza a actuar como los del mundo; ya no asiste más a la iglesia, ya no da nada para la obra del Señor, ya se ha apartado completamente de toda actividad cristiana, ¿creería usted que él ha perdido su salvación? Suponga que usted es esa persona. ¿Creería usted que ha perdido su salvación? Si usted piensa que eso causaría que usted perdiera su salvación, permítame decirle que, en su propia mente, allá en lo más profundo de su corazón, usted no está confiando realmente en Cristo. Usted cree que esas cosas agregan a la salvación, pero no es así. ¿Está confiando usted completamente en Cristo? Ahora, no queremos que nos entienda mal en esto, amigo. Creemos que usted está confiando en Cristo y usted va a hacer estas cosas. Pero, el hacer estas cosas, no tiene nada que ver con la salvación. ¿Ha entrado usted realmente en el reposo?

> *Porque en cierto lugar dijo así del séptimo día: Y reposó Dios de*
> *todas sus obras en el séptimo día. [He. 4:4]*

Aquí está hablando del día de sábado. Dios reposó. Este sábado no es el día que uno guarda en el presente. ¿Ha entrado usted hoy en el verdadero día del sábado? ¿Sabe usted lo que es confiar en Cristo y en Él solamente para su salvación? ¿Está confiando en otra cosa? ¿Ha entrado usted en ese reposo?

En cierta ocasión un buen amigo que era médico y yo estábamos jugando al tenis; al final del juego, nos sentamos a conversar y él me preguntó: "Dime una cosa: ¿Tú guardas el sábado?" Yo le contesté que sí. Él preguntó una vez más: "¿Qué día guardas?" Entonces, respondí: "sábado, domingo, lunes, martes, miércoles, jueves, viernes, y luego comienzo otra vez". Él me interrumpió y me preguntó: "Bueno, ¿y que quiere decir con eso?" Le dije, "Según comprendo por la Epístola a los Hebreos, el día del sábado ahora, es un día de gracia en el cual yo vivo. Cristo, cuando murió en la cruz, resucitó, y fue a sentarse a la diestra del Padre; Él se sentó allí, no porque estuviera cansado, sino porque había concluido mi redención y la tuya. Así es que, ahora me dice: descansa, reposa en Mí; y yo reposo en Cristo. Ahora tengo cada día es un sábado porque descanso en Cristo". Él, entonces, me miró con una gran sorpresa en su rostro y me dijo: "Bueno, eso es mucho mejor que tener solamente un día, ¿verdad?" "Por supuesto que sí"—le contesté. Y así es. Tenemos una semana completa de sábado; estamos descansando, reposando, en Cristo Jesús.

> *Y otra vez aquí: No entrarán en mi reposo. Por lo tanto, puesto que falta que algunos entren en él, y aquéllos a quienes primero se les anunció la buena nueva no entraron por causa de desobediencia. [He. 4:5-6]*

Es la incredulidad, lo que nos roba el descanso, el reposo de la salvación, y el reposo de la satisfacción y de la bendición que Dios nos puede dar. Es maravilloso el descanso, el reposo que Él quiere darnos. Aquí hemos leído: Por lo tanto, puesto que falta que algunos entren en él, por tanto, hay un reposo para usted, amigo.

> *Otra vez determina un día: Hoy, diciendo después de tanto tiempo, por medio de David, como se dijo: Si oyereis hoy su voz, no endurezcáis vuestros corazones. [He. 4:7]*

Él no está diciendo aquí, mañana, sino hoy, y hoy es el día para usted y para mí. En el pasado era otro día para esa gente a los cuales se dirige el escritor. Pero hoy, en este mismo instante, dondequiera que usted esté, puede mirar su reloj y ver ¿qué hora es? Bueno, éste es el momento de la salvación, es ahora; ahora mismo cuando usted puede confiar en Cristo para salvarle a usted. Hoy, si oyereis hoy su voz, no endurezcáis vuestros corazones.

> *Porque si Josué les hubiera dado el reposo, no hablaría después de otro día. [He. 4:8]*

Josué es la palabra del Antiguo Testamento que se utiliza para "salvador", y Jesús significa "salvador" en griego. Es una forma griega de expresarlo. Cuando Josué ya era viejo, y entrado en años, aún había mucha tierra que conquistar. Ellos no habían podido entrar a poseer todas las bendiciones que Dios tenía preparadas para ellos. Josué no pudo hacerlo. Pero, si usted confía en Cristo, Cristo puede permitirle a usted entrar en el Canaán del día presente, la bendición del día presente, cuando puede haber fruto en su vida, bendición en su vida, y gozo en su vida. ¡Cuánto necesitamos esto hoy! ¿Qué es lo que nos roba eso? La incredulidad. ¡Ah, confiemos en Él ahora mismo!

> *Por tanto, queda un reposo para el pueblo de Dios. [He. 4:9]*

Aquí esto se está proyectando hacia el futuro para todo el pueblo de Dios que encontrará un reposo celestial. El cielo será un lugar de una satisfacción profunda, de gozo verdadero, y un lugar de verdadera bendición. Ése es el reposo en el cual nadie tendrá temor.

> *Porque el que ha entrado en su reposo, también ha reposado de sus obras, como Dios de las suyas. [He. 4:10]*

Dios descansó el séptimo día. Ya hemos dicho esto anteriormente. En realidad, nosotros no debemos pensar que lo que Él hizo fue sentarse y decir: "Ah, ahora estoy cansado. He estado trabajando 6 días, 8 horas diarias, desde la salida del sol hasta la puesta del sol, y estoy cansado. Así es que me voy a sentar a descansar". No es nada de eso. El reposo que se menciona aquí es un reposo de una obra perfecta de la creación. La creación ha sido finalizada. Dios no ha estado creando nada desde entonces. Hay tantos átomos que se necesitaban para el universo, y Él los creó todos a la vez, y no los ha estado haciendo desde entonces.

Por cierto, que ha habido muchos cambios en el universo, pero es sólo estos pequeños átomos que se cambian de lugar a sí mismos. Usted y yo vivimos en un universo donde la creación ya ha sido finalizada, con la excepción de la "nueva creación". Esa nueva creación comenzó en el Calvario, y en el día de Pentecostés. De modo que, si alguno está en Cristo, nueva criatura es; las cosas viejas pasaron; he aquí todas son hechas nuevas. (2 Co. 5:17) Eso es lo único que Dios crea hoy, Sus hijos, aquéllos que confían en Él. Existe un reposo, por tanto, que Él les ha prometido. Ellos recibirán ese reposo. Pero Él quiere que nosotros disfrutemos del presente, es decir, como alguien dijo: "Todo el camino hacia el cielo es cielo". Debemos disfrutarlo. De eso es de lo que Él está hablando aquí. Dios reposó. Él concluyó Su labor. Él la finalizó. No es necesario que usted levante ni siquiera su dedo más pequeño para hacer algo por su salvación. Cuando uno piensa en esto, me pregunto si no es un asunto de orgullo de nuestra parte el pensar que usted y yo como pecadores, podríamos hacer algo que provocara que Dios dijera: "Ah, qué persona más buena es ésa; estoy tan contento de tenerlo en el cielo, porque esta persona va a ser de tanto valor aquí". Amigo, ésa no es la realidad. Él hizo todo por nosotros. Porque aun nuestra propia justicia es trapo de inmundicia ante Él. Él no puede aceptar nuestra justicia. No la tenemos. No hay justo, ni aun uno. Por tanto, Él nos ofrece una salvación completa, y cuando nosotros confiamos en Cristo, entonces, somos una nueva creación en Cristo Jesús.

Procuremos, pues, entrar en aquel reposo, para que ninguno caiga en semejante ejemplo de desobediencia. [He. 4:11]

Creo que ésta es la satisfacción suprema que viene al hijo de Dios, que es la voluntad de Dios que él haga la obra de Dios, y que él puede confiar en Dios. Que él puede reposar, descansar en Él. Ah, ese glorioso lugar al cual Dios quiere que usted y yo vayamos, ese mismo lugar al que fue María. Ella se sentó a los pies de Jesús, y Marta estaba trabajando en la cocina con todas esas ollas y demás utensilios. Ella quería servir a Cristo, pero ella no sabía lo que el verdadero reposo era. Así es que aquí tenemos a Marta, ella se prepara en la cocina para cocinar algo, busca una olla, y decide que no es lo suficientemente grande, la guarda otra vez, y las cosas que tenía se le caen al piso, ella obtiene una olla más grande, y ella trabaja mucho allí en la cocina. Ella se cansó demasiado y se puede decir que explotó. Ella se fija que María está allí sentada a los pies de Jesús, pero no está haciendo nada. Pero María ya había finalizado su tarea. Si nosotros aprendemos a sentarnos a los pies de Jesús, vamos a encontrar satisfacción.

Procuremos, pues, entrar en aquel reposo, para que ninguno caiga en semejante ejemplo de desobediencia. Lo único en el mundo que puede robarle a usted el reposo, es la incredulidad. Uno que ha sido creyente por mucho tiempo puede mirar hacia los años que han pasado y darse cuenta que hubiera sido mejor confiar en Dios mucho más de lo que lo ha hecho. Cuantas veces uno se encuentra temeroso, y tan incrédulo; ¡qué bueno sería creer un poquito más, si uno hubiera confiado un poco más en Él! Me gustaría hacer de nuevo eso y confiar en Él, ya que Él es maravilloso. Podemos confiar en Él.

Procuremos pues, entrar en aquel reposo. Alguien me pregunta: ¿Es necesario trabajar para entrar al reposo? Por cierto, que sí. Aquí se nos indica que debemos trabajar para poder descansar. Por eso dice: Procuremos, pues. O sea, luchemos, hagamos lo posible. Cuando uno hace alguna tarea y llega el final del día y luego se sienta, ¿no tiene una satisfacción al hacer eso? ¿De haber obrado todo el día para asirse de Dios? Consiga a Dios en oración hoy, y luche hoy, y déjese usar por Dios hoy. Ah, amigo creyente, permítame decirle que "debemos trabajar hoy".

Llegamos ahora a otro gran pasaje de las Escrituras. Tenemos aquí, otra de las expresiones que se utiliza en estas pequeñas palabras que en la Epístola a los Romanos llamamos semántica. El Apóstol Pablo usa estas palabras "por tanto", "por cuanto", "porque", como un cemento para unir todo su argumento. Pablo era un hombre muy lógico. Alguien ha dicho: "Aparte de todo lo que uno pueda decir en cuanto a Pablo, hay que decir una cosa: que Pablo es lógico". Vemos que él escribió esto, y aquí tenemos una pequeña palabra: "porque". Pero aún así, es una gran palabra. Alguien ha dicho: "Dios hace girar puertas grandes en bisagras pequeñas". Aquí tenemos una de esas pequeñas bisagras, pero tenemos una gran puerta.

> *Porque la palabra de Dios es viva y eficaz, y más cortante que toda espada de dos filos; y penetra hasta partir el alma y el espíritu, las coyunturas y los tuétanos, y discierne los pensamientos y las intenciones del corazón. [He. 4:12]*

Hay algunos expositores que opinan que palabra aquí, no se refiere a la palabra escrita sino a la Palabra viviente, que es el Señor Jesucristo. Bueno, después de todo, en la Escritura la palabra escrita también es llamada la Palabra viviente. Aquí, primordialmente, creo que se refiere a la palabra escrita, y la palabra escrita revela a Cristo. Es el marco que revela al Cristo viviente, y creo que puedo referirme a ambos. Pero primordialmente, se refiere a la palabra escrita.

Veamos lo que dice aquí. La Palabra de Dios. Debemos creer la Palabra de Dios. Porque la Palabra de Dios es viva y eficaz. Esa palabra eficaz indica que tiene energía. Ése es el significado que tiene la palabra griega. La Palabra de Dios es viva y algo que da energía.

Él no sólo dice eso, sino que note lo siguiente: Y más cortante que toda espada de dos filos. Uno de mis profesores, hablándonos a los futuros predicadores nos decía: "Recuerden, cuando ustedes prediquen la Palabra de Dios, que es una espada muy afilada. Pero es una espada de dos filos; puede cortar hacia la congregación, pero el otro lado, corta hacia el predicador. Por tanto, no prediquen nada que no les predique a ustedes mismos". Yo he descubierto en mi ministerio que muchas veces me encuentra predicándome a mí mismo. Quizá el sermón no haya sido para ninguna otra persona, pero lo fue para mí mismo.

Tengo un amigo quien chistea conmigo en cuanto a cómo preparo estos programas. Él dice, "Ahí estás tú, sentado en tu oficina, ¡hablando contigo mismo!" Hablando francamente, así es como lo hago muchas veces. Me siento aquí solo, en el estudio, y hago las cintas; pero me estoy dirigiendo al oyente todo el tiempo. Quizá esto no se pueda aplicar a usted, pero, por cierto, que se puede aplicar a mí, a mi propia persona. Y esto que tenemos ante nosotros aquí, por cierto, que lo hace. Es una espada de dos filos. Puede cortar en dos direcciones. Puede cortar hacia la otra persona, y puede cortar hacia mí también. Eso es lo que la Palabra de Dios tiene que hacer para penetrar.

El Apóstol Pablo dijo a los Tesalonicenses, que ellos no habían recibido esto como una palabra ordinaria; sino que lo habían recibido como si fuera la misma Palabra de Dios. Pablo dijo: Por la cual también nosotros sin cesar damos gracias a Dios, de que cuando recibisteis la Palabra de Dios que oísteis de nosotros, la recibisteis no como palabra de hombres, sino según es en verdad, la Palabra de Dios, la cual actúa en vosotros los creyentes. (1 Ts. 2:13) Los tesalonicenses recibieron la Palabra, no como una palabra ordinaria, sino que la recibieron como la Palabra misma de Dios: Y ni mi palabra ni mi predicación fue con palabras persuasivas de humana sabiduría, sino con demostración del Espíritu y de poder. (1 Co. 2:4) Ésa es una de las razones por la cual comparto las cartas de los oyentes; lo que la Palabra de Dios está haciendo a través de este programa radial en los corazones de las personas. Cómo los lleva a un conocimiento salvador de Cristo, y los lleva al lugar donde pueden disfrutar de su vida cristiana, y regocijarse en la oración. Éste es el propósito de la Palabra de Dios. Si no hace eso, entonces, usted ha estado creyendo algo equivocado. La Palabra de Dios tiene un resultado en usted, y siempre será así.

Alguien ha dicho: "La Palabra de Dios lo mantendrá lejos del pecado, o el pecado, lo mantendrá lejos de la Palabra de Dios". Hay muchos creyentes hoy que no dedican el tiempo suficiente al estudio de la Palabra de Dios. Algunos predicadores que no le dan el tiempo suficiente al estudio de la Palabra de Dios. Es una gran disciplina. Una de las cosas que los jóvenes predicadores pueden hacer y que se necesita mucha disciplina para realizar, es que uno puede ir a través de la Biblia con toda la congregación. Esto es algo que necesita de mucha disciplina, y aun si no ayude a la congregación, por cierto, que va a ayudar al predicador. Eso es algo realmente bueno, es una espada muy cortante, es una espada de dos filos.

Y penetra hasta partir el alma y el espíritu. Muchas personas tratan de hacer una distinción entre el alma y el espíritu, haciendo una ingeniosa división sicológica entre los dos. Pero ¿sabe usted una cosa?, sólo la Palabra de Dios puede dividir el alma y el espíritu. Usted y yo no lo podemos hacer. Cuando uno comienza a hablar en cuanto a la parte del alma del hombre, y luego Dios le da a él el Espíritu Santo, de repente descubrimos que no estamos haciendo una distinción. ¿Por qué? Porque sólo la Palabra de Dios puede hacer la distinción entre el alma y el espíritu. A veces en la Palabra de Dios estos dos términos son sinónimos. Estoy seguro que en muchos pasajes significan la misma cosa. Hay otros pasajes donde es muy claro que el alma y el espíritu no son la misma cosa, son cosas separadas, y eso es lo que tenemos aquí. Sólo la Palabra de Dios puede dividir el alma y el espíritu. También puede dividir las coyunturas y los tuétanos. Puede entrar a nuestra propia carne y hacer una distinción. (Véase el Salmo 32:3.)

Y discierne los pensamientos y las intenciones del corazón. Esta palabra, "discernir", se utiliza aquí y viene de la palabra griega que significa "crítica". Tenemos muchos críticos de la Palabra de Dios en el presente. ¿Sabe algo, amigo? Dios es el crítico. Él lo critica a usted. Él me critica a mí. Yo tengo dudas de que cualquier hombre hoy, se encuentre en una posición donde pueda juzgar la Palabra de Dios. Le voy a decir por qué. Hay muchas razones. Una de ellas es que no hay ningún libro como éste. Fue escrito durante un período de 1.500 años, por unos 45 autores o escritores diferentes, algunos de ellos ni siquiera habían oído de los otros. Aun aquéllos que seguían a los que les habían precedido, ni siquiera habían oído de ellos. Sin embargo, todos están de acuerdo. Todos ellos presentan la gran historia. Presentan una salvación gloriosa.

Ningún hombre está en la posición de juzgar esto; no hay ninguno que sea capaz de juzgar la Biblia. Usted en realidad no conoce lo suficiente. Usted no sabe lo suficiente como para juzgar esta clase de libro. Este Libro por cierto que nos juzga a nosotros. Como ya he dicho anteriormente, es el pecado el que lo mantiene a uno, el que mantiene a los hombres, lejos de Cristo hoy. El problema no está nunca en la cabeza, sino que está en el corazón del hombre. Es un discernimiento, una crítica de los pensamientos y de las intenciones del corazón. La Biblia no trata primordialmente con hechos. Lo que la mano hace es lo que ya pensó el corazón. El corazón tenía la acción de la mano en control antes de que la mano actuara. Por tanto, la Palabra de Dios se dirige directamente y trata con el corazón. El Señor Jesucristo dijo: Del corazón salen los malos pensamientos. (Mt. 15:19) Hay una lista muy larga allí. Pero eso es lo que hay en su corazón y en el mío hoy. Engañoso es el corazón más que todas las cosas, y perverso; ¿quién lo conocerá? (Jer. 17:9) Ningún hombre puede hacerlo. Sólo Dios lo conoce. La Palabra de Dios nos toca directamente donde nosotros vivimos. Allí donde vivimos, donde actuamos, donde tenemos nuestro ser.

Y no hay cosa creada que no sea manifiesta en su presencia; antes bien todas las cosas están desnudas y abiertas a los ojos de aquél a quien tenemos que dar cuenta. [He. 4:13]

Usted no puede ocultarle nada. Cuando yo era joven pensaba que yo podía evitar que Dios conociera todas las cosas que estaban en mi vida, aún trataba de ocultar mis propios planes; oraba para que Él me diera ciertas cosas, pero nunca le presentaba todo el motivo completo. No necesitaba hacerle saber a Él el motivo, y, yo pensaba que la oración iba a aparecer mucho mejor si yo no mencionaba ese motivo. Pero Él lo sabía todo el tiempo. Él conoce todo lo que pensamos, lo que está en nuestro corazón y todo está abierto delante de Él. Amigo, su vida es como un libro abierto ante Él. Alguien dijo: "¿Usted piensa que nosotros debemos confesarle todo a Él?" Bueno, ¿por qué no lo hace? Él ya lo sabe de todas maneras. Es mejor decirle todo a Él. No se le puede ocultar nada.

Cristo es superior al sacerdocio levítico

Comenzando con el versículo 14, hasta el versículo 28, el escritor de esta epístola va a mostrar a nuestro Gran Sumo Sacerdote. Vamos a ver, que Cristo es mejor que el sacerdocio levítico. El Señor Jesucristo es nuestro Gran Sumo Sacerdote.

Esto va a ser muy importante de notar porque los Israelitas acostumbraban a ir a través del sumo sacerdote de la orden levítica y el sacerdote que servía en el tabernáculo o en el templo, y era a través de ellos que hacían su consagración a Dios, y llevaban sus sacrificios.

Nuestro Sumo Sacerdote

En este pasaje vemos que el Señor Jesucristo es nuestro Sacerdote. El escritor, se muestra preocupado y a la vez muy entusiasta en cuanto al sacerdocio de Cristo. En el capítulo 3, él había dicho: Considerad al Apóstol y Sumo Sacerdote de nuestra profesión, Cristo Jesús. Él quería que la gente que estaba leyendo la epístola considerara inmediatamente a nuestro Sumo Sacerdote. Él ha llegado ahora a este tema, y éste será el tema a través del resto de la epístola, pero también habrá, por supuesto, la aplicación de esta gran verdad.

Por tanto, teniendo un gran sumo sacerdote que traspasó los cielos, Jesús el Hijo de Dios, retengamos nuestra profesión. [He. 4:14]

Cristo es nuestro Gran Sumo Sacerdote. La noción pagana del sacerdocio, creo que influencia un poco nuestro pensar en referencia a un sacerdote. Lo que el sacerdote pagano en realidad hacía era poner una barrera en cuanto al acercamiento a Dios. El sacerdote reclamaba para sí cierto poder místico que sería esencial para que una persona se acercara a Dios, y esta persona tenía que ir a través del sacerdote que tenía esa habilidad en particular. Esa clase de cosa, por supuesto, niega la obra consumada de Cristo, y el sacerdocio de todos los creyentes. Ésa fue una de las grandes verdades que enfatizó John Calvin, y era esto del sacerdocio de todos los creyentes. Todos nosotros necesitamos un sacerdote. Tenemos algo que nos falta, tenemos una necesidad de ayuda, y todos nosotros tenemos problemas. Ésta es la respuesta al clamor de Job, cuando dijo: No hay entre nosotros árbitro que ponga su mano sobre nosotros dos. (Job 9:33)

Tenemos ahora, un Gran Sumo Sacerdote que traspasó los cielos. Permítame decirle aquí al mismo comienzo, que el Señor Jesucristo nunca fue un sacerdote en la tierra. La única mención que tenemos de Él haciendo cualquier clase de sacrificio (y Él nunca tuvo necesidad de hacer un sacrificio para Sí Mismo, por supuesto) fue en la oportunidad cuando le dijo a Simón Pedro que pescara un pez, que sacara la moneda de oro de la boca del pez para pagar los impuestos. Él hizo eso, creo yo, para presentar de una manera muy clara, que Él no era un sacerdote aquí en la tierra. Para ser un sacerdote tenía que venir del linaje de Abraham. Uno tenía que ser de la tribu de Leví. El Señor Jesús vino de la tribu de Judá, y ése no era el linaje sacerdotal. Él estaba en el linaje real. Pero cuando Él estuvo aquí en la tierra, Él vino como profeta. Él vino hablando por Dios. Él regresó al cielo como Sacerdote para representarnos allá a nosotros. Él llegó a ser un Sacerdote cuando ascendió a los cielos. Él murió aquí para salvarnos, y Él vive allá para mantenernos salvos.

Note nuevamente lo que dice aquí: Por tanto, teniendo un Sumo Sacerdote. Tenemos un Sumo Sacerdote; Él traspasó los cielos.

Uno de los cargos o funciones que tiene el Señor Jesucristo es como Sacerdote. Es cierto que, cuando Él estuvo aquí, Él se ofreció a Sí Mismo en la cruz, y estaba actuando como Sacerdote. Pero como Sacerdote nos representa a usted y a mí, y eso indica que Él tuvo que esperar hasta regresar al cielo para hacer eso.

Cristo ocupa un cargo triple. Él fue profeta cuando vino hace más de 2.000 años. Eso es el pasado. Él es Sacerdote hoy y eso es para el presente. Él vendrá algún día para reinar como Rey. Eso es para el futuro, pero Él ocupa esos tres cargos. El cargo de Cristo es triple, y Él en realidad es el gran tema de la Epístola a los Hebreos.

…retengamos nuestra profesión, no nuestra profesión, sino nuestra confesión. Así es que, aquí tenemos nuevamente esta expresión que es en realidad un mandamiento para nosotros. Es un reto, como se puede apreciar. Es un llamado, creo, que nos dice que hagamos algo. Retengamos nuestra confesión.

Usted puede notar que Él no dijo que retengamos nuestra salvación. Él no está hablando aquí de nuestra salvación. Él está hablando acerca de nuestro testimonio aquí. Se está refiriendo a nuestra forma de vivir por Él aquí. Él murió para salvarnos, Él vive ahora en el cielo para mantenernos salvos, y eso nos ayuda a ser buenos testigos de Él. Eso es algo que es muy importante. Hay personas que dicen: "Bueno, yo no puedo vivir la vida cristiana". Usted no puede vivir la vida cristiana, y Dios nunca le pidió a usted que viva la vida cristiana, y le doy gracias a Dios por eso. Porque si uno tratara de hacerlo, no daría resultado. Usted no lo puede hacer en su propia fuerza. Él nunca le pidió a usted que hiciera eso. Lo que Él sí le pidió es que la viviera a través de Él. Él vive allá arriba para que usted y yo podamos mantener o retener nuestra confesión, nuestro testimonio aquí abajo.

Él tendrá una lista, y repasará esa lista de "los héroes de la fe", como los llamamos nosotros. En realidad, demuestra lo que la fe hizo en la vida de los hombres y mujeres de todas las edades, y cuando veamos lo que dice el capítulo 11, nos habla de esas personas mencionadas allí que tuvieron un buen testimonio. Todos ellos tuvieron eso. Todos ellos tuvieron un informe favorable. Ése fue un testimonio a través de la fe. Usted puede analizar a cualquiera de los que están allí; Abraham, por ejemplo. Él tuvo un buen testimonio. Esta gente vivió por fe, y por fe nosotros tenemos hoy un Gran Sumo Sacerdote que está allá para ayudarnos.

Vivimos para Dios hoy.

Porque no tenemos un sumo sacerdote que no pueda compadecerse de nuestras debilidades, sino uno que fue tentado en todo según nuestra semejanza, pero sin pecado. [He. 4:15]

Él fue tentado, pero sin pecado. Fue probado, pero sin pecado. No voy a hablar de eso nuevamente, porque ya he tratado este tema antes, pero en la tentación, como nosotros la llamamos, la prueba de Jesús en el desierto, Él no podía haber fracasado, porque Él es el Dios Hombre. Pero la presión de esta prueba fue mucho mayor para Él de lo que podría haber sido para nosotros. El Señor Jesucristo dijo: ...porque viene el príncipe de este mundo, y él nada tiene en Mí. (Jn. 14:30) Pero sí que lo tiene en mí y en usted también. Se podría presentar una ilustración aquí de un barco en el agua. Ese barco sólo puede soportar cierta presión. Cuando se le pone demasiada presión, entonces se raja el casco del bote, o del barco, y entra el agua. Así se quita esa presión. Así somos la mayoría de nosotros. En el momento en que dejamos de resistir, ya no hay más presión, porque usted ha abandonado su lucha, pero Él nunca dejó de hacer eso, así es que la presión estaba en aumento constante, y eso es algo que usted y yo no conocemos.

Permítame usar otra ilustración. Podemos observar a un tren, por ejemplo. Quizá usted ha podido ver a un tren de carga, y en su lado cada vagón indica la cantidad de peso que puede soportar. De vez en cuando, podemos ver a un vagón que tiene cierta depresión en el medio, como uno de esos caballos viejos que tiene una curvatura en el lomo—una curvatura hacia abajo. ¿Qué sucedió? Se le puso demasiado peso, y entonces cedió. No puede cargar tanto peso, y eso es cierto con todos nosotros. Nosotros podemos soportar cierto peso, y no podemos llevar más de eso. El peso que el Señor pudo llevar fue algo infinito. Él fue probado, por tanto. Como ya hemos tratado esto, no lo vamos a hacer otra vez. Pero Él fue probado, tentado, y por esa razón Él sabe cómo nos sentimos nosotros. Tenemos un Sumo Sacerdote que nos comprende.

He pensado que, para la nación de Israel, la muerte de Aarón en cierto sentido fue una pérdida más grande que la muerte de Moisés. La razón para decir esto es que Aarón era el sumo sacerdote; y pienso que aquellos israelitas que crecieron con Aarón jugaron con él cuando eran jovencitos, y también estaban muy familiarizados con él cuando creció y llegó a ser un hombre joven, podían acercarse a él y decirle: "Mira, Aarón, yo he hecho esto y aquello, y no lo debería haber hecho, pero aquí traigo mi sacrificio". Aarón podía simpatizar con él. Él sabía exactamente cómo se sentía su amigo. Cuando Aarón murió, esta gente se preguntaba si el nuevo sacerdote, el hijo de Aarón, les llegaría a comprender. ¿Llegará él a simpatizar con ellos? ¿Los podrá ayudar? Nosotros tenemos un Gran Sumo Sacerdote, y Él está siempre dispuesto a ayudarnos. Él siempre está allí y nos comprende. Él no nos comprende de una forma académica nada más, sino que Él está allí en la carne. Cuando Él estuvo aquí fue probado. Él pudo sentir nuestra enfermedad, nuestra flaqueza. Él sabía lo que era tener hambre. Él sabía lo que era estar triste. El Señor Jesús lloró. Él puede compadecerse de nuestras debilidades. Pero sin pecado.

Acerquémonos, pues, confiadamente al trono de la gracia, para alcanzar misericordia y hallar gracia para el oportuno socorro.
[He. 4:16]

Esta palabra que describe aquí la forma en que podemos acercarnos al trono de la gracia, es algo que puede ser un poco difícil de entenderse. Se nos dice aquí que debemos entrar confiadamente al trono de la gracia. Quizá esto se puede entender como que podemos acercarnos de una manera irrespetuosa quizá; acercándonos a Él demostrando demasiada confianza. Pero no creo que ésa sea la verdadera interpretación. No sé qué otra palabra usar para reemplazar a ésta, en realidad. La palabra que se utiliza en griego es meta-parresía. En realidad, demuestra la libertad de expresión que los atenienses apreciaban tanto. Creo que probablemente ellos fueron los primeros en expresar que el ciudadano común tenía la libertad de expresión. Ésa es la palabra que se utiliza aquí.

"Acerquémonos, pues, con libertad de expresión, al trono de la gracia". Podemos hablar libremente con el Señor Jesucristo. Yo puedo decirle a Él todas las cosas, y aún cosas que no le podía decir ni a usted.

Pero, Él me comprende. Él conoce mis debilidades y por lo tanto las puedo compartir con Él. He aprendido a hablar francamente con Él. No he sido tentado a abusar de la confianza. Eso no me gusta a mí. No me acerco a Él de esa manera. Él es Dios, así es que debemos acercarnos a Él en adoración y reverencia, pero tenemos libertad de hablar, porque Él también es hombre; es Dios, pero también es hombre. Puedo entrar confiadamente; puedo acercarme, y puedo ir con mucha libertad. Puedo decirle a Él lo que tengo en mi corazón. Puedo abrir mi corazón ante Él. No estoy seguro, por tanto, en cuanto a esas oraciones tan piadosas y floridas que algunos expresan que puedan causar alguna impresión en Él. Porque cuando hablamos así, nosotros estamos tapando muchas otras cosas que están en nuestros corazones y en nuestras vidas.

A veces uno escucha a personas con unas oraciones tan elocuentes y floridas que me pregunto si Dios puede escuchar eso. Quizá al Señor no le guste tanto eso, porque esa persona no entra confiadamente, no entra con libertad. No habla libremente ante Dios. Podemos hacer eso. Creo que ésa es una de las razones por la cual nuestros servicios de oración hoy no son tan efectivos, porque llegamos al servicio sintiéndonos un poco restringidos, no abrimos nuestros corazones a Dios. Acerquémonos, pues, con gran libertad ante el trono de la gracia, amigo.

El trono de Dios es un trono de gracia. Era un trono de juicio, pero hoy es un trono de gracia, donde podemos obtener misericordia. Necesitamos mucha misericordia. La misericordia es, en cierto sentido, algo negativo. Habla del pasado, de la misericordia de Dios. Nosotros somos redimidos hoy, y esto no por obra de la justicia que nosotros hayamos hecho, sino según Su misericordia es que nos salva (véase Tit. 3:5). Él ha sido misericordioso conmigo y estoy seguro que lo ha sido también con usted.

Ese socorro es algo muy positivo. Nos habla del futuro. Nosotros podemos obtener misericordia y hallar gracia para el oportuno socorro.

Cuando uno lee el Salmo 23, en algunas traducciones nuevas dice: El Señor es mi Pastor, nada me ha faltado. Eso es algo ridículo, que nada nos ha faltado. La belleza de todo esto es que David podía decir: Nada me faltará. Pero por cierto que eso ha sido también así en el pasado, y lo mismo en el presente, pero eso no es lo que él está diciendo. David dijo: Nada me faltará. ¿Por qué? Porque el Señor es mi Pastor. Yo tengo un Sumo Sacerdote allí arriba, y puedo dirigirme a Él.

De paso, permítame preguntarle, ¿se ha dirigido usted a Él hoy? ¿Qué le ha dicho a Él? ¿Le ha dicho que le ama? ¿Le ha dicho a Él lo miserable que es usted? ¿Por qué no le dice eso? Él ya lo sabe de cualquier manera. ¿Por qué no se lo dice? No trate de aparentar, lo que no es. No asuma esa actitud piadosa de que "venimos a Ti en los méritos de Cristo". Él ya sabe eso. Usted ni siquiera pudiera llegar allí si no fuera por los méritos de Cristo. Podemos acercarnos a Él libremente, y hablarle a Él porque ésa es la única forma en que usted y yo podemos acercarnos a Él. No actuemos de una forma demasiado piadosa. No creo que a Él le guste eso.

CAPÍTULO 5

Definición de un sacerdote

Este capítulo continúa el gran tema de Cristo como nuestro Sumo Sacerdote, mostrando que Él es superior al sacerdocio levítico, con el cual los hebreos estaban familiarizados.

En los primeros diez versículos de este capítulo, veremos la definición de un sacerdote. Cristo, como ya he dicho anteriormente, tiene el triple oficio de Profeta, Sacerdote y Rey. Él es la Ultima Palabra de Dios al hombre. Dios ha dicho todo lo que piensa decir en Cristo. Como profeta, Él habló hace 2.000 años. Él es la Palabra de Dios. Luego Él es nuestro Sacerdote, y allí es donde Él se encuentra en este mismo instante, para el día de hoy. Él es el Sacerdote para la generación de ahora.

En el versículo 1, vamos a ver cuál es la definición de un sacerdote. Se nos dice que Cristo es nuestro Gran Sumo Sacerdote. Eso es algo muy importante de notar de nuestra parte, que Él es nuestro Gran Sumo Sacerdote.

Tenemos acceso a Él. Cada creyente es un sacerdote. Usted puede ir a Él, de la misma manera en que lo podía hacer Aarón, y él era un sumo sacerdote. Nosotros tenemos un Gran Sumo Sacerdote, y tenemos acceso a Dios. Podemos ofrecer sacrificios con nuestras alabanzas. ¿Le ha alabado usted al Señor hoy? Nosotros podemos ofrecerle la sustancia, el fruto de nuestras manos, o el fruto de nuestras mentes, o de nuestro tiempo. Podemos hacer toda esta clase de ofrendas al Señor, digamos de paso, y lo hacemos como lo haría un sacerdote. La oración es la obra del sacerdote.

Esto elimina todas esas cosas que tenemos hoy, todos los métodos que hemos creado en el presente. En el día de hoy creo que hay dos acercamientos extremos a Dios a través de la adoración. Uno de ellos, es un acercamiento demasiado emocional. El otro, es un acercamiento demasiado ritual. Ninguno de estos dos acercamientos es una adoración espiritual. Necesitamos llegar ante Él, sencillamente, y dejar de lado todas las cosas y métodos que tenemos.

Alguien contó una vez una historia acerca de un astronauta. Se encontraba este astronauta en su cápsula, listo para la partida del cohete, y antes de que se cerrara la portezuela llegó un periodista y le hizo una pregunta. Los periodistas—usted sabe—a veces hacen unas preguntas bastante ingenuas. Este periodista, pues, preguntó: "¿Qué es lo que siente usted, un astronauta listo para partir?" Ésta fue la respuesta que recibió: "¿Cómo se sentiría usted si estuviera sentado sobre 50.000 partes, cada una de ellas provista por el contratista más barato de todos?"

Ésa es la adoración que muchos ofrecen hoy a Dios. O son demasiado ritualistas o emocionales, y ninguna de ellas es espiritual. El último versículo del capítulo 4, nos dice aquí, que nosotros podemos acercarnos libremente hoy al trono de la gracia. Necesitamos misericordia; necesitamos ayuda, y Él está en una posición de suplir eso, porque Él es nuestro Gran Sumo Sacerdote.

Definición de un sacerdote

Porque todo sumo sacerdote tomado de entre los hombres es constituido a favor de los hombres en lo que a Dios se refiere, para que presente ofrendas y sacrificios por los pecados. [He. 5:1]

Este versículo da una definición de un sacerdote. Hay aquí, tres requerimientos, o tres requisitos. El tiene que ser tomado de entre los hombres; es decir, que tiene que ser un hombre. Tiene que ser un representante. Él representa al hombre, pero lo representa ante Dios. Aquí se dice: constituido a favor de los hombres en lo que a Dios se refiere. Él va ante Dios. Por tanto, tiene que ser aceptable para con Dios. Note la sugerencia: A favor de los hombres en lo que a Dios se refiere. El versículo 4, se dice: Y nadie toma para sí esta honra, sino el que es llamado por Dios, como lo fue Aarón. En otras palabras, debe ser constituido por Dios. Así es que, este hombre tiene que ir ante Dios, y tiene que ser aceptable ante Dios. Es decir, tiene que ser constituido por Dios. Luego, debemos notar en el versículo 1 que es constituido de entre los hombres. Tiene que ser uno de ellos, ordenado por hombres, representa a los hombres ante Dios.

Podemos trazar una diferencia aquí entre un sacerdote y un profeta. Un sacerdote va del hombre a Dios para representar al hombre ante Dios. Pero un profeta viene de Dios a los hombres con un mensaje de parte de Dios. Ésa es la diferencia. El sacerdote va hacia arriba, de parte los hombres, a presentarse ante Dios a favor de ellos. El profeta baja por el otro lado de la autopista, y viene de parte de Dios hacia el hombre. Así es que, el sacerdote no le dice al hombre lo que Dios tiene que decir. Ésa es la obra del profeta, alguien que habla de parte de Dios. La tarea del sacerdote es representarnos ante Dios. En la actualidad el Único que nos puede representar ante Dios es el Señor Jesucristo.

El sacerdocio en realidad no es para los pecadores perdidos, sino para los pecadores salvados. Usted recuerda lo que el Apóstol Juan dijo: Hijitos míos, estas cosas os escribo para que no pequéis. (1 Jn. 2:1) Lo siento mucho, Juan, pero usted está hablándole a alguien que ya ha pecado. Aún siendo un hijo de Dios he pecado. Pero luego me habla directamente, pues sigue diciendo: Y si alguno hubiere pecado, Abogado tenemos para con el Padre, a Jesucristo el Justo. Él me está representando allá arriba. Cuando Satanás mi enemigo me acusa ante el Padre, el Señor Jesucristo me representa allá arriba. Él es mi Sumo Sacerdote. Él es quien me representa ante el Padre. Ésa es la razón por la cual nunca estaría satisfecho con sólo tener un sacerdote aquí. Quiero aclarar este asunto, y quiero hablar muy honestamente, sin querer ser crítico en lo que digo. Pero el problema siempre es el siguiente. Si usted me va a representar a mí ante Dios, ¿está usted seguro que ha sido aceptado ante Dios? ¿Ha sido usted acreditado ante Él? ¿Ha sido usted aprobado por Él? Si es así, entonces puede representarme. Nosotros podemos orar los unos por los otros, pero no podemos representarnos unos a los otros allá arriba. Necesitamos a alguien que nos represente, y estoy muy contento de saber que tengo a Alguien que me representa ante Dios.

Para que presente ofrendas y sacrificios. Note que el sacerdote puede ofrecer ofrendas y sacrificios. Nuestro Señor Jesucristo se ofreció a Sí Mismo. El escritor nos va a mostrar de una manera muy clara que Él tenía algo que ofrecer. Él se ofreció a Sí Mismo, y cuando Él se ofreció a Sí Mismo, el oro y la plata se pueden convertir en algo completamente sin valor, comparado con la sangre preciosa de Cristo, quien nos redimió.

Para que presente ofrendas y sacrificios por los pecados. No por el pecado, sino que es plural. Pecados. Es decir, esto nos habla de la vida del creyente aquí abajo. Cuando uno pierde el control de sí mismo y hace o dice algo que no debe, eso es pecado. ¿Se lo confesó usted a Dios? Usted tiene Alguien que lo representa allá arriba y Él puede hacer intercesión por usted. Él lo ha representado a usted ante Dios. Nosotros necesitamos a Alguien así.

Para que se muestre paciente con los ignorantes y extraviados, puesto que él también está rodeado de debilidad. [He. 5:2]

Nosotros tenemos un Gran Sumo Sacerdote, que cuando Él llegó al fin de Su ministerio terrenal, podía decir: ¿Quién me acusa de pecado? (Jn. 8:46) Él estuvo acompañado durante tres años, por los discípulos, y si hubiera habido algo malo en Él, ellos lo hubieran sabido. Pero Él no cometió ningún pecado. Por haber vivido sobre la tierra, Él nos comprende.

¿Qué es lo que quiere decir que es paciente con los ignorantes? Esto se refiere al pecado de la ignorancia. Levítico 4:2, se refiere a este pecado de la ignorancia. Quizá usted piensa que no ha cometido algún pecado en los últimos días. Si usted piensa que quizá ha estado viviendo correctamente y sin haber cometido ningún error, tengo algo que decirle. Usted comete algunos pecados de los cuales ni siquiera se entera. Pero Él cuida de eso. Él puede tener compasión como puede ser paciente con los ignorantes. La Escritura dice que: Hay camino que al hombre le parece recto, pero su fin es camino de muerte. (Pr. 14:12) Y, todos nosotros nos descarriamos como ovejas. (Is. 53:6a) Las ovejas se descarrían fácilmente. Todos nosotros nos descarriamos como ovejas.

Puesto que Él también está rodeado de debilidad. Aarón fue tocado por la debilidad. Pero Cristo fue tocado por un sentimiento o sentido de nuestra debilidad. Él sabe cómo nos sentimos nosotros en cuanto a ciertas cosas. Él conoce nuestras debilidades. Él es el Mediador perfecto. Cuando nosotros tropezamos y caemos, Él no cae junto con nosotros; Él está allí para levantarnos.

El problema que existía con Aarón era que podía condonar o

aprobar a aquéllos que habían cometido pecados que él también había cometido. Ese peligro siempre estaría presente. Pero, él podía condenar a aquéllos que habían cometido algún pecado que él en sí mismo no había cometido. Pero, Cristo es capaz de demostrar misericordia, Él no aprueba ni condena, sino que extiende Su misericordia. Cuando nosotros llegamos a Él y hacemos confesión de nuestros pecados, Él no nos predica un sermón en cuanto a hacer las cosas mejor en la próxima oportunidad. Él no nos dice: "Ah, tú no debiste haber hecho eso". Él no hace eso. Él simplemente demuestra Su misericordia para con nosotros. La Escritura dice: Si confesamos nuestros pecados, Él es fiel y justo—un Sumo Sacerdote—para perdonar nuestros pecados y limpiarnos de toda maldad. (1 Jn. 1:9) ¡Es maravilloso tener un Sumo Sacerdote, así como Él!

En el versículo 3, encontramos un contraste con el Señor Jesucristo, porque, no hay una contraparte de esto, del sacerdocio de Aarón en Cristo.

> *Y por causa de ella debe ofrecer por los pecados, tanto por sí mismo como también por el pueblo. [He. 5:3]*

Usted recordará que, en el gran día de la expiación, Aarón primero llevaba el sacrificio, y llevaba la sangre por sus pecados, primero tenía que arreglar el asunto de sus propios pecados. Así que no es un tipo o figura de Cristo. Cristo no tuvo que hacer una ofrenda o sacrificio por Sí Mismo. Él lo hizo por usted y por mí. No hay una contraparte de esto en Cristo.

> *Y nadie toma para sí esta honra, sino el que es llamado por Dios, como lo fue Aarón. [He. 5:4]*

Así es que, Él es un Sacerdote porque es aceptable ante Dios.

> *Así tampoco Cristo se glorificó a sí mismo haciéndose sumo sacerdote, sino el que le dijo: Tú eres mi Hijo, Yo te he engendrado hoy. [He. 5:5]*

Aquí tenemos otro versículo que nos presenta de una manera muy clara que el principio aquí no tiene nada que ver con Belén; que tiene que ver mucho sí con ese jardín cerca del Calvario, donde Él fue sepultado. Allí tuvo lugar la resurrección. Él fue el primogénito de entre los muertos, porque, Su sacerdocio comenzó cuando Él regresó al cielo, y eso nos habla de Su resurrección.

Como también dice en otro lugar: Tú eres sacerdote para siempre, según el orden de Melquisedec. [He. 5:6]

El orden de Aarón no es adecuado para presentar ante nosotros el sacerdocio de Cristo. Así es que nuestro Señor no es un sumo sacerdote en el orden de Aarón, aún cuando Aarón es el tipo, la figura, y Cristo el anti-tipo. Pero Cristo es el Hijo, y Aarón es simplemente un siervo.

Tú eres Sacerdote para siempre, según el orden de Melquisedec. ¿Quién es Melquisedec? Él es mencionado en el libro de Génesis y el único informe histórico de él se encuentra en Génesis 14. Allí se relata la ocasión cuando Abraham estaba regresando de la guerra en la cual él había recuperado a todos los ciudadanos de Sodoma y Gomorra, y eso incluye a Lot, y también regresó con todo el botín. El Rey de Sodoma le encontró, y le hizo una oferta. Él podía quedarse con todo el botín. Este hombre Abraham estaba siendo tentado, estoy seguro, en esa ocasión. Pero él rechazó todo eso. ¿Por qué? Génesis 14:18-20; dice: Entonces Melquisedec, Rey de Salem y sacerdote del Dios Altísimo, sacó pan y vino; y le bendijo, diciendo: Bendito sea Abram del Dios Altísimo, Creador de los cielos y de la tierra; y bendito sea el Dios Altísimo, que entregó tus enemigos en tu mano. Y le dio Abram los diezmos de todo. Abraham le dio el diezmo al Rey de Salem, que significa "paz", y también es el Rey de justicia. Él se aparece en las páginas de las Escrituras y no se sabe de dónde viene, y también sale de la misma manera. No se sabe a dónde fue, y ya no hay ninguna otra mención de él. Eso es lo histórico.

En el Salmo 110, tenemos la profecía de Melquisedec: Tú eres Sacerdote para siempre, según el orden de Melquisedec. Hebreos nos da ahora esta interpretación de Melquisedec.

Hay algunos expositores bíblicos que opinan que Melquisedec es el Cristo pre-encarnado. Bueno, no puedo aceptar eso porque Melquisedec es un tipo del Señor Jesús. Obviamente, el anti-tipo no puede ser el tipo o figura o de otra manera, no existiría el tipo. Por tanto, Melquisedec, era un ser humano. Él era el Rey de Salem, y entró a las páginas de las Escrituras y salió. Pero hay aquéllos que opinan que él es el Cristo pre-encarnado. Dos excelentes expositores que me han ayudado mucho en mi ministerio son Campbell y Chafer; ambos opinan que él era el Cristo pre-encarnado. Así que usted tendría buena compañía si toma esa posición. Y si me sigue a mí quizás no esté en muy buena compañía, (pero, por supuesto si usted quiere estar en lo correcto, estoy seguro que quiere seguir con lo que digo yo).

Creo que esto fue dado para nosotros por Moisés, y Dios guardó este tipo de figura aquí, aun cuando Melquisedec no tenía principio de días ni fin de vida. Ni principio ni fin. El Señor Jesucristo, es el Principio y el Fin, el Alfa y la Omega. Él lo comenzó todo y lo finaliza. Él es el Amén. Él es quien es el Dios eterno. Así es que, no tiene ni principio ni fin. Tenemos un Sacerdote así, según Melquisedec, y vamos a tener la interpretación de esto en capítulo 7.

Ahora llegamos a un versículo con el cual me siento totalmente inadecuado para tratarlo. En muchos lugares siento como que estoy nada más observando las cosas desde afuera. Aquí tenemos un ejemplo de esto. Hablando del Señor Jesucristo, en el versículo 7, se dice que Él es Sacerdote, según el orden de Melquisedec:

> *Y Cristo, en los días de su carne, ofreciendo ruegos y súplicas con gran clamor y lágrimas al que le podía librar de la muerte, fue oído a causa de su temor reverente. [He. 5:7]*

La Escritura dice que el Señor Jesucristo lloró en tres ocasiones. Pienso que Él también lo hizo en otras ocasiones, pero se nos informa de solamente tres veces. Una de ellas ocurrió en la tumba de Lázaro, y en esa ocasión aún cuando Él sabía lo que iba a hacer, Su corazón sintió ternura y simpatía para con las dos hermanas del que había muerto, quienes estaban profundamente adoloridas. Ya que Él lloró por ellas, yo sé cómo Él se siente cuando usted y yo nos paramos al lado de la tumba de un ser querido.

Luego, el Señor Jesucristo lloró sobre Jerusalén. Cuando Él lloró sobre Jerusalén aquel día, pienso que Él también lloró sobre las ciudades de cada uno de nosotros. Por cierto, que le dan buena razón por llorar sobre ellas.

Luego, la tercera ocasión mencionada es en el jardín de Getsemaní. ¿Por qué lloró Él allí? Desafortunadamente, ha habido cínicos incrédulos que han estado diciendo algo que aparentemente algunos creyentes no logran comprender correctamente. No creo que este hombre que habla de manera tal, comprenda este pasaje de las Escrituras, pero él reconoce que le hubiera gustado ver que Jesucristo no llegara a la cruz, y poderle haber dado muerte de alguna otra manera. Eso es exactamente lo que Satanás quería hacer, deshacerse de Él allí mismo en el Jardín de Getsemaní. Eso es lo que creo que Él quiso decir cuando dijo: Pasa de Mí esta copa. ¿Cuál era esa copa? Bueno, era la muerte. Él no quería morir en el Jardín de Getsemaní. Satanás quería darle muerte allí, para evitar que Él llegara a la cruz. El Señor Jesucristo oró. Él no oró para evitar el Calvario, sino que oró para no morir en el jardín de Getsemaní, para que Satanás no pudiera cumplir con sus intenciones allí.

Se dice aquí que Él fue oído a causa de Su temor reverente. Si Él hubiera orado en el Jardín de Getsemaní, indicando que Él no quería morir en la cruz, entonces Él no fue escuchado, porque Él murió en la cruz. Pero, Él fue escuchado. Él no murió en el Jardín de Getsemaní.

La profecía indica de manera muy copiosa y lo deja muy en claro, que Él iba a morir en la cruz. Usted no tiene un cuadro mejor de la crucifixión que en el Salmo 22. La cruz fue un altar sobre el cual el Hijo de Dios derramó Su sangre. Él pagó allí el castigo por sus pecados y los míos. Porque la vida de la carne en la sangre está, y Yo os la he dado para hacer expiación sobre el altar por vuestras almas... (Lv. 17:11) El sacrificio del Antiguo Testamento sólo cubría el pecado. "Yo la he entregado para expiar vuestros pecados". Él ha derramado Su sangre en la cruz, que es un altar. Él le dijo a Nicodemo: Y como Moisés levantó la serpiente en el desierto, así es necesario que el Hijo del Hombre sea levantado. (Jn. 3:14) Él no quería morir en el jardín de Getsemaní. Creo que ésa era Su oración, una oración humana; Su sudor era como grandes gotas de sangre. El Señor Jesucristo, estaba orando para ser librado de muerte en el jardín para que Él pudiera alcanzar la cruz.

Él fue oído a causa de Su temor reverente. El temor no es algo que siempre está mal. Hay personas que opinan que, si uno siente temor bajo cualquier circunstancia, entonces ya no está viviendo realmente la vida cristiana. Sería algo anormal si uno no sintiera temor. Creo que necesitamos un poquito más de temor en las iglesias cuando nos reunimos, el temor de Jehová, el temor del Señor; ése es el principio de la sabiduría. Él tuvo temor, y creo que es a eso a lo que se refiere aquí.

> *Y aunque era Hijo, por lo que padeció aprendió la obediencia; Y habiendo sido perfeccionado, vino a ser autor de eterna salvación para todos los que le obedecen.* [He. 5:8-9]

La única clase de salvación que Él ofrece es eterna. Si usted la pudiera perder mañana, entonces, no sería algo eterno. Es de alguna otra clase. Por cierto, que no es eterna. Pero, Él ofrece eterna salvación para todos los que le obedecen.

Para todos los que le obedecen. ¿Qué es obediencia? La gente en cierta ocasión se acercó al Señor Jesucristo y le hizo una pregunta: "¿Cuál es la obra de Dios?" Él dijo: Ésta es la obra de Dios, que creáis en Él que Él ha enviado. (Jn. 6:29) Si usted quiere obedecer a Dios, confíe en Cristo, eso es lo que Él está diciendo.

Pero hay algo aquí que yo no comprendo, y debo confesarlo. Estamos aquí frente a un misterio: ¿Por qué tuvo el Hijo de Dios necesidad de aprender obediencia por medio del sufrimiento? ¿Por qué tuvo necesidad de ser hecho perfecto, cuando Él ya era perfecto? Estoy aquí frente a un misterio, un misterio que no puedo comprender, y es esto: el que Dios sacó algo de la muerte de Cristo, para hacer del cielo algo más maravilloso, y que eso ha agregado algo al cielo donde todo es perfección, y que el Hijo de Dios ha aprendido algo.

Conozco las respuestas que el hombre da a esto, pero ésas no me satisfacen. Sencillamente reconozco que estoy delante de un gran misterio. Él vino a este mundo, Él tomó en Sí nuestra humanidad, y en esa humanidad Él obedeció a Dios. Él dijo: He venido a hacer la voluntad de Mi Padre. (Véase Jn. 6:39) Y estando en la condición de hombre, se humilló a Sí Mismo, haciéndose obediente hasta la muerte, y muerte de cruz. (Fil. 2:7-8) Cuando yo muera, si el Señor no viene antes, yo no voy a ser obediente en cuanto a esto. Yo no quiero morir. Creo que eso es algo morboso, y hay algunas personas que siempre están queriendo morir; no sé por qué. Pero, yo quiero vivir aquí tanto tiempo como me sea posible. Cuando yo tenía cáncer, había mucha gente que me escribía diciendo: "Nosotros estamos orando por usted, para que el Señor le sane". Y yo les daba gracias por eso, porque el Señor escuchó sus oraciones. Pero, había una señora cerca de donde yo vivía, que era amiga mía. Esta señora escribió diciéndome: "Yo no estoy orando para que el Señor le deje aquí". Ella me decía en esa carta: "Yo sé que usted está listo para partir, así es que estoy orando al Señor para que se lo lleve". Yo le escribí enseguida diciéndole: "Mire, deje al Señor tranquilo en esto, este asunto es cosa de Él; es algo entre Él y yo, y yo no quiero que usted le vaya a decir al Señor cuando Él me tiene que llevar a mí, porque quiero quedarme aquí y le daría las gracias si usted no orara más de esa manera. Por lo menos cambie eso. Dígale que se equivocó usted al orar, o algo así, que yo quiero quedarme aquí. Yo quiero quedarme aquí tanto como pueda".

Cuando el escritor a los Hebreos dice que Cristo aprendió la obediencia, por las cosas que Él sufrió, no lo entiendo. Simplemente reconozco que estoy ante un misterio; porque ¡hasta mi Señor aprendió algo!

> *Y fue declarado por Dios sumo sacerdote según el orden de Melquisedec. [He. 5:10]*

La palabra declarado mencionada aquí, quiere decir "saludado", y se refiere a Melquisedec. Él va a tratar de este asunto del sacerdocio de Cristo, del Sumo Sacerdocio de Cristo, y que Melquisedec nos fue presentado en el Antiguo Testamento, donde sólo hay dos referencias allí en cuanto a Él, pero que fueron dadas porque éstas debían ser un tipo, una figura del sacerdocio del Señor Jesucristo.

El peligro de ser tardo para oír

Aquí tenemos la tercera señal de peligro que presenta el escritor. Esta señal de peligro es una señal como una luz roja. Él está listo para entrar a la autopista, pero antes de hacerlo, él dice que uno tiene que mirar a ambos lados. Esto es muy importante. Él dedica lo que resta de este capítulo 5 a eso, porque en el próximo capítulo (después de la tercera señal de peligro), él trata el gran tema de Cristo nuestro Sumo Sacerdote según el orden de Melquisedec.

*Acerca de esto tenemos mucho que decir, y difícil de explicar,
por cuanto os habéis hecho tardos para oír. [He. 5:11]*

Yo tengo muchas cosas que decir, pero ¿por qué es difícil de explicar? El problema era que ellos se habían hecho tardos para oír. Él lo podía declarar, pero ellos no lo podían asimilar.

Esto a veces sucede cuando uno va a la iglesia. Usted tiene un pastor que enseña lo que la Biblia dice, y lo explica de varias maneras. Después del servicio usted conversa con alguna otra persona y dice: "Bueno, yo no creo que el pastor habló claramente hoy. No creo que su mensaje estuvo a la par con lo que él puede hacer". Pero ¿se detuvo usted a pensar que el problema de ese día pudo haber estado en usted? Aquí dice: Os habéis hecho tardos para oír. El problema no está en la persona que habla, sino en la que está escuchando. El problema de los oídos hoy. Ése es el gran problema de los creyentes: Oír la Palabra de Dios.

El problema es sencillamente éste, y él lo va a tratar muy directamente: Cristo es Sacerdote según el orden de Melquisedec. Pero éste es un tema bastante difícil que requiere una percepción espiritual aguda. Requiere de las personas que estén alertas espiritualmente; que tengan un conocimiento de la Palabra de Dios, que estén cerca de la Palabra de Dios. Los creyentes hebreos tenían un cuociente espiritual muy bajo, no un cuociente intelectual, sino espiritual. Espiritualmente ellos estaban muy por debajo de lo normal.

Dice él: Difícil de explicar. Eso quiere decir que era difícil para ellos comprenderlo; era difícil interpretarlo; y la razón es porque ellos eran como niños pequeños. Todo lo que ellos comprendían era el lenguaje de los bebés: da, da, gu, gu, y todo eso; y eso es todo lo que algunos de los santos quieren escuchar hoy. Quieren que el predicador les hable de esa manera, tan sencilla, infantil yo diría. No quieren algo que es difícil. Ésa es la razón por la cual algunos predicadores hoy están diciendo cualquier cosa en el púlpito. En realidad, están asesinando la Palabra de Dios. La matan completamente y presentan otra cosa, que no es nada más que su propio punto de vista. La razón por la cual esto existe es que a muchas personas les gusta escuchar esta clase de lenguaje de los niños. Él va a hablar de una manera muy directa; va a poner su dedo en la llaga.

> *Porque debiendo ser ya maestros, después de tanto tiempo, tenéis necesidad de que se os vuelva a enseñar cuáles son los primeros rudimentos de las palabras de Dios; y habéis llegado a ser tales que tenéis necesidad de leche, y no de alimento sólido. [He. 5:12]*

Ellos debían haber aprendido su abecedario. Algunos quieren ya recibir su diploma de graduados, pero ni siquiera conocen el alfabeto. Por tanto, él tiene que repasar otra vez esto para los bebés. Él tiene que darles la leche otra vez.

Tenéis necesidad de que se os vuelva a enseñar cuales son los primeros rudimentos, y esta palabra "rudimentos" viene de la palabra griega stoikíon de la cual obtenemos la palabra "átomo", digamos de paso. Se refiere a elementos primarios; a las primeras letras de la vida cristiana. Ellos ya deberían ser maestros, deberían ser santos maduros. En lugar de eso, son como bebés, y necesitan que alguien les ayude.

Estoy hablando aquí en cuanto a los primeros rudimentos de la Palabra de Dios. Aquí tenemos un ejemplo: después de finalizar el servicio, yo salí a la puerta de la iglesia, y allí saludaba a la gente que estaba saliendo del servicio. Luego, llegó un creyente, y me dice: "Pastor, ¿tiene usted algo en contra de mí?" Yo le contesté: "No. ¿Por qué? ¿Por qué dice eso?" "Bueno, Pastor", dice, "usted pasó al lado mío en la calle ayer y ni siquiera me saludó". Eso es precisamente hablar como un bebé. Yo ni siquiera le había visto. Es en realidad insensatez hablar de esa manera. "Ah, ¿que por qué no dejó que cantara el solista esta mañana? Nosotros queríamos escuchar al solista"; y, ésos son los bebés, que quieren escuchar esos sonajeros, y quieren recibir su biberón de leche.

Y habéis llegado ser tales que tenéis necesidad de leche, y no de alimento sólido. Es decir, que usted no ha alcanzado la edad, no ha crecido, no ha llegado a madurar. Un bebé no puede comer carne, pero un adulto puede disfrutar de la leche. Tenemos que admitir que muchos de los santos en el presente se sientan y escuchan lenguaje de bebés que proviene del púlpito. Es algo trágico de veras, que tengan que hacer eso. Pero así sucede.

Y todo aquél que participa de la leche es inexperto en la palabra
de justicia, porque es niño. [He. 5:13]

Él no conoce la Palabra de Dios.

Quiero expresar esto de una manera bien clara, sin ofender a
nadie. Pero quiero ayudarle ya que usted no puede crecer aparte de
la Palabra de Dios. No interesa cuanta actividad usted desarrolle
en la iglesia. Quizá usted tenga algún cargo en ella. Puede ser un
miembro de la iglesia, y estar en cada comité que se haya formado.
Quizá usted pueda ser diácono o anciano de la iglesia, pero eso no
interesa, si usted no está en la Palabra de Dios, si no sabe cómo
manejar la Palabra de Dios, usted es como un niño. Es algo trágico
el ocupar un cargo en la iglesia cuando usted es un niño. Usted tiene
que crecer. Es algo trágico que haya personas que han sido miembros
de la iglesia y salvos por muchos años, y aún hoy ellos continúan
hablando como niños. No son más que bebés. Todo lo que quieren es
que alguien les preste atención.

Pero el alimento sólido es para los que han alcanzado madurez,
para los que por el uso tienen los sentidos ejercitados en el
discernimiento del bien y del mal. [He. 5:14]

En 1 Corintios 3:1-2, Pablo dice, De manera que yo, hermanos,
no pude hablaros como a espirituales, sino como a carnales, como a
niños en Cristo. Os di a beber leche, y no vianda; porque aún no erais
capaces, ni sois capaces todavía. 1 Pedro 2:1-2 dice, Desechando,
pues, toda malicia, todo engaño, hipocresía, envidias, y todas las
detracciones, desead, como niños recién nacidos, la leche espiritual
no adulterada, para que por ella crezcáis para salvación.

CAPÍTULO 6

Señal de peligro: el peligro de apartarse

Este capítulo, tiene otro "por tanto". Este "por tanto" es como una de esas puertas batientes que, ya he dicho anteriormente, se abren hacia ambos lados, y que se abre hacia el capítulo 5 y hacia el 6.

Este capítulo también tiene el pasaje más difícil de interpretar en la Biblia, sin tener en cuenta la posición teológica del intérprete.

El Dr. R. W. Dale, quien era uno de los grandes cerebros, por así decirlo, del campo de los eruditos conservadores primitivos, escribió lo siguiente: "Yo sé por qué este pasaje ha hecho temblar el corazón de muchos buenos hombres. Se levanta en el Nuevo Testamento con una lóbrega grandeza. Es portentoso, terrible. Sublime como el monte Sinaí cuando el Señor descendió sobre él en fuego, y cuando Él estaba rodeado de amenazantes nubes tormentosas, con truenos y relámpagos; y voces extraterrenas decían que Él estaba allí".

Cada persona que es reverente se ha acercado a este pasaje en particular de las Escrituras, con un temor reverencial, y cada persona sincera ha llegado a este pasaje con un sentimiento de insuficiencia. Y es así, por cierto, como me estoy acercando yo a este pasaje.

El peligro de separación

En el capítulo anterior se nos presentaba una señal de peligro. Esa señal de peligro se llamaba tardos para oír. (He. 5:11) Ahora, el escritor está aquí dirigiéndose a los creyentes hebreos que pueden apreciar que ya se acerca la persecución. Esta gente quiere regresar otra vez al judaísmo y volver a colocar el fundamento.

> *Por tanto, dejando ya los rudimentos de la doctrina de Cristo, vamos adelante a la perfección; no echando otra vez el fundamento del arrepentimiento de obras muertas, de la fe en Dios. [He. 6:1]*

Dejando ya los rudimentos de la doctrina de Cristo es literalmente "dejando la palabra del principio concerniente a Cristo". Para un constructor, quiere decir dejar el cimiento y empezar a construir, o en la escuela es como el estudiante que deja de aprender el abecedario y empieza a ganar su bachillerato. Es preparación del creyente para parase ante el trono de Dios.

Vamos adelante es horizontal, no perpendicular.

A la perfección es madurez. Hay seis hechos fundacionales en el Antiguo Testamento que prefiguran a Cristo en rito, símbolo y ceremonia: el arrepentimiento de obras muertas; la fe hacia Dios; la doctrina de bautismos; la imposición de manos; la resurrección de los muertos, y el juicio eterno.

El arrepentimiento de las obras muertas. Estas obras eran las obras de la ley mosaica. Ellos continuamente estaban tratando de guarde la ley, entonces la quebrantaban, entonces se arrepentían. Eso es cosa de bebés.

La fe en Dios. El Antiguo Testamento enseñaba fe hacia Dios; así que sólo decir que usted cree en Dios no significa que usted ha progresado mucho. El rito del Antiguo Testamento presentaba una fe en Dios acercándose a Él por los sacrificios en el templo, no por Cristo como Sumo Sacerdote.

De la doctrina de bautismos, de la imposición de manos, de la resurrección de los muertos y del juicio eterno. [He. 6:2]

La doctrina de bautismos. Eso no tiene nada que ver con el bautismo del Nuevo Testamento. Es el lavado del Antiguo Testamento, y había muchos de éstos. Esta gente quería comenzar ahora al retorno de estas prácticas, y todas esas cosas eran nada más que sombras. Eran solamente pequeños cuadros. Eran nada más que los negativos, digamos, y luego hay que revelar las fotos espirituales, por así decirlo. Todo habla de Cristo. Ellos estaban apartándose de la realidad.

La imposición de manos. Eso tenía lugar cuando un hombre traía un animal para sacrificarlo, él ponía sus manos sobre la cabeza del animal para significar su identificación con él. El animal estaba tomando el lugar del hombre sobre el altar.

La resurrección de los muertos se enseñaba en el Antiguo

Testamento, pero ahora ellos necesitaban venir a la resurrección de Cristo, el Cristo viviente.

El juicio eterno también se enseñaba en el Antiguo Testamento.

Y esto haremos, si Dios en verdad lo permite. [He. 6:3]

Llegamos ahora a un pasaje que ha causado, según opino, una gran cantidad de dificultades, como ninguna otra parte de las Sagradas Escrituras. Hay quienes lo consideran como el pasaje más difícil de interpretar.

> *Porque es imposible que los que una vez fueron iluminados y gustaron del don celestial, y fueron hechos partícipes del Espíritu Santo, Y asimismo gustaron de la buena palabra de Dios y los poderes del siglo venidero, Y recayeron, sean otra vez renovados para arrepentimiento, crucificando de nuevo para sí mismos al Hijo de Dios y exponiéndole a vituperio. Porque la tierra que bebe la lluvia que muchas veces cae sobre ella, y produce hierba provechosa a aquéllos por los cuales es labrada, recibe bendición de Dios; Pero la que produce espinos y abrojos es reprobada, está próxima a ser maldecida, y su fin es el ser quemada. Pero en cuanto a vosotros, oh amados, estamos persuadidos de cosas mejores, y que pertenecen a la salvación, aunque hablamos así. [He. 6:4-9]*

El versículo 9 es la clave de este pasaje. Pero necesitamos todo el contexto para comprender mejor el pasaje.

Al entrar al corazón mismo del estudio de estos versículos, nos enfrentamos inmediatamente con el hecho sorprendente de que algunos expositores y comentaristas por lo general, evitaban hablar de este capítulo. Una persona a la cual admiro mucho, el Dr. G. Campbell Morgan, el príncipe de los expositores, ha dejado completamente de lado esto en su libro sobre Hebreos. Cuando lleguemos a observar las interpretaciones disponibles y hagamos un resumen de cada una, vamos a poder comprender muy bien por qué los hombres han elegido mantenerse lejos de esta escena de confusión, porque uno puede sacar muchas interpretaciones de aquí.

La primera interpretación que deseo presentar es para mí la que me deja más insatisfecho. Encontramos en esa enseñanza que se sugiere, que los creyentes mencionados son creyentes que han perdido su salvación, es decir, eran salvos una vez, pero han perdido su salvación. Hay muchas personas que mantienen esa posición y en su gran mayoría son creyentes que han nacido de nuevo ellos mismos. Pero al mantener esta posición, se encuentran en un lugar que es muy incómodo como el lugar en que me encuentro yo cuando viajo por avión. Sé que yo estoy tan seguro como los demás, pero no lo disfruto como algunos otros. Hay muchas personas que no están seguras en cuanto a su salvación y no la están disfrutando. Sin embargo, son salvas, si ponen su fe y confianza en Cristo como su Salvador. No es asunto de tener fe, sino de Aquél a quien es dirigida esa fe. Estas personas se encuentran en esta categoría general de la interpretación, y se vuelven a este pasaje de las Escrituras más que ningún otro, ya que ellos niegan que nosotros tenemos una salvación segura y no se puede perder, y que el creyente está seguro en Cristo.

Deseo aclarar sin dejar ningún lugar a dudas, que creo tener una salvación segura, y que la Escritura nos muestra eso de una manera muy clara. Pablo dice en Romanos 8:1: Ahora, pues, ninguna condenación hay para los que están en Cristo Jesús, los que no andan conforme a la carne, sino conforme al Espíritu. Luego él amplifica esta gran verdad llevándola a un punto culminante, triunfal, como lo es esta declaración en Romanos 8:33: ¿Quién acusará a los escogidos de Dios? Dios es el que justifica. Es decir, Él pone el trono de Dios detrás del hombre más débil y más humilde; aquel hombre que ha confiado en Cristo; y en el día de hoy no hay ninguna inteligencia creada en el universo de Dios, que pueda acusar a alguno de éstos quienes han sido justificados a través de la fe, en la sangre de Cristo. Pablo continúa hablando en Romanos 8:34 y dice: ¿Quién es el que condenará? Cristo es el que murió—ésa es la primera cosa—más aún, el que también resucitó—ésa es la segunda cosa—el que además esta a la diestra de Dios—eso es lo tercero; y lo cuarto es, el que también intercede por nosotros. Digiera esas palabras. Aquí tenemos una gran base o un gran fundamento de seguridad. Luego leemos en los versículos 35-39: ¿Quién nos separará del amor de Cristo? ¿Tribulación, o angustia, o persecución, o hambre, o desnudez, o peligro, o espada? Como está escrito: Por causa de Ti somos muertos todo el tiempo; somos contados como ovejas de matadero. Antes, en todas estas cosas somos más que vencedores por medio de Aquél que nos amó. Por lo cual estoy seguro de que ni la muerte, ni la vida, ni ángeles, ni principados, ni potestades, ni lo presente, ni lo por venir, ni lo alto, ni lo profundo, ni ninguna otra cosa creada nos podrá separar del amor de Dios, que es en Cristo Jesús Señor nuestro. ¿Puede usted mencionar, alguna cosa que él no menciona aquí en este pasaje? ¿Puede mencionar usted alguna cosa que pudiera separarle a usted del amor de Cristo? Esto lo incluye todo. Aquí tenemos una garantía que nada nos puede separar del amor de Dios; nada de lo visto, nada de las cosas que no se ven, nada de lo que es natural, nada de lo que es sobrenatural nos puede separar del amor de Cristo.

El Señor Jesucristo hace una declaración tremenda en cuanto a nuestra seguridad absoluta. Escúchele a Él y confíe en Él, crea en Él. Porque la Palabra de Dios es viva y eficaz. Crea en Él. Él dice: Mis ovejas oyen Mi voz, y Yo las conozco, y Me siguen, y Yo les doy vida eterna. (Jn. 10:27-28a) ¿Escuchó usted? ¿Qué clase de vida? ¡Vida eterna! Si usted la perdiera, entonces, no sería algo eterno. Sería otra clase de vida, pero no sería eterna. Luego dice: Y no perecerán jamás, ni nadie las arrebatará de Mi mano. Mi Padre que Me las dio, es mayor que todos, y nadie— escuche usted—nadie las puede arrebatar de la mano de Mi Padre. (Jn. 10:28b-29) Por tanto, no es su habilidad para mantenerse asido de Él, sino la habilidad de Él para sostenerlo a usted. Él dice aquí con la infinidad y la autoridad total de la Deidad, que Él puede sostenernos, puede cuidarnos; y que aquéllos que confían en Él, no perecerán jamás. La pregunta, es: ¿Ha depositado usted su confianza en un Dios que es Todopoderoso, o en un Dios que puede sufrir la derrota? Los pasajes de las Escrituras que hemos mencionado en Romanos y Juan nos indican con abundante claridad que una vez que la persona haya nacido de nuevo dentro de la familia de Dios, no puede ser perdido otra vez. Una vez que la persona haya llegado a ser hijo de Dios, mediante la fe en Cristo, tiene vida eterna. Si usted, ha nacido de nuevo, y ha formado parte de la familia de Dios, ha llegado a ser un hijo de Dios a través de la fe en Cristo. Por esta razón, no puedo aceptar la interpretación que dice que los creyentes mencionados aquí, en este capítulo, son creyentes que han perdido su salvación, es decir, que antes fueron salvos y que ahora han perdido su salvación.

Existe una segunda interpretación—y tiene algo de mérito—y estas personas dicen que aquí se presenta un caso hipotético. Hay algunas versiones que dicen: "Si recayera", y que ese "si" es un si de una posibilidad; es decir, el escritor aquí no dice que eso ocurre, sino que "si ocurriera", "si fuera posible". Aquéllos que mantienen esa posición, dicen que ese sería el "si" más grande de toda la Biblia, y tengo que estar de acuerdo con eso. Si yo no hubiera aceptado una posición diferente, ésta sería la que yo apoyaría.

La tercera interpretación es que en realidad ese "si" no está allí en el griego. Es un participio y debe traducirse como "habiendo caído". Por tanto, esta gente tiene otra interpretación, y es que éstos son profesantes, que no son creyentes genuinos. Ellos profesan ser creyentes. Bueno, personalmente no puedo aceptar esto, aunque eruditos como Matthew Henry, F. W. Grant y J. N. Darby, sostienen esta línea de pensamiento, así como también el Dr. C. I. Scofield, en la Biblia anotada de Scofield, una versión que creo que todo creyente de habla inglesa debería tener, aunque, por cierto, no siempre concuerdo con las notas que allí se presentan porque no son inspiradas.

No acepto esa interpretación. No creo que se refiera a aquéllos que han sido solamente profesantes. Creo que son creyentes genuinos. La Biblia habla de aquéllos que son meros profesantes del cristianismo, apóstatas en la iglesia. En 2 Pedro 2:22, dice el apóstol: Pero les ha acontecido lo del verdadero proverbio: El perro vuelve a su vómito, y la puerca lavada a revolcarse en el cieno. Estas personas eran profesantes, no creyentes sinceros. Pero en el capítulo 6 encontramos creyentes sinceros, porque son identificados como tal en muchas maneras. Si usted regresa al capítulo 5 para considerar el pasaje entero, usted notará que se dice de estas personas que son tardas para oír (He. 5:11). No dice que están muertos en transgresiones y pecados. (Véase Ef. 2:1.) En Hebreos 5:12, dice, Porque debiendo ser ya maestros, después de tanto tiempo, tenéis necesidad que se os vuelva a enseñar cuáles son los rudimentos… Necesitan leche porque son bebés. Una persona no salva no necesita leche; necesita vida. Necesita nacer de nuevo. Está muerta en transgresiones y pecados. Después que nace de nuevo, un poco de leche la ayudará. Por lo tanto, creo que el escritor a los hebreos está hablando a cristianos inmaduros, y él está urgiéndoles que sigan hasta la madurez.

Hay algunos que toman la posición que las personas de las cuales se habla aquí son solamente gente judía del primer siglo. Cuando la Epístola a los Hebreos fue escrita, el templo todavía existía, y el escritor está amonestando a los cristianos judíos en cuanto a volver al sistema sacrificatorio, porque al hacerlo ellos estarían admitiendo que Jesús no murió por sus pecados. Por lo tanto, aquéllos que mantienen esta posición, dicen que los versículos 4-6 se aplican sólo a los cristianos judíos de aquel día y no tienen referencia alguna a nosotros en el día de hoy. Pero no puedo aceptar esto.

Luego hay aún, otro grupo. Ellos le dan énfasis a la palabra "imposible" en el versículo 4. Ellos dicen que es imposible que ellos sean renovados. Puede que sea imposible para el hombre, pero no es imposible para Dios, porque después de todo, el Señor Jesús dice: Más fácil es pasar un camello por el ojo de una aguja, que entrar un rico en el reino de Dios. (Mt. 19:24, véase también Vs. 25-26) No podemos entrar por nosotros mismos. Tenemos necesidad de alguien como nuestro Salvador, nuestro Redentor. Así es que ésa es otra interpretación, y nuevamente debo decir que no la puedo aceptar.

Hay varias interpretaciones de este pasaje, y hay otras que, por supuesto, no he mencionado; pero, hay una que ha sido una verdadera bendición para el corazón. Espero que usted me siga atentamente sin perjuicios mientras lo explique. Permítame compartir aquí la interpretación presentada por el Dr. J. B. Rowell, Pastor de una iglesia en Victoria, Colombia Británica, en Canadá. Deseo presentar lo que él ha dicho, y no quiero estar robando el material de otras personas; por tanto, reconozco que él fue quien lo dijo. Debo decir que he agregado algo a esto, en base a mi propio entendimiento, y así he desarrollado lo dicho por el Dr. Rowell.

En primer lugar, deseo destacar el hecho de que aquí, no estamos discutiendo el asunto de la salvación en este pasaje. Estamos hablando en cuanto a gente que ha sido salva. Creo que son personas salvas. Como he mencionado antes, lo que se dice en cuanto a ellos es que una vez fueron iluminados y gustaron del don celestial, y fueron hechos partícipes del Espíritu Santo. A esta verdad bíblica se puede añadir Hebreos 6:5. Aquí estamos hablando pues, en cuanto a creyentes, y no estamos hablando en cuanto a la salvación. Estamos hablando en cuanto a recompensas, y en el versículo 6, no dice de ser renovados para salvación otra vez, sino de que sean otra vez renovados para arrepentimiento, y el arrepentimiento es lo que Dios les ha pedido a los creyentes que hagan. Usted puede leer las cartas escritas a las siete iglesias en Asia, en los capítulos 2 y 3 de Apocalipsis. Allí se dice a esas iglesias, a los creyentes, que se arrepientan. Ése es el mensaje para los creyentes.

Estamos hablando aquí de lo que los creyentes deben hacer para la recompensa, y estamos hablando en cuanto al fruto de la salvación, no en cuanto a la raíz de la salvación. Note de nuevo el versículo 9: Pero en cuanto a vosotros, oh amados, estamos persuadidos de cosas mejores, y que pertenecen a la salvación, aunque hablamos así. Él no ha estado discutiendo o argumentando en cuanto a la salvación, sino en cuanto a las cosas que acompañan la salvación, aunque hablamos así. Él está hablando del fruto de la vida del creyente, y de la recompensa que él recibe como resultado, y él discute la posibilidad de que, a causa de su vida, exista el peligro de que ellos pierdan esa recompensa. Eso es todo lo que este pasaje indica; y existe un peligro en cuanto a todas sus obras. Como dice Pablo en 1 Corintios 3:11-15: Porque nadie puede poner otro fundamento que el que está puesto, el cual es Jesucristo. Y si sobre este fundamento alguno edificare oro, plata, piedras preciosas, madera, heno, hojarasca, la obra de cada uno, se hará manifiesta; porque el día la declarará, pues por el fuego será revelada; y la obra de cada uno cuál sea, el fuego la probará. Si permaneciere la obra de alguno que sobreedificó recibirá recompensa. Si la obra de alguno se quemare, él sufrirá pérdida, si bien el mismo será salvo, aunque, así como por fuego. El fuego, quema. La obra que usted está realizando hoy por Cristo, va a ser probada por medio del fuego. Todas esas cifras que muchos utilizan al mencionar cuántas personas se han convertido; eso va a ser puesto en el fuego, y eso va a crear un fuego ardiente. Va a poder contemplarse desde una larga distancia, porque eso no es otra cosa sino heno y hojarasca, y vamos a tener que hablar en cuanto a la obra que hemos hecho por el Señor Jesucristo. Eso va a ser probado por medio del fuego, y el escritor de Hebreos menciona eso aquí. No estamos pues, hablando en cuanto a la salvación, y me gustaría grabar eso en los corazones de los creyentes, que cuando nosotros presentemos nuestro todo ante el Tribunal de Cristo, cuando nos presentemos, no va a ser una experiencia dulce como agua azucarada; donde el Señor Jesucristo nos va a dar una palmadita en la espalda y va a decirnos: "Bueno, tú has sido una persona muy buena en la escuela dominical, no perdiste ni un solo domingo durante veinte años; ah, eres una persona maravillosa".

Él va a hacer las cosas mucho más profundo que eso, y Él le va a probar a usted para ver si usted en realidad tiene algún fruto en su vida. ¿Ha crecido usted en el conocimiento y en la gracia del Señor? ¿Ha sido usted un testigo por Él? ¿Ha sido su vida de algún valor para Él? ¿Ha sido usted una bendición para otras personas? Mi amigo creyente, no voy a decir que tengo muchas ganas de estar ante ese Tribunal de Cristo, porque Él me va a desmenuzar allí, no para mi salvación porque ya yo soy salvo, pero Él va a descubrir si yo recibo una recompensa o no. De eso es de lo que se habla aquí.

Cuando Pablo le escribió al joven predicador Tito, le dijo: Nos salvó, no por obras de justicia que nosotros hubiéramos hecho, sino por Su misericordia. (Tit. 3:5) Cuando uno lee esto, uno pensaría que el Apóstol Pablo no le está dando mucha importancia a las buenas obras. Pero cuando uno lee el versículo 8 de este mismo capítulo 3, de Tito, puede apreciar algo más: Para que los que creen en Dios procuren ocuparse en buenas obras. Las buenas obras no entran en el asunto de la salvación, pero cuando uno llega a ser hijo de Dios a través de Cristo, entonces, las buenas obras asumen mucha importancia. Ellas son de suma importancia. Es muy importante, si usted es creyente, que usted viva una vida como creyente. Es esencial que usted lo haga.

Uno de mis profesores de la universidad discutía un problema en cuanto a la psicología. En el pasado, en las universidades se discutía en cuanto a qué sería más importante, si lo que uno heredaba de los padres o el medio ambiente. El profesor de psicología de entonces tenía una respuesta bastante estimulante. Él decía que antes de nacer uno, lo que heredaba de los padres era lo importante, pero después de haber nacido, entonces el medio ambiente era algo de mucha consideración.

Pues, bien, observe esto. Antes de que usted llegue a ser un hijo de

Dios, antes de haber nacido de nuevo, las obras no tienen nada que ver. Usted no las puede traer a Dios porque Él no las va a aceptar. Isaías 64:6 dice: ...todas nuestras justicias son como trapos de inmundicia... Usted no va a pensar que Dios va a aceptar todas estas cosas sucias, ¿verdad? Él está aceptando a los pecadores, pero Él los acepta basándose en la redención que tenemos en Cristo. Si nosotros le hemos aceptado, si hemos llegado a ser hijos de Dios, entonces hemos nacido de nuevo. El Apóstol Pedro, lo expresa de la siguiente manera: Mas vosotros sois linaje escogido, real sacerdocio, nación santa, pueblo adquirido por Dios, para que anunciéis las virtudes de Aquél que os llamó de las tinieblas a Su luz admirable. (1 P. 2:9) Bueno, si usted ha sido salvo, entonces tiene que demostrar por medio de sus buenas obras ante el mundo, que usted ha sido redimido por Dios. El creyente tiene ahora algo que demostrar, y eso es lo que va a ser juzgado en él. Si él continúa como un niño, siendo nada en el mundo, sino alguien que sólo causa problemas, que aleja a la gente de Cristo en lugar de hacerlos allegar a Él, entonces, usted puede estar seguro que esa persona no va a recibir ninguna recompensa; por el contrario, va a avergonzarse ante Él.

Porque es imposible que los que una vez fueron iluminados y gustaron del don celestial, y fueron hechos partícipes del Espíritu Santo, y asimismo gustaron de la buena palabra de Dios y los poderes del siglo venidero, y recayeron, sean otra vez renovados para arrepentimiento, crucificando de nuevo para sí mismos al Hijo de Dios y exponiéndole a vituperio. (He. 6:4-6) Al leer estos versículos, llegamos al mismo centro de este estudio.

Note lo siguiente: Porque es imposible... y recayeron. Esta palabra que tenemos aquí indicando la caída, es una palabra interesante. En griego es parapípto. Se utiliza en otros lugares en las Escrituras. Nunca indica "apostasía". Simplemente quiere indicar el tropezar y caerse. Sería completamente imposible tratar de sacar el significado "apostasía" de aquí. Usted podrá notar que la palabra pipto se utiliza en cuanto a nuestro Señor Jesucristo, cuando Él fue al jardín de Getsemaní. Mateo 26:39, dice: Yendo un poco adelante se postró sobre Su rostro, orando... Esa palabra utilizada aquí es esta misma palabra pipto. Indica simplemente que Él se postró. La palabra también significa tropezar o caer. Pedro cayó, pero él no se perdió.

El Señor había dicho a Pedro: Yo he rogado por ti, que tu fe no falte. (Véase Lc. 22:32) Pedro cayó, pero él no se perdió. Luego, tenemos el ejemplo de Juan Marcos. Él fracasó tan miserablemente en su primer viaje misionero, que cuando su tío Bernabé sugirió que él fuera en el segundo viaje, el Apóstol Pablo no quiso saber nada de eso, y dijo que nunca lo iba a llevar con él. Este joven había fracasado, y "en lo que a mí se refiere, yo ya no quiero tener nada que ver con él", dijo Pablo. (Véase Hch. 15:37-39) Pero, gracias a Dios que Dios no era de la misma opinión. Él había tropezado, sí y recaído, pero eso no quería decir que Dios ya no tenía nada que ver con él; y el Apóstol Pablo tuvo que cambiar su forma de pensar, porque antes de morir, él escribió: Toma a Marcos y tráele contigo, porque—note usted—me es útil para el ministerio. (2 Ti. 4:11) Ninguno de estos dos mencionados perdió su salvación, pero sí fracasaron, y sufrieron alguna pérdida por eso.

Si usted observa lo que dice el primer versículo de este capítulo, verá que Pablo está hablando a la gente aquí en cuanto al arrepentimiento de obras malas o muertas, y no a la salvación. Usted recordará que Juan el Bautista también predicó esto a la gente. Él les dijo: Haced, pues, frutos dignos de arrepentimiento... (Lc. 3:8) Él está hablando aquí de aquello que es la evidencia del arrepentimiento. El arrepentimiento hoy no significa el derramar unas cuantas lágrimas; es el dar una media vuelta completa hacia Jesucristo. Quiere decir, el cambiar la dirección en su vida, en su forma de vivir.

Muchos de estos creyentes estaban regresando a los sacrificios del templo de aquella época, y el escritor a los Hebreos les está advirtiendo del peligro de esto. Antes de que Cristo viniera, cada sacrificio era un cuadro de Él, señalando hacia Su venida. Pero después que Cristo vino y murió en la cruz, aquello que Dios había mandado a hacer en el Antiguo Testamento ahora se convierte en pecado. Usted puede apreciar que esa gente se encontraba en un punto estratégico del tiempo y de la historia. Ellos se encontraban en una época cuando sólo unos pocos días antes ellos habían ido al templo a ofrecer los sacrificios, porque Dios les mandaba a hacerlo; pero ahora es algo malo para ellos hacer eso.

Si usted llegara a ofrecer un sacrificio de sangre, usted estaría sacrificando nuevamente al Señor Jesucristo, porque usted estaría diciendo que cuando Él murió hace más de 2.000 años, no sirvió de mucho eso, y que usted todavía necesita hacer un sacrificio para cubrir sus pecados. Por tanto, usted no tendría fe en lo que Él hizo: Su expiación, Su muerte, Su redención. Alguien ha dicho que hoy, nosotros, o crucificamos o coronamos al Señor Jesucristo por medio de nuestras vidas. Hoy, nosotros o mostramos una vida de fe, o una vida por medio de la cual le crucificamos a Él otra vez, especialmente hoy, cuando hablamos en cuanto a regresar bajo el sistema de la ley de Moisés, y que tenemos que guardar la ley.

Es un asunto muy serio el regresar a estas cosas. Observe nuevamente esta palabra que indica el caerse o postrarse. Esa palabra que tenemos ante nosotros es un genitivo absoluto: "Habiendo caído". "Recayeron". Sería imposible renovarlos nuevamente para arrepentimiento. ¿Por qué?

Estamos hablando en cuanto al fruto de la salvación. Es algo bastante serio el haber aceptado a Cristo, y luego vivir en el pecado, para anular aquello que uno hace siendo como un niño, como un bebé que nunca crece, haciendo nada más que aquello que resulta en heno y hojarasca. El Apóstol Pablo señaló lo mismo en un lenguaje un poco diferente, cuando escribió a los Corintios: Porque nadie puede poner otro fundamento que el que está puesto, el cual es Jesucristo. (1 Co. 3:11) Su salvación es un fundamento. Usted puede descansar sobre ese fundamento; y no sólo eso, sino que usted va a edificar sobre Él. El Apóstol Pablo dice que, si alguno edifica sobre este fundamento, puede usar seis clases diferentes de material: el oro, la plata, las piedras preciosas, la madera, el heno, la hojarasca. ¿Con qué está edificando usted hoy? ¿Está usted edificando con madera, con heno o con hojarasca? Hay mucha obra de la iglesia hoy que no es otra cosa sino madera, heno y hojarasca. Ah, nos gusta organizarnos mucho hoy. Tenemos comités para esto y para aquello, pero en realidad, debemos ver si nuestras vidas cuentan para Dios. ¿Habrá gente en el cielo, que podrá señalarle a usted y decirle: "¿A causa de su vida, a causa de su testimonio, yo estoy aquí porque usted me presentó la Palabra de Dios"? ¿Habrá alguien así? Porque él dice: "Vosotros deberíais ser ya maestros en este mundo, pero ahora vosotros necesitáis que alguien os vuelva a enseñar" (véase 5:12).

Hay personas que me dicen que por todas partes se están formando clases bíblicas, y en estos lugares se está usando las cintas y los materiales que nosotros tenemos, y se preocupan que puedan saturar al mundo. Pero, yo me regocijo en esto. Espero que así sea, porque ése es el propósito precisamente de todo esto, sencillamente esparcir la Palabra de Dios, para que Él nos bendiga, para que nosotros podamos crecer, para así ejercer un ministerio, para esparcir una bendición para las personas. De eso es de lo que el escritor está hablando aquí y que es tan esencial. Existe mucho peligro de que nosotros construyamos con madera, con heno o con hojarasca.

De paso digamos que existe una diferencia entre una pila de heno y un anillo o argolla de diamantes. Usted puede perder un anillo de diamantes en una pila de heno, eso es posible; pero el anillo es tan pequeño, y temo que hoy hay muchas personas que están tratando de causar una impresión en los demás. Cierto pastor me dijo en una ocasión: "Me estoy matando con tanto trabajo. Tengo que presentar un informe este año que sea mejor que el del año anterior. Tenemos que aumentar la cantidad de miembros de la iglesia, y la cantidad que se da para las misiones". Oh, ¡si ese Pastor escudriñara las Escrituras y pasara mucho tiempo en la presencia de Dios! Entonces él estaría enseñándole a su gente la Palabra, y muchos se volverían a Cristo y estarían creciendo en su relación con Él. Usted debe abandonar eso de tratar de edificar con madera, heno y hojarasca. ¿Cuántas personas han sido enseñadas en la Palabra de Dios? ¿Cuántas personas han llegado a conocer a Cristo como Salvador? ¿Cuántas personas han sido bendecidas realmente? De eso es de lo que se está hablando aquí. Él dice: "Existe un peligro de que vosotros edifiquéis con madera, heno y hojarasca. Las obras de cada hombre serán probadas por fuego". Y, ¿qué hará el fuego a la madera, al heno y a la hojarasca? Todo esto se quemará rápidamente y no quedará sino cenizas. De eso es de lo que él está hablando. De que eso será destruido.

El Señor Jesucristo hablaba de eso en Juan 15:1, cuando Él dice: Yo soy la Vid verdadera. Vosotros los pámpanos. Nosotros tenemos que producir el fruto. Si permanecéis en Mí, y Mis palabras permanecen en vosotros, pedid todo lo que queréis, y os será hecho. En esto es glorificado Mi Padre, en que llevéis mucho fruto, y seáis así Mis discípulos. (Jn. 15:7-8) ¿Qué clase de fruto? Y él dice: "Yo quiero tener una cosecha completa". Cuando hay un pámpano que no lleva fruto, ¿qué hace Él? El que en Mí no permanece, será echado fuera como pámpano, y se secará; y los recogen, y los echan en el fuego, y arden. (Jn. 15:6) Si un pámpano no produce fruto, Él lo quitará.

Él está haciendo eso hoy mismo. En los años que he estado sirviendo al Señor, he podido observar muchas cosas. He podido ver a gente trabajando con madera, con heno y hojarasca; y también he visto a hombres trabajando con oro. Cierta persona era muy respetada en la comunidad donde vivía; pero luego comenzó a hacer algunas cosas deshonestas. Yo no quisiera ir a la presencia del Señor de la misma manera en que tiene que ir este hombre. Él ha perdido su testimonio. Aún así, era una persona con un don, una persona a la que es prácticamente imposible dejar de estimar y de querer.

Tenemos que tener mucho cuidado, en cuanto a nuestra vida cristiana. No podemos hacer esto por nosotros mismos. Necesitamos reconocer que el Señor es la Vid verdadera. Si vamos a tener algo de vida, tiene que venir de Él. Si vamos a tener algún fruto, tiene que venir de Él. Sólo puede pasar a través de nosotros, eso es todo lo que es el pámpano. No es otra cosa sino una rama que conecta. Eso es todo. Conecta con la vid y luego produce fruto. De eso es de lo que Él está hablando aquí.

Y recayeron, sean otra vez renovados para arrepentimiento, crucificando de nuevo para sí mismos al Hijo de Dios y exponiéndole a vituperio. Uno puede derramar todas las lágrimas que quiera, pero usted ha perdido su testimonio. Cierto Pastor que había tenido algo que ver con una mujer que no era su esposa, ya no podía hacer nada. Él había tratado de ir a diferentes lugares a trabajar, pero no podía hacerlo. Él había perdido su testimonio. Ya no podía trabajar allí. El escritor de esta Epístola a los Hebreos, habla de eso aquí, que es imposible renovarlos a ellos para arrepentimiento. No dudo de la salvación, porque es un individuo muy talentoso, un hombre que podría ser usado ampliamente por Dios, pero inutilizado. Aquí dice: Crucificando de nuevo para sí mismos al Hijo de Dios y exponiéndole a vituperio. En cualquier momento en que usted agregue sus obras a su salvación, en cualquier oportunidad en que usted diga: "Yo soy un hijo de Dios que ha nacido de nuevo", y que luego vive como Satanás, entonces está crucificando otra vez al Hijo de Dios. Porque Él vino para darle a usted una redención perfecta, y para permitirle a usted que por medio del Espíritu Santo sea lleno del Espíritu de Dios, para vivir para Dios.

Porque la tierra que bebe la lluvia que muchas veces cae sobre ella, y produce hierba provechosa a aquéllos por los cuales es labrada, recibe bendición de Dios. Estas hierbas traen una bendición para el hombre y son algo delicioso para comer. Pero la que produce espinos y abrojos es reprobada, está próxima a ser maldecida, y su fin es el ser quemada. La palabra "reprobada" aquí es la misma que utilizó Pablo, cuando dijo: Sino que golpeo mi cuerpo, y lo pongo en servidumbre, no sea que habiendo sido heraldo para otros, yo mismo venga a ser eliminado. (1 Co. 9:27) O se podría decir "rechazado" o "reprobado". Pablo dice: "Cuando yo llegue a Su presencia, yo no quiero ser reprobado. Yo no quiero que el Señor Jesucristo me diga que he fracasado. Yo no quiero que mi diga: 'Tu vida debió haber sido un buen testimonio y no lo es'". Y, amigo, usted va a escuchar estas palabras, si usted no está viviendo para Él. Alguien necesita decir estas cosas. Yo sé que no es algo muy popular. Es mucho más popular hoy el escuchar buena música y leer algún poema, y citar las palabras de Juan 14:2, y algunos Salmos. Son cosas maravillosas. Y, ¡cuánto las necesitamos! Pero, usted va a tener que presentarse ante Él algún día, o quizá sea en el día de hoy, y rendir cuentas.

Aquí en la Epístola a los Hebreos, se nos dice que podemos ser reprobados. Gracias a Dios que el Apóstol Pablo podía decir al final de su vida: ...he acabado la carrera, he guardado la fe. Por lo demás, me está guardada la corona de justicia... (2 Ti. 4:7-8) Ah, el vivir para Dios hoy; usted tiene que amarle a Él.

Aquí tenemos la clave en el versículo 9: Pero en cuanto a vosotros, oh amados, estamos persuadidos de cosas mejores, y que pertenecen a la salvación, aunque hablamos así. El apóstol dice: "Yo estoy persuadido de que vosotros vais a vivir por Dios, y que vosotros no vais a ser niños en Cristo, sino que vais a crecer".

Porque Dios no es injusto para olvidar vuestra obra y el trabajo de amor que habéis mostrado hacia su nombre, habiendo servido a los santos y sirviéndoles aún. [He. 6:10]

Una obra de amor no salva. Si usted es salvo, ésta es la recompensa que usted recibirá. Aquí es donde vienen las buenas obras. Son por cierto una parte importante de la vida del creyente, pero no tienen nada que ver con la salvación.

> *Pero deseamos que cada uno de vosotros muestre la misma solicitud hasta el fin, para plena certeza de la esperanza. [He. 6:11]*

¡Cuán maravilloso es esto! La obra y el trabajo de amor no es la salvación. Nosotros también necesitamos la seguridad de la esperanza, hasta el fin.

> *A fin de que no os hagáis perezosos, sino imitadores de aquéllos que por la fe y la paciencia heredan las promesas. [He. 6:12]*

Él está haciendo aquí muchas promesas para nosotros, si nosotros somos fieles a Él.

> *Porque cuando Dios hizo la promesa a Abraham, no pudiendo jurar por otro mayor, juró por sí mismo. [He. 6:13]*

Usted sabe que cuando jura, usted jura por algo que es más grande que usted. Como no hay nada más grande que Dios, entonces Él juró por Sí Mismo.

> *Diciendo. De cierto te bendeciré con abundancia y te multiplicaré grandemente. [He. 6:14]*

Dios le había prometido esto a Abraham. (Véase Gn. 22:15-18; He. 11:19)

> *Y habiendo esperado con paciencia, alcanzó la promesa. [He. 6:15]*

Hay algo aquí que es maravilloso. Abraham esperó con paciencia, y una nueva seguridad para él vino al haber confiado en Dios. Cuando usted confía en Dios, usted camina con Él. Usted crece en la gracia y en el conocimiento y la sabiduría de Él; en el conocimiento de la Palabra de Dios. Usted tiene un lugar de seguridad, y esa seguridad no puede ser contradicha.

> *Porque los hombres ciertamente juran por uno mayor que ellos, y para ellos el fin de toda controversia es el juramento para confirmación. [He. 6:16]*

Los hombres juran por algo que es mayor que ellos, y esto pone fin a toda discusión.

Por lo cual, queriendo Dios mostrar más abundantemente a los herederos de la promesa la inmutabilidad de su consejo, interpuso juramento; Para que por dos cosas inmutables, en las cuales es imposible que Dios mienta, tengamos un fortísimo consuelo los que hemos acudido para asirnos de la esperanza puesta delante de nosotros. [He. 6:17-18]

Dios no necesita tomar un juramento, pero Él lo hace aquí para mostrar lo importante que es esto.

¿Cuáles son las dos cosas inmutables? El Señor le prometió a Abraham que sus descendientes serían innumerables como las estrellas del cielo (véase Gn. 15:4-5), y entonces Él, más tarde, confirmó Su promesa con un juramento (véase Gen. 22:16-18). Dios confirmó Su Palabra inmutable de promesa por una segunda cosa inmutable, Su juramento. Estas dos cosas inmutables le dieron a Abraham ánimo y seguridad.

Ahora, ¿cuáles son las dos cosas inmutables para nosotros hoy? Nosotros también tenemos la promesa que Dios le hizo a Abraham, pero tenemos una revelación del amor de Dios que es mucho más rica—el regalo de Su Hijo.

Él menciona cuatro cosas en Romanos 8 que nos dan seguridad y nos proveen un refugio del cual nos podemos asir. Ahora él las divide aquí en dos cosas inmutables. La muerte y la resurrección de Cristo. Ahora, el Cristo viviente se encuentra a la diestra de Dios; eso habla de Su ascensión e intercesión.

…los que hemos acudido para asirnos de la esperanza puesta delante de nosotros. Esto nos recuerda de las ciudades de refugio que Dios proveyó para los hijos de Israel (Véase Nm. 35; Dt. 19; Jos. 20-21). Esas ciudades de refugio sirven como tipos de Cristo que ampara al pecador de la muerte. Es una provisión maravillosa para un hombre que ha matado a alguien accidentalmente. Quizá al que mató tenía un hermano impetuoso que quería vengarse. Así que, el fugitivo podía escaparse a la ciudad de refugio donde él sería protegido hasta que se oyera su pleito. Si se probaba que él no había matado de propósito, él debía permanecer dentro de la ciudad hasta la muerte del sumo sacerdote.

¡Qué cuadro es éste para nosotros en el día de hoy! Esto revela que Cristo es nuestro refugio. Amigo, yo ya he sido llevado a la corte, y durante el proceso, fui hallado culpable. Yo era un pecador. La pena para mi pecado era muerte—y, ¡ya había sido ejecutada! Cristo llevó el castigo por mí. Porque Él murió en mi lugar, yo estoy libre. He sido librado de la pena del pecado; nunca más tengo que responder por Él. Ahora estoy libre para ir y servirle a Él. Ahora yo tengo un Sumo Sacerdote, un Salvador resucitado, a quien puedo acudir. ¡Qué cuadro tan maravilloso de mi Salvador esto da! El Apóstol Pablo les escribió a los corintios: Y estas cosas les acontecieron como ejemplo, y están escritas para amonestarnos a nosotros, a quienes han alcanzado los fines de los siglos. (1 Co. 10:11) "Ejemplo", es un tipo de Cristo. Se podía haber escrito millones de cosas, pero Dios escogió anotar sólo estas cosas que nos ayudan a crecer en nuestro entendimiento de Él, y en nuestra relación con Él.

La cual tenemos como segura y firme ancla del alma, y que penetra hasta dentro del velo,

Donde Jesús entró por nosotros como precursor, hecho sumo sacerdote para siempre según el orden de Melquisedec. [He. 6:19-20]

Cuando Cristo ascendió al cielo, Él fue constituido un Sumo Sacerdote para siempre, según el orden de Melquisedec.

Que penetra hasta dentro del velo. Cristo, como Sumo Sacerdote, entró en el templo en el cielo—el que fue el modelo para el templo aquí en la tierra (He. 8:5). Él pasó por el velo al lugar Santísimo, a la presencia de Dios, y presentó Su sangre allí. Entonces, Él se sentó a la diestra del trono de la Majestad en los cielos. (He. 8:1b)

Una diferencia entre Aarón y el Señor Jesús es—y digo esto con reverencia—que el pobre Aarón jamás se sentó. No había asiento en el tabernáculo—sólo había el propiciatorio, pero ése es un tipo del trono de Dios. Aarón entraba rápidamente y salía rápidamente. Pero usted y yo tenemos un Sumo Sacerdote superior. Él ha entrado. Él se ha sentado. Él ha acabado la redención.

Jesucristo es el Precursor, lo cual implica que hay otros que van a seguir.

...ancla del alma. Tenemos un aliento aun más fuerte que el que Abraham tenía en su tiempo, debido a nuestro Sumo Sacerdote que ha entrado, como precursor, a la presencia de Dios por nosotros, y Él está allí intercediendo hoy por nosotros.

CAPÍTULO 7

Cristo nuestro Sumo Sacerdote según el orden de Melquisedec

El resto de la Epístola a los Hebreos trata del tema del Cristo viviente quien en este mismo momento está a la diestra de Dios. Porque ahora hemos llegado a este tema, y es un tema que en realidad ha sido descuidado en la iglesia, aún en las iglesias evangelísticas, al hablar tanto en cuanto a la muerte y la resurrección de Cristo, y eso es algo maravilloso por supuesto; pero, debemos continuar avanzando hacia un Cristo viviente, que en este mismo instante se encuentra a la diestra de Dios. Si Él resucitó de entre los muertos, Él se encuentra en algún lugar hoy y Él está a la diestra de Dios, y tiene un ministerio allí para nosotros. La realidad de ese ministerio es lo que va a probar nuestra vida espiritual. Aquí tenemos un barómetro. Tenemos un detector Geiger que uno puede probar en su propia vida. ¿Qué es lo que significa este capítulo, en realidad, todo el resto de la Epístola a los Hebreos para usted?

Él regresa aquí para hacer una comparación; mejor diría yo, un contraste con el sacerdocio de Melquisedec y también con el de Aarón. Usted puede notar que, con Melquisedec, el contraste es con la persona, y con Aarón es la obra del sacerdote la que se compara.

Cristo es un Sacerdote perpetuo

Porque este Melquisedec, Rey de Salem, sacerdote del Dios Altísimo, que salió a recibir a Abraham que volvía de la derrota de los reyes, y le bendijo. [He. 7:1]

La primera palabra porque, con la que Pablo comienza, es como un cemento que une y mantiene aquello que ha sido dicho antes, y que habla de lo que vendrá. Eso nos hace regresar al versículo 20 del capítulo anterior. Melquisedec es un tipo de Cristo. En el récord histórico él es llamado Rey de Salem y sacerdote del Dios Altísimo (véase Gn. 14:17-24). No se dice mucho en cuanto a Melquisedec en Génesis 14—hablando honradamente, yo me habría olvidado de él, pero el Espíritu de Dios no se olvidó de él. En el Salmo 110 hay una profecía del Mesías, el Señor Jesucristo, que dice: Tú eres Sacerdote para siempre según el orden de Melquisedec. (Sal. 110:4)

Usted y yo estamos viviendo en el día del sacerdocio de Cristo. Hay muchos críticos hoy a quienes no les gusta el término dispensaciones. Muchos predicadores ni mencionan la palabra. Yo lo menciono porque la Biblia usa el término. Las dispensaciones son las diferentes edades o períodos de tiempos que muestran el orden progresivo del tratamiento de Dios con la familia humana. Éste es un ejemplo: Allá en el Antiguo Testamento, Aarón era el sumo sacerdote y había un tabernáculo literal acá abajo. Hoy tenemos un Sumo Sacerdote, pero Él no está ministrando en algún edificio aquí abajo. Él está allá a la diestra de Dios, y Él está allá en este mismo instante.

Aunque no hay muchas referencias a Melquisedec en el Antiguo Testamento, hay bastantes referencias a él aquí en la Epístola a los Hebreos. En Hebreos 5:10 leemos, ...llamado por Dios Sumo Sacerdote según el orden de Melquisedec. También en Hebreos 6:20:...donde Jesús entró por nosotros como precursor, hecho Sumo Sacerdote para siempre según el orden de Melquisedec. Ahora, aquí en el versículo 1, el escritor dice: Porque este Melquisedec, Rey de Salem, sacerdote del Dios Altísimo, que salió a recibir a Abraham que volvía de la derrota de los reyes, y le bendijo. Él va a hablar mucho de Melquisedec en este capítulo. La clave para este capítulo se encuentra el versículo 17: Pues se da testimonio de Él: Tú eres Sacerdote para siempre, según el orden de Melquisedec.

Ya que vamos a observar a Cristo como Sacerdote según el orden de Melquisedec, necesitamos saber todo lo que podamos en cuanto a Melquisedec, y necesitamos regresar a Génesis 14. Los eventos de Génesis 14 tomaron lugar después que el sobrino de Abraham, Lot, se había ido a Sodoma, y se registra en este capítulo la primera guerra. Los reyes del este se habían unido en una confederación y juntos se dirigieron contra el oeste, es decir, los que vivían alrededor del Mar Muerto. Los reyes del este lograron la victoria, y se estaban llevando a la gente como esclavos, y también llevaban las riquezas de botín.

Abraham recibió noticia que Lot había sido llevado cautivo. Abraham inmediatamente armó a unos 318 criados de su casa, lo cual significa que tenía a muchos. Cada criado habría tenido una esposa y por lo menos un hijo. Esto quiere decir que Abraham tenía unas mil personas que le servían. Él fue con estos hombres e hizo un ataque sorpresa, pudiendo lograr una victoria sobre los reyes del este. Su preocupación, era rescatar a Lot, pero al hacerlo, él también rescató al Rey de Sodoma y a todos los demás.

En Génesis 14:17, se nos dice: Cuando volvía de la derrota de Quedorlaomer y de los reyes que con él estaban, salió el Rey de Sodoma a recibirlo al valle de Save, que es el Valle del Rey. El Rey de Sodoma le hizo una oferta a Abraham que éste rehusó, y entonces leemos: Entonces Melquisedec, Rey de Salem y sacerdote del Dios Altísimo, sacó pan y vino.

A quien asimismo dio Abraham los diezmos de todo; cuyo nombre significa primeramente Rey de justicia, y también Rey de Salem, esto es, Rey de paz. [He. 7:2]

Algunos han creído que Salem es Jerusalén, pero yo no creo que eso sea verdad. No dice allí que él es Rey de Jerusalén, sino que es Rey de paz. Éste es un hombre que podía hacer la paz en aquel día.

Eso es lo importante en cuanto a este hombre Melquisedec. Él es el Rey de Salem. Estoy seguro que él tendría algún lugar donde vivir, pero eso no quiere decir que era Jerusalén. Puede ser cualquier otro lugar. Él es el Rey de paz y también es algo más. Él es sacerdote del Dios Altísimo. También es el Rey de Justicia, ya que eso es lo que significa Melquisedec. "Melec" es una palabra hebrea que significa "rey", y "sedec" significa "justicia".

Jeremías habla de Jehová, justicia nuestra. (Jer. 33:16) Melquisedec es un tipo de Cristo—Lo representa en diferentes maneras. Él es Rey de paz y Rey de justicia. El Señor Jesucristo es un Rey. Él es justo—Él fue hecho justicia por nosotros. Así es que, aquí tenemos a este Rey de paz, y él es Rey de justicia, y él es un sacerdote del Dios Altísimo.

Lo interesante de todo esto es que él salió a encontrarse con Abraham, y lo que él hace es presentar pan y vino. Aquí se encuentran estos dos patriarcas: Melquisedec y Abraham celebrando la Cena del Señor, y ellos están mirando hacia el futuro, a la venida de Cristo, unos 2000 años antes de que Cristo viniera. Usted y yo nos reunimos hoy, a participar del pan y del vino, y miramos hacia atrás, hacia la venida de Cristo a este mundo hace más de 2.000 años. Así es que estos dos hombres están celebrando la Cena del Señor. No me pida que le explique esto, porque no lo puedo hacer. Simplemente lo destaco. Esto es algo ante lo cual nos encontramos contemplando en admiración y adoración. Aquí es donde la fe camina por lugares muy elevados. Aquí es donde tenemos ese alimento sólido del cual hablamos anteriormente. Sólo Dios puede hacer esto algo real y verdadero para nuestros corazones.

> *Sin padre, sin madre, sin genealogía; que ni tiene principio de días, ni fin de vida, sino hecho semejante al Hijo de Dios, permanece sacerdote para siempre. [He. 7:3]*

Ahora, Melquisedec es un tipo de Cristo. Él va a representar al Señor en varias formas diferentes. Él es el Rey de Paz, el Rey de justicia. El Señor Jesucristo es un Rey; es un Rey justo. Él fue hecho justicia para nosotros. Melquisedec también es sumo sacerdote del Dios Altísimo. El Señor Jesucristo es nuestro Gran Sumo Sacerdote.

Melquisedec es un cuadro de Cristo y un tipo en otra manera. El Señor Jesucristo viene de la eternidad, y va a la eternidad. No tiene ni principio, ni tiene fin. Él es el principio; y Él es el fin. Uno no puede ir más allá de Él en el pasado, y no puede ir más allá de Él en el futuro. En Él se reúne todo el tiempo, y toda la eternidad. Ahora, ¿cómo vamos a poner a un hombre ocupando un lugar como éste? Bueno, lo tenemos en un libro, en el libro de Génesis. El libro de Génesis es un libro que da los antecedentes de las personas, y allí está Melquisedec. Allí se lee que Adán engendró a Fulano de Tal, y Fulano de Tal engendró a Fulano de Tal, y así sucesivamente. Abraham engendró a Isaac, Isaac engendró a Jacob y Esaú, y éste engendró a este otro y así sigue la genealogía de las familias en ese libro de Génesis. Pero, este hombre, Melquisedec, en un libro donde se presentan las genealogías, simplemente aparece en las páginas de las Escrituras provenientes de un punto desconocido, y luego sale de las páginas de las Escrituras hacia un punto también desconocido, y ya no le vemos más.

Existe una profecía en el Salmo 110, y estamos ahora en su interpretación; y él es un cuadro de Cristo en el sentido de que es el Dios eterno; me refiero, por supuesto, al Señor Jesucristo. Él es un

Sacerdote porque es el Hijo de Dios, y es Sacerdote continuamente; es decir, que continúa siendo Sacerdote. No habrá ningún cambio en Su sacerdocio.

Regresemos otra vez a observar a Melquisedec. Él apareció en el momento necesario, en el momento exacto. Abraham va a ser probado y necesita de alguien que le anime, que le dé fuerzas. El sacerdote se presenta ante él con pan y vino, y él era un sacerdote del Dios Altísimo. Ésta es la primera ocasión en que es llamado el Dios Altísimo. Eso será usado más adelante varias veces. También va a ser citado aquí. En este capítulo en particular se nos dice que Él es el Dios Altísimo. Es decir, que es el Dios de la creación; que es el Dios de todas las cosas. Esto va a destacarse aquí de una manera muy prominente porque el Rey de Sodoma vino a Abraham con una proposición. Él le dijo: "Abraham, fue algo muy bueno eso de rescatar a Lot y al resto de la gente y nosotros estamos muy agradecidos por eso; y sabemos que tú no quieres tener a esta gente como esclavos. Entréganos pues, a la gente, tú puedes guardarte el botín, porque según el código de Hammurabi en aquel día, la ley de la guerra indicaba que el botín pertenecía a Abraham. Por tanto, tú te lo puedes guardar; es tuyo, Abraham".

Pero Abraham le contesta: "Yo no voy a hacer eso, porque tú ni siquiera me puedes dar una correa para un zapato. Ni siquiera me podrías dar un hilo". (Véase Gn. 14:23) Abraham está diciendo que no va a recibir absolutamente nada de este hombre. Luego, Dios le dice a Abraham: Y tu galardón será sobremanera grande. (Gn. 15:1)

Melquisedec vino y ministró a Abraham. El Señor Jesucristo es un Gran Sumo Sacerdote. Él nos ministra hoy. Hablando francamente, si Él no le está sirviendo, no le está ministrando a usted, y si Él no está bendiciendo su corazón y su vida, es porque usted aún es un bebito; usted no ha crecido. Usted no ha entrado en esta gran verdad que tenemos aquí. ¿Qué piensa usted de esto? ¿Qué piensa usted, amigo creyente? ¿Ha pasado usted a través de las pruebas, de las aguas profundas, y el Señor Jesucristo le ha servido, le ha ministrado a usted, le ha ayudado? ¿Está usted consciente del hecho de que Él le bendice cada día?

En uno de los viajes que hicimos a Israel, yo estaba medio enfermo y no habría ido, pero mi esposa insistió que yo fuera. Simplemente yo no me sentía bien y no quería hacer el viaje. Durante el viaje estuve enfermo varias veces y tuve que dejar al grupo por unos días. Pero Dios fue tan bueno para con nosotros. Hizo buen tiempo; todos los vuelos salieron a tiempo, y el Señor simplemente fue bueno para conmigo en muchas maneras. Yo estaba conciente del hecho de que mi Sumo Sacerdote estaba cumpliendo Su deber, y me estaba bendiciendo. Aquí estamos hablando en cuanto a una realidad, no en cuanto a una teoría, o en cuanto a la religión o un rito por el cual uno tiene que pasar. Estoy hablando, aquí en cuanto a un Hombre en Su gloria, que está vivo. Él es el Dios viviente. Eso es importante. ¿Es Él el Dios viviente para usted?

Note que dice en Génesis 14:19: Y le bendijo (Melquisedec), diciendo: Bendito sea Abram del Dios Altísimo, Creador de los cielos y de la tierra. Usted y yo vivimos en un universo que le pertenece a Él; es de Él, Él ha dicho que todo hoy es nuestro. ¿Disfruta usted la salida del sol? Esta mañana salí solo a un cercano campo de golf, y vi salir el sol sobre la Sierra Madre. Él hizo eso para mí esta mañana. ¡Qué obra hizo Él! Él es maravilloso. Le di las gracias a Él por darme otro día, y le agradecí por ser tan bueno conmigo, y le dije que lo amaba. El Cristo viviente está allá arriba a la diestra de Dios. ¿Es Él real para usted?

Cristo es Sacerdote perfecto

Considerad, pues, cuán grande era éste, a quien aun Abraham el patriarca dio diezmos del botín. [He. 7:4]

Abraham le honró y le pagó los diezmos a Melquisedec. Él reconocía que estaba sobre él; que él era un sacerdote del Dios Altísimo.

Ciertamente los que de entre los hijos de Leví reciben el sacerdocio, tienen mandamiento de tomar del pueblo los diezmos según la ley, es decir, de sus hermanos, aunque éstos también hayan salido de los lomos de Abraham. [He. 7:5]

En Abraham los hijos de Leví, que habían descendido de Abraham, entregaron diezmos a Melquisedec. Por tanto, Melquisedec era superior a Aarón y su familia, a causa de ello.

Amigo, una de las formas por las cuales usted reconoce el señorío del Señor Jesucristo es cuando usted viene y le entrega un diezmo a Él. Cada ofrenda no tiene que ser sencillamente para la iglesia o para un programa radial, sino que es un obsequio al Señor Jesucristo. Usted reconoce así Su señorío, y usted es un sacerdote adorando cuando hace eso. Usted reconoce la superioridad de Él.

> *Pero aquél cuya genealogía no es contada de entre ellos, tomó de Abraham los diezmos, y bendijo al que tenía las promesas. [He. 7:6]*

Uno pensaría que Abraham sería superior a Melquisedec, pero no es así. Melquisedec era un gentil, que era un sacerdote del Dios altísimo. No sé de dónde él recibió su información en cuanto a Dios, ni tampoco conozco el trasfondo de él. Si alguien trata de decirle algo más, esa persona sencillamente está tratando de adivinar. Hay muchas cosas en cuanto al Señor Jesucristo que no puedo explicar, porque Él es Dios, pero Él es mi Gran Sumo Sacerdote hoy. Eso es todo lo que necesito saber, y eso es suficiente.

> *Y sin discusión alguna, el menor es bendecido por el mayor. [He. 7:7]*

Abraham fue bendecido por Melquisedec quien era superior a él. Cuando usted adora al Señor Jesucristo, usted reconoce Su superioridad cuando se postra ante Él.

> *Y aquí ciertamente reciben los diezmos hombres mortales; pero allí, uno de quien se da testimonio de que vive. [He. 7:8]*

Hombres mortales se refiere al sacerdocio levítico. Uno de quien se da testimonio se refiere a Melquisedec.

Usted puede ofrecerse a sí mismo a Él y Él lo recibirá. Cuando yo me ofrezco a mí mismo, Él no recibe mucho, pero yo he hecho eso, y estoy agradecido de que Él me aceptará.

> *Y por decirlo así, en Abraham pagó el diezmo también Leví, que recibe los diezmos. Porque aún estaba en los lomos de su padre cuando Melquisedec le salió al encuentro. [He. 7:9-10]*

Hay muchas personas que se ríen cuando yo repito ciertas cosas, ciertas expresiones que uso muy a menudo, porque siempre estoy repitiendo la palabra hoy, por ejemplo, o porque digo "Permítame decirle", o "por decirlo así". Aquí tenemos una expresión que el mismo escritor de esta Epístola a los Hebreos utiliza. Dice aquí en el versículo 9: Y por decirlo así. Por tanto, yo lo digo con él.

En Abraham pagó el diezmo también Leví, que recibe los diezmos. La tribu sacerdotal de Leví estaba todavía en Abraham cuando él pagó diezmos a Melquisedec, y en esa manera él pagó diezmos a Melquisedec. Eso significa que, en el pasado, cuando Adán pecó, yo pequé. En Adán todos morimos. La razón por la cual yo voy a morir, el Señor Jesucristo dijo: "Y por la cual tú vas a morir, es que tú estás en Adán". Nosotros hemos pecado en Adán; yo estaba en Adán y hoy yo soy perfecto; soy perfecto porque estoy en Cristo. Dios me ve a mí en Cristo, y soy perfecto en Cristo, somos aceptos en el Amado. Eso es lo que la Escritura dice. Ésta es una gran verdad, y está presentada en un lenguaje bastante sencillo.

> *Si, pues, la perfección fuera por el sacerdocio levítico (porque bajo él recibió el pueblo la ley), ¿qué necesidad habría aún de que se levantase otro sacerdote, según el orden de Melquisedec, y que no fuese llamado según el orden de Aarón? [He. 7:11]*

Es decir que lo que caracterizaba al sacerdocio de Aarón era que estaba incompleto. Nunca llegó a la perfección. Nunca dio redención y aceptación ante Dios a la gente. Por tanto, necesitamos a Cristo.

> *Porque cambiado el sacerdocio, necesario es que haya también cambio de ley. [He. 7:12]*

Nosotros no estamos bajo la ley de Moisés. La ley de Moisés pertenece al sacerdocio de Aarón, el cual ofrece sacrificios de sangre. Ambas cosas van juntas. Nosotros estamos relacionados con Cristo; y en nosotros mora el Espíritu de Dios, que es algo que la ley mosaica no puede hacer, porque sólo Cristo puede ponernos en la debida relación con Dios al colocarnos en Su familia; es decir, la Familia de Dios.

Y aquél de quien se dice esto, es de otra tribu, de la cual nadie sirvió al altar.

> *Porque manifiesto es que nuestro Señor vino de la tribu de Judá, de la cual nada habló Moisés tocante al sacerdocio. [He. 7:13-14]*

El Señor Jesucristo vino de la tribu de Judá. Allí no hay sacerdote. Él nunca podría haber llegado a ser un sacerdote aquí en la tierra. La tribu sacerdotal era la tribu de Leví. El sacerdocio tenía que ser cambiado ya que Cristo no vino de Leví.

Y esto es aun más manifiesto, si a semejanza de Melquisedec se levanta un sacerdote distinto. [He. 7:15]

Eso es lo que la profecía decía en el Salmo 110, del Mesías que venía.

No constituido conforme a la ley del mandamiento acerca de la descendencia, sino según el poder de una vida indestructible.

Pues se da testimonio de él: Tú eres sacerdote para siempre, según el orden de Melquisedec. [He. 7:16-17]

Cristo llegó a ser un Sacerdote por Su resurrección de los muertos; Él tiene una vida interminable.

Queda, pues, abrogado el mandamiento anterior a causa de su debilidad e ineficacia. [He. 7:18]

El sistema de la ley de Moisés, digamos, pasó de moda. Se gastó. Nunca le dio al hombre lo que tiene que tener: la perfección.

(Pues nada perfeccionó la ley), y de la introducción de una mejor esperanza, por la cual nos acercamos a Dios. [He. 7:19]

O sea que, yo puedo ir a Dios a través de Cristo. Hemos visto que el Señor Jesucristo es el Sacerdote perpetuo. Melquisedec representa eso en un tipo o figura. Dios nos dio eso de esa forma. El sacerdocio aarónico no podía cumplir con todo esto. Ahora, tenemos un Sacerdote perfecto, y Ése es el Señor Jesucristo. Aún Abraham pagó el diezmo a este hombre que era el gran sumo sacerdote, Melquisedec. En ese tiempo, Leví estaba aún en los lomos de Abraham. Usted y yo estamos en Cristo ahora, pero estábamos en Adán, en el mismo principio, en el jardín de Edén. Allí pecó Adán; yo pequé. Adán hizo, lo hice yo. En Adán todos morimos, y en Adán todos hemos pecado. Le doy gracias a Dios que lo hizo de esa manera, porque ahora Él puede proveer una salvación para nosotros, y basándose en eso, nos saca de Adán y nos coloca en Cristo. De modo que, si alguno está en Cristo, nueva criatura es; las cosas viejas pasaron; he aquí todas son hechas nuevas. (2 Co. 5:17) Ya no estamos más unidos a Adán, sino que ahora estamos unidos a Cristo, al Cristo viviente.

Esta sección, presenta un contraste que ya consideramos. Tenemos el contraste de dos sacerdocios. Uno es un sacerdocio basado en la ley, el otro es un sacerdocio basado en el poder. La ley restringe, pero el poder capacita. El sacerdocio Aarónico era un sacerdocio basado en mandamientos; era algo externo. Sólo untaba la religión en el exterior. Ahora, tenemos un sacerdocio que nos da vida, que es interno, no externo. El sacerdocio de Aarón era un sacerdocio carnal. Tenía que ver con las cosas de la carne. Ahora, tenemos un sacerdocio sin fin. Nos da vida eterna.

El anterior era un sacerdocio que cambiaba. El que tenemos ahora no cambia jamás. En el otro había una debilidad y falta de beneficio. Pero eso ha sido cambiado ahora. Somos elevados a Dios. Nada había perfecto en el otro. Ahora, tenemos una mejor esperanza.

Y esto no fue hecho sin juramento; Porque los otros ciertamente sin juramento fueron hechos sacerdotes; pero éste, con el juramento del que le dijo: Juró el Señor, y no se arrepentirá: Tú eres sacerdote para siempre, según el orden de Melquisedec. [He. 7:20-21]

Eso se encuentra en el Salmo 110, y es una profecía de que el Mesías, al Señor Jesucristo, estaría en la línea de Melquisedec, como sacerdote. Eso se nos dice aquí con este lenguaje que utilizó el escritor de la Epístola a los Hebreos al cual se está refiriendo. Salmos 110:4: Juró Jehová, y no se arrepentirá: Tú eres Sacerdote para siempre según el orden de Melquisedec. Eso es lo que hace del sacerdocio de Cristo algo superior, por la sencilla razón de que el sacerdocio de Cristo descansa no sólo en la Palabra de Dios, sino en el juramento de Dios. Todo lo que uno tiene en el Antiguo Testamento es que la tribu de Leví fue tomada para esto. Allí no se dio ningún juramento; simplemente fueron separados para esta función en particular.

Por tanto, Jesús es hecho fiador de un mejor pacto. [He. 7:22]

Así es que ahora no sólo tenemos un sacerdocio mejor en Melquisedec, sino que es un mejor pacto. Él sirve y asiste en un santuario que es superior por un pacto mejor, hecho de promesas mejores. Veremos este tema expandirse en los capítulos 8-10. Así es que el sacerdocio del Señor Jesucristo es superior en todo aspecto.

Cristo en Su persona es un Sacerdote perpetuo y perfecto

Y los otros sacerdotes llegaron a ser muchos, debido a que por la muerte no podían continuar. [He. 7:23]

Es decir que el sacerdocio en el Antiguo Testamento siempre concluía por la muerte. Aarón murió, de la misma manera en que murió Moisés. Pienso que la muerte de Aarón fue una gran pérdida para la nación de Israel como lo fue la muerte de Moisés, por la sencilla razón de que ellos perdieron a su Sumo Sacerdote; aquél que fue con ellos a través del desierto. Aquél que los conocía y les comprendía. Ahora tiene que tener uno nuevo. Usted y yo no necesitamos cambiar el sacerdocio. La realidad es que no cambia. Cristo vivirá siempre para interceder por nosotros.

Mas éste, por cuanto permanece para siempre, tiene un sacerdocio inmutable. [He. 7:24]

El Señor Jesucristo no va a morir más. Él murió una vez por nuestros pecados, pero no lo hará más. Él está allí todo el tiempo para ayudarle a usted.

Hace un tiempo me escribió un oyente de Puerto Rico indicando en su carta que él regresaba tarde en la noche a su hogar de su trabajo en una refinería de petróleo. Entonces él escucha la Palabra de Dios, y el Espíritu de Dios ministra la Palabra de Dios a este hombre tarde en la noche. Él hablaba en cuanto al Señor Jesucristo. Sé que el Señor Jesucristo conocía todo en cuanto a este hombre mucho antes de que yo recibiera su carta, y me enterara de él. Este hombre escuchaba tarde en la noche. El Señor Jesucristo sabía eso, y sabía quien era, porque Él tiene un sacerdocio inmutable. Eso quiere decir que Él está ocupando Su puesto 24 horas al día. Eso indica que, a las 11:30 de la noche, Él conoce a este hombre. Él comprende a este hombre. Le sirve, y le ministra la Palabra de Dios. Si Él no lo hiciera, entonces no tendría lugar. Estoy seguro de eso.

Me regocijo en poder presentar la Palabra de Dios de esta manera hoy, porque Dios es quien está ministrando. El Señor Jesucristo es el Gran Sumo Sacerdote. Cuando este hombre escuchaba la transmisión del programa esa noche, yo posiblemente ya estaba dormido. Yo no estaba hablando en ese momento. El Gran Sumo Sacerdote hará que la Palabra sea efectiva. ¡Cuán maravilloso que es esto! Démosle a Él toda la gloria de la alabanza que merece. Si usted quiere criticar, entonces nos puede criticar a nosotros que lo merecemos. Pero démosle a Él la alabanza. Démosle a Él la gloria.

Llegamos a un versículo tremendo; y en cierta forma, pienso que éste es el versículo clave de esta sección. Es el centro mismo del evangelio.

Por lo cual puede también salvar perpetuamente a los que por él se acercan a Dios, viviendo siempre para interceder por ellos. [He. 7:25]

Aquí tenemos esto nuevamente, con una de esas bisagras que permite abrirse esa puerta del tiempo. Esa pequeña bisagra abre esa gran puerta hacia lo que ha sucedido en el pasado y hacia lo que vendrá en el futuro.

Este versículo es realmente maravilloso. En primer lugar, nos dice que Cristo no está muerto, sino que Él está viviendo. En este mismo instante Él está viviendo, y Él está allí haciendo intercesión por nosotros. Nosotros ponemos el énfasis en la muerte y resurrección de Cristo, pero deberíamos ir un poco más allá de eso. Nosotros tenemos mucho que ver con un Cristo viviente hoy. Ya no le conocemos a Él en la carne, le conocemos a Él como nuestro Gran Sumo Sacerdote a la diestra de Dios. Eso es lo que necesitamos hacer hoy. Debemos poner nuestro énfasis en eso. Él murió aquí para salvarnos, pero Él vive allí para mantenernos salvos. Él puede continuar salvándole, y Él salva hasta lo sumo. Eso quiere decir completamente. Eternamente. Él puede salvarnos a nosotros completamente y además de manera perfecta. Cuando Él decide realizar una tarea, bueno; Él es el gran Pastor que hasta este mismo instante nunca jamás ha perdido un solo cordero, y nunca llegará a perder uno. ¿Pertenece usted a su redil? Quizás usted piensa que pueda perderse hoy; pero si usted le pertenece a Su redil, entonces Él está allí arriba por usted.

Aquí se nos dice que Él intercede por nosotros. Eso indica que Él está interviniendo por nosotros. En Romanos 5:10 Pablo dice: Porque si siendo enemigos, fuimos reconciliados con Dios por la muerte de Su Hijo, mucho más, estando reconciliados, seremos salvos por Su vida. Juan escribió en 1 Juan 2:1: Hijitos míos, estas cosas os escribo para que no pequéis. Bueno, Juan, debo decirle que usted no le está hablando a mi persona, porque usted está en realidad hablándole a un santo. Yo hago muchas cosas que están mal. Juan, ¿tiene alguna palabra para mí? Bueno: Hijitos míos, estas cosas os escribo para que no pequéis; y si alguno hubiere pecado, Abogado tenemos para con el Padre, a Jesucristo el Justo. Así es que nosotros tenemos a Alguien que nos defienda. Tenemos un Refugio, tenemos un Abogado con el Padre, Cristo Jesús, el Justo. Todo lo que Él hace, lo hace bien. Todo lo que Él hace es justo. Nosotros seremos salvos por Su vida. ¡Cuán maravilloso es saber que tenemos a un Cristo viviente! Usted no está sólo. Cuando nosotros nos ponemos a llorar y clamar que tenemos algún problema, estamos solos y que nadie nos ayuda, eso es asunto de niños, de bebé. ¿A quién iremos? ¿Qué cree usted que Él está haciendo allá arriba? ¿No se da cuenta usted de que Él está allí para que usted pueda encontrar ayuda en Él?

Recuerdo que, en una ocasión, un hombre abandonó a su esposa y se fue a vivir con otra mujer. Yo llevé a la esposa abandonada conmigo cuando fui a visitar a esa otra mujer para ver si yo podía hacerle cambiar de forma de pensar, pero no fue así. Ella quería seguir adelante y así fue como sucedió. Así es que esta pobre mujer abandonada, esa pobre madre, cuando regresábamos a su hogar, prácticamente se acostó en el suelo del automóvil y comenzó a llorar y clamar: "Oh, Dios, ¿por qué me has abandonado?" Pero para cuando llegó a su hogar ya se había consolado un poco. Ella pidió disculpas por lo que había dicho. Ella dijo: "Siento mucho haber dicho que Dios me había abandonado. No creo que haya hecho eso". Yo le contesté: "Usted puede estar segura de una cosa, que Él vive para siempre, y que Él intercede por usted. Aún cuando nosotros no seamos fieles, Él siempre es fiel para con nosotros". Es algo maravilloso saber que Él está allí.

> *Porque tal sumo sacerdote nos convenía: santo, inocente, sin*
> *mancha, apartado de los pecadores, y hecho más sublime que los*
> *cielos. [He. 7:26]*

Aquí tenemos varias cosas que son totalmente maravillosas. Cuando aquí dice que Él nos convenía, en realidad significa que Él es exactamente lo que necesitamos para nuestras necesidades. Cristo es lo que nosotros necesitamos. Él es Aquél que responde exactamente a nuestras necesidades. Usted no podría tener a alguien mejor que Él.

Se nos dice que Él es santo, y eso es en relación con Dios. Él es el Santo.

Él es el inocente. Eso indica que Él está libre de toda maldad. Libre de astucias o mañas. Cuando Cristo le libra a usted porque ha pecado, no es porque Él haya sido un abogado muy astuto. Lo hace porque Él fue quien pagó absolutamente el castigo del pecado por usted. Ese castigo ya ha sido pagado.

Él es sin mancha. Eso indica que Él está libre de cualquier impureza moral. Amigo, ésa es la respuesta de Dios a "Jesucristo Superestrella". No interesa lo que usted piensa en cuanto a esa literatura blasfema. Hay una cosa que es segura, y que la Biblia presenta claramente que Jesucristo estaba libre de toda impureza moral.

Y no sólo eso, sino que era apartado de los pecadores. Él fue como nosotros, pero no fue tal cual como nosotros. Él podría mezclarse con los pecadores, y ellos no se sentían incómodos en Su presencia. Pero Él no era uno de ellos. A Él le acusaron de que Él se reunía con publicanos y pecadores. Por cierto, que así fue, pero Él no era uno de ellos. Él era apartado de los pecadores.

> *Que no tiene necesidad cada día, como aquellos sumos sacerdotes,*
> *de ofrecer primero sacrificios por sus propios pecados, y luego*
> *por los del pueblo; porque esto lo hizo una vez para siempre,*
> *ofreciéndose a sí mismo. [He. 7:27]*

Si fuera necesario que el Señor Jesucristo regresara y muriera por usted otra vez, Él lo haría. Él regresaría aún hoy mismo. Pero Él no regresará a morir por usted hoy. Él murió una vez. En el Antiguo Testamento se realizaban sacrificios continuamente, y pienso que eso llegó a ser algo quizás cansador. Estoy seguro que muchas veces el sacerdote se encontraba con alguna persona que venía a hacerse lavar los pies y las manos y puedo creer que uno de ellos le podía decir al otro: "¿Cuántas veces ha estado usted aquí hoy?" Él contestaría: "Bueno, no sé. Quizás he venido como 12 veces". El otro que estaba a su lado le diría: "Bueno, yo he estado aquí como 15 veces. Me he lavado las manos tantas veces que ya se me están gastando. Mira mis pies. Parece como si yo hubiera estado en el agua todo el día. Estoy tan cansado de ir a ese altar y ofrecer el sacrificio una y otra vez, siempre con el mismo rito". Y, eso era algo bastante cansador.

Si Aarón hubiera estado detrás de esos hombres escuchando lo que decían, él hubiera dicho: "Yo quisiera decir que estoy de acuerdo con vosotros, de lo cansador y tedioso que se hace este rito, pero Dios está tratando de decir algo. Él está tratando de decirnos que el pecado es algo terrible, y que requiere el derramamiento de sangre. Pero tiene a Alguien que vendrá algún día, y Él va a morir en una cruz por nosotros, y cuando Él haga eso, entonces no habrá más derramamiento de sangre. Él habrá pagado el castigo del pecado".

> *Porque la ley constituye sumos sacerdotes a débiles hombres; pero la palabra del juramento, posterior a la ley, al Hijo, hecho perfecto para siempre. [He. 7:28]*

El sumo sacerdote tenía que ofrecer algo por sí mismo, por su debilidad. El Señor Jesucristo nunca tuvo que hacer eso. Nosotros tenemos un Gran Sumo Sacerdote que puede ser tocado, que puede ser alcanzado hoy. Él está allí para ayudar y Él nos comprende, pero Él es santo, y es inocente, sin mancha, apartado de los pecadores.

CAPÍTULO 8

El pináculo de esta epístola magnífica, lo tenemos ante nosotros en este capítulo—de hecho, empezó en el capítulo anterior en el versículo 25: Por lo cual puede también salvar perpetuamente a los que por él se acercan a Dios, viviendo siempre para interceder por ellos. Este versículo es la clave a esta sección. Usted puede apreciar que el énfasis aquí se da a que el Señor Jesucristo no está muerto. Él está vivo. Él no está en una cruz el día de hoy. Él murió allí, y le colocaron en una tumba. Pero Él tampoco está allí hoy. Él resucitó de entre los muertos y el énfasis ahora es en el Cristo viviente. Él está vivo en las alturas hoy. Entonces el versículo 26: Porque tal Sumo Sacerdote nos convenía—Él es lo que necesitábamos—santo—en Su relación para con Dios—inocente—Él nunca hace nada que pueda herir a otro—sin mancha—libre de cualquier impureza moral—apartado de los pecadores—en Su vida y en Su carácter, aunque Él está aquí entre nosotros y quiere que vayamos a Él—y hecho más sublime que los cielos—Él está en la presencia de Dios. El valor de Su sacrificio se da en el versículo 27: Que no tiene necesidad cada día, como aquellos sumos sacerdotes, de ofrecer primero sacrificios por Sus pecados, y luego por los del pueblo; porque esto lo hizo una vez para siempre, ofreciéndose a Sí Mismo. Su sacrificio no fue de plata o de oro ni de machos cabríos, ni de toros; ¡Él se ofreció a Sí Mismo! No hay nada de mayor valor que Él. El versículo 28 dice: Porque la ley constituye sumos sacerdotes a débiles hombres; pero la palabra del juramento, posterior a la ley, al Hijo, hecho perfecto para siempre. Usted no pone su confianza en un mero hombre cuando usted pone su confianza en Jesús. Usted pone su confianza en el Hombre-Dios. Ya que Él es un hombre, Él puede compadecerse de usted y Él puede llenar sus necesidades. Él es un Sacerdote real. Él es un Sacerdote justo. Él es un Sacerdote que promueve la paz. Él es un Sacerdote personal—Él es un Sacerdote personal para usted. Él no heredó ese cargo; es decir, Él no vino del linaje de Aarón. Él es un Sacerdote eterno.

Ahora aquí en el capítulo 8 se nos dice que Él ministra en un santuario superior por medio de un pacto mejor, que está basado en mejores promesas.

El verdadero tabernáculo

Ahora bien, el punto principal de lo que venimos diciendo es que tenemos tal sumo sacerdote, el cual se sentó a la diestra del trono de la Majestad en los cielos. [He. 8:1]

Probablemente una traducción literal de esto podía ser como sigue: "En consideración de las cosas que hemos estado hablando, éste es el punto principal. Tenemos tal Sumo Sacerdote, que se sentó en los cielos, a la diestra de la Majestad". Ése es el nivel más alto de la Epístola a los Hebreos.

Nosotros tenemos tal Sumo Sacerdote, quien es santo, inocente, sin mancha, apartado de los pecadores, y hecho más sublime que los cielos, y Él está sentado a la diestra de Dios. Como ya he dicho, éste es el pináculo en el libro de Hebreos. Él hizo algo que ningún otro sacerdote en el Antiguo Testamento pudo hacer. Él no es un sacerdote del linaje de Aarón. Aarón nunca tuvo en qué sentarse cuando estaba en el tabernáculo. Él estaba de pie y moviéndose de un lado para otro todo el tiempo. ¿Por qué? Porque tenía que actuar así. Todas esas cosas son nada más que sombras señalando hacia el sacrificio completo. Cuando Cristo murió, todo eso fue cumplido. Ya no hay necesidad de andar moviéndose de un lado para otro. No hay necesidad de andar corriendo, tratando de hacer mil cosas a la vez. Todo lo que usted tiene que hacer, es volverse hacia el Señor Jesucristo. Él se sentó cuando cumplió con su redención, y Él le pide a usted que acepte eso. Estamos ahora, entrando en esta área donde Él es un Sacerdote superior. En realidad, Él es el mejor.

Ministro del santuario, y de aquel verdadero tabernáculo que levantó el Señor, y no el hombre. [He. 8:2]

Alguien me va a preguntar: "¿Se está refiriendo a ese tabernáculo en el desierto?" No. El verdadero tabernáculo se encuentra en el cielo. Ese tabernáculo en el desierto era simplemente una norma, un ejemplo, de hace mucho tiempo, y ha desaparecido. Pero éste está en el cielo.

Bezaleel fue aquél que hizo esos hermosos artículos del mobiliario, como el arca, la parte superior de ella, el propiciatorio, y los candeleros de oro; y él hizo lo que fue altamente ornamental, muy hermoso ornamental; hecho de oro. Él fue quien lo construyó. Todo fue hecho por el hombre, pero fue el Espíritu Santo quien le guió en todo esto. Fue necesario un hombre con el don del Espíritu Santo para hacerlo. Pero lo que se debe comprender aquí es que el Señor Jesucristo ministra en un tabernáculo que Él ha hecho por Sí Mismo, en los cielos.

Vamos a hablar de algo y, francamente, me siento totalmente inadecuado una vez más para decir esto.

> *Porque todo sumo sacerdote está constituido para presentar ofrendas y sacrificios; por lo cual es necesario que también éste tenga algo que ofrecer. Así que, si estuviese sobre la tierra, ni siquiera sería sacerdote, habiendo aún sacerdotes que presentan las ofrendas según la ley. [He. 8:3-4]*

Estos versículos nos indican claramente que el templo en Jerusalén aún estaba en existencia, y que los sacerdotes aún estaban realizando sus funciones allí.

> *Los cuales sirven a lo que es figura y sombra de las cosas celestiales, como se le advirtió a Moisés cuando iba a erigir el tabernáculo, diciéndole: Mira, haz todas las cosas conforme al modelo que se te ha mostrado en el monte. [He. 8:5]*

Yo creo que cuando Moisés hizo el tabernáculo, Dios le dio a él, el modelo del original, del verdadero tabernáculo. El versículo 2 de este capítulo, dice: Ministro del santuario, y de aquel verdadero tabernáculo que levantó el Señor.

El tabernáculo, en su bella sencillez, provee un tipo de Jesucristo (el cual casi se pierde en el detalle complicado del templo). No era otra cosa sino una tienda de campaña, un santuario portátil. El recinto del tabernáculo tenía paredes de 48 tablas que estaban recubiertas por láminas de oro. Tenía 30 codos de largo y 10 codos de ancho. El recinto estaba dividido en dos partes. Una de estas partes era llamada el Lugar Santo, y allí había el candelero de oro, la mesa de los panes de la proposición, y el altar del incienso. Allí no se ofrecía sacrificios aparte del incienso. El candelero habla de Cristo, la Luz del mundo. La mesa de los panes de la proposición habla de Él como el Pan de Vida. El altar del incienso habla de la oración, y del hecho que Él es nuestro Gran Intercesor. Aquí es donde iba el sacerdote cuando quería orar. Luego, en el gran día de la expiación, él entraba detrás del velo.

El Tabernáculo estaba dividido en dos partes, y en el Lugar Santísimo, había dos cosas: (1) el arca del pacto que había sido construida de madera, cubierta con oro por dentro y por fuera. Dentro de esa arca, se encontraban las dos tablas de la ley, la vara de Aarón, y una porción del maná. Los diez mandamientos hablan del hecho de que el Señor Jesucristo vino a cumplir con la ley. Él la cumplió, y es el único que pudo guardarla en todos sus detalles. Luego, el maná habla del hecho de que Él es el Pan de Vida, aún hoy. Tenemos luego, la vara de Aarón que reverdeció, y eso habla de Su resurrección. (2) Sobre el arca se encontraba el propiciatorio. En realidad, era la parte de encima de la coja altamente ornamentada con querubines que miraban hacia abajo desde ese lugar. El sumo sacerdote entraba allí una vez al año y rociaba el propiciatorio con sangre, para purificar el santuario de las impurezas de la nación, y eso es lo que hacía de esto un propiciatorio, porque ése era el lugar donde moraba Dios. Ése no era un lugar de morada permanente, sino que allí es donde Él se encontraba con los hijos de Israel.

Alrededor del Tabernáculo había un patio, o atrio cuadrangular de unos 45 metros por 22 metros y medio, donde se encontraba el altar del holocausto y la fuente de las abluciones. Esos dos artículos se encontraban en lo que se conoce como el patio de afuera donde estaba el altar del holocausto donde el ofrecía el sacrificio; allí era donde se arreglaba el asunto del pecado. Luego, se purificaba en la fuente y podía entrar en el lugar santo. Pero, los santos pecan, y ésa era la razón por la que tenían esa fuente de las abluciones. Cuando el asunto del pecado ya ha sido arreglado en el patio de afuera, el sacerdote puede entrar al lugar santo, y ése es el lugar donde él realizaba su tarea. Ése es el lugar de adoración, y usted adora a Dios cuando ora, cuando se alimenta de Su Palabra, y cuando usted anda en la luz de Su presencia, es decir, en obediencia a Él. Eso es adoración.

Pero nadie entró jamás al Lugar Santísimo sino el sumo sacerdote (y éste sólo una vez al año). Pero cuando el Señor Jesucristo murió, el velo del templo se partió en dos y así fue abierto el camino al lugar santísimo. No sólo ocurrió eso, sino que el Señor Jesucristo tomó aquel tabernáculo que era horizontal con la tierra, y lo hizo perpendicular a la tierra de modo que el Lugar Santísimo está ahora en el cielo, porque allí es donde Él está. Y vamos a ver en el siguiente capítulo que el incensario de oro, junto con el arca del pacto, está ahora en el cielo. Están allí porque allí es donde Él está.

Si usted hubiera estado en Israel, y hubiera ido al corazón mismo del campamento del desierto, usted hubiera podido apreciar que, cuando ellos habían acampado, el tabernáculo estaba funcionando. Sobre él había una columna de nube durante el día, y una columna de fuego durante la noche; y los sacerdotes estaban muy ocupados yendo de un lugar a otro; allí se ofrecían los sacrificios. Se ofrecía el incienso, y toda esta clase de actividad se llevaba a cabo allí, y se observaba todo este rito, no dejando nada de lado. Esto no es nada más que una sombra de la realidad en el cielo. Allá es donde está la realidad. El resto de esa realidad está en que el Señor Jesucristo se encuentre allí hoy, actuando por usted y por mí.

Luego, tenemos el candelero de oro, y nosotros andamos en la luz de Su Palabra porque nos alimentamos de ella. Tenemos luego, ese altar de oro, pero que ya no está más allí, como vamos a ver. Se encuentra en el cielo, porque allí es donde Él ha ido, y todo el resto de esto se encuentra en el cielo.

Alguien quizá piense: "Bueno, usted dijo que cuando entráramos a esta sección aquí, según se nos había advertido en los capítulos 5 y 6, que aquí se iba a comenzar a servir alimento sólido, ya que todo lo que habíamos estado bebiendo era leche, y ahora por cierto nos estaba dando algo profundo. Esto parece muy sencillo". Y lo es. Alguien quizá nos diga: "Bueno, entonces, ¿es éste el alimento sólido?" Sí, lo es. Y espero poder comunicarle a usted exactamente de qué estoy hablando. ¿Está listo usted ahora para el alimento sólido? Ya está listo y quiero presentárselo. Permítame hacerle una pregunta muy personal. ¿Es real el Señor Jesucristo para usted? Si a usted le gusta ir de un lado a otro y le gustan los ritos; si le gusta una reunión hermosa, y, no veo nada malo en eso. Por cierto, que no deseo que me mal entienda. Pero si usted piensa que eso es adoración, y si usted piensa que está sirviendo a Dios porque usted debe estar nada más enseñando una clase de la escuela dominical o cantando en el coro, tengo algo que decirle: No estoy hablando de eso aquí. Lo que él está tratando de comunicarle a usted es que el Señor Jesucristo se encuentra allá arriba, para usted, en este mismo instante. ¿Qué significa esto para usted? Espero que no se ahogue con la comida. Espero que no pida un vaso de leche. No corra de un lado a otro haciendo estas pequeñas cosas. Deje las cosas en la cocina, solas, allá con Marta. No es necesario que usted trabaje con ellas en este instante. Vaya a los pies de Jesús. Permítale que Él sea una realidad en su vida.

Cuando usted salió de su casa esta mañana, ¿le llevó a Él con usted? ¿Estaba usted consciente de Su presencia junto a usted? Él se encuentra en el cielo sirviéndole a usted. Él es su Intercesor. Usted va a Él para confesar su pecado. ¿Por qué está usted preocupando tanto a su Pastor? ¿Usted hace que él le visite y le aconseje todo el tiempo? ¿No es real el Señor Jesucristo para usted hoy? ¿Por qué seguir bebiendo leche nada más? Deje de ser un niño. Crezca; entre a la presencia del Salvador viviente. De eso es de lo que se nos está hablando aquí. Quiera el Señor quitarle el velo de sus ojos, y quiera Dios hacer del Señor Jesucristo y Su poder; de toda Su salvación, y de todo Su amor, y de todo Su cuidado por usted, y de todo esto, una verdadera realidad para usted.

El verdadero tabernáculo se encuentra allá arriba. Si usted ha entrado al lugar santísimo y descubierto que allí hay un trono de gracia, y que Jesucristo es su Intercesor, y que es real para usted, entonces deje de hablar como un niño. ¿Es el Señor Jesucristo real para usted hoy? ¿Ha hecho el Espíritu Santo al Señor Jesucristo real para usted hoy?

No estoy hablando en cuanto a ir a la iglesia y cantar la doxología, de tener una invocación, de haber ido a la iglesia a sentirse mucho mejor. Es bueno que se sienta mejor, y espero que haya recibido algo para su alma; pero ¿aún está bebiendo leche? ¿Es eso lo que usted tiene como su comida principal? ¿Es Jesús algo real para usted? Eso es lo importante; más allá se encuentra un tabernáculo verdadero. Yo quiero alimentarme del pan de vida. Yo quiero andar en la luz de

Su presencia, para que a dónde quiera que vaya, yo pueda presentar, enseñar, la Palabra de Dios, y poder ayudar a la gente a ir a la presencia del Cristo vivo.

Quiero comunicarle este mensaje a usted. Quiero que usted vea la realidad de Cristo, y cuando usted lo haga, entonces todas las demás cosas ocuparán su lugar propio. Usted no tiene que preocuparse por eso, porque usted podrá andar en la luz de Su presencia, y usted va a poder andar con Él donde quiera que vaya. Estoy seguro que usted no querrá ir a lugares donde se sentiría avergonzado de llevar al Señor Jesucristo; quizá usted quiera hacer eso de ir con Él allí. Estoy seguro de que habrá muchos lugares que usted va a detenerse a pensar y a considerar antes de visitar. Si usted se detiene y considera su conducta, usted está consciente de la presencia del Señor Jesucristo con usted todo el tiempo. Él es un Intercesor que vive hoy. Él está vivo.

Permítame decirle nuevamente que el Señor Jesús ministra en un mejor tabernáculo, el verdadero tabernáculo en el cielo. Él ha hecho del trono de Dios, un trono de gracia, y se nos dice que lleguemos allí con gran confianza y seguridad de que Él está allí. La cosa de la cual usted y yo necesitamos orar sobre todo lo demás, es: "Señor, creo. Ayuda mi incredulidad." No sé en cuanto a usted, pero la incredulidad mía es más grande que mi creencia. Necesitamos venir a Él por fe. Sin fe es imposible agradar a Dios; porque es necesario que el que se acerca a Dios crea que le hay, y que es galardonador de los que le buscan. (He. 11:6) Así es que usted y yo necesitamos tener la realidad de Jesucristo en nuestras vidas. Usted no la verá a Él con sus ojos físicos ni oírle con sus oídos físicos. Pero le contemplará con ese ojo interior y le oirá con ese oído interior que puede ser abierto sólo por la fe.

¡Cuán maravilloso es esto! Como he dicho, éste es el pináculo de la Epístola a los Hebreos. Estamos andando por caminos muy elevados, por cierto. Ésta es una maravillosa sección.

El nuevo pacto es mejor que el viejo

Pero ahora tanto mejor ministerio es el suyo, cuanto es mediador de un mejor pacto, establecido sobre mejores promesas. [He. 8:6]

Llegamos ahora, a algo diferente. El tabernáculo aquí abajo era nada más que una sombra. El verdadero tabernáculo se encuentra más allá. Cristo es real hoy. Él se encuentra allá; Él puede mantenernos salvos.

Quizá alguien pregunte: "¿Usted piensa que uno puede perder la salvación?" Deseo confesarle algo yo perdería la mía antes de que se ponga el sol si el Señor Jesucristo no estuviera allá arriba en este mismo instante. Él tiene problemas conmigo, y quizá los tenga con usted también. Pero, gracias a Dios que Él está allí. La realidad es Cristo Jesús. ¡Cuánto le necesitamos hoy!

Él es el mediador de un mejor pacto. Tenemos aquello que es conocido como el nuevo pacto hoy. Lo llamamos el Nuevo Testamento. El Nuevo Testamento, es en realidad, un nuevo pacto que Dios ha hecho y es en contraste con el Antiguo Testamento. Antes, era diferente en el Antiguo Testamento, bajo la ley, cuando Dios dio a Moisés la ley mosaica, y luego cuando Él les dio a los israelitas el tabernáculo con servicio. Allí era donde se trataba con el pecado. Nadie fue salvo jamás cumpliendo la ley, nadie pudo llegar a Dios en alguna oportunidad y decirle: "Yo he cumplido con todos los mandamientos, por tanto, me tienes que recibir". No, ellos siempre tenían que ofrecer sacrificios, porque ellos eran pecadores. Dios les reveló que ellos no podían alcanzar la gloria de Dios. Ése era el sistema de aquel día. El sistema de los sacrificios era nada más que una sombra. El tabernáculo que Dios les dio era un tabernáculo real, pero era una sombra de la realidad de aquél en el cual el Señor Jesucristo ejerce Su ministerio en el presente. Así es que, nosotros tenemos lo mejor hoy: un Sacerdote mejor, un tabernáculo mejor.

O sea que, hasta ahora hemos podido apreciar que tenemos un mejor Sacerdote. Tenemos un mejor sacrificio. Tenemos un tabernáculo mejor en el presente, y todo esto se une en aquel altar; en Cristo están los tres, y Él es el mejor Sacerdote que ministra allí; Él es el mejor sacrificio, y Él ministra en un Tabernáculo mejor, porque Él ofreció Su sangre por el pecado suyo, y por el mío.

Ahora, yo quisiera mencionar mi libro, El Tabernáculo, El Retrato que Dios ha hecho de Cristo. En este libro, yo tomo la posición que Cristo ofreció literalmente Su sangre en el cielo. Eso es lo que Él

estaba haciendo cuando María se acercó a Él, y el Señor le dijo: No Me
toques, porque aún no he subido a Mi Padre; mas ve a Mis hermanos,
y diles: Subo a Mi Padre y a vuestro Padre, a Mi Dios y a vuestro Dios.
(Jn. 20:17) Él estaba en camino. Él era un Sumo Sacerdote en camino
al cielo. Yo creo que Él ofreció Su sangre literal y creo que estará allí
por toda la eternidad. Cuando este libro fue publicado, recibí críticas
en algunas revistas cristianas. Hablaban muy bien en cuanto al libro,
pero hicieron una advertencia. Sugirieron que todos los predicadores
debieran conseguir este libro, pero dijeron: "Ustedes tendrán que
tener mucho cuidado, porque este hombre toma todo literalmente.
Él cree que el Señor Jesucristo ofreció literalmente Su sangre en el
cielo. Eso nos parece algo bastante crudo". Ésa fue la advertencia
que hicieron. Pero, no creo que la sangre de Cristo sea algo crudo,
ni siquiera cuando fue derramada aquí en la tierra, o cuando fue
ofrecida en el cielo. No pienso que sea así, porque aún Simón Pedro,
a quien no se podría llamar una persona muy educada, la llamó algo
precioso. Él dijo que era la preciosa sangre de Cristo, y opino que va
a estar allí en el cielo por toda la eternidad para recordarnos a usted
y a mí, del precio que fue pagado por nuestra salvación.

En cierta ocasión, se acercó a un predicador una de esas matronas
imponentes que asisten de vez en cuando a algunas iglesias. Ella se
acercó al predicador y le dijo: "Pastor, espero que no sea como nuestro
último predicador. Él era chapado a la antigua, y ponía mucho énfasis
en la sangre. Para mí, eso es algo muy ofensivo. La sangre ofende mi
segunda naturaleza". Ella le preguntó si él no estaba de acuerdo de
que era algo ofensivo. Él le contestó: "Bueno, yo no veo nada ofensivo
en cuanto a la sangre de Cristo, sino en su pecado y el mío". Pienso
que ese predicador y esa anciana no se llevaron muy bien después de
eso. Yo digo dogmáticamente que creo que la sangre está allí, y creo
que estará allí para hacernos recordar a usted y a mí, a través de toda
la eternidad que Él pagó un precio por nosotros.

Aquí en el versículo 6, se nos dice que fue establecido sobre mejores
promesas. En el Antiguo Testamento, ellos llevaban sus sacrificios.
Ellos recibieron la ley, y cuando quebrantaban esa ley, ellos tenían
que llevar esos sacrificios y ofrendas. A propósito, antes de que
Dios diera las leyes y las instrucciones para el tabernáculo, ellos se
presentaban ante Él de la misma manera en que lo hizo Abraham.

Él se acercaba a Dios por medio de la fe. Anterior a Abraham encontramos que Noé estaba en una base completamente diferente. No creo que uno pueda leer la Biblia de manera inteligente sin darse cuenta de que Dios trató con los hombres de manera diferente, en épocas diferentes. Si usted no quiere llamar a eso una dispensación, entonces puede inventar su propia palabra, pero allí está, si usted acepta la infalibilidad de las Escrituras y cree que es la Palabra de Dios. Allí tenemos las dispensaciones.

Aquí no sólo se nos recuerda esto, sino que se nos dice que hay mejores promesas. Este nuevo pacto está basado sobre mejores promesas. Usted y yo hemos entrado en este pacto hoy, y hemos sido hechos parte de él; pero, Dios aún no ha terminado Su trato con la nación de Israel. Él nos presenta eso de una manera muy clara. Esas mejores promesas van a ser cumplidas en el futuro. Note en Jeremías 31 que Dios va a hacer regresar a los hijos de Israel a su propia tierra; y, el presente regreso de la nación de Israel no es un cumplimiento de la profecía, según opino yo. En Jeremías 30:18, dice: Así ha dicho Jehová: he aquí yo hago volver los cautivos de las tiendas de Jacob, y de sus tiendas tendré misericordia, y la ciudad será edificada sobre su colina, y el templo será asentado según su forma. Luego, en Jeremías 31:8, dice: He aquí yo los hago volver de la tierra del norte, y los reuniré de los fines de la tierra, y entre ellos ciegos y cojos, la mujer que está encinta y la que dio a luz juntamente; en gran compañía volverán acá. A propósito, aquí se menciona la tierra del norte, y eso se refiere a Rusia. Ellos no están saliendo muy bien de ahí en el presente, pero cuando Dios los haga salir, entonces no habrá ningún problema en esa ocasión, cuando ellos se vuelvan a Él. Luego, en Jeremías 31:10-11, dice: Oíd palabra de Jehová, oh naciones, y hacedlo saber en las costas que están lejos, y decid: El que esparció a Israel los guardará y reunirá como el pastor a su rebaño. Porque Jehová redimió a Jacob, lo redimió de mano del más fuerte que él. En el día de hoy ellos no se encuentran allí bajo la redención de Dios. Están muy lejos de Él.

Note ahora lo que dice Jeremías 31:31-33; y por favor, preste atención a esto, ya que el escritor de la carta a los Hebreos está hablando de esto, cuando él dice que habrá mejores promesas, sobre un pacto mejor que Dios hará con esta gente. He aquí que vienen días, dice Jehová, en los cuales haré nuevo pacto con la casa de Israel y con la casa de Judá. No como el pacto que hice con sus padres el día que tomé su mano para sacarlos de la tierra de Egipto; porque ellos invalidaron Mi pacto, aunque fui Yo un marido para ellos, dice Jehová. Pero éste es el pacto que haré con la casa de Israel después de aquellos días, dice Jehová: Daré Mi ley en su mente, y la escribiré en su corazón; y Yo seré a ellos por Dios, y ellos Me serán por pueblo.

Dios está diciendo aquí, que Él les había dado la ley y la había escrito sobre la piedra fría. Ellos no la pudieron cumplir. Pero ahora Él dice: "La escribiré sobre las tablas de carne del corazón". Es decir que, antes era algo exterior; ahora Él va a hacer una obra en sus corazones. No lo ha hecho en el presente a esa nación. Cualquier persona que visite ese lugar se puede dar cuenta que la gente allí no se está volviendo a Dios. Uno puede conversar con los guías y lo llevan a uno a visitar un lugar histórico y otro, y es posible que uno pueda testificar aún a ellos en cuanto al Señor Jesucristo, cuando deberían ser ellos los que cuenten a los visitantes en cuanto a Cristo, ya que son judíos. Están viviendo en su propia tierra, donde Él vivió. Él murió allí por los pecados del mundo, y nosotros como gentiles vamos allí desde lejos. Ellos deberían ser los que nos dijeran a nosotros en cuanto a Él. Sin embargo, ocurre de una manera completamente diferente. Ellos no han regresado allí según esta promesa. Pero Dios la va a cumplir. ¿Por qué? Porque en Jeremías 31:34, leemos: Y no enseñará más ninguno a su prójimo, ni ninguno a su hermano, diciendo: conoce a Jehová; porque todos Me conocerán—ellos no le conocen a Él aún en el día de hoy—desde el más pequeño de ellos hasta el más grande, dice Jehová; porque perdonaré la maldad de ellos, y no me acordaré más de su pecado. De eso es de lo que nos está hablando el autor de la Epístola a los Hebreos. Establecido sobre mejores promesas.

Porque si aquel primero hubiera sido sin defecto, ciertamente no se hubiera procurado lugar para el segundo. [He. 8:7]

Lo que él dice es que, ya que el primer pacto no era algo adecuado, creó la necesidad de un mejor pacto. Alguien quizá se puede decir: "Entonces ese pacto era algo malo, equivocado". Bueno, no creo eso. Note el siguiente versículo.

Porque reprendiéndolos dice: He aquí vienen días, dice el Señor, en que estableceré con la casa de Israel y la casa de Judá un nuevo pacto. [He. 8:8]

La falta no estaba en el pacto sino en ellos. El problema nunca fue con el pacto de Dios. No había nada malo con la ley de Dios. Pero hay mucho de malo con usted y conmigo. Usted y yo no somos capaces de cumplir la ley. Nunca podemos alcanzar esas normas. Acabamos de leer en cuanto a esto en el libro de Jeremías. Lo podíamos leer también en el resto de los profetas.

No como el pacto que hice con sus padres el día que los tomé de la mano para sacarlos de la tierra de Egipto; porque ellos no permanecieron en mi pacto, y yo me desentendí de ellos, dice el Señor. [He. 8:9]

La gente quebró el primer pacto. No les capacitó para poder cumplir con él.

Por lo cual, éste es el pacto que haré con la casa de Israel después de aquellos días, dice el Señor: Pondré mis leyes en la mente de ellos, y sobre su corazón las escribiré; y seré a ellos por Dios, y ellos me serán a mí por pueblo. [He. 8:10]

El nuevo pacto será escrito en sus corazones—no en tablas de piedra—para que puedan obedecerlo.

Y ninguno enseñará a su prójimo, ni ninguno a su hermano, diciendo: Conoce al Señor; porque todos me conocerán, desde el menor hasta el mayor de ellos. Porque seré propicio a sus injusticias, y nunca más me acordaré de sus pecados y de sus iniquidades. [He. 8:11-12]

Habrá perdón completo del pecado.

Al decir: Nuevo pacto, ha dado por viejo al primero; y lo que se da por viejo y se envejece, está próximo a desaparecer. [He. 8:13]

Así es que, nosotros no estamos bajo el sistema de la ley de Moisés; ese sistema que ya ha pasado. Es solamente un modelo antiguo. Ahora tenemos un modelo nuevo y este nuevo pacto, Él lo ha hecho a través del Señor Jesucristo. ¿Lo hizo así porque había acaso algo malo con el antiguo? No porque había algo malo en el pacto, sino porque había algo malo con nosotros. Es por eso que me da pena por aquellas personas que hoy se aferran, se agarran a la ley, y vuelvo a mencionar lo que he dicho antes: si usted está bebiendo leche nada más, cuando usted regresa a la ley, y cuando usted habla de cumplir con el día del sábado, usted sabe que no cumple con el sistema de Moisés, si usted es una persona honesta y sincera. Usted nunca puede alcanzarlo.

Pero si usted se acerca a Dios, Él puede demostrar Su gracia para con usted. El Señor Jesucristo se encuentra en este instante a la diestra de Dios. Usted puede acercarse a Él y Él le recibirá.

La ley es totalmente incapaz de producir algo bueno en el hombre. Pablo podía decir, Y yo sé que en mí, esto es, en mi carne, no mora el bien; porque el querer el bien está en mí, pero no el hacerlo. (Ro. 7:18) Amigo, éste es bíblico y es cierto. El hombre está totalmente depravado. Esto no quiere decir que el individuo que vive enfrente de la casa de usted, ni alguna persona que está viviendo abiertamente en pecado; esto quiere que usted y yo somos así. El Espíritu Santo ahora es capaz de hacer lo imposible. El Espíritu Santo puede producir una vida santa en carne débil y pecaminosa.

Puedo presentar un ejemplo que ya mencioné en el estudio de Romanos 11. Es como esa ama de casa que pone carne para asar en el horno. Sin embargo, ella coloca la carne en el horno y se ocupa de otras tareas en la cocina, y de pronto suena el teléfono, y ella va a contestar. Es una amiga que la llama para compartir algunos chismes del vecindario. Entonces ellas comienzan a conversar, y siguen conversando y conversando, y hablan por 45 minutos o una hora, tal vez. De pronto, esta ama de casa se da cuenta que algo se está quemando, así es que corre a la cocina, abre el horno, y allí está saliendo el humo. Entonces toma un tenedor, lo clava en esa carne, pero no la puede sacar de allí. Prueba con el mismo tenedor en otra parte de esa carne, y aún así no puede sacarla. Entonces toma una de esas espátulas que tiene en la cocina y la coloca debajo de la carne y ahora sí puede levantarla. Lo que el tenedor no podía hacer lo puede hacer la espátula. No hay nada malo con el tenedor. El problema era la carne. Se había cocinado demasiado. Así es que, la ley no podía hacer nada en aquello que era débil a través de la carne. Dios envía ahora al

Espíritu Santo y nosotros tenemos un nuevo pacto establecido sobre mejores promesas. Dios nos ha dado el Espíritu Santo hoy, y Él se encuentra allá para ayudarnos en el presente.

Este pasaje de las Escrituras es algo verdaderamente maravilloso. Quizá a usted le guste tomar la leche, y sé que la leche es algo bueno para nosotros. Hay leche en la Palabra de Dios, pero también usted tiene que aprender a comer algo de carne, de manjar sólido. La carne hoy es el dar más énfasis al Cristo viviente, a Su ascensión e intercesión en los cielos. Cuando usted y yo nos acercamos al Cristo viviente, debo decirle que nos elevamos a alturas indecibles. No podemos ir más alto que eso en esta época en la cual vivimos.

CAPÍTULO 9

El nuevo santuario es mejor que el antiguo

Nuestro tema es el sacerdocio del Señor Jesucristo quien es un Sacerdote según el orden de Melquisedec. Aquí se nos presenta dos ministerios que están en contraste el uno con el otro. Uno era el ministerio levítico, el ministerio de un tabernáculo terrenal. Éste era sólo un tipo del tabernáculo que está hoy en el cielo en el cual el Señor Jesús está sirviendo hoy. Este santuario en el cielo provee en realidad verdadera adoración en el presente. Muchas personas consideran la ley desde el punto de vista de los Diez Mandamientos, pero la Epístola a los Hebreos enfoque la ley desde el punto de vista de su lugar de la adoración y su sacerdocio. Este enfoque pone el énfasis sobre el tratar con los pecados, y, como señalará el escritor, la ley nunca resolvió el problema del pecado. Porque la sangre de los toros y de los machos cabríos no puede quitar los pecados. (He. 10:4)

Ahora bien, aun el primer pacto tenía ordenanzas de culto y un santuario terrenal. [He. 9:1]

Aquí donde dice ordenanzas de culto, se refiere a ordenanzas de adoración.

Cuando dice santuario terrenal, quiere decir que fue construido con materiales de este mundo en el cual vivimos. Fue hecho de tanto de largo, por tanto de ancho, tanto de altura; y había cierto rito por el cual se debía pasar en este santuario aquí en esta tierra y en ese sentido, era terrenal; era de este mundo. Ahora, esto está contrastado con este santuario que está en el cielo.

Porque el tabernáculo estaba dispuesto así: en la primera parte, llamada el Lugar Santo, estaban el candelabro, la mesa y los panes de la proposición. [He. 9:2]

Porque el tabernáculo estaba dispuesto así. Note que no estamos regresando al templo. No se hace aquí ninguna referencia al templo de Herodes para la ilustración. Aunque se ha hecho referencia a él anteriormente, ellos todavía estaban sirviendo en el altar en el templo.

En realidad, cuando se da el tipo, no vuelve al templo, cualquiera de los que fueron edificados, y el tercero de ellos estaba en existencia en esa ocasión. Vuelve más bien a aquella estructura sencilla que Dios le dio a Moisés en el desierto. Allí se hizo un tabernáculo, y fue hecho con cosas de este mundo. Este pasaje de las Sagradas Escrituras es algo muy importante de notar de nuestra parte. Él va a presentar aquí un contraste entre este tabernáculo, que como ya hemos visto, fue hecho sobre la tierra; y el tabernáculo en el cielo, del cual Dios mostró a Moisés un modelo, y Moisés siguiendo eso hizo el terrenal. Eso fue en cuanto al modelo del que está en el cielo, pero aun en lo mejor que pueda haber realizado, éste siempre era un tabernáculo de este mundo, y era mucho más inferior, como lo veremos, en muchas formas diferentes, a ese tabernáculo que está en el cielo. Sin embargo, era un lugar de adoración.

...llamada el Lugar Santo... El tabernáculo mismo era nada más que una caja de oro grande. Estaban dividido en dos secciones. La primera era el Lugar Santo en el cual había mucho mobiliario: la mesa del pan y el candelabro de oro. Entonces, al trasfondo estaba el altar de oro, el altar del incienso, que habla de oración—allí no se hacían sacrificios.

> *Tras el segundo velo estaba la parte del tabernáculo llamada el Lugar Santísimo, El cual tenía un incensario de oro y el arca del pacto cubierta de oro por todas partes, en la que estaba una urna de oro que contenía el maná, la vara de Aarón que reverdeció, y las tablas del pacto; Y sobre ella los querubines de gloria que cubrían el propiciatorio; de las cuales cosas no se puede ahora hablar en detalle. [He. 9:3-5]*

En el Lugar Santísimo, donde entraba el sumo sacerdote, el cual había sido separado por un velo, había dos artículos de mobiliario. Allí estaba el arca, una caja rectangular construida de madera de acacia, que estaba cubierta de oro por dentro y por fuera. Sobre el arca había una tapa de oro que se llamaba "el propiciatorio". Encima de eso, había dos querubines de oro, y éstos se miraban frente a frente, de pie, con sus alas extendidas, cubriendo el propiciatorio. Allí se colocaba la sangre; eso es lo que hacía de esto el propiciatorio, porque el Señor les había dicho a ellos en Lv. 17:11: ...y la misma sangre hará expiación de la persona. Esto se confirma en Hebreos 9:22 que dice: y sin derramamiento de sangre no se hace remisión.

...el cual tenía un incensario de oro... eso es, el altar de oro. Note que un cambio ha sido hecho—se nos dice que el altar de oro está dentro del Lugar Santísimo en vez de estar dentro del Lugar Santo. ¿Por qué lo mueve él a la parte de adentro? Para comenzar debo decir que el velo ha sido quitado. El velo nos habla de Cristo, y nos habla en particular de la vida de Cristo, y ese velo había sido hecho de lino fino de Egipto, y estaba adornado con querubines. Eso nos habla de la humanidad del Señor Jesucristo. Cuando Él murió en la cruz, Él entregó Su vida en la cruz, Su vida humana; entonces, ese velo fue partido en dos. El camino a Dios está ahora abierto completamente, porque Él ha hecho ese camino. Jesús dijo: ...nadie viene al Padre, sino por Mí. (Juan 14:6b) Ese velo ha sido partido en dos, y nosotros podemos entrar ahora directamente a la presencia de Dios hoy.

Ahora, vemos aquí que se ha efectuado un pequeño cambio. Se nos dice aquí que dentro del Lugar Santísimo se encuentra un incensario.

El cual tenía un incensario de oro y el arca del pacto cubierta de oro por todas partes... ¿Qué fue entonces lo que sucedió con el incensario de oro y el altar de oro? Fue llevado adentro. ¿No era eso lo que ocurría cuando Aarón entraba allí en el Gran Día de la Expiación? ¿Acaso no llevaba él junto con la sangre, ese incensario de oro y lo llenaba de carbones encendidos; ¿luego, colocaba el incienso y entraba? Es decir que, él lo transfería, él llevaba la ofrenda de incienso a la parte interior, en ese tiempo en particular. Por supuesto, cuando él salía tomaba nuevamente ese incensario de oro con los carbones encendidos, con fuego del altar, con algo de incienso en él, y lo sacaba otra vez. Aquí tenemos esta transferencia al Lugar Santísimo, pero él lo sacaba, y lo volvía a hacer otra vez al año siguiente.

Nosotros tenemos un Gran Sumo Sacerdote hoy. Él es nuestro Intercesor, siempre ante ese altar de oro, haciendo intercesión por usted, y a propósito, esas oraciones que Él hace son oídas. Por tanto, está en la parte de adentro; ah, pero también está afuera. Usted y yo podemos acercarnos por medio de Él, mediante la oración. Eso es lo que el Apóstol Pablo quiso decir en Romanos 5:1-2: Justificados, pues, por la fe, tenemos paz para con Dios por medio de nuestro Señor

Jesucristo; por quien también tenemos entrada por la fe a esta gracia en la cual estamos firmes, y nos gloriamos en la esperanza de la gloria de Dios. Usted no sólo tiene paz para con Dios, sino que tiene acceso a Dios, y eso es a través del Señor Jesucristo.

Él también menciona lo que estaba dentro del arca. En la que estaba una urna de oro que contenía el maná. Eso nos habla del presente ministerio de Cristo. Él alimenta a aquéllos que le pertenecen. Él los alimenta con Su Palabra, Él es el Pan de Vida. Cuando usted necesita pan, lo consigue en la panadería, que es la Biblia. La Biblia es la panadería de Dios. Si usted quiere ese Pan, allí es donde tiene que buscarlo. Luego, él menciona:

La vara de Aarón que reverdeció. Esto nos habla de la muerte y resurrección de Cristo, porque aquí tenemos una vara muerta que luego volvió a vivir.

Y las tablas del pacto. Eso indica que el Señor Jesucristo cumplió toda la ley.

De las cuales cosas no se puede ahora hablar en detalle. El escritor quiere decir que él no tiene tiempo para pensar en el tabernáculo porque las cosas que él está enfatizando son el sacerdocio y la adoración. Le interesa lo que es la verdadera adoración, y la forma en que debemos adorar.

> *Y así dispuestas estas cosas, en la primera parte del tabernáculo entran los sacerdotes continuamente para cumplir los oficios del culto. [He. 9:6]*

Entran los sacerdotes continuamente. Los sacerdotes iban continuamente—ellos nunca terminaban el trabajo. Si iban hoy, entonces tendrán que volver a ir mañana, y el próximo día, y así. Opino que debía ser muy monótono al pasar los años, para un sacerdote tener que pasar este rito. La repetición misma quería decir que una vez no era suficiente, que se bastaba con entrar una sola vez. Sin embargo, vamos a ver que Cristo entró una sola vez al Lugar Santo—era necesario para Él entrar sólo una vez.

Para cumplir los oficios del culto. Cuando verdadera adoración tiene lugar, es adoración que nos atrae a la presencia de Cristo donde podemos adorarle.

Adorar es darle a alguien algo de lo cual esa persona es digna. El Señor Jesucristo es digno de recibir nuestra alabanza y nuestra adoración. Eso es adoración, y sigue al servicio. La verdadera adoración siempre conduce al servicio. En el medio de Su tentación en el desierto, el Señor Jesús contestó a Satanás, Entonces Jesús le dijo: Vete, Satanás, porque escrito está: Al Señor tu Dios adorarás, y a Él sólo servirás. (Mt. 4:10) Usted no tendrá que rogarle a la gente para que hagan algo, si ellos están participando en verdadera adoración de Cristo—porque la verdadera adoración conduce a servicio. Muchos ministros pasan mucho tiempo urgiendo a la gente a que hagan algo—que den, que visiten, que enseñen, o que canten. La adoración verdadera les conducirá a servir. Tal adoración es posible sólo por medio de Jesucristo.

> *Pero en la segunda parte, sólo el sumo sacerdote una vez al año, no sin sangre, la cual ofrece por sí mismo y por los pecados de ignorancia del pueblo. [He. 9:7]*

Ahora está hablando del Gran Día de la Expiación, Yom Kippur. En cierto sentido, éste era el día principal de la vida de la nación. Ése era el día en que el sumo sacerdote entraba allí por la nación, y en base a eso la nación era aceptada por otro año.

Nuestro Gran Sumo Sacerdote ha entrado al Lugar Santísimo, a la presencia misma de Dios. Él ha entrado allí y no ha salido. Él va a estar allí todo el tiempo que nosotros estemos en este mundo. Cuando Él salga, Él saldrá a buscar a los Suyos, porque nosotros somos parte de Él ahora. Nosotros somos parte del cuerpo de Cristo.

El propósito de todo esto es el de hacer verdaderamente real para su corazón y el mío, la presencia del Señor Jesucristo. ¿Comenzó este día con Él, usted? Quizá usted tuvo que salir apresuradamente de su casa para ir a su trabajo, y quizá ya ha regresado otra vez a su hogar. ¿Fue usted con Él? ¿Estuvo Él con usted hoy? ¿Rindió usted a Él adoración hoy? Ése es el propósito de esto. Usted puede adorarle. Usted no tiene necesidad de ir a la iglesia y cantar la doxología. Sin embargo, eso es algo que él nos va a urgir que hagamos: No dejando de congregarnos, como algunos tienen por costumbre (He. 10:25a). Es necesario que usted se reúna con el pueblo de Dios, y existe la necesidad de que haya una adoración unida en el presente. Eso es algo muy esencial para el crecimiento suyo. Pero, usted puede adorarle dondequiera que esté. Puede adorarle en el camino a su trabajo. Puede adorarle en la oficina. Puede adorarle en su salón de clases. Usted puede adorarle en cualquier lugar, y eso hace tanta falta hoy. ¡Qué bueno que usted y yo derramemos nuestros corazones en adoración y alabanza a Su nombre santo!

Nuestro Sumo Sacerdote ha entrado hoy al Lugar Santísimo, a favor de nosotros. Y usted puede apreciar lo superior que esto es, cuando Él entró allí en sólo un día y Él entraba allí para ser escuchado. El sumo sacerdote tenía una cadena atada a su pie, porque si él hubiera hecho cualquier error, él hubiera caído muerto allí mismo, y los ayudantes tendrían que haberlo sacado y buscar un nuevo sumo sacerdote. Pero el Nuestro ha entrado y es la maravilla y la gloria de todo esto. Él ha podido entrar a la misma presencia de Dios por usted y por mí hoy.

En Hebreos 9:24, leemos: Porque no entró Cristo en el santuario hecho de mano, figura del verdadero, sino en el cielo mismo para presentarse ahora por nosotros ante Dios. Alguien ha parafraseado esta última parte diciendo: "…para presentarse ahora por nosotros, delante del rostro de Dios". Moisés le había pedido a Dios que le dejara ver Su rostro, pero Dios le dijo que no lo podía hacer. Yo tengo un Sumo Sacerdote que ha entrado a la misma presencia de Dios.

Nosotros no adoramos pasando a través de ciertos ritos, en el presente. No adoramos encendiendo cirios o quemando incienso, o preparando algún altar. Hay muchas personas que hacen esto; pero esto no es necesario, usted no necesita todas estas cosas para acordarse y para adorar al Señor Jesucristo. Si usted necesita toda esa clase de ayuda, entonces, eso no es adoración.

Usted recuerda la conversación que el Señor Jesucristo tuvo con la mujer samaritana cerca del pozo de agua, y lo que ella le preguntó a Él. Ella quería saber dónde debía adorar a Dios; ¿en la montaña? ¿con algún rito? ¿o en Jerusalén? ¿Dónde uno puede encender cirios y quemar incienso? Y el Señor Jesucristo le respondió: Mujer, créeme…la hora viene, y ahora es, cuando los verdaderos adoradores adorarán al Padre en espíritu y en verdad; porque también el Padre tales adoradores busca que le adoren. (Jn. 4:21, 23) Por tanto, no es necesario ayudarnos a nosotros mismos con diferentes utensilios o artefactos para nuestra adoración.

Es necesario que usted y yo entremos a Su presencia, que podamos oler ese aroma dulce de Su incienso, del incienso de Su presencia; no con nuestras narices físicas, sino con nuestros corazones, nuestras almas, y nuestras mentes. Ah, ¡que seamos conscientes de la dulzura de Su presencia, y que andemos a la luz de Su Palabra, y que eso llegue a ser una realidad en nuestra vida! Esta oración es por nosotros mismos, pero también quiero hacerla por usted en el día de hoy, para que usted y yo podamos conocer lo que esta realidad es. Si solamente dejáramos de estar bebiendo leche, y nos alimentáramos del alimento sólido que tenemos.

Es necesario que vayamos a la presencia del Cristo viviente. Él es nuestro Gran Sumo Sacerdote. Él está ministrando, está sirviendo en un tabernáculo mejor que aquél que hubo sobre esta tierra. Nosotros podemos adorar al Cristo viviente, hoy.

Dando el Espíritu Santo a entender con esto que aún no se había manifestado el camino al Lugar Santísimo, entre tanto que la primera parte del tabernáculo estuviese en pie. [He. 9:8]

Es decir que, esto era nada más que un cuadro y un tipo de figura que el camino a la misma presencia de Dios (de hecho, al rostro mismo de Dios) aún no había sido abierto.

Lo cual es símbolo para el tiempo presente, según el cual se presentan ofrendas y sacrificios que no pueden hacer perfecto, en cuanto a la conciencia, al que practica ese culto, Ya que consiste sólo de comidas y bebidas, de diversas abluciones, y ordenanzas acerca de la carne, impuestas hasta el tiempo de reformar las cosas. [He. 9:9-10]

Note que el camino a Dios en el tabernáculo se encontraba bloqueado por tres entradas, o compartimentos. Es decir que, la gente podía llegar solamente a esa entrada exterior y allí presentar el sacrificio. Luego, un sacerdote tomaba esa ofrenda, que podría ser un corderito, y ponía su mano sobre él y era sacrificado y ofrecido, y luego esa persona salía de ese lugar. Y en lo que se refiere al lugar santo, sólo podía entrar allí el sacerdote. Luego, tenemos el Lugar

Santísimo; allí ni el sacerdote podía entrar, mucho menos la gente; sólo el sumo sacerdote podía entrar al Lugar Santísimo, y ése era un arreglo temporal. El rito y las ordenanzas y el servicio fueron dados solamente por un corto tiempo.

Cristo nos puede llevar a Dios, y sólo Él puede llevarnos allí. El Señor Jesucristo dijo: Nadie viene al Padre sino por Mí. (Jn. 14:6) Esto es verdadera adoración, y la verdadera adoración nos llevará a servir.

Uno de los problemas que tiene que enfrentar cada ministro o pastor hoy es esto de que estamos hablando, y por cierto que tienen que trabajar duro tratando de llevar gente a la presencia del Señor. Eso es algo difícil, pero si usted, quiere llegar allí, no habrá ningún problema en cuanto a servir. Usted servirá a Dios. Eso lo hemos descubierto ya. Si uno puede llevar a alguien a la presencia de Dios a adorar, entonces no tiene por qué preocuparse en cuanto a esa persona para que trabaje para Dios. Ellos mismos se encargarán de eso. La adoración lleva a la obra para Dios, al servicio de Dios.

La adoración es lo que el liberal hoy condena. Alguien dijo en años atrás que el mundo trató de librarse del Señor Jesucristo de dos formas. Una, fue por medio de la crucifixión, y la otra por medio de la adoración. Eso para nosotros es una blasfemia, porque si usted le adora a Él, usted está en mejor posición que aquéllos que le crucifican. Nosotros nos aproximamos a un Dios santo hoy en base a un Salvador crucificado. Él es el Único que nos permite adorar hoy. El Apóstol Pablo les dijo a los creyentes en Efeso: No os embriaguéis con vino, en lo cual hay disolución, antes bien sed llenos del Espíritu. (Ef. 5:18) Y luego, ¿cuál es la primera cosa de la cual él habla? Bueno, adoración. Él dice: Hablando entre vosotros con salmos, con himnos y cánticos espirituales, cantando y alabando al Señor en vuestros corazones. (Ef. 5:19) Lo más emocionante que le puede suceder al hijo de Dios es estar lleno del Espíritu de Dios, y que el Espíritu de Dios tome las cosas de Cristo y las haga reales y verdaderas para nosotros. Eso da gozo a nuestro corazón. Muchas veces uno puede apreciar que la gente que sale de la iglesia tiene un rostro adusto, parecen preocupados. Y en el momento en que uno ve eso, puede pensar que ha fracasado el predicador, porque si uno ha estado en la presencia de Dios para adorarle, entonces tiene gozo en el corazón. Usted tiene un cántico, quizá no en sus labios, pero en su corazón. Es algo realmente maravilloso el sentirse de esa manera. Debemos adorarle.

Ahora, quiero volver a mencionar aquí algunas de las cosas que ya he dicho anteriormente, pero que considero de suma importancia. Ya las he mencionado, pero quiero analizarlas un poco, y para esto vamos a utilizar las notas del Dr. Warren Wiersbe, quien fue pastor de la iglesia Moody en Chicago, los Estados Unidos, y quien realizó allí una excelente labor. Él pues, organizó estos diez versículos, y por eso los quiero compartir. Él habla aquí del santuario en la tierra, el cual es inferior al del cielo, y cita varias cosas que ya he mencionado, pero esto nos ayudará a organizarnos.

Primero, estaba en la tierra. Hemos visto que era un santuario terrenal; es decir que fue hecho de cosas terrenales, de cosas materiales. Fue colocado aquí en esta tierra.

Segundo, era una sombra de las cosas que vendrán. Nunca fue la realidad. Hay tantas cosas que nos tienen un poco confusos. Vamos y estudiamos en cuanto al tabernáculo. Y siempre centramos nuestro pensamiento en el tabernáculo terrenal. Bueno, eso no era más que una sombra, es un cuadro de aquello que es real, de Aquél que está en el cielo.

Tercero, era inaccesible para la gente. Ya hemos visto que uno no podía entrar allí. Usted no podía entrar corriendo a la presencia de Dios, si usted hubiera sido un israelita en aquel día. A usted lo hubieran detenido en la primera entrada. Usted hubiera necesitado un sacrificio allí, pero no podía haber pasado de ese lugar. El sacerdote era el que hacía eso por usted. Pero hoy, nosotros somos un sacerdocio de creyentes, y cada uno de nosotros tiene acceso a Dios. Ese es un gran privilegio que tenemos porque Cristo partió el velo en dos y ha entrado a la presencia de Dios, al rostro mismo de Dios. Él se encuentra allí, y Él está allí por nosotros. Pero esta otra gente no tenía ese privilegio.

Cuarto, era algo temporal. El Señor va a mantener el camino abierto hacia la eternidad. Estoy seguro que yo voy a necesitar de alguien que lo mantenga abierto a través de la eternidad. Pero antes era algo temporal.

Quinto, era inefectivo para cambiar el corazón de la gente. Creo que eso es lo que se debe enfatizar por encima de cualquier otra cosa. Eso no tenía nada que ver con el cambiar la vida de la gente. Hoy, usted puede ir a Cristo, y Él puede cambiar su vida. Él solamente puede ayudarle a usted a adorar a Dios en espíritu y en verdad, y hacer de esto una realidad. Hay muchas personas que hoy están jugando a ir a la iglesia, como si fuéramos niños pequeños, siguiendo en nuestros juegos infantiles. Conozco a muchos creyentes. Han crecido ya, tienen canas sobre las sienes, y aún están jugando a la iglesia. Es muy divertido para ellos. Van a las reuniones de los comités, algunos cantan en el coro, otros enseñan en la escuela dominical, otros hacen visitas, y están muy ocupados todo el tiempo, pero no van más allá; y esta gente piensa que está sirviendo a Dios. Pero, usted no puede servirle a Él hasta cuando le adore. Necesitamos ver eso.

El sacrificio superior

Pero estando ya presente Cristo, sumo sacerdote de los bienes venideros, por el más amplio y más perfecto tabernáculo, no hecho de manos, es decir, no de esta creación. [He. 9:11]

Este tabernáculo no fue construido por el hombre aquí, aunque el hombre sea una persona como Bezaleel quien hizo todo ese trabajo artístico. Él fue lleno del Espíritu de Dios para hacerlo, pero aún así eran cosas materiales.

Aquí se nos está hablando de aquello que ya ha tenido lugar. ¡Cuán maravilloso es que estas cosas ya hayan pasado para nosotros! Ahora es un tabernáculo más perfecto; y no es de esta creación. En realidad, un tabernáculo mejor no pertenece a esta creación natural, ya sea en cuanto a los materiales o a su construcción. Permítame decir esto de manera amable: todo ese esfuerzo hoy que se está llevando a cabo para tratar de endulzar la adoración aquí; ese asunto de tener cuadros y ventanas con vidrios de colores y cirios, y cruces, toda esa clase de cosas. Pero eso es para ministrar a la carne. Es carnal, amigo. Eso ministra nada más que a la parte física. Eso no ministra a aquello que es espiritual. Necesitamos reconocer hoy que existe un tabernáculo verdadero, que existe un real Sumo Sacerdote, y que ésta es una adoración espiritual. Usted puede adorar en cualquier parte.

Es algo maravilloso cuando la gente puede reunirse en una iglesia para adorar realmente a Dios. A veces tenemos reuniones magníficas y es algo realmente maravilloso. Estoy seguro que muchos de ustedes han podido también estar en reuniones como ésas.

> *Y no por sangre de machos cabríos ni de becerros, sino por su propia sangre, entró una vez para siempre en el Lugar Santísimo, habiendo obtenido eterna redención. [He. 9:12]*

No hice referencia a este versículo antes porque quería hacer mención de él al leerlo ahora. Yo esperaba que alguien dijera: "Bueno, ¿tiene usted algún versículo para probar su creencia de que Cristo llevó literalmente la sangre al cielo?" Si él no está hablando de eso aquí, me gustaría saber de qué es que está hablando entonces. No por sangre de machos cabríos ni de becerros, sino por Su propia sangre. Su propia sangre derramada en la cruz del Calvario. Él entró. ¿Cómo fue que entró? Por Su propia sangre. Dice aquí: Entró una vez para siempre en el lugar santísimo, habiendo obtenido eterna redención. No quiero enfatizar demasiado este punto, pero creo que es muy importante. Él es un mejor sacrificio, y el único digno de un tabernáculo verdadero.

Habiendo obtenido eterna redención. El énfasis está en el contraste que Cristo entró una sola vez en el Lugar Santísimo y obtuvo eterna redención. Los sacerdotes israelitas entraban continuamente, y obtenían algo de carácter temporal. Sólo Cristo entró una sola vez y obtuvo eterna redención. Eso ahora pone la autoridad y la importancia sobre el sacrificio de Cristo, y nos recuerda que la vida de Cristo nunca salvó a nadie. Usted puede seguir Sus enseñanzas y pensar que es salvo, pero, amigo, Sus enseñanzas nunca salvaron a nadie. Es la muerte de Cristo, es Su redención que salva.

> *Porque si la sangre de los toros y de los machos cabríos, y las cenizas de la becerra rociadas a los inmundos, santifican para la purificación de la carne. [He. 9:13]*

Y las cenizas de la becerra es una referencia a la ordenanza de la vaca alazana que se menciona en Números 19. La vaca se quemaba completamente y sus cenizas se guardaban en un lugar limpio. Cuando un hombre vino a ser amancillado (principalmente tocando un cadáver), el sacerdote tomaba las cenizas, las mezclaba con agua, y rociaba al transgresor. Esto servía para limpiarle ceremonialmente para que él pudiera restaurado a compañerismo. Yo quisiera que usted note que aquí la vaca tiene un simbolismo particular. Una becerra, en vez de un toro, se usaba. Se nos dice en 1 Pedro 3:7 que la mujer es el vaso más frágil. Nuestra mancilla he hecho viene por nuestra flaqueza. Somos débiles, y Cristo bajó y experimentó físicamente, en la carne, nuestra debilidad.

En el capítulo 19 de Números, se habla de la vaca alazana que tenía que ser un animal sin ninguna falta. El color rojo habla del hecho de que Cristo llegó a ser hecho pecado por nosotros, no de manera académica nada más, sino que, en realidad, fue hecho pecado por nosotros. Quizá usted pregunte: "¿Cómo sabe usted que el rojo es el color del pecado?" Podemos ver lo que dice Isaías 1:18: Venid luego, dice Jehová, y estemos a cuenta: Si vuestros pecados fueren como la grana, como la nieve serán emblanquecidos; si fueren rojos como el carmesí, vendrán a ser como blanca lana. Así es que, tiene que ser una vaca alazana, o sea de color rojizo, hablando de este hecho de que Él se convirtió en pecado por nosotros.

Ese animal también tenía que ser sin mancha. Por cierto, que no podía representarle a Él a no ser que fuera así; porque Él fue santo, inocente, sin mancha, apartado de los pecadores. (He. 7:26) Ese animal, pues, también tenía que ser uno sobre el cual nunca se había colocado el yugo. Aunque el Señor fue hecho pecado por nosotros, Él nunca estuvo bajo la esclavitud del pecado.

En el capítulo 19 de Números, se menciona que el animal deberá ser sacado fuera del campamento, y debería ser degollado en la presencia del sumo sacerdote. Éste es un cuadro de nuestro Señor Jesucristo, quien es ambas cosas: la ofrenda y aquél que la ofrece en Sí Mismo.

Luego, el sumo sacerdote debería tomar la sangre de ese sacrificio y rociarla hacia la parte delantera del tabernáculo de reunión siete veces. Uno escucha decir a la gente: "Siete es el número de la perfección de las Escrituras". Sólo indirectamente. El significado principal es de algo completo, nos habla del hecho de que el sacrificio de Cristo es una transacción cumplida—un sacrificio limpia o quita el pecado del creyente.

Los restos del animal debían ser quemados y eso ante el sumo sacerdote también. Es que De tal manera amó Dios al mundo que ha dado a Su Hijo unigénito. Él se entregó a Sí Mismo libremente. Nosotros probablemente nunca hemos pensado en la tristeza que hubo en el cielo en el día que murió Jesús.

Se dice también en Números 19, que se debía tomar madera de cedro, e hisopo, y que esto debía ser echado en medio del sacrificio. Esto sugiere algo. Usted recuerda que se dijo de Salomón, en 1 Reyes 4:33: También disertó sobre los árboles, desde el cedro del Líbano, hasta el hisopo que nace en la pared. Él hablaba de toda clase de plantas que existían. Parece que era un experto en dendrología, rama del saber que lleva adelante el estudio científico de los árboles, y podía hablar del campo completo de la vida de las plantas. Creo que esto habla del hecho de que Él no sólo nos ha redimido a usted y a mí, sino que usted y yo vivimos en un mundo que ha sido maldecido por el pecado; pero el Señor Jesucristo en realidad ha redimido también al mundo. Este mundo ahora está gimiendo y teniendo dolores de parto, pero será liberado, será redimido y el pecado será quitado. (Véase Ro. 8:19-23)

Aquí se dice también, un poco más adelante, que las cosas celestiales tenían que ser purificadas. Alguien quizá pregunte: "¿Es que hay algo sucio en el cielo?" Bueno, allí es donde se originó el pecado. Se dice que allí fue donde Lucifer encabezó esa rebelión, así es que, hasta el cielo mismo tenía que ser purificado. Por tanto, este sacrificio del Señor es algo adecuado y completo, y es algo que ya ha sido finalizado; cubre toda la creación de Dios que ha sido tocada por el pecado.

Las cenizas de esta becerra debían ser tomadas y guardadas, y luego mezcladas con agua; y creo que eso es lo que ocurre con la Palabra de Dios. Esto habla de la Palabra de Dios, que revela el pecado en la vida del creyente; así es que, creo que aquí tenemos algo de mucha importancia: que el sacrificio de Cristo miraba hacia adelante, hacia la redención futura suya y mía. Miraba también hacia atrás, hacia los pecadores del Antiguo Testamento, y ellos fueron salvos. Abraham fue salvo por la fe. Él ofreció un cordero. ¿Era acaso eso algo adecuado? ¡No, amigo! Señalaba hacia Cristo, y es que eso mira hacia adelante y también mira hacia atrás.

¿Cuánto más la sangre de Cristo, el cual mediante el Espíritu eterno se ofreció a sí mismo sin mancha a Dios, limpiará vuestras conciencias de obras muertas para que sirváis al Dios vivo? [He. 9:14]

Si la sangre de animales pudiera quitar el ensuciamiento ceremonial, seguramente la sangre de Cristo pudo quitar toda culpa de pecado. Después de todo, si la sangre de toros y macho cabríos hubiera sido adecuada, Cristo no habría derramado Su sangre para hacer una obra adecuada.

Limpiará vuestras conciencias. La ordenanza de la vaca alazana en Números 19 habla de la vida del creyente y el hecho de que, como creyentes, usted y yo, necesitamos ser limpiados constantemente. Pero si andamos en luz, como Él está en luz, tenemos comunión unos con otros, y la sangre de Jesucristo Su Hijo nos limpia (continúa limpiándonos) de todo pecado…Si confesamos nuestros pecados, Él es fiel y justo para perdonar nuestros pecados, y limpiarnos de toda maldad. (1 Jn. 1:7,9) Ve usted, la sangre de Cristo limpia, no la carne, sino la conciencia.

Es la conciencia del hombre que necesita ser limpiada. Usted y yo no hemos alcanzado la meta hasta que entremos en este maravilloso sacrificio de Cristo, reconociendo Su autoridad para perdonar absolutamente y limpiarnos del pecado. Es la conciencia que ha sido despertada por la Palabra de Dios, pero ésta puede también descansar en una salvación acabada. Podemos acostarnos sabiendo que nuestros pecados son enteramente, totalmente perdonados. Podemos saber que estamos bien con Dios porque Cristo nos ha justificado.

Se cuenta la historia de un padre que tenía un hijito que había hecho algo malo y se dirigió a su padre y le pidió que le perdonara. El padre le dijo que sí, que le perdonaba, y él le dijo, "Porque viniste y me confesaste lo que hiciste, yo te perdono". Pero el muchacho volvió a regresar después de un momento y le pidió perdón otra vez. El padre le dijo, "Seguro. Ya te he perdonado". Pero el muchacho seguía regresando una y otra vez siempre pidiendo lo mismo. Finalmente, el padre se cansó y dijo, "Hijo, te voy a tener que castigar si no dejas de venir y decir esas cosas. Ya te dije que te he perdonado".

Cuantas veces encontramos a creyentes que dicen, "Oh, no estoy seguro que soy salvo. No estoy seguro que soy salvo". Y ellos siguen yendo al Señor. Amigo, creo que Él diría, "Ya te he perdonado. Si tú confías en Mi Hijo, tus pecados son perdonadas". Necesitamos entrar en eso y descansar sobre Su Palabra.

Limpiará vuestras conciencias de obras muertas. Obras muertas tienen que ver con obras que usted hace pensando que le salvarán. Ve usted, estamos muertos en transgresiones y pecados, y todo lo que un muerto puede producir es obras muertas. Nunca he escuchado de un muerto que hiciera obra viva—es imposible hacer eso. Cualquier cosa que usted intente hacer para ganar su salvación, es una obra muerta.

Ya que las buenas obras no pueden resultar en salvación, sino que son el resultado de la salvación, el escritor sigue diciendo, limpiará vuestras conciencias de obras muertas para que sirváis al Dios vivo. La adoración y el servicio van juntos. Usted no puede servir a Dios sin adorarle; tampoco puede adorarle sin servirle. Cuando voy a un santo perezoso que no está haciendo nada para Dios, no dudo su salvación, pero sí dudo de su adoración. ¿Adora él de verdad a Dios? Oh, si usted cayera ante Él en adoración y alabanza, entonces usted se levantaría y empezaría a hacer algo.

Así que, por eso es mediador de un nuevo pacto, para que interviniendo muerte para la remisión de las transgresiones que había bajo el primer pacto, los llamados reciban la promesa de la herencia eterna. [He. 9:15]

Así que, por eso es Mediador de un nuevo pacto. Aquí se le da énfasis al hecho de que Él es el mediador de este nuevo pacto. Aquéllos que caían bajo el antiguo pacto, en el Antiguo Testamento, eran salvos, porque ellos estaban mirando hacia adelante a Su venida, y ellos presentaban esos sacrificios. No sé cuánto sabían ellos; aun así, el Señor Jesucristo dijo: Abraham...se gozó de que había de ver Mi día; y lo vio, y se gozó. (Jn. 8:56) No tomamos eso del libro de Génesis; lo tomamos de Jesús. Pienso que todos aquéllos del Antiguo Testamento miraban hacia la venida de Cristo. Es decir que, Dios los salvó a crédito. La sangre de los toros y los machos cabríos nunca quitó sus pecados. Ellos hicieron eso por fe, y cuando Cristo vino, Él murió por ...los pecados pasados. (Ro.3:25) Es decir, Él murió por los pecados de todos desde Adán hasta el momento de la cruz. Y, desde entonces, usted y yo venimos a Él por medio de la fe.

> *Porque donde hay testamento, es necesario que intervenga muerte del testador. Porque el testamento con la muerte se confirma; pues no es válido entre tanto que el testador vive. [He. 9:16-17]*

Si usted, ha hecho su testamento y aún está vivo, entonces su testamento no sirve. No es válido sino hasta cuando usted muera. Aquí se hace referencia a un testamento que fue hecho por un hombre que murió. No era bueno, mientras él estuviera vivo. Espero que no me entienda mal. La vida de Cristo nunca podía salvarle a usted; es la muerte de Cristo la que le salva.

De donde ni aun el primer pacto fue instituido sin sangre.

Porque habiendo anunciado Moisés todos los mandamientos de la ley a todo el pueblo, tomó la sangre de los becerros y de los machos cabríos, con agua, lana escarlata e hisopo, y roció el mismo libro y también a todo el pueblo,

> *Diciendo: Ésta es la sangre del pacto que Dios os ha mandado. Y además de esto, roció también con la sangre el tabernáculo y todos los vasos del ministerio. Y casi todo es purificado, según la ley, con sangre; y sin derramamiento de sangre no se hace remisión. [He. 9:18-22]*

Aquí tenemos una declaración verdaderamente notable. En este pasaje, en particular de los versículos 18-22, se repite la palabra "sangre" unas 6 veces. Esto revela el lugar y el poder de la sangre en el rito del Antiguo Testamento. Sin derramamiento de sangre no hay remisión de pecados. La sangre es importante en el Nuevo Testamento. Hay poder en la sangre del Cordero. Vemos en el libro de Apocalipsis que la victoria fue obtenida a través de la sangre del Cordero, no por medio de la ingeniosidad o fuerza física o espiritual de alguna persona.

> *Fue, pues, necesario que las figuras de las cosas celestiales fuesen purificadas así; pero las cosas celestiales mismas, con mejores sacrificios que éstos. [He. 9:23]*

Estas cosas celestiales tenían que ser limpiadas porque el pecado se originó en el cielo (véase el v. 11). La sangre de toros y macho cabríos nunca se ha derramado en el cielo—eso sí que sería grosero. Sin embargo, la sangre de Cristo, creo, está en el cielo y eso no es nada grosero.

> *Porque no entró Cristo en el santuario hecho de mano, figura del verdadero, sino en el cielo mismo para presentarse ahora por nosotros ante Dios. [He. 9:24]*

El tabernáculo sobre la tierra era sólo una figura—el tabernáculo verdadero está en el cielo….para presentarse ahora por nosotros ante Dios quiere decir ante el mismo rostro de Dios. Cristo no ha entrado en un santuario hecho por hombres. Es espiritual pero real. Él murió en la tierra para salvarnos. Él vive en el cielo para mantenernos salvos. Él está allí para nosotros.

> *Y no para ofrecerse muchas veces, como entra el sumo sacerdote en el Lugar Santísimo cada año con sangre ajena. De otra manera le hubiera sido necesario padecer muchas veces desde el principio del mundo; pero ahora, en la consumación de los siglos, se presentó una vez para siempre por el sacrificio de sí mismo para quitar de en medio el pecado. [He. 9:25-26]*

El sumo sacerdote entrara en el tabernáculo terrenal con sangre que no era la suya, y él entraba a menudo.

La Biblia no enseña el fin del mundo, sino que habla del fin de los siglos. Y continúa: Se presentó una vez para siempre por el sacrificio de Sí Mismo para quitar de en medio el pecado. Él vino y estuvo bajo la ley, y Él apareció al fin de las edades o al fin de los siglos de la ley. Él apareció entonces y Él instituyó una nueva edad, la edad de la gracia.

> *Y de la manera que está establecido para los hombres que mueran una sola vez, y después de esto el juicio. [He. 9:27]*

No dice: "Está establecido para todos los hombres que mueran". Gracias a Dios por ello. Dice: Está establecido para los hombres que mueran una sola vez. Hay algunos que no van a morir. No sé en cuanto a usted, pero escucho a algunas personas ancianas que quieren morir, que quieren ir a la presencia del Señor. A mí, no me molesta esperar. No tengo ningún apuro en morir. Espero poder vivir hasta que Él vuelva. Pero, estas cosas son las que debemos mantener ante nosotros. Él no tiene necesidad de aparecer muchas veces, sino que lo ha hecho una sola vez.

De modo que, si la muerte del Señor Jesucristo no le salva a usted, entonces no hay nada en el futuro para usted, solamente el juicio. ¡Qué gozo será el que nosotros tengamos si nos vamos sin tener que morir! Me gustaría a mí, estar vivo cuando Él venga. No sé si será así, no estoy seguro de esto; pero por cierto que me gustaría estar vivo. No habrá enfermedad, no habrá tristeza, no habrá temor, ni crimen, sino que seremos arrebatados con Él en las nubes, con el Señor a la gloria cuando Cristo reciba a los Suyos. Cuánto tenemos que esperar oh, Señor. Ésa es mi pregunta. ¡Cristo viene, aleluya! Él aparecerá por segunda vez.

> *Así también Cristo fue ofrecido una sola vez para llevar los pecados de muchos; y aparecerá por segunda vez, sin relación con el pecado, para salvar a los que le esperan. [He. 9:28]*

Esto no habla del Rapto, sino de Su llegada como Soberano a juzgar a la tierra. (Sin embargo, los creyentes no van a ser juzgados.) Lo importante de notar aquí es que Él aparecerá, pero cuando Él aparezca en la segunda vez no va a ser para tratar el asunto del pecado. No va a venir la próxima oportunidad para caminar alrededor del Mar de Galilea y por las calles de Jerusalén, para ver lo que los hombres harán con su sacrificio. Él viene en juicio.

Así que hoy lo podemos decir de esta manera muy sencilla: Hay uno de dos lugares para su pecado. No hay un tercer lugar. Su pecado o está en usted y usted no ha aceptado el sacrificio de Cristo, o usted está confiando en Él. Si usted no está confiando en Él como su Redentor, si Él no es una autoridad para usted, entonces, no hay ninguna otra cosa delante de usted, sino el juicio del Gran Trono Blanco. Nadie va a ser salvo allí, pero Él les dará la oportunidad a todos para presentar sus obras para demostrarles que Dios tenía razón todo el tiempo. Y, Dios siempre tenía razón. Parece que nosotros siempre estamos equivocados. Así es que, el pecado suyo está sobre usted mismo. No hay ninguna otra cosa que lo pueda quitar sino la muerte de Cristo.

Cuando Él venga la próxima oportunidad será sin relación con el pecado, para salvar a los que le esperan. Él completará la salvación, porque como ya hemos dicho anteriormente, la salvación tiene tres tiempos. Yo he sido salvo; estoy siendo salvo; y seré salvo.

Amados, ahora somos hijos de Dios y aún no se ha manifestado lo que hemos de ser; pero sabemos que cuando Él se manifieste, seremos semejantes a Él, porque le veremos tal como Él es. (1 Jn. 3:2) Ese va a ser un gran día, por cierto; será un gran día para mí. Así es que, amigo, no se muestre insatisfecho conmigo; Dios aún no ha concluido Su tarea en mí.

Una ancianita dando su testimonio en una reunión dijo: "La mayoría de los creyentes deberían tener escrito en sus espaldas: Esto no es lo mejor que la gracia de Dios puede hacer". Quizá esta ancianita tenía razón. Cada creyente debería tener eso en la espalda, escrito. Dios aún no ha concluido su tarea con nosotros, y gracias a Dios por eso. Así es que aparecerá por segunda vez, sin relación con el pecado, para salvar a los que le esperan. Él va a librarnos, pero, Él no vendrá a hacer nada con el asunto del pecado por cualquier otra persona que no le haya aceptado a Él antes; o sea ahora, Él viene como Juez.

CAPÍTULO 10

Porque la ley, teniendo la sombra de los bienes venideros, no la imagen misma de las cosas, nunca puede, por los mismos sacrificios que se ofrecen continuamente cada año, hacer perfectos a los que se acercan. [He. 10:1]

Él estaba diciendo, al finalizar el capítulo 9, que, si Cristo hubiera fracasado en salvar por medio de Su muerte en Su primera venida, entonces no habría ninguna otra cosa sino un juicio. Amigo, si usted rechaza al Señor Jesucristo, usted sabrá que su entierro será uno de los funerales más tristes que puede existir. No hay funeral más triste que el de aquella persona que no es salva; y cuando la familia del difunto tampoco es salva, es verdaderamente triste; no hay tristeza como ésa, y, así es como debe ser. Tenemos el caso de una esposa, por ejemplo; ella es casi alcohólica. Su esposo falleció y ella dependía mucho de él. Ella se me acercó después que yo había presentado un mensaje, no de consuelo, sino un mensaje del evangelio. Ella me preguntó: "¿Queda alguna esperanza?" Yo le contesté. "Hay esperanza para usted; pero para él ya no hay ninguna esperanza". Él era un hombre que acostumbraba a blasfemar. Él decía que no quería tener nada que ver con la iglesia. No quería tener nada que ver con el Señor Jesucristo; no quería tener nada que ver con los creyentes. Así es que allí no había nada sino juicio.

El escritor continúa con el tema del sacrificio de Cristo por el pecado. Porque la ley, teniendo la sombra de los bienes venideros, no la imagen misma de las cosas… La ley sirvió un propósito; era un cuadro que le enseñó a Israel. Ya que Dios había enseñado a Israel con tanto cuidado, Él los juzgó severamente. El Señor Jesucristo dijo, ¡Cuántas veces quise juntar a tus hijos, como la gallina a sus polluelos debajo de sus alas, y no quisiste! (Lc. 13:34b) Si usted no cree que el juicio es algo realmente severo, puede ir a Jerusalén y camine por las calles de Jerusalén antigua. Camine por la zona donde sabemos que el Señor Jesús anduvo. Todo eso está cubierto por los escombros hoy. ¿Por qué? Porque esa ciudad ha sido juzgada. ¡Cuántas veces había tratado el Señor de reunir a Su pueblo escogido para Sí! Él les había dado el Antiguo Testamento con la clara enseñanza del tabernáculo ritual.

Contraste usted la luz que ellos tenían con las tinieblas en las cuales mis antepasados vivían allá en Alemania. Sí que ellos eran paganos. Y mis antepasados allá en Escocia eran sucios y asquerosos. Entonces el evangelio les llegó, y gracias a Dios, que algunos de ellos confiaron en Cristo. Uno de mis abuelos paternos aparentemente era un hombre piadoso. Estoy agradecido por hombres que llevaron el evangelio a Europa. Esto les dio una oportunidad a los gentiles.

Pero la nación de Israel tenía el Antiguo Testamento, que era, (y sigue siendo) un libro de cuadros, un abecedario. Ésa es la razón por la cual muchos no captan lo que dice. Hay algunos teólogos que se acercan a él, y tienen que tratar de encontrar algo que sea realmente profundo. Pero es un libro sencillo de cuadros, en el que Dios está tratando de decirnos a nosotros, niños pequeños, que Él murió por nosotros. Así es de sencillo. Él murió por nosotros.

La ley era la sombra de los bienes venideros; y usted se da cuenta que la ley tenía que ver con el tabernáculo y los sacrificios. Hay algunos que piensan que pueden separar la ley de las ceremonias de los diez mandamientos, pero esa gente está completamente equivocada. Si usted quiere cumplir con los diez mandamientos, entonces tendrá que construirse un pequeño tabernáculo y comenzar a criar corderos y cabritos, porque usted los va a necesitar. Pero Él acabó con todo eso. Ahora nos encontramos en una base o fundamento completamente diferente, mucho más alto. Él quiere que nosotros tengamos gozo en nuestra vida. La ley nunca prometió el gozo. Allí había truenos y relámpagos, y la gente caía muerta al darse la ley. Pero cuando Jesús vino, fue Él quien murió para que nosotros pudiéramos tener vida hoy.

> *De otra manera cesarían de ofrecerse, pues los que tributan este culto, limpios una vez, no tendrían ya más conciencia de pecado. [He. 10:2]*

De otra manera cesarían de ofrecerse. Si el sacrificio que ellos ofrecían les podía haber quitado su culpa, un solo sacrificio habría bastado.

Esto es interesante, porque cuando Jesús murió, unos pocos años después el templo fue destruido. Israel no ha sido capaz de edificar otro templo. Tienen una pequeña miniatura en uno de los antiguos hoteles de Jerusalén, pero no han podido edificar otro templo. Ellos no tienen un templo hoy, y parece que no lo van a tener pronto tampoco. Cuando Cristo se hizo el sacrificio, eso terminó la necesidad para el tabernáculo y para el templo.

De otra manera cesarían de ofrecerse. Ellos no lo ofrecen ahora. Cierto guía de la ciudad de Jerusalén cuando yo le pregunté dónde estaba el altar de oro, al mostrar él un modelo del templo, dijo: "Eso ya ha quedado en el pasado, porque ahora tenemos una religión ética". Hay muchas personas que tienen hoy una religión ética. Ese sacrificio sangriento era necesario para que usted y yo pudiésemos tener perdón de los pecados.

De otra manera cesarían de ofrecerse, pues los que tributan este culto, limpios una vez, no tendrían ya más conciencia de pecado. Ellos ya no tendrían un sentido de culpa o conciencia de pecado.

Pero en estos sacrificios cada año se hace memoria de los pecados. [He. 10:3]

Así es que, en realidad estos sacrificios hacían recordar a la gente que eso no quedaba completo, porque si no hubiera sido así, no habría habido necesidad de regresar a hacerlo cada año. Eso era como una sombra, y la palabra griega es skian, que significa "un bosquejo vago". O sencillamente un bosquejo brumoso. Una imagen, o sea eikona; y los antiguos sacrificios eran sombras, nunca eran sustancia. Usted no puede vivir en la sombra de una casa. Usted necesita la casa.

Nuevamente digo que no es necesario repetir algo si eso ya está completo. Usted sabe que si un hombre dice: "Yo me he curado de esta enfermedad, pero sigue tomando medicinas cada hora", entonces ese hombre no ha sido curado, tiene que continuar haciendo eso. A veces, el médico nos receta una medicina sabiendo que ésta no nos va a curar. Pero, conviene tenerla a mano para cuando uno tenga un ataque. Probablemente tenga esa enfermedad por el resto de su vida. De modo que, cuando uno tiene un ataque, pues, toma la medicina, pero no se cura. Y cuando uno continúa llevando el sacrificio cada año, entonces no está curado. Eso sencillamente no corresponde. Cristo fue quien hizo un sacrificio. Aquí están pasando por el Gran Día de la Expiación. ¿Qué es lo que quiere decir esto? Que la respuesta aún no ha llegado. Cuando Él clamó en el Gólgota, "consumado es", así fue. Había sido consumado. Al año siguiente no hubo necesidad de volver a repetir ese día de la Expiación. Él dirá más adelante, que uno en realidad está pisoteando esto, es decir, la sangre de Cristo, si usted trata de realizar un sacrificio. Aquí tenemos algo verdaderamente tremendo.

Ahora el escritor entra a hablar de eso.

> *Porque la sangre de los toros y de los machos cabríos no puede quitar los pecados. [He. 10:4]*

La sangre de los animales sacrificados sólo cubría los pecados hasta que viniera el Cordero de Dios quien vendría a quitar el pecado del mundo (véase Jn. 1:29).

> *Por lo cual, entrando en el mundo dice: Sacrificio y ofrenda no quisiste; mas me preparaste cuerpo. Holocaustos y expiaciones por el pecado no te agradaron. Entonces dije: He aquí que vengo, oh Dios, para hacer tu voluntad, como en el rollo del libro está escrito de mí. Diciendo primero: Sacrificio y ofrenda y holocaustos y expiaciones por el pecado no quisiste, ni te agradaron (las cuales cosas se ofrecen según la ley), Y diciendo luego: He aquí que vengo, oh Dios, para hacer tu voluntad; quita lo primero, para establecer esto último. En esa voluntad somos santificados mediante la ofrenda del cuerpo de Jesucristo hecha una vez para siempre. [He. 10:5-10]*

Esto indica, que Él murió una vez por sus pecados y por los míos. Ésta es una de las referencias más hermosas que se encuentran en la Biblia, y quiero dedicarle más tiempo a esto porque puede ser de gran ayuda para usted, y puede hacer que la Palabra de Dios tenga mayor significado.

Podemos volver al libro de Éxodo capítulo 19, que es una preparación previa a la presentación de la ley y en el capítulo 20, se presentan los diez mandamientos. Después de eso, Dios bondadosamente hace provisión para sacrificios y el altar va junto con eso. Luego, en el capítulo 21, tenemos algo que parece estar fuera de lugar. En los versículos 1 y 2, leemos: Éstas son las leyes que les propondrás. Si compraras siervo hebreo, seis años servirá; mas al séptimo saldrá libre, de balde. Es decir, que uno no podía tener un esclavo de su propia gente más de seis años. En el séptimo año, esa persona quedaba libre. Pero luego, dice en los versículos 3 y 4: Si entró sólo, sólo saldrá; si tenía mujer, saldrá él y su mujer con él. Si su amo le hubiere dado mujer, y ella le diere hijos o hijas, la mujer y sus hijos serán de su amo, y él saldrá solo. Pero note, lo que dicen los versículos 5 y 6: Y si el siervo dijere: Yo amo a mi señor, a mi mujer y a mis hijos, no saldré libre; entonces su amo lo llevará ante los jueces, y le hará estar junto a la puerta o al poste; y su amo le horadará la oreja con lesna y será su siervo para siempre. (Ex. 21:1-6) Así es que, la oreja de este siervo iba a ser perforada por esa lesna, y él serviría a su amo para siempre.

Si usted veía a un hombre andando por la calle con la oreja perforada, usted sabía entonces que él había recibido una esposa, y que había pagado el precio de una esclavitud permanente. Ésa es una ley tremenda, y ciertamente que es algo hermoso. Pero ¿cuál es el significado de todo esto?

Vamos a seguir el significado de ello, observando lo que dice el Salmo 40: 6: Sacrificio y ofrenda no te agrada; has abierto mis oídos (o perforado con una lesna); holocausto y expiación no has demandado. Entonces dije: He aquí, vengo; en el rollo del libro está escrito de Mí. Estas mismas citas las tenemos en el libro de Hebreos y se le aplican al Señor Jesucristo. Aquí tenemos uno de los cuadros más hermosos de todas las Escrituras. El Señor Jesucristo vino a este mundo y creció y llegó a la madurez. A la edad de 30 años, Él comenzó Su ministerio y podía llegar al fin de ese ministerio y decir: ¿Quién de vosotros Me redarguye de pecado? (Jn. 8:46) Él era santo, inocente, sin mancha, apartado de los pecadores. (He. 7:26b) Él podía haber salido de la tierra cualquier día si lo hubiera querido hacer, y regresar de nuevo al cielo y dejar a esta tierra en pecado, y nos podía haber dejado a usted y a mí en la esclavitud. Él dijo: "Yo amo a estos pecadores". De tal manera amó Dios al mundo, que ha dado a Su Hijo unigénito. Así es que, en lugar de decir que su oreja era perforada con una lesna, Él dice: mas Me preparaste cuerpo. ¿Un cuerpo para qué? Para morir en la cruz: En esa voluntad somos santificados mediante la ofrenda del cuerpo de Jesucristo hecha una vez para siempre. (He. 10:10) Refiriéndose a esa ley en Éxodo, si un amo le había a su siervo una mujer para su esposa, y el hombre puede la quería, él podía escoger quedar como esclavo con ella. De igual manera, al Señor Jesucristo se le ha dado un cuerpo de creyentes que se llama "la iglesia", y ésta es Su esposa. En Su oración en Juan 17:9 el Señor le dijo al Padre: "Ellos son Míos. Tú Me los diste". Él murió por mí; Él murió por usted porque Él nos ama. Él tuvo que pagar ese precio. Lo interesante es que Él no se quedó en la esclavitud, sino que Él regresó a la diestra del Padre de la majestad en el cielo, y un día nos va a sacar de la esclavitud del pecado algún día, para que podamos estar con Él. Él es el Único que puede hacer eso. ¡Cuán maravilloso es esto!

Como alguien dijo: "Hay una verde montaña, muy lejos, fuera de los muros de la ciudad, allí donde murió crucificado el Salvador, quien dio Su vida para salvarnos a todos nosotros. No había otro lo suficientemente bueno como para pagar el precio del pecado. Él era el Único que podía abrir las puertas del cielo para dejar que nosotros entráramos". ¡Qué cuadro más hermoso de Cristo nos da esta sección!

Y ciertamente todo sacerdote está día tras día ministrando y ofreciendo muchas veces los mismos sacrificios, que nunca pueden quitar los pecados. [He. 10:11]

Ese sacrificio nunca podía quitar los pecados. Todo lo que esa ofrenda hacía era recordarle a la gente que era pecadora, y el asunto del pecado nunca había quedado satisfecho.

Pero Cristo, habiendo ofrecido una vez para siempre un solo sacrificio por los pecados, se ha sentado a la diestra de Dios. [He. 10:12]

Él se sentó. ¿Por qué? ¿Porque estaba cansado? ¡No! ¿Porque ya no va a hacer nada? ¡Tampoco! Su obra ya ha sido concluida. Una vez para siempre.

De ahí en adelante esperando hasta que sus enemigos sean puestos por estrado de sus pies. [He. 10:13]

Él está sencillamente esperando. Hay unos cuantos más que van a ser salvos. Nosotros oramos: "Ah, Señor Jesús, ven pronto, ven ahora". Pero Él dice: "No, vamos a esperar porque quiero salvar a algunas otras personas". Él está dándole a usted, una oportunidad si usted no es salvo todavía. El Salmo 110:1 dice, Jehová dijo a mi Señor: Siéntate a Mi diestra, hasta que ponga a Tus enemigos por estrado de Tus pies, refiriéndose a la Segunda Venida de Cristo a la tierra. Pero, entretanto, Él está esperando hasta que más miembros de la familia humana vengan a Él.

Porque con una sola ofrenda hizo perfectos para siempre a los santificados. [He. 10:14]

Una ofrenda puede hacer lo que muchas ofrendas no pudieron hacer. Si Cristo no puede salvarle, entonces, Dios no tiene ninguna otra forma para salvar a la gente. El Señor, aún Dios, ya no tiene ninguna manera de salvar. Es el único Camino.

Y nos atestigua lo mismo el Espíritu Santo; porque después de haber dicho: Éste es el pacto que haré con ellos después de aquellos días, dice el Señor: Pondré mis leyes en sus corazones, y en sus mentes las escribiré, Añade: Y nunca más me acordaré de sus pecados y transgresiones. [He. 10:15-17]

En la misma manera en que vimos en Jeremías 31, Dios dice: Yo voy a hacer un nuevo pacto con Israel. Usted puede apreciar, que no ha concluido Su actuación con ellos. Si usted lee su Biblia, puede apreciar eso.

En esta sección de la epístola, estamos viendo una de las grandes divisiones que hay en la Palabra de Dios. Es como un gran abismo que se coloca ahora entre el Antiguo y el Nuevo Testamento, entre el antiguo pacto y el nuevo pacto. Debemos recordar que Dios dio ambos pactos. En el versículo 9, el escritor estaba diciendo en referencia al primer pacto: quita lo primero, para establecer esto último. Cuando el Señor Jesucristo murió en la cruz, allí sucedió algo. El velo fue partido en dos. Los hombres ya no tienen que presentarse por medio del sacrificio de sangre de los toros y machos cabríos, sino que el Señor Jesucristo ha hecho algo en Su propio cuerpo por usted y por mí. Note otra vez el versículo 10: En esa voluntad somos santificados mediante la ofrenda del cuerpo de Jesucristo hecha una vez para siempre. (He. 10:10)

El énfasis en este versículo está en que Él hizo este sacrificio sólo una vez y que los sacrificios debían terminar. Ha sido algo interesante que desde la destrucción del templo en el año 70 después de Jesucristo, llevada a cabo por Tito, no ha habido ningún sacrificio de sangre en ese lugar. En el día de hoy no se ofrece ningún sacrifico tampoco, y las perspectivas para que sean ofrecidos son bastante bajas en este momento presente. Así es que, Él quitó lo primero, para establecer lo último.

No sé cómo darle el suficiente énfasis a todo esto. No creo que esto pueda ser sobre enfatizado en realidad. Con el primer pacto se había dado ciertas reglas y normas que debían cumplirse. Ese antiguo pacto se había hecho de la ley, y la ley tenía muchos detalles. Por ejemplo, tenemos la ley de las ceremonias; todos los detalles tenían que ver con los sacrificios. Luego se tenía los diez mandamientos, y luego había otros mandamientos que habían sido dados también. Había también reglas, y usted sabe que la característica de la naturaleza humana es que eso le gusta, es decir, que le gustan las reglas y las normas. Al hombre le agrada mucho esto de tener reglas o normas. La gente opina que es fácil obedecer las reglas, las leyes, y ésa es la razón por la cual muchas personas dicen hoy: "Ah, el sermón del monte es mi religión". En realidad, esta gente no sabe lo que este sermón dice, ni lo que eso significa; pero les gusta porque tiene reglas y se engañan a sí mismos creyendo que las pueden seguir. Toda la historia del hombre demuestra eso, así como también los cultos, sectas y religiones que están apareciendo en el presente, son hechas basadas en estas cosas, en reglas y normas. Tienen que seguir cierto rito.

Lo que debemos tener en mente es que nosotros nos encontramos bajo un sistema completamente diferente. Lo interesante de esto es que el Apóstol Pablo lo mencionó anteriormente, cuando él escribió la Segunda Epístola a los Corintios. Él les dijo a ellos en 2 Corintios 3:6: El cual asimismo nos hizo ministros competentes de un nuevo pacto, no de la letra, sino del Espíritu; porque la letra mata, mas el Espíritu vivifica. Algunas personas muy raras han interpretado esto como si quisiera decir que uno no debe estudiar la Palabra de Dios, y que es el Espíritu que le da la vida, que la letra aquí quiere indicar la Palabra de Dios. Bueno, usted sabe que de eso no es de lo que el Apóstol Pablo está hablando en este instante. Si usted lee el versículo que sigue, le presenta muy claramente lo que quiere decir por letra: Y si el ministerio de muerte grabado en letra en piedras fue con gloria... Por esto nos damos cuenta pues, de lo que la letra es. Se refiere a los diez mandamientos. Él está diciéndole aquí que los diez mandamientos eran el ministerio de muerte. En realidad, la ley mata. La ley nunca salvó a nadie. Puede darle muerte a usted porque le lleva a usted al juicio de Dios. Es el Espíritu el que da la vida, y usted y yo estamos viviendo en este día cuando el Espíritu Santo es Aquél que regenera. El Espíritu Santo es Aquél que nos guía; es Aquél que nos muestra la voluntad de Dios.

> *Pues donde hay remisión de éstos, no hay más ofrenda por el pecado. [He. 10:18]*

Él hizo esa ofrenda. El sistema de sacrificios empezó con Abel y terminó con la muerte de Cristo. Este versículo concluye la sección doctrinal.

Animo

Hebreos 10:19-25 es la sección práctica de este capítulo; habla de privilegio y de responsabilidad.

> *Así que, hermanos, teniendo libertad para entrar en el Lugar Santísimo por la sangre de Jesucristo. [He. 10:19]*

Esta libertad es una libertad para hablar. No es algo arrogante. No es necesario que usted entre allí atemorizado. Se nos dice que podemos entrar libremente porque Él hizo un sacrificio por nosotros. ¿Cómo es que nosotros podemos entrar allí? Por medio de la sangre de Jesucristo.

> *Por el camino nuevo y vivo que él nos abrió a través del velo, esto es, de su carne. [He. 10:20]*

El velo fue partido cuando Cristo fue crucificado en la cruz, e indicaba que el camino a Dios estaba abierto. Eso debe decirnos algo.

A través del velo, esto es, de Su carne. La palabra carne es la misma palabra que encontramos en el prólogo al Evangelio según San Juan, donde él dijo que Y aquel Verbo fue hecho carne... (Jn. 1:14) Juan no dijo que era un camino nuevo y vivo abierto a Dios, porque nuestro derecho de entrada no es por medio de la encarnación, la vida de Cristo no salva a nadie. Entramos en el lugar Santísimo por la sangre de Cristo. Nuestro derecho de entrada no es por Su encarnación, sino que es a través del partimiento del velo, es decir, a través de Su muerte por usted y por mí. Así podemos adorar a Dios, no a través de la vida de Cristo, sino a través de la muerte de Cristo por nosotros en la cruz. Oh, amigo, ¡cuán importante es esta distinción!

Por el camino nuevo y vivo. La palabra nuevo es de la palabra griega prósfato, significa muerto recientemente. Habla del hecho de que Cristo ha abierto para usted y para mí un camino nuevo y vivo a Dios por medio de Su crucifixión, por medio de Su muerte en la cruz. Los viejos sacrificios ya no le pueden ayudar, amigo.

Y teniendo un gran sacerdote sobre la casa de Dios. [He. 10:21]

Éste es un maravilloso privilegio que nosotros tenemos en el presente: ...Abogado tenemos para con el Padre, a Jesucristo el Justo. (1 Jn. 2:1b) Él vive para siempre para hacer intercesión por nosotros. Esto es algo que me da mucho ánimo a mí. Esto es algo muy importante. Tenemos ese privilegio. Ésta no es sólo una invitación para los que son salvos, sino para los que no lo son. Hay algunos que opinan que esto es primordialmente para los incrédulos. Yo pienso que es para ambas clases de personas; y es a través de este camino nuevo, esta ofrenda nueva, este sacrificio de Cristo, que nunca envejece. Martín Lutero había dicho en cuanto a esto: "Parecería que fuera ayer que el Señor Jesucristo murió en la cruz". ¡Cuán maravilloso! A través de ese velo, cuando Cristo entregó Su Espíritu, el velo del Templo fue partido en dos, lo cual abrió el camino a la presencia misma del Padre. Usted y yo, tenemos hoy un Sumo Sacerdote que está a la diestra de Dios. ¿Qué podemos hacer?

Acerquémonos con corazón sincero, en plena certidumbre de fe, purificados los corazones de mala conciencia, y lavados los cuerpos con agua pura. [He. 10:22]

Esto es en referencia a los sacerdotes que estaban dedicados a esta obra, en el sacerdocio de Aarón. Ellos eran miembros de la tribu de Leví. Usted recuerda que Moisés hizo eso. Él los purificó a ellos y lo hacía con el agua de la dedicación. Él lavó sus cuerpos. Tenían que ser lavados y esto indicaba que ellos estaban separados para el servicio de Dios. Esto es algo maravilloso de notar de nuestra parte, esta dedicación ahora a Dios, que nos permite acercarnos y con un corazón sincero, en plena certidumbre de fe.

Esa plena certidumbre de fe no tiene nada que ver con la cantidad de fe, sino que tiene mucho que ver con el objeto de la fe. La fe verdadera siempre depende del objeto de la fe. La fe puede ponerse en algo equivocado. Usted puede poner su fe en alguna persona aquí y luego sufrir una desilusión. No es solamente el creer que existe un Dios. Eso no quiere decir nada, aparte de que usted no es un ateo. Pero esto significa que usted no sólo tiene que tener un conocimiento de Él, o de conocer el camino de justicia, sino que, por medio de la fe, usted debe obrar de acuerdo con una fe verdadera. Es decir, que usted ha recibido al Señor Jesucristo como su Salvador personal. Eso se nos ha presentado muy claramente. A lo Suyo vino, y los Suyos no le recibieron. Mas a todos los que le recibieron, a los que creen en Su nombre, les dio potestad de ser hechos hijos de Dios (Jn. 1:11-12)—aun a aquéllos que no hacen más que sencillamente creer en Su nombre. La fe en Cristo es el recibir a Cristo. Eso es lo que quiere decir. Recibirle a Él. Es decir, la fe es una acción, un hecho basado en un conocimiento. Dios nunca le pide a usted que salte en las tinieblas. Estoy en desacuerdo con aquel teólogo que dijo que la fe es un salto en las tinieblas. Si es eso, no salte, porque usted puede encontrar que se cae en un abismo. No salte en las tinieblas. Dios ha dado el conocimiento. La fe viene por el oír, y el oír por la Palabra de Dios. Dios ha colocado un fundamento. En 1 Corintios 3:11, leemos: Porque nadie puede poner otro fundamento que el que está puesto, el cual es Jesucristo. Usted puede colocarse en ese fundamento. Eso es conocimiento. Pero es la fe la que le coloca a usted allí. Fe es la acción basada en el conocimiento. Eso significa confiar en Cristo personal, individualmente como su Salvador.

Acerquémonos con corazón sincero, en plena certidumbre de fe, purificados los corazones de mala conciencia, y lavados los cuerpos con agua pura. Esto nos indica que usted y yo hoy somos miembros de un sacerdocio. Una de las grandes verdades que recobró John Calvin fue la del sacerdocio de los creyentes. Cada creyente es un sacerdote, y usted puede entrar libremente a la presencia de Dios. Hay tantas personas que le piden al predicador que ore por él. Ellos envían su solicitud de oración. Pero lo que quiero decir aquí es que usted también tiene acceso a Dios. Usted tiene tanto derecho a entrar en la presencia de Dios como lo tenemos nosotros o cualquier otra persona, porque nosotros entramos en el nombre de Cristo. Sólo podemos hacerlo por la sangre de Jesucristo. Él es quien ha abierto este camino nuevo y vivo para nosotros. Es en base a eso que nosotros podemos llegarnos, podemos acercarnos a Dios.

Mantengamos firme, sin fluctuar, la profesión de nuestra esperanza, porque fiel es el que prometió. [He. 10:23]

Nosotros debemos acercarnos. La fe aquí tiene ese pensamiento de esperanza. Acerquémonos más a Dios, pero también, mantengamos firme, sin fluctuar, la profesión de nuestra esperanza. ¿Por qué? Porque nosotros tenemos una esperanza, y la esperanza es algo para el futuro. ¡Cuán maravilloso es esto! Encontramos aquí que nosotros podemos acercarnos a Dios en plena certidumbre de fe. Y que también nosotros podemos mantener firme, sin fluctuar, la profesión de nuestra esperanza. Tenemos una esperanza. ¿Por qué? Bueno, permítame expresarlo de la siguiente manera: "Tan cerca, tan cerca de Dios. No podemos más cerca estar. Porque en la persona de su Hijo, estamos tan cerca como Él lo está. De tanta, tanta estima para Dios, de más estima no podemos ser. Porque en la persona de Su Hijo, somos tan amados como Él lo es". Ahora, debemos acercarnos más. Debemos mantenernos firmes.

Y considerémonos unos a otros para estimularnos al amor y a las buenas obras. [He. 10:24]

Y considerémonos unos a otros para estimularnos. Considerémonos es de la palabra griega katanoéo, que significa observar completamente para poder motivar. Debemos considerarnos unos a otros, para provocarnos a amor y a buenas obras.

¿Le estoy molestando? Hay algunos que me escriben y me dicen: "Usted está turbando mi conciencia". Bueno, yo espero haber turbado su conciencia de tal manera que usted llegue a hacer lo que se dice en este versículo, a estimularnos al amor, y que usted haya quedado tan preocupado que llegue a hacer estas buenas obras para Dios.

No dejando de congregarnos, como algunos tienen por costumbre, sino exhortándonos; y tanto más, cuanto veis que aquel día se acerca. [He. 10:25]

Si hubo alguna ocasión cuando los creyentes debían reunirse, esa ocasión es hoy. En lugar de tratar de derribarnos unos a otros, debemos reunirnos en amor alrededor de la persona de Cristo, exhortándonos unos a otros y estudiando la Palabra de Dios juntos. Dios tiene algo para un grupo que Él no da a alguna persona individualmente. Una de las razones por la cual me gusta enseñar la Palabra de Dios es porque Dios no nos permite a nosotros crecer en el conocimiento de Su Palabra a no ser que nosotros la compartamos. Aquí dice: No dejando de reunirnos. Si usted tiene un estudio bíblico en su iglesia, no deje de asistir a él, porque allí hay una bendición para usted, que no puede obtener estudiando la Biblia por sí solo.

Quiero compartir algo que creo es interesante. Nosotros debemos acercarnos a Dios en fe, debemos acercarnos en esperanza; eso es para nosotros mismos. Y debemos mantener nuestra profesión, debemos acercarnos en amor. Eso es para los demás. Así es que, aquí tenemos la fe, la esperanza y el amor. ¡Cuán práctico es esto!

Esta expresión: Que aquel día se acerca, creo que se refiere a esta gente, a los hebreos, en cuanto a la destrucción del templo. El templo iba a ser destruido, y, ¿dónde iban ellos a reunirse? Ellos habían estado yendo al templo. Aún Pedro y Juan iban al templo. Ellos se encontraban allí en Pentecostés, y siguieron yendo a ese lugar después. Ellos se encontraron con ese hombre paralítico en esa puerta del templo, llamada la Hermosa. Pero ¿dónde se van a reunir ahora? Bueno, lo que el escritor está diciendo es: "Cuando vean que aquel día se acerca, y ya no tengan un lugar, sigan reuniéndose juntos". A propósito, la iglesia comenzó en reuniones en los hogares.

Señal de peligro: El peligro de despreciar

Ésta es la quinta señal de peligro que se nos presenta, el peligro de despreciar. Ésta es una de las advertencias más solemnes de todas.

Porque si pecáremos voluntariamente después de haber recibido el conocimiento de la verdad, ya no queda más sacrificio por los pecados. [He. 10:26]

¡Horrenda cosa es caer en manos del Dios vivo! (He. 10:31) Simón Pedro dijo: Porque mejor les hubiera sido no haber conocido el camino de la justicia, que después de haberlo conocido, volverse atrás del santo mandamiento que les fue dado. (2 P. 2:21) La advertencia es para creyentes hebreos porque muchos de ellos continuaban yendo al templo y algunos de hecho estaban ofreciendo sacrificios allí. Ellos estaban aparentando una cosa, fingiendo estar todavía bajo la ley mosaica. Al hacer eso, ellos mostraban que el sacrificio de Cristo era sin significado para ellos. Ya que los sacrificios de animales prefiguraban el sacrificio de Cristo, ahora que Cristo había muerto en la cruz, todo aquello se había cumplido. Por lo tanto, lo que antes se hacía en obediencia al mandato de Dios, ahora había llegado a ser pecado voluntarioso. El continuar ofreciendo sacrificios de sangre, lo cual había sido cumplido por Cristo, era algo espantoso y horrible. Ellos estaban actuando como si los sacrificios iban a seguir para siempre. El escritor a los Hebreos está diciéndoles que ellos ya no pueden mirar al templo, porque ya no hay ningún sacrificio por el pecado. Si una persona rehúsa la verdad en cuanto a la muerte de Cristo por el pecado, no hay más sacrificio disponible por pecado, y no hay otro camino para llegar a Dios. Ellos deben mirar a Cristo ahora en vez de mirar al templo. Si ellos rehúsan hacer esto, ya no queda nada sino juicio. La Palabra de Dios expresa esto muy claramente.

Si pecáremos voluntariamente después de haber recibido el conocimiento de la verdad. Esto quiere decir, "seguir pecando voluntariamente ofreciendo los sacrificios". Es una actitud hacia la Palabra de Dios que Dios llama rebelión voluntariosa. Ya no hay más sacrificio en el Antiguo Testamento ni en el Nuevo Testamento por los pecados presuntuosos.

> *Sino una horrenda expectación de juicio, y de hervor de fuego que ha de devorar a los adversarios. [He. 10:27]*

Cristo vino y murió hace más de 2.000 años, y si eso no fue algo adecuado, entonces, no hay nada que sirva, y por tanto no hay ninguna otra cosa en este mundo para usted sino el juicio. Dios no va a hacer otra cosa para redimirnos. Cristo no va a morir otra vez—y, por supuesto, no es necesario que Él haga eso. Viene a ser desobediencia deliberada para aquéllos que han recibido "el conocimiento de la verdad," el seguir con el rito en el templo y ofrecer sacrificios.

Ahora, él hace una comparación.

> *El que viola la ley de Moisés, por el testimonio de dos o de tres testigos muere irremisiblemente. [He. 10:28]*

Eso era bajo la ley.

> *¿Cuánto mayor castigo pensáis que merecerá el que pisoteare al Hijo de Dios, y tuviere por inmunda la sangre del pacto en la cual fue santificado, e hiciere afrenta al Espíritu de gracia? [He. 10:29]*

Ésta es probablemente la declaración más solemne que encontramos en la Palabra de Dios.

En la cual fue santificado—se refiere a Cristo, al Hijo de Dios, y ellos volvieron a crucificar al Hijo de Dios. (Véase He. 6:6) ¿Cómo? Bueno, tratan la muerte de Cristo como algo inadecuado para arreglar el asunto del pecado, y ellos actúan como si Él no hubiera muerto. Tratan la sangre de Cristo como algo despreciable. El conocimiento crea cierta responsabilidad. Y si usted ha escuchado el evangelio y le da la espalda a Jesucristo, bueno, alguien debería decirle que usted se está dirigiendo al infierno. Eso es lo que la Palabra de Dios dice. No lo digo yo, es la Palabra de Dios la que lo dice.

> *Pues conocemos al que dijo: Mía es la venganza, yo daré el pago, dice el Señor. Y otra vez: El Señor juzgará a su pueblo. [He. 10:30]*

Usted puede tomar nota de eso; Dios juzgará. No interesa quien sea usted. Usted tendrá que presentarse ante Dios en juicio. Dios va a juzgar. Él es quien gobierna soberanamente este universo. Usted tendrá que presentarse ante Él. El Señor Jesucristo dijo: El que Me rechaza, y no recibe Mis palabras, tiene quien le juzgue; la palabra que he hablado, ella le juzgará en el día postrero. (Jn. 12:48) Esto se nos dice una y otra vez en las Escrituras. También se dice: Porque es tiempo de que el juicio comience por la casa de Dios; y si primero comienza por nosotros, ¿cuál será el fin de aquéllos que no obedecen al evangelio de Dios? Y: Si el justo con dificultad se salva, ¿dónde aparecerá el impío y el pecador? (1 P. 4:17-18)

¡Horrenda cosa es caer en manos del Dios vivo! [He. 10:31]

Ésa es una expresión interesante que podemos contemplar por un momento. Quiero dedicar algo de tiempo a esto, y creo que es algo expresado para los creyentes, así como también para los que no son creyentes. Aquí dice: ¡Horrenda cosa es caer en manos del Dios vivo! Otra cosa es, estar en las buenas manos de Dios. En Esdras 7:9, leemos: Porque el día primero del primer mes fue el principio de la partida de Babilonia, y al primero del mes quinto llegó a Jerusalén, estando con él la buena mano de Dios. La mano de Dios está sobre este hombre para bien. Dios quiere poner Su mano sobre usted, para bien. Pero a veces Él pone una mano bastante pesada sobre aquéllos que son Sus hijos y los castiga. Yo he sido castigado por Él y quizá usted también. David también fue castigado, y en el Salmo 32:4, dice: Porque de día y de noche se agravó sobre mí Tu mano. David era un hijo de Dios. Él era un hombre de Dios. ¿Pero qué es lo que estaba Dios haciendo? Dios le estaba disciplinando. Dios había tomado a David y lo había llevado a donde Él podía castigarle. David estaba tratando de cubrir su pecado. Él tuvo que confesarlo. Tuvo que tratar de manera directa con eso que él había cometido. Y la mano de Dios se posa sobre aquéllos de nosotros que somos Sus hijos.

Pero, eso es muy diferente de la mano de Dios que puede caer sobre usted en juicio. Él está hablando aquí de venganza. Dios no toma una venganza sólo por ser vengativo. Él dice, Mía es la venganza, Yo daré el pago, dice el Señor. Dios juzga, y Dios va a juzgar el pecado. Escuche lo que dice el salmista en el Salmo 75:8: Porque el cáliz está en la mano de Jehová, y el vino está fermentado, lleno de mistura; y Él derrama del mismo; hasta el fondo lo apurarán, y lo beberán todos los impíos de la tierra. Es decir, que tanto los profetas como los salmistas hablaron del juicio. Llegará un momento cuando la copa de la ira se llenará, y se está llenando hoy. Dios no tiene ningún apuro en actuar. Él tiene mucha paciencia. Él no desea que nadie perezca, pero, esa copa de juicio está llenándose. Y es una copa muy amarga.

Esa copa del juicio de Dios está delante para todo aquél que pisoteare al Hijo de Dios, y tuviere por inmunda la sangre del pacto, en la cual fue santificado, e hiciere afrenta al Espíritu de gracia. ¿Usted está despreciando lo que Cristo ha hecho por usted en la cruz? Usted desprecia eso, y entonces, no hay ninguna otra cosa delante de usted sino juicio. Usted no tiene ninguna esperanza, y eso es lo que él está señalando aquí a estos creyentes.

Éste es el mismo punto que el escritor a los Hebreos está haciendo a estos creyentes hebreos. Bajo la ley ellos podían llevar un sacrificio todos los años, o todos los días si querían hacerlo así, pero ya no, eso terminó. Ahora es necesario que se vuelvan (aun como nosotros tenemos que volvernos) al Señor Jesucristo.

Luego, él presentó una palabra o un mensaje, digamos, en forma personal.

> *Pero traed a la memoria los días pasados, en los cuales, después de haber sido iluminados, sostuvisteis gran combate de padecimientos. [He. 10:32]*

Pienso que estos creyentes a los cuales se dirige el escritor eran salvos. No hay ninguna duda en la mente de este hombre, y pienso que el Apóstol Pablo era quien escribía esta epístola.

> *Por una parte, ciertamente, con vituperios y tribulaciones fuisteis hechos espectáculo; y por otra, llegasteis a ser compañeros de los que estaban en una situación semejante. Porque de los presos también os compadecisteis, y el despojo de vuestros bienes sufristeis con gozo, sabiendo que tenéis en vosotros una mejor y perdurable herencia en los cielos. [He. 10:33-34]*

Los creyentes habían sufrido vituperios y tribulaciones.

El despojo de vuestros bienes sufristeis. Aparentemente algunos de los creyentes habían sido encarcelados por su fe mientras que otros habían experimentado el despojo de sus posesiones. El escritor les está recordando de su fe y paciencia durante este tiempo de aflicción.

> *No perdáis, pues, vuestra confianza, que tiene grande galardón. [He. 10:35]*

No arrojéis o desperdiciéis vuestra confianza. Eso es muy importante, y ésa es otra manera de decir: Mantengamos firmes, sin fluctuar, la profesión de nuestra esperanza, que vimos en versículo 23.

Porque os es necesaria la paciencia, para que habiendo hecho la voluntad de Dios, obtengáis la promesa. [He. 10:36]

La paciencia y la fe están unidas en la Escritura. Después de ejercer fe en el medio de aflicciones, entonces deben exhibir paciencia con la futura esperanza del cumplimiento de fe.

Porque aún un poquito, y el que ha de venir vendrá, y no tardará. [He. 10:37]

Las Sagradas Escrituras dicen que el Señor Jesucristo no tardará, que Él vendrá. Hay muchas personas que cuando se despiden dicen: "Bien, le veremos en la próxima oportunidad, si el Señor se demora". Él no se va a demorar. Hay personas que se comportan como si Él estuviera demorando Su venida, como si Él estuviera tardándose. Pero, Él no tardará. Ya está en el calendario de Él, cuándo vendrá. Alguien quizá pregunte: "Bueno, ¿cuándo será eso?" Pues, Él no nos permite a nosotros ver ese calendario. Hay algunas personas que opinan que han visto ese calendario, pero yo pienso que ellos han estado observando el calendario del hombre, porque nadie ha visto el calendario del Señor. Pero Él no tardará. Él viene. Eso es algo tan seguro como Su primera venida a esta tierra.

Mas el justo vivirá por fe; y si retrocediere, no agradará a mi alma. [He. 10:38]

Ésta es una referencia a las palabras en Habacuc 2:3-4. Este versículo es muy importante y vamos a tratar con él, cuando nos toque estudiar los profetas menores. Este versículo se cita en Romanos, también en Gálatas, y aquí en Hebreos. El énfasis en cada una de estas epístolas es algo diferente. En la Epístola a los Romanos, el énfasis está en que el justo por la fe vivirá; es como Dios justifica a un pecador; allí se le da el énfasis.

El justo vivirá es el énfasis que se le da aquí en la Epístola a los Hebreos. Usted recuerda que he hecho varias referencias a que tenemos un Dios vivo. Esta epístola nos habla de un Intercesor que vive; de que era el mismo que murió en la cruz y que murió por nosotros. Volvió de entre los muertos, y se le da el énfasis a Su resurrección, y que Él es el Cristo viviente a la diestra de Dios. Aquéllos que son Suyos, ya que tenemos a un Dios vivo, ya que tenemos a un Salvador vivo a la diestra de Dios, nosotros viviremos por fe. Esto, como ya he dicho anteriormente, no es un salto en las tinieblas. Esto tiene su fundamento en la Palabra de Dios. Mas el justo vivirá por fe. Eso es lo que dice esta Epístola a los Hebreos. En la Epístola a los Gálatas, se dice que por fe vivirá el justo.

Ahora, él habla aquí en cuanto a retroceder. Él dice: Y si retrocediere, no agradará a mi alma.

Pero nosotros no somos de los que retroceden para perdición, sino de los que tienen fe para preservación del alma. [He. 10:39]

El escritor de esta epístola no consideraba que ellos estaban retrocediendo, sino que está hablando del peligro, está dándoles una advertencia. La frase de los que retroceden, presenta la idea de recoger las velas de un barco. El creyente es como un marinero que debe soltar todas sus velas. Eso es lo que el escritor está diciendo. "¡Continuemos!" El pensamiento que tenemos aquí es del creyente que no puede llegar a desplegar todas las velas de su barco. Que puede quedarse rezagado o a la deriva a causa del desánimo, o por las pruebas, debido a la persecución, o las dificultades, a causa de la depresión; o de cualquier otra cosa que le haga tropezar. Pero aquí tenemos este pensamiento, ya que nosotros tenemos a un Dios vivo, y que hoy tenemos un Salvador vivo, ¡continuemos, sigamos adelante! Despleguemos todas las velas de nuestra embarcación. Salgamos hoy por Dios. ¡Qué cosa más tremenda fue ésta en el pasado para los hombres y las mujeres!

Usted recuerda la historia de los hugonotes franceses. Ellos fueron perseguidos, fueron traicionados, y cuando Francia los destruyó, también destruyó con ellos lo mejor que tenía Francia. Francia nunca ha llegado a ser la nación que era en la época en que destruyeron a los hugonotes. Los hugonotes fueron a la batalla. Ellos sabían que iban a la batalla y que eso era una muerte segura. Y el lema era: Si Dios es por nosotros, ¿quién contra nosotros? (Ro. 8:31)

Nosotros necesitamos algo así hoy, en la vida de los creyentes. Tenemos demasiados creyentes que se quejan, que critican, lloran como niños chiquitos.

El tema de esta epístola es que debemos continuar, debemos seguir adelante.

CAPÍTULO 11

Los capítulos 11-13 constituyen la segunda división principal de esta Epístola a los Hebreos. Hasta este instante hemos estado tratando con la doctrina. También tuvimos mucho de aquello que es práctico. Llegamos ahora a las implicaciones prácticas. Cristo nos da mejores beneficios y obligaciones. Serán presentados ante nosotros aquí, y, en primer lugar, él nos va a presentar lo que ha sido llamado el Capítulo de la Fe de la Biblia. Eso es interesante, porque la persona promedio no cree que la fe es algo práctico—encontraremos que lo es.

Algunos llaman a este capítulo el "Catálogo de los Héroes de la Fe". Pero, no me gusta esto a mí personalmente. No creo que deba llamarse así. Hasta el pensamiento que tenemos en este capítulo es, lo que la fe ha hecho en el pasado, en las vidas de hombres y mujeres de todas las edades, bajo todas las circunstancias, en todos los niveles de la sociedad. Vamos a ver cómo es que esto obró en la vida de hombres y mujeres en el pasado, y esto nos debe servir de ánimo, de aliento a nosotros en el día de hoy. Si ellos lo pudieron hacer, nosotros también lo podemos hacer. No porque nosotros tengamos la habilidad de hacerlo. La verdad es que esta gente tampoco tenía la habilidad de hacerlo. Ellos eran hombres y mujeres débiles tal cual lo somos nosotros, pero por la fe ellos hicieron todas estas cosas por Dios y fueron capaces de vivir bajo toda clase de circunstancias.

Es fácil hacer de la vida cristiana, una serie de normas y reglas. Una de las razones por la cual muchas personas buscan estar bajo el Sermón del Monte, o de los Diez Mandamientos, es porque al hombre le gusta, el hombre ama las reglas y las normas. El hombre piensa que es fácil obedecer una norma, parece algo sencillo. Cuando uno va a visitar algún lugar nuevo, desconocido, y está viajando en su automóvil es muy fácil preguntar a la persona a quien se va a visitar que le dé instrucciones de cómo llegar a su casa. Por lo general estas personas escriben las instrucciones: "Voltea a la izquierda; aquí sigue derecho tantas cuadras; luego voltea a la derecha". Eso nos gusta, porque nos ayuda a llegar allí y son cosas fáciles de seguir. La vida es igual que esto para muchas personas. Pero, ahora vamos a descubrir aquí que estas personas que anduvieron por fe siguieron un camino completamente diferente. Ésa es la forma por la cual Dios quiere que nosotros vayamos en el presente.

La incredulidad, como vamos a ver y como ya hemos visto también, es el peor pecado que cualquier persona puede cometer. Dios tiene un remedio para cada pecado, menos para el estado de incredulidad. Esto no quiere decir que es el pecado imperdonable. No hay ninguna acción que usted pueda cometer hoy, que Dios no llegue a perdonar; pero si usted está en un estado de incredulidad, y está en ese mismo estado de incredulidad mañana, Dios no tiene ningún remedio para eso.

Una definición de lo que es la fe

La primera declaración en este capítulo es una definición bíblica de la fe:

Es, pues, la fe la certeza de lo que se espera, la convicción de lo que no se ve. [He. 11:1]

Ésa es la definición que la Escritura da en cuanto a la fe, y la razón por la cual él se dirige a esa palabra tan importante es porque Dios hoy tiene solamente dos caminos y usted puede llegar a Él. El primero es por las obras. Si usted presenta la perfección, Dios le aceptará entonces. Pero hasta ahora, nadie lo ha podido hacer. Adán no lo hizo, y ninguna otra persona lo ha podido hacer. Abraham no lo hizo, tampoco lo hizo David y tampoco lo hizo Daniel. Ninguno de ellos pudo alcanzar la perfección. Pero Él, es perfecto; por tanto, ese camino no es un camino muy satisfactorio; aun así, hay muchas personas que están andando por ese camino, pero no están llegando a ningún lugar.

La otra única alternativa que queda para nosotros hoy es la fe. Podemos ir a Dios por medio de la fe. Muchos creen que ésa no es una forma muy satisfactoria. Bueno, permítame decir esto antes de analizar esta definición. Se le preguntó a una niñita que respondiera en sus propias palabras qué era la fe. Dijo: "Bueno, la fe es creer aquello que usted sabe que no es así". Hay muchas personas que opinan de la misma manera. Hay muchos que piensan que es un salto en las tinieblas, que es como aventurarse, que es algo incierto. Bueno, si así es como usted piensa, entonces usted no tiene fe. Es, pues, la fe la certeza de lo que se espera—dice aquí el versículo 1—la convicción de lo que no se ve. Por tanto, la fe descansa en un fundamento.

Hay otras personas que piensan que la fe es un gran misterio. Es como un sexto sentido. Es como si uno tuviera cierta intuición dentro del mundo espiritual, es algo así como un "ábrete sésamo" a un nuevo mundo. Es como pertenecer a una logia secreta; uno tiene que iniciarse en eso y son las obras místicas que Dios aceptará en lugar de las buenas obras. Uno tiene que creer lo suficiente. Los demonios creen bastante también, pero no son salvos. A propósito, esta clase de fe ministra en esa área. Hoy, nosotros tenemos muchos cultos y sectas que son demoníacas y son dirigidas por los demonios. La fe de esas personas llega a ser algo como un fetiche, algo como un dije de la suerte que uno se coloca alrededor del cuello y lo lleva con uno. Pero, la fe no es eso.

El gran predicador Spurgeon lo dijo de la siguiente manera: "No es la forma en que usted se agarra de Cristo lo que le salva, es Cristo. No es el gozo que usted tiene en Cristo lo que le salva, es Cristo. No es siquiera la fe en Cristo lo que le salva, aun cuando ése es el instrumento. Es el mérito en la sangre de Cristo lo que lo salva". La fe le permite asirse de eso, agarrarse de eso; eso es todo.

La fe por tanto no es algo misterioso. Es algo que mira al Señor Jesucristo. La fe no es algo que se agrega a las buenas obras, como el carácter. Hay algunas personas en las iglesias hoy que tratan a esto como si fuera una ensalada donde la fe es el elemento que ayuda a aderezar esto. Usted tiene una ensalada y agrega sal, aceite, vinagre; y hay muchas personas que simplemente le agregan buenas obras. Amigo, eso no es fe.

Él está diciendo dos cosas aquí. Fe es la certeza de lo que se espera, la convicción de lo que no se ve. En realidad, me gusta mucho lo que dijo el Dr. J. Oswald Sanders en cuanto a esto: "La fe le permite al alma creyente tratar al futuro como el presente. Lo invisible como lo que se ve". Eso es bueno.

Observe ahora la definición bíblica de la fe. Fe, es la certeza, es la sustancia. ¿De qué estoy hablando aquí cuando digo "certeza" o "sustancia"? La palabra griega utilizada aquí es hupóstasis. Es un término científico, y es lo opuesto a hipótesis, una mera teoría. Es aquello que descansa sobre un hecho. ¿Qué es entonces hupóstasis? Eso es una sustancia. En química sería ese elemento químico que queda en el fondo del tubo de ensayo después que uno haya hecho algún experimento.

Cuando yo estudiaba en la universidad, muchas veces el profesor le daba a cada estudiante un tubo de ensayo con ciertas cosas para que descubriéramos lo que había allí. Yo tomaba lo que había en el tubo de ensayo, le añadía otra química o dos, y entonces lo calentaba todo para descubrir qué había en el tubo. Un día por poco causo una explosión con mi experimento, porque se había puesto algo en el tubo que no debiera haberse puesto allí. Cinco años más tarde, el que limpiaba el laboratorio, me dijo que todavía estaba encontrando pedacitos del tubo cuando barría. Afortunadamente, el vidrio no me hizo daño a mí ni a nadie. Yo trabajé con un tubo de ensayo por dos semanas antes de hablar con mi profesor para decirle lo que yo creía que había en el tubo. Le dije que era cierto polvo, y él me dijo que yo tenía razón. Había una sustancia en el fondo de ese tubo y, el profesor, porque sabía química, estaba seguro de lo que era. (¡Yo no estaba tan seguro!) La sustancia en el fondo del tubo de ensayo es la sustancia que yo estaba buscando. Ésa es la realidad. Eso es lo que es la fe. La fe es la sustancia, la certeza.

El Dr. Robertson lo dijo de la siguiente manera: "Sustancia es el certificado de propiedad". ¿Cuál es ese certificado de propiedad? ¿Cuál es la certeza, la sustancia? La Palabra de Dios. Si su fe no descansa en la Palabra de Dios, entonces no es una fe bíblica. Tiene que descansar en la Palabra de Dios, en lo que Él dice. En realidad, significa creer en Dios.

La pregunta que debemos hacernos ahora es: ¿Cree usted a Dios o no le cree? No venga a decir que tiene problemas intelectuales porque eso no da resultado. Lo que mantiene al hombre alejado es el pecado. Es el pecado en su vida lo que le está estorbando a usted allegarse a Dios. Porque con el corazón se cree para justicia, pero con la boca se confiesa para salvación. (Ro. 10:10) Cuando usted está listo para abandonar su pecado, el Espíritu Santo hará que la Palabra de Dios sea algo real para usted.

Cierto joven que encabeza una organización maravillosa envió un libro que él había escrito, a mí y a varios ministros. Él quería que nosotros evaluáramos ese libro. Era un libro bastante bueno, pero era en el campo de la apología bíblica, es decir que probaba que la Biblia era la Palabra de Dios. Es uno de los mejores que hay en ese campo; y yo le escribí y le dije eso. Pero también le dije que yo había llegado a un lugar en mi ministerio donde un libro como ése ya no tenía ningún valor para mí, porque ya yo creía que la Biblia es la Palabra de Dios. Ya yo he pasado a través de todo esto, y todos esos pequeños experimentos. Ya he tomado esos tubos de ensayo y he agregado algunas substancias químicas, algún ácido, y he descubierto lo que era.

Hace ya algún tiempo, un hombre escribió una carta diciendo que soy dogmático y que no debería ser tan dogmático. Si usted me escucha o lee mis comentarios, quiero decirle que soy dogmático. Sé, estoy seguro, que la Biblia es la Palabra de Dios. ¿Sabe usted cómo es que sé eso? Porque ya la he colocado en el tubo de ensayo; ya he hecho los experimentos. La fe es la certeza de lo que se espera. Sé que es la Palabra de Dios. El Espíritu de Dios la ha hecho algo real para mí.

El Apóstol Pablo oraba por eso para los creyentes de Colosas: Que seáis llenos de su voluntad en toda sabiduría e inteligencia espiritual. (Col. 1:9) El conocer la voluntad de Dios es conocer la Palabra de Dios. Él llamó a eso epignosis. En aquel día había ciertos agnósticos que profesaban tener un conocimiento superior. Pablo dice: "Yo quiero que vosotros tengáis un verdadero conocimiento superior; yo quiero que vosotros sepáis que la Biblia es la Palabra de Dios. Yo creo que el Espíritu Santo hará que esto sea real y verdadero para vosotros".

Yo pasé por un período cuando era estudiante en la universidad que casi abandono el ministerio. Lo que ocurrió es que yo tuve un profesor que no era creyente aún cuando era un predicador, y estaba diciendo tales cosas a los alumnos que los estaba haciendo fallar en las cosas en la fe. Por tanto, yo me tuve que dirigir a Dios en oración para que me ayudara con ese problema, ya que yo admiraba mucho a ese profesor que era muy intelectual. Pero ese profesor casi me roba la fe. Luego, yo me encontré con un hombre que me ayudó a regresar al camino correcto. Él me mostró que había una respuesta a esas preguntas. Así es que, pude así obtener las respuestas por mí mismo. Yo tenía una sustancia, una certeza en ese tubo de ensayo. No es necesario hacer un experimento hoy porque sé muy bien que es la Palabra de Dios.

Descanse en la Palabra de Dios. Lo dogmático se encuentra en este libro. Ésta es la razón por la cual dice en He. 10:39: Pero nosotros no somos de los que retroceden para perdición, sino de los que tienen fe para preservación del alma.

Hay sólo dos formas de andar. O usted retrocede o está avanzando hacia adelante, porque todo aquello que está vivo hoy no puede mantenerse en un solo lugar. O usted se dirige en una dirección, o en la otra. Usted sabe que en un bosque hay cierto deterioro que está ocurriendo, y hay decadencia; pero también hay cierto crecimiento y desarrollo en el mismo lugar. No hay nada allí que esté vivo y que se mantenga siempre en la misma posición o situación. Es imposible hacer eso.

La fe es pues, la certeza de lo que se espera. Eso es algo científico. Lo segundo es: La convicción de lo que no se ve. Aquí tenemos otra palabra. La palabra para convicción o esencia en griego es élenjos. Es decir, convencer. Cuando se estudia el griego clásico, se puede encontrar esta palabra que se presenta en el juicio hecho a Sócrates. En el relato que hace Platón se menciona como 23 veces. A propósito, élenjos es una expresión legal. Eso es algo que uno puede llevar al tribunal y probar. Eso es algo sobre lo cual descansa todo el mundo de los negocios. El mundo de los negocios funciona por fe. Hay mucha gente que tiene tarjetas de crédito. Estas personas pueden ir a un negocio y comprar lo que les gusta y presentan la tarjeta de crédito al dependiente del negocio. Esa persona tiene que tener mucha fe para creer que quien está presentando esa tarjeta es propietario de ella. Tiene que aceptar que con el transcurso del tiempo esa persona va a pagar. Por lo general, las compañías financieras están seguras de que uno va a pagar, porque si no, le quitan esa tarjeta de crédito, por supuesto. Pero, observe que a través de todo esto existe la fe. Un hombre que escribe un cheque, así como también la persona que lo acepta, está actuando por fe. Bueno, ésta es la palabra élenjos; es una evidencia; es una evidencia que se acepta en un tribunal.

La fe no es un salto en las tinieblas. La fe no es algo como "espero que así suceda". La fe es una sustancia, es una certeza, es una evidencia. Es una sustancia prácticamente científica, es una evidencia para la mente legal. Si usted en realidad quiere creer, entonces puede creer. Usted puede creer muchas tonterías también, pero Dios no quiere que usted haga eso. Dios quiere que usted descanse en la Palabra de Dios.

Porque por ella alcanzaron buen testimonio los antiguos. [He. 11:2]

Esta palabra antiguos podía cambiarse también por "ancianos" ¿Quienes son esos ancianos? Los ancianos pueden pertenecer a tres grupos diferentes. El primer grupo podría ser sencillamente un grupo formado por personas ancianas. También puede ser un cargo que se menciona en el Nuevo Testamento. Pablo hablaba en su carta a Tito que él tenía que nombrar a ciertos ancianos. Ése es uno de los cargos en la iglesia y puede referirse a eso. También puede referirse a los santos del Antiguo Testamento. Eso se mencionó, usted recuerda, al principio mismo de esta Epístola a los Hebreos 1:1: Dios, habiendo hablado muchas veces y de muchas maneras en otro tiempo a los padres por los profetas. Los padres son los ancianos. Creo que podría ser que, con una fe como ésta, los padres recibieron ese testimonio. Ellos creyeron a Dios; esos ancianos del Antiguo Testamento hicieron eso, y para ellos no fue un salto en las tinieblas. No fue un "ojalá que sea así", sino que descansaba en la evidencia. Noé construyó un arca, y él lo hizo por fe. ¿Qué clase de fe? ¿Tuvo algún sueño en cuanto a eso? No. Dios le dio a él evidencia suficiente. Él caminó con Dios por muchos años.

El problema con muchos de nosotros hoy es que cuando se nos presenta una crisis, y nosotros deberíamos descansar en Dios y poner nuestra esperanza en Él, descubrimos que no lo hemos estado haciendo. Es una experiencia tan nueva para nosotros que es algo muy difícil de hacer de nuestra parte. Cuando uno confía en Dios, cuando el sol está brillando, es entonces mucho más fácil confiar en

Él cuando vienen las cosas tenebrosas y se presentan las tormentas de la vida.

Pero estos ancianos, alcanzaron buen testimonio. ¿Cómo? ¿Acaso porque eran personas maravillosas? No, ellos creyeron a Dios. Creo que Abraham es un hombre maravilloso. Creo que Abraham tenía mucho más a su favor que probablemente el mejor creyente hoy. Él era una persona muy destacada, aún el mundo mismo le hubiera contado como una persona muy destacada. Pero, se nos dice que fue por fe; que Abraham creyó a Dios, y se le contó por justicia. (Véase Gn. 15:6) No fueron sus buenas obras, sino que él creyó a Dios. Estos ancianos alcanzaron un buen testimonio. Y, ¿cómo lo hicieron? Lo hicieron por la fe.

Dios quiere que nosotros seamos no sólo salvos por la fe, sino que andemos también por la fe. Cristo murió aquí en este mundo para salvarnos. Nosotros miramos en fe hacia Él. Andamos hoy en la fe. Miramos hacia Él, hacia el Cristo viviente. Esto nos habla directamente a nosotros. Esto es algo para ahora mismo. Esto es para toda instancia en esta vida. ¿Sale usted de compras? ¿Va a ir a trabajar? ¿Sale para el colegio, o algún compromiso social? Vaya entonces por fe en el Señor Jesucristo. Nosotros andamos por fe, no por vista. Así es como Dios quiere que nosotros andemos en el presente.

Por la fe entendemos haber sido constituido el universo por la palabra de Dios, de modo que lo que se ve fue hecho de lo que no se veía. [He. 11:3]

Hay dos explicaciones en cuanto al origen de este universo. Una, es nada más que especulación, la otra es revelación. Por medio de la fe nosotros aceptamos la revelación. Por fe usted también acepta la especulación. La especulación tiene muchas teorías. Muchas de ellas han sido abandonadas. En el presente es la evolución, pero eso también ya está pasando de moda. Pero eso es lo mejor que pueden tener, por fe en la especulación. Por cierto, que hace falta mucha fe para seguir una corriente como ésa.

Se podría decir que las edades fueron planeadas por la Palabra de Dios, y la Palabra de Dios, como ya hemos visto, es viva y eficaz, y más cortante que toda espada de dos filos. La Palabra de Dios es más poderosa que la bomba atómica, o una bomba de hidrógeno. Alguien ha dicho que la bomba atómica viene en tres tamaños: tamaño grande, tamaño más grande, y "¿dónde está toda la gente?" Bueno, la Palabra de Dios es mucho más potente que eso. Porque la Palabra de Dios tiene el poder de transformar la vida de la gente, y cuando usted y yo nos allegamos a la Palabra de Dios, descubrimos que o bien, uno acepta la declaración de Dios en cuanto al origen del mundo, o acepta la especulación. La Palabra de Dios dice: En el principio creó Dios los cielos y la tierra. Ésa es una revelación. O usted cree a Dios o usted acepta la especulación. No me venga a decir, que la evolución es algo científico, porque no le es. Si así lo fuera, entonces los científicos estarían todos de acuerdo. Pero no lo están. En el presente hay muchos científicos destacados que están abandonando esta adoración de la evolución. Ellos pueden apreciar muchas fallas en esto y se están apartando. Y, o usted cree en Dios, lo cual es revelación, o usted cree en la especulación. La fe pues, debe estar anclada o basada en algo.

Se cuenta una historia acerca de un guía en un museo. Él estaba llevando a un grupo de personas por diferentes partes del museo, y el grupo se aproximó a un dinosaurio que había sido reconstruido—y usted sabe como hacen esto, toman sólo un hueso y allí crean el resto de este animal—y allí estaba entonces ese gran dinosaurio. Así que, este guía, cuando llegó a este dinosaurio dice: "Este dinosaurio tiene dos millones seis años de edad". Por supuesto, la gente le miró sorprendida y una persona del grupo le preguntó: "¿Qué quiere decir, que tiene dos millones seis años de edad? ¿De dónde saca usted esos seis años? "Bueno", le contesta el guía, "cuando yo comencé a trabajar aquí hace seis años, tenía dos millones de años. Entonces ahora, tiene dos millones seis años". Esto demuestra lo ridículo que puede ser este asunto de señalar fechas a cosas que son muy antiguas, por cierto.

La fe indica que usted tiene una base sólida en el origen del universo. Yo no tengo que cambiar mi teoría. Ha estado en operación por mucho tiempo. Dios ha creado los cielos y la tierra.

El Dr. Campbell Morgan dice: "La vida debe ser controlada por le fe y no por la duda; tiene que ser iluminada siempre por la esperanza, y no oscurecida por el desaliento, y en su actividad el amor tiene que ser practicado en la comunión".

Vamos a ver esto ilustrado aquí al observar que la fe no es una joya que uno tiene que guardar en un cofre, como un diamante, y contemplarlo. No es ésa la forma en que se nos presenta aquí. Ésa es la razón por la cual yo no quiero llamar a este capítulo un "catálogo de los héroes de la fe". Éstos son hombres y mujeres que actuaron en la vida diaria y la fe era algo positivo para la vida de ellos. La fe, por tanto, no es algo que uno guarda aparte en un cofre. La fe, descansa en la Palabra de Dios.

Llegamos ahora aquí, a ciertas personas. Aquí tenemos tres personas que vivieron antes del diluvio. Uno de ellos aun pasó a través de él, y está de este lado del diluvio. En primer lugar, tenemos a Abel. En Abel tenemos el camino de fe. Luego tenemos a Enoc, y en él, está el andar de fe; y luego en Noé, tenemos el testimonio de la fe. Éstos son los tres hombres que vivieron antes del diluvio, y la fe estaba en operación en aquella época. Estos hombres anduvieron por fe, vivieron por fe, fueron salvos por fe.

La fe de Abel

Con Abel, Dios señaló de una vez por todas, el hecho de que el hombre tiene que acercarse a Él solo, de manera especial, en una base, en la base de la fe. La salvación tiene que ser por medio de la fe en Cristo; no sólo Abraham vio el día de Cristo y se regocijó, sino que también lo hizo Abel.

> *Por la fe Abel ofreció a Dios más excelente sacrificio que Caín, por lo cual alcanzó testimonio de que era justo, dando Dios testimonio de sus ofrendas; y muerto, aún habla por ella. [He. 11:4]*

Yo quisiera ir ahora al libro de Génesis para considerar la historia de estos dos muchachos Caín y Abel. Quiero ver qué es lo que Abel tenía que Caín no tuvo, y que eso era la diferencia que existía entre estos dos jóvenes.

Génesis 4:1, dice: Conoció Adán a su mujer Eva, la cual concibió y dio a luz a Caín, y dijo: Por voluntad de Jehová he adquirido varón. Lo que ella dijo en realidad fue: "De Jehová he adquirido el varón". ¿De qué varón está hablando ella? Dios le había dicho a Eva que vendría uno de su simiente, la simiente de la mujer; Y pondré enemistad entre ti y la mujer–eso dijo hablando a Satanás–y entre tu simiente y la simiente suya; ésta te herirá en la cabeza. ¿La cabeza de quién? La de Satanás. Ésta te herirá en la cabeza, y tú le herirás en el calcañar. (Gn. 3:15)

Pero Adán y Eva no sabían cuánto iba a durar esta lucha por el pecado, algo que iba a durar tanto tiempo. Ellos pensaban que su hijo sería ese hombre que vendría, pero no fue así. Pensaban que Caín sería el salvador, sin embargo, él fue un asesino. El versículo 2 dice: Después dio a luz a su hermano Abel. Y Abel fue pastor de ovejas y Caín fue labrador de la tierra. Creo que es conveniente detenernos aquí y hacer una comparación entre estos jóvenes, porque entre ellos existía una gran diferencia, en realidad un gran abismo los separaba. Eran algo completamente opuesto. Ellos eran hermanos, y los hijos de Adán y Eva. ¿Cuál era pues, la diferencia entre los dos? El Dr. Harry Remer pensaba que ellos eran mellizos. Yo no creo que hayan sido mellizos, pero sí opino que eran completamente diferentes el uno al otro. Por ejemplo, podemos tomar una familia hoy, en la cual nacen dos muchachos, y uno de ellos es un muchacho muy destacado. Recibe las mejores calificaciones en la escuela, pasa a la universidad y llega a ser un doctor. Pero el otro muchacho no estudia muy bien. Abandona la escuela antes de finalizar. Comienza a beber y a tomar drogas, y él es esa clase de persona. ¿Cuál es pues, la explicación? Los dos muchachos son de la misma familia. Se consulta a algún psicólogo y él explica que según la teoría Mendeliana es que uno de los muchachos, el que se destaca más, es así gracias a una tía del lado de la madre. Ésa es la razón por la cual es tan destacado. Pero el otro muchacho es identificado con un tío del lado del padre, y ésa es la razón por la cual él bebe, porque del lado de la familia del padre hay un tío que bebe, y eso lo explica. Pero ¿ve usted? Es imposible utilizar este método con Caín y Abel. ¿Quién era la tía o el tío de Caín y de Abel? Ellos no tenían algo que muchos de nosotros tenemos, un tío y una tía. Ellos no tenían tíos. Ellos tampoco tenían abuelos, así es que no se puede utilizar este asunto de la herencia con estos jóvenes. Creo que ellos eran iguales, que se parecían mucho el uno al otro, se comportaban de la misma manera, pero ellos eran diferentes. Tampoco se puede utilizar el método del medio ambiente, porque hay algunos que utilizan ese método para presentar algunas diferencias. Hay muchas personas que opinan que ésa es la diferencia que existe entre los hombres, el medio ambiente. Si uno puede corregir eso, y lograr que sea algo bueno, entonces todo lo demás será bueno. Pienso que, si uno pudiera acabar con las villas miserias y colocar en casas buenas a la gente, en casas nuevas, que entonces estas personas se convertirían en personas buenas. Pero no siempre sucede así. Aquí encontramos que estos dos jóvenes tenían el mismo medio ambiente. No puedo pensar que exista otro hogar que haya sido como el que estos jóvenes tenían. Estos dos jóvenes se presentan pues, ante Dios.

La Escritura dice: Y aconteció andando el tiempo—y pienso que era el día sábado, porque ellos pertenecían a la primera creación, a la creación antigua. Y aconteció andando el tiempo, al fin de los días, ellos vinieron a un tiempo especificado—que Caín trajo del fruto de la tierra una ofrenda a Jehová. Y Abel trajo también de los primogénitos de sus ovejas, de lo más gordo de ellas, y miró Jehová con agrado a Abel y a su ofrenda, pero no miró con agrado a Caín y a la ofrenda suya. Y se ensañó Caín en gran manera, y decayó su semblante. (Gn. 4:3-5)

¿Cuál es la diferencia entre las dos ofrendas? ¿No se presentaron ambos jóvenes en obediencia a Dios? No, no lo hicieron así. Dios les había revelado a ellos que tenían que traer un sacrificio, un cordero, y ese cordero señalaba hacia Cristo. Alguien quizá diga: "Pero cuando uno lee en Génesis eso no aparece allí". Y así es, no lo dice, pero ese versículo que leímos en Hebreos, capítulo 11 sí lo dice. Por la fe Abel ofreció a Dios más excelente sacrificio que Caín. Él hizo eso por la fe.

Observe esto nuevamente. La fe viene por el oír, y el oír por la Palabra de Dios. Este hombre había tenido una revelación de parte de Dios. Lo mismo sucedió con Caín. Ambos estaban en la misma familia. Pero Caín lo ignoró, y presentó lo que quería presentar, el fruto de la tierra. Él lo había hecho; es decir, que aquí tenemos este primer hombre que presenta a Dios el fruto de sus obras. Hay muchas personas que aún se están presentando de la misma manera, lo hacen por medio de sus obras. Ellos hacen esto y ellos hacen aquello. Este hombre, pues, presenta aquí algo que él había logrado. Pero Abel, trae un cordero y lo sacrifica, y si usted hubiera estado allí le podría haber preguntado: "Abel, ¿por qué estás presentando u ofreciendo un cordero?" Él le hubiera respondido: "Dios lo mandó". Entonces usted le diría a él: "¿Piensas que ese pequeño cordero quita tu pecado?" Y él hubiera respondido: "Por supuesto que no". "Bueno, ¿por qué lo traes entonces?" "Bueno"—le hubiera respondido él—"Dios me lo dijo. Él nos ordenó que lo ofreciéramos". "Pero ¿qué es lo que tú comprendes?" "Bueno"—contesta él—"Dios le dijo a mi madre que vendría uno de su simiente que llegaría a ser el Salvador y este cordero está señalando hacia Aquél que será el Salvador. Yo lo hago por fe, mirando hacia el momento cuando un Libertador y Salvador vendrá".

Así es que, al mismo comienzo, Dios presentó muy claramente un camino abierto hacia Él. Sin derramamiento de sangre no se hace remisión de pecados; que nosotros nos presentamos ante Dios en una sola base: que somos pecadores, y que el castigo por nuestros pecados debe ser pagado. Ésa es la razón por la cual ese cordero debe ser sacrificado. El pequeño cordero no puede quitar el pecado, pero mira en fe, hacia la venida de Cristo, y Él es el Cordero de Dios que quita el pecado del mundo. Así es que, la ofrenda de Abel señala hacia Cristo, y él lo hizo por la fe. Éste es el camino de la salvación, que él nos presentó de una manera muy clara. En el mismo comienzo, pues, Dios arregló esto en la primera oportunidad que se presentó. Y aún cuando en el día de hoy, el hombre pueda ser un extraño, un vagabundo y un insensato, no necesita cometer el mismo error. Dios ha presentado esto de una manera muy clara: que Cristo es el camino hacia Él Mismo, y que Dios lo entregó a Él para morir por nuestros pecados. Eso hace de esto algo muy importante, por cierto.

La fe de Enoc

Llegamos ahora a Enoc, y en él podemos apreciar el andar en la fe. Si usted viene a Dios a través de Cristo, el Camino, entonces usted puede andar con Él, y es el andar del creyente lo que llega a ser importante.

> *Por la fe Enoc fue traspuesto para no ver muerte, y no fue hallado, porque lo traspuso Dios; y antes que fuese traspuesto, tuvo testimonio de haber agradado a Dios. [He. 11:5]*

Enoc agradó a Dios. ¿Cómo lo hizo? Por la fe, por la fe. Veamos ahora qué es lo que dice el libro de Génesis en cuanto a la historia de este hombre Enoc. Al observar el capítulo 5 de Génesis, es como pasar por un cementerio y leer lo que dicen las lápidas, ya que allí sólo se menciona que Fulano de Tal nació, vivió, engendró a un hijo y murió. Esto es algo bastante monótono y es una historia un poco triste de la humanidad hoy. Es el mismo cuadro que podemos observar en la hora en la cual nos toca vivir. Las cosas no han cambiado mucho, quizá hay algún adelanto en alguna otra área, pero por cierto que no existe ninguno en cuanto a esto. El hombre todavía muere. La longevidad se ha extendido por algunos años, pero es solamente eso, unos pocos años, especialmente cuando uno lo observa bajo la cantidad de miles de años que dura la eternidad.

En Génesis 5:19, podemos leer: Y vivió Jared, después que engendró a Enoc, ochocientos años, y engendró hijos e hijas. Luego el versículo 20 dice: Y fueron todos los días de Jared novecientos sesenta y dos años; y murió. Esto era una realidad con todos ellos hasta este punto. Luego, después de Enoc, todos ellos murieron, aun Matusalén. Pero este hombre Enoc no murió. En Génesis 5:21-24, leemos: Vivió Enoc sesenta y cinco años, y engendró a Matusalén. Y caminó Enoc con Dios, después que engendró a Matusalén, trescientos años, y engendró hijos e hijas. Y fueron todos los días de Enoc trescientos sesenta y cinco años. Caminó, pues, Enoc con Dios, y desapareció, porque le llevó Dios.

Ésa es la historia de Enoc. Por cierto, que en el capítulo 5 de Génesis, estamos siguiendo cierto linaje. Estamos siguiendo cierta genealogía porque podemos observar que todos éstos, engendraron hijos e hijas, pero no se nos dice nada en cuanto a ellos, solamente señala un hijo en esa familia. Bien, Jared tuvo un hijo llamado Enoc. Se nos dice que Enoc vivió sesenta y cinco años y que engendró un hijo llamado Matusalén. Enoc tenía otros hijos, pero el primogénito fue aparentemente Matusalén. Y caminó Enoc con Dios, después que engendró a Matusalén. No sé lo que hacía antes de haber engendrado a Matusalén, pero estoy seguro de que él no caminaba con Dios. Pero cierto día, él fue a la habitación del niño, vio la cunita donde estaba este muchachito que estaba moviendo sus piernitas y que se llamaba Matusalén. Nosotros siempre pensamos de Matusalén como un hombre muy anciano que tenía una barba muy larga, y que siempre andaba tropezándose con esa barba. Pero, por cierto, que él en un tiempo fue un bebé pequeñito como todos nosotros; y cuando este hombre Enoc vio ese bebecito allí, su vida cambió. Él comenzó a caminar con Dios. No sé cómo era esto antes. Quizá había sido una persona sin cuidado, quizá había vivido una vida completamente indiferente, y aun en abierto pecado. No lo sé. No se nos informa nada en cuanto a esto. Simplemente se nos dice que caminó Enoc con Dios, después que engendró a Matusalén. Él observó a ese niñito allí y reconoció su responsabilidad.

Si la llegada de una criatura a su hogar no cambia su modo de vivir, entonces, nada la podrá cambiar. Cuando llega un bebé al hogar, estos pequeñitos tienen una forma de hablar de parte de Dios, sin decir una sola palabra. Siempre parecen traer un mensaje nuevo, fresco, de parte de Dios. Por cierto que Matusalén hizo esto a este hombre Enoc, y eso cambió completamente el estilo de su vida. Él tuvo otros hijos, por supuesto, pero este hombre Enoc no murió. La Sagrada Escritura nos da esta afirmación: Caminó, pues, Enoc con Dios, y desapareció, porque le llevó Dios. (Gn. 5:24)

Tenemos entonces este andar de fe, y cuando regresamos al capítulo 11 de la Epístola a los Hebreos, podemos leer allí en el versículo 5: Por la fe Enoc fue traspuesto para no ver muerte, y no fue hallado, porque lo traspuso Dios; y antes que fuese traspuesto, tuvo testimonio de haber agradado a Dios.

Antes de haber sido traspuesto, él tenía este testimonio, que él había agradado a Dios; su andar había agradado a Dios, porque él anduvo por fe, no por medio de reglas y normas, sino que anduvo de una manera que había agradado a Dios. Creía en Dios, y anduvo de una manera que agradó a Dios. Luego, Dios se lo llevó. Enoc no murió, fue traspuesto para no ver muerte. Éste es el primer rapto que se menciona en la Biblia, y no es un rapto en la iglesia, porque sólo un hombre fue arrebatado. El fue llevado de esta escena terrenal y fue quitado de aquí.

El cuadro que aquí tenemos, opino yo, tiene su mensaje espiritual. Hay quienes opinan que la iglesia debe pasar a través del período de la Gran Tribulación, y han utilizado a Noé como un ejemplo. Noé, no representa a la iglesia, sino que él representa a aquéllos que están en el mundo, y que serán salvos durante la Gran Tribulación. Dios es quien los va a guardar. Usted puede preguntar: "¿Quiénes son ellos?" Bueno, se los puedo identificar; son ciento cuarenta y cuatro mil de Israel, y luego, una gran compañía de los gentiles. Ellos no están en la iglesia, no son parte del cuerpo de creyentes. Se nos dice que cuatro ángeles detenían los cuatro vientos de la tierra y que aquellos cuatro ángeles, montados en caballos del Apocalipsis, comenzaron a llegar. 144.000 de la nación de Israel fueron sellados, y luego, otra gran compañía, una gran multitud de los gentiles. Ellos son representados por Noé. Dios puede cuidarle a usted en la Gran Tribulación, pero no hay duda alguna de si Él puede cuidar a la iglesia. La pregunta es: ¿Qué es lo que Él dice? Bueno, Él dice que va a sacar a los creyentes. A la Iglesia de Filadelfia le dijo: Yo también te guardaré de la hora de la prueba que ha de venir sobre el mundo entero, para probar a los que moran sobre la tierra. (Ap. 3:10) Él va a probar al mundo entero. Ahora, ¿cuál es esa hora en que Él va a probar al mundo entero? Lo único que es mencionado en las Escrituras es el período de la Gran Tribulación. No hay ningún otro que sea mencionado. Así es que, aparentemente, esta gran multitud de judíos y gentiles van a ser cuidados. Noé los representa a ellos.

Aquellas personas que usan a Noé como representante de la iglesia, se olvidan en cuanto a Enoc. Enoc no pasó a través del diluvio. Él fue traspuesto. Él no estuvo en el arca. Dios lo podía haber puesto en el arca, pero no lo hizo. Él lo podía haber guardado durante el diluvio, pero no lo hizo. Él lo sacó. Eso es lo que Él va a hacer con la iglesia. De modo que, Enoc representa a la iglesia. Él fue traspuesto. Esta palabra "traspuesto" en el idioma original, quiere decir: "transferir", "transportar".

Enoc, pues, fue transferido; fue transportado, de una esfera de vida a otra. Dios lo tomó. La mejor manera para describir esto es hacerlo como lo hizo una niñita que regresó de la Escuela Dominical a su casa. Su madre le preguntó lo que ella había aprendido en la Escuela Dominical, y la niña respondió: "La maestra nos enseñó en cuanto a Enoc". Podemos apreciar que era una buena Escuela Dominical porque allí se les enseñaba a los niños en cuanto a lo que la Biblia dice. De modo que, esta niña le cuenta a la madre que ha aprendido algo en cuanto a Enoc, y su madre le pregunta: "Bueno, ¿qué te enseñó la maestra en cuanto a Enoc?" La niña le contó a su madre la historia, de esta manera: "Enoc vivió hace mucho tiempo y Dios venía a verlo cada tarde y le decía: 'Enoc, ¿quieres salir a caminar conmigo?' Y Enoc respondía: 'Sí, me gustaría caminar contigo, Dios'. Así es que Dios iba a la casa de Enoc todos los días, y Enoc salía a caminar con Dios. Cierto día llegó Dios y le dijo: 'Enoc, el día de hoy tengamos una caminata bastante larga. Yo quiero conversar contigo'. De modo que, antes de salir, Enoc tomó su manto y algo de comida y salieron a caminar. Y caminaron, y caminaron, y caminaron; y por fin se hizo bastante tarde. Entonces Enoc dijo: 'Bueno, se está haciendo bastante tarde y nos hemos alejado bastante de mi casa, ya es tarde y sería mejor que regresemos'. Y Dios le dice: 'Enoc, tú estás más cerca de Mi casa que de la tuya, así es que ven, vayamos a Mi casa'. De modo que, Enoc fue a la casa de Dios".

No creo que se pueda agregar nada a esto. Y eso es lo que sucederá algún día a la iglesia. La iglesia, es decir, el cuerpo de verdaderos creyentes, caminando con Dios de la misma manera en que lo hizo Enoc, un día irá con Él a Su hogar. El Señor Jesucristo viene. Porque el Señor Mismo con voz de mando, con voz de arcángel, y con trompeta de Dios, descenderá del cielo; y los muertos en Cristo resucitarán primero. Luego nosotros los que vivimos, los que hayamos quedado, seremos arrebatados juntamente con ellos en las nubes para recibir al Señor en el aire, y así estaremos siempre con el Señor. (1 Ts. 4:16-17) Así fue como lo contó esa niñita, y creo que así es como será.

Pero sin fe es imposible agradar a Dios; porque es necesario que el que se acerca a Dios crea que le hay, y que es galardonador de los que le buscan. [He. 11:6]

Pero sin fe es imposible agradar a Dios. Enoc agradó a Dios. ¿Cómo lo hizo? Por fe. Amigo, si usted no está dispuesto a ir a Dios por medio de Su camino y creer en Él, usted no puede agradar a Dios.

Porque es necesario que el que se acerca a Dios crea que le hay, y que es galardonador de los que le buscan. En esta epístola se habla mucho en cuanto a la recompensa, y la razón para esto es que aquí tenemos un énfasis en la vida del creyente, porque nosotros tenemos un Salvador que vive en el cielo, y quien está de nuestro lado, y existe una recompensa por vivir la vida cristiana. Pero la salvación no es una recompensa. Es un regalo, es un obsequio. Usted trabaja para lograr su recompensa, pero no para lograr la salvación. Eso viene por la fe. Pero, el andar del creyente es también por la fe y se nos dice: Por la fe Enoc fue transpuesto para no ver muerte, y no fue hallado, porque lo traspuso Dios.

La fe de Noé

Por la fe Noé, cuando fue advertido por Dios acerca de cosas que aún no se veían, con temor preparó el arca en que su casa se salvase; y por esa fe condenó al mundo, y fue hecho heredero de la justicia que viene por la fe. [He. 11:7]

Abel, era el camino de la fe. Enoc, el andar de la fe. Y ahora, tenemos el testimonio de la fe y éste es Noé. Aquí se dice que él salvó a su casa.

Hay muchos que están acostumbrados a decir que Noé predicó por 120 años y que nunca logró que se convirtiera nadie. En realidad, eso no es cierto. Es cierto que él no ganó a ninguno de los de Babilonia, de aquéllos que estaban viviendo en Babel, pero él sí logró ganar a su familia. Él llevó a cada uno de los miembros de su familia al Señor, y eso fue realmente algo formidable. Creo que es bueno que volvamos otra vez al libro de Génesis y consideremos lo que allí se dice en cuanto a Noé. Génesis 6:5, dice: Y vio Jehová que la maldad de los hombres era mucha en la tierra, y que todo designio de los pensamientos del corazón de ellos era de continuo solamente el mal. Éste es un triste comentario sobre la humanidad. Los hombres, por cierto que se apartaron de Dios muy rápidamente después que Él los sacó del jardín del Edén. Pero, había quedado un hombre fiel a Dios; y Génesis 6:9, dice: Éstas son las generaciones de Noé: Noé, varón justo, era perfecto en sus generaciones; con Dios caminó Noé. Note usted: Noé, varón justo, era perfecto en sus generaciones. ¿Quiere decir esto que este hombre Noé era sólo una persona buena que pagaba todas sus deudas y que hacía muchas cosas buenas? Aquí se nos dice: Con Dios caminó Noé. ¿Cómo fue que él caminó con Dios? Por la fe Noé, cuando fue advertido por Dios acerca de cosas que aún no se veían, con temor preparó el arca en que su casa se salvase; y por esa fe condenó al mundo, y fue hecho heredero de la justicia que viene por la fe.

Noé creyó a Dios, porque Dios le había dicho que iba a destruir la tierra por medio del diluvio. Hay algunas personas que opinan que hasta ese punto ni siquiera había llovido sobre la tierra, y eso probablemente es cierto. En un lugar muy elevado, aun alejado del río Eufrates, Noé comienza a construir un bote. Probablemente él lo comienza a construir cerca del monte Ararat, él comienza a construir un bote porque Dios le había dicho que iba a haber una gran inundación.

Dios le dio a Noé las instrucciones para la construcción de este bote. No era una cosa ridícula como la que uno a veces ve en un cuadro de la Escuela Dominical. Cuando yo era niño y veía eso, pensaba que ése era un bote en el cual no me gustaría estar. Pero pienso que era una construcción bastante moderna; el mismo tamaño, la construcción de la nave, la forma en que fue construida, todo eso estaba de acuerdo con la construcción moderna de los barcos. En Génesis 6:15, nos dice que tenía 300 codos de largo, 50 codos de ancho, y 30 codos de altura. Se dice que aun en el presente la construcción de barcos se hace en su mayor parte según esa norma. En Génesis 6:16, leemos: Una ventana harás al arca, y la acabarás a un codo de elevación por la parte de arriba; y pondrás la puerta del arca a su lado; y le harás piso bajo, segundo y tercero.

La ventana se extendía por todo el derredor de la parte superior, y el techo descendía sobre ella, pero allí había ese espacio abierto. Había suficiente espacio abierto; y fue construida de tres pisos. Esos trescientos codos son unos 150 metros de largo. Esto revela que estos hombres eran buenos constructores en aquel día, constructores de barcos, así como también de casas y cosas por el estilo. Hoy ya sabemos que era posible hacer esa clase de construcción en aquel día, y eso sería algo con lo cual ellos estaban muy familiarizados. Este hombre Noé, comenzó a hacer algo que estoy seguro la población de aquel entonces consideraba como algo muy insensato. Quizá los turistas pasaban por el lugar donde estaba construyéndose. Ése era un lugar muy popular.

A menudo he pensado en qué hizo regresar a esos tres jóvenes: Sem, Cam y Jafet; qué los hizo regresar a su hogar. Estoy seguro que ellos se habían ido de la casa paterna a comenzar sus propios negocios. Supongo que quizá Cam era un contratista en Babel, y quizá un constructor muy próspero, y un buen día, durante una reunión de la convención de constructores, cierto hombre comienza a relatar en cuanto a un viaje que él había hecho por la zona norte, y que en esa zona había un hombre que estaba construyendo una nave, y que cuán ridículo era todo eso. Todo el mundo estaba de acuerdo con eso, y se podía incluir a Cam. Cam, de pronto recuerda que su padre vivía en esa zona y que había escuchado ciertas cosas, y por tanto le pregunta a ese contratista: "Dígame, ¿pudo usted ver a ese hombre?" El otro hombre le contesta: "Sí, se llama Noé". Bueno, Cam palideció cuando escuchó ese nombre, se puso de pie y dijo: "Escuche, ese es mi padre el que está construyendo esa nave, y estoy de acuerdo con usted que esa idea parece algo insensato. Yo reí cuando vosotros reísteis, pero, vosotros no conocéis a mi papá. Mi papá camina en el temor de Dios. Yo me he alejado un poco de eso, pero si mi padre dice que se acerca un diluvio, y Dios le ha movido a él a presentar un mensaje de advertencia, tú puedes estar seguro de que se avecina un diluvio. Dios le habló a él, porque yo crecí en su hogar y sé eso. Quizá, yo no hago las cosas muy bien, pero mi papá sí las hace. Él nunca dice una mentira. Mi padre vive para Dios, y si me permite, yo tomaré mi serrucho, mi martillo, y me regreso a mi hogar a ayudarle a construir esa nave". Probablemente Sem y Jafet tuvieron una experiencia similar, cuando se enteraron de lo que ocurría, regresaron entonces a su casa a ayudar a Noé. ¿Por qué? Porque este hombre había dado un buen testimonio. Noé era un verdadero testimonio de Dios.

Permítame decirle que una de las cosas más importantes que usted puede hacer es el de testificar a su propia familia. No predicándoles siempre el evangelio, sino viviéndolo delante de ellos, y permitiéndoles ver a ellos que usted tiene una realidad en su vida. En cierta ocasión una señora se acercó a un predicador y le dijo: "Yo he sentido el llamado del Señor a predicar". Este predicador opinaba de la misma manera en que opino yo en cuanto a mujeres que predican. Así es que le preguntó: "Dígame, ¿es usted casada?" Ella respondió que sí. Entonces el predicador le dice: "¿Cuántos hijos tiene?" Ella respondió: "Tengo cinco hijos". Él le dijo: "¿No es eso maravilloso? ¡Dios la ha llamado a usted a predicar, y ya le ha dado a usted una congregación!".

Debo decir que sea o no sea usted un predicador, si usted es un hijo de Dios, y si usted tiene una familia, ésa es su congregación. Dios le dio a usted esa congregación. Noé ganó a la suya. Nadie aceptó al Señor, fuera de su familia; nadie creyó lo que él decía fuera de su familia. Pero ellos le conocían. Se dice aquí que él salvó a toda su casa. Eso es lo que el escritor nos dice aquí. Él preparó el arca en que su casa se salvase. Fue algo maravilloso que él pudiera hacer eso. Él preparó un arca para salvar a su propia casa. ¿Cómo? Por medio de su testimonio. Aquí hemos tenido el camino de la fe; el andar de la fe; y el testimonio de la fe, demostrado en estos tres antidiluvianos.

La fe de Abraham y Sara

Llegamos ahora a un hombre que es llamado "el hombre de la fe". Así es como él es identificado en la Palabra de Dios. Abraham, es la ilustración suprema en la epístola a los Romanos, también en la epístola a los Gálatas y otros escritores del evangelio se refirieron a Abraham. Aun el Señor Jesucristo Mismo dijo: Abraham vio Mi día y se regocijó. (Jn. 8:56) En Abraham tenemos la adoración de fe.

> *Por la fe Abraham, siendo llamado, obedeció para salir al lugar que había de recibir como herencia; y salió sin saber a dónde iba. [He. 11:8]*

Usted y yo ya hemos visto anteriormente en esta misma epístola que la adoración de Dios lleva a la obediencia de Dios, lleva a obrar por Dios. Le lleva a uno a hacer las cosas que Dios quiere que uno haga. No es necesario que el predicador se pase el tiempo diciéndole a la gente una y otra vez que deben estar ocupados en las cosas de Dios, porque ése no es el motivo principal. Si esta gente viniera y adorara de veras a Dios, y pudiera sacar algo de la gloria de la persona de Cristo, entonces creo que uno puede depender de ellos porque de allí en adelante ellos trabajarán para Dios, le obedecerán. Creo que la palabra más importante en toda esta sección la encontramos en el versículo 8, y es: obedeció. La adoración, lleva a la obediencia.

En Génesis 12, donde comienza la historia de Abraham, uno puede descubrir allí que él salió de Ur de los Caldeos, y partió de ese lugar y se detuvo luego en Harán. Allí perdió mucho tiempo, pero finalmente él llegó a la tierra de Canaán; y cuando él llegó a la tierra de Canaán, Dios le apareció a él. En Génesis 12:7, leemos: Y apareció Jehová a Abram, y le dijo: A tu descendencia daré esta tierra. Y edificó allí un altar a Jehová, quien le había aparecido. A donde quiera que este hombre se dirigiera, siempre edificaba un altar. Cuando él llegó a la tierra de Siquem, él edificó un altar. Cuando él fue a la planicie de Moré, allí él edificó un altar para Jehová. A dondequiera que Abraham se dirigía, él edificaba un altar para Dios. Cuando uno visita esa tierra hoy, se sorprende por la cantidad de edificios que construyó Herodes. Él no sólo edificó el templo, que en realidad nunca llegó a completarse en Jerusalén, él construyó palacios y fuertes y ciudades por toda la tierra. Uno puede ver evidencias de esto por todas partes, pero no hubo en realidad adoración a Dios de su parte. Pero, es diferente con Abraham: Todo lo que él hacía era edificar un altar, y allí él adoraba a Dios, y eso le llevó a él a obedecer a Dios. ¿Por qué? Porque él adoraba a Dios por la fe. Él obedecía a Dios por la fe.

> *Por la fe habitó como extranjero en la tierra prometida como en tierra ajena, morando en tiendas con Isaac y Jacob, coherederos de la misma promesa; Porque esperaba la ciudad que tiene fundamentos, cuyo arquitecto y constructor es Dios. Por la fe también la misma Sara, siendo estéril, recibió fuerza para concebir; y dio a luz aun fuera del tiempo de la edad, porque creyó que era fiel quien lo había prometido. [He. 11:9-11]*

Cuando Dios le dijo a Sara a la edad de 90 años que ella iba a tener un hijo, ella se rió, porque era ridículo. Era algo completamente absurdo. Ella no lo podía aceptar, pero Dios le dio a ella la fuerza que necesitaba. ¿Cómo? Ella tenía que creer en Él. Muchos de nosotros necesitamos creer eso. Usted recuerda ese hombre que llevó a un muchacho que estaba poseído de los demonios ante el Señor Jesucristo, y el Señor Jesús le dijo que Él lo podía ayudar si él creía. Y el hombre dijo: Creo; ayuda mi incredulidad. El hombre reconoció que tenía una fe débil, y que el Señor Jesucristo tiene que haberle dado a él la fe, porque sanó a ese muchacho. (Mr. 9:17-27) Sara tuvo un hijo, un muchachito llamado Isaac, y ¿por qué? Porque ella recibió fuerza para concebir; y dio a luz aun fuera del tiempo de la edad, porque creyó que era fiel quien lo había prometido. Sara represente el poder (o fuerza) de la fe.

> *Por lo cual también, de uno, y ése ya casi muerto, salieron como las estrellas del cielo en multitud, y como la arena innumerable que está a la orilla del mar. [He. 11:12]*

Eso es lo que sucedió, y todo eso tuvo lugar por la fe. Pero note que Abraham y Sara nunca vieron el cumplimiento de la promesa que Dios les había hecho a ellos:

> *Conforme a la fe murieron todos éstos sin haber recibido lo prometido, sino mirándolo de lejos, y creyéndolo, y saludándolo, y confesando que eran extranjeros y peregrinos sobre la tierra. [He. 11:13]*

Eso es lo que el caminar por la fe puede hacer por cualquier hijo de Dios aquí en la tierra. Esto le deja saber a usted que usted es un peregrino y extranjero en este mundo.

> *Porque los que esto dicen, claramente dan a entender que buscan una patria. [He. 11:14]*

La fe mira hacia adelante, hacia el futuro. Y el hijo de Dios hoy, está mirando hacia el futuro.

Quizá nosotros tenemos un lugar que nos gusta mucho. Quizá sea la casa en la cual vivimos, nuestra propiedad. Algunos hemos tenido oportunidad de vivir en la misma casa por muchos años. La zona en la cual vivimos tal vez nos gusta mucho, y la queremos para nosotros mismos. Quizá tengamos un lugar muy hermoso, lleno de árboles frutales, un lugar que nos agrada mucho. Le damos las gracias a Dios por haber provisto esto, porque si no fuera por Él, no lo podríamos tener. Pero también debemos pedirle a Él, que nos ayude a que no queramos tanto este lugar terrenal para preferirlo sobre el lugar mejor que Él ha preparado para nosotros. Así es que, somos extranjeros y peregrinos sobre la tierra. ¿Por qué? Porque estamos caminando por la fe, esperando llegar a un lugar mejor.

> *Pues si hubiesen estado pensando en aquélla de donde salieron,*

ciertamente tenían tiempo de volver. Pero anhelaban una mejor, esto es, celestial; por lo cual Dios no se avergüenza de llamarse Dios de ellos; porque les ha preparado una ciudad. [He. 11:15-16]

Todos nosotros podemos dar media vuelta y regresar, si estamos satisfechos con las cosas de este mundo. Pero un hijo de Dios, por medio de la fe, sigue avanzando hacia adelante.

Por la fe Abraham, cuando fue probado, ofreció a Isaac; y el que había recibido las promesas ofrecía su unigénito. [He. 11:17]

Llegamos ahora, al fin de la vida de Abraham, y el sacrificio supremo que él hizo fue cuando tomó a ese muchacho que Dios le había dado a él, Isaac.

Habiéndosele dicho: En Isaac te será llamada descendencia. [He. 11:18]

Abraham tuvo otros hijos, pero éste era el único que había sido llamado el unigénito. Y ¿por qué? Porque a él se le había hecho la promesa.

Pensando que Dios es poderoso para levantar aun de entre los muertos, de donde, en sentido figurado, también le volvió a recibir. [He. 11:19]

Dios no le pidió a Abraham que sacrificara a Isaac hasta que él había llegado al fin de su vida. Esto lo hizo porque Abraham no hubiera tenido la fe para hacer eso. Dios nunca nos prueba más allá de lo que podemos aguantar (véase 1 Co. 10:13). Así es que, Dios nunca le pidió a Abraham que entregara a Ismael, es decir que lo sacrificara sobre un altar. ¿Por qué? Porque, en primer lugar, no era el hijo prometido. En segundo lugar, Abraham no lo hubiera hecho, estoy seguro de eso. Abraham trató de rogarle a Dios que no lo enviara lejos de él, que le permitiera que se quedara con él, porque él no quería dejarlo ir. Abraham, pues, no estaba listo en esa ocasión para hacer eso. Por cierto, que, al comienzo de la vida de Isaac, cuando él era un niñito no más, él nunca lo hubiera ofrecido tampoco. Él tuvo que esperar hasta que tuviera unos 33 años de edad, entonces sí estaba listo para ofrecerlo. Aquí tenemos la prueba de la fe.

Vamos a observar ahora a Abraham un poquito diferente de lo que se hace ordinariamente. Siempre pensamos en las grandes promesas que Dios hizo. "Yo te entregaré esta tierra, tu tendrás una gran descendencia". Y eso es cierto, pero ¿qué recibió Abraham en ese instante de su vida? ¿Qué vio en realidad? Él ni siquiera vio el cumplimiento de esas grandes promesas. Permítame decir esto, porque lo que tenemos en Génesis es algo básico, relacionado con el resto de las Escrituras, y ¿qué le dio Él a Abraham? Lo que Él le dio a Abraham fue un hogar. Observe a este hombre Abraham. Aquí tenemos a un par de jóvenes, viviendo en Ur de los caldeos; y cierto día este joven Abraham le dice a esa muchacha tan hermosa que se llamaba Sara—y la Escritura nos dice que ella era hermosa—que la amaba, que quería casarse con ella.

Por tanto, se casan, y luego, Abraham regresa a su hogar, y era un hogar de idolatría; regresa a su hogar y él dice: "El Dios viviente me ha llamado. Él quiere que yo salga de este lugar". Puedo escuchar a Sara que dice: "Bueno, tu tienes negocios muy buenos aquí; todos los parientes nuestros viven en este lugar. Aquí también viven tus amigos. Y, de paso, déjame preguntarte: ¿a dónde vas a ir?" Y Abraham le dice: "Bueno, no sé". Y ella le pregunta: "¿Qué quieres decir con eso? Dios te ha llamado, ¿y tú no lo sabes?" Y él dice: "Bueno, Él me va a guiar, y yo voy a seguirle". Entonces Sara dice: "Yo iré contigo". Y este joven matrimonio sale. Ellos no tenían mucha fe. Llevaron a su padre con ellos, y algunos parientes, y así llegan a Harán. En ese lugar fallece el padre Taré, y allí le sepultan, y entonces, Abraham entra a la tierra de Canaán; y Dios le aparece a él.

Dios le dice: "Abraham: Yo voy a hacer todas estas cosas que he prometido. Yo te daré un hijo". Abraham y Sara van a tener un hijo. Eso va a hacer que ellos tengan un hogar. De paso, aquí tenemos la base de lo que puede considerarse hoy un hogar piadoso. La clase de hogar que Dios quiere que los jóvenes tengan. En primer lugar, todas estas cosas están relacionadas y son básicas. Dios no les dio a ellos un cursillo o les envió un predicador para que les aconsejara. Algunos predicadores dedican demasiado tiempo a aconsejar a los demás, diciéndoles a los jóvenes cómo es que deben hacer las cosas. En realidad, han sido muy idealistas, y Dios es muy práctico. Él dice: "Abraham, si tú vas a tener la clase de hogar que Yo quiero que tengas, vas a tener que salir y dejar a mamá y a papá". Eso es lo que Dios quiso decir al mismo comienzo. Él le dijo a Adán y Eva, dejará el hombre a su padre y a su madre (Gn. 2:24); y Adán y Eva ni siquiera tenían padre o madre. Pero Él dijo: "Vosotros tenéis que dejarles". Ése es un gran principio que se señala aquí. Una de las cosas más fáciles de hacer en este mundo es, de parte de los abuelos, decirles a los padres cómo es que tienen que criar a sus hijos; aunque esos padres no hayan hecho una buena tarea ellos mismos. Todos nosotros cometemos errores, pero eso no es asunto nuestro. Los padres mismos tienen que aprender de las equivocaciones que cometen, porque los padres de ellos hicieron las suyas. Así es que papá y mamá no tienen que interferir con el hogar de los hijos. Dios lleva a Abraham tan lejos como pueda irse, y ninguno de los parientes va a interferir allí. Creo que eso es primordialmente lo que ayuda a edificar un hogar piadoso.

Para comenzar, pues, Abraham dejó un hogar impío, porque ése era un hogar de idolatría. Josué indica eso claramente. (Véase Jos. 24:2) Él salió de un hogar de idolatría. Eso es lo primero que debemos notar.

Luego, lo segundo, es lo que Dios hizo con él. Estas cosas son muy importantes hoy, porque en este mismo momento hay muchas normas y reglas que se les presenta a los matrimonios jóvenes. No quiero ser revolucionario ni diferente hoy, pero debemos enfrentar estas cosas. Todo lo que estoy tratando de hacer es decir lo que la Palabra de Dios dice. Usted puede olvidarse de todas las normas y de las reglas hasta que usted esté caminando por fe. Si usted es un hijo de Dios, usted debe caminar por fe; y el padre tiene que caminar por fe, y la madre tiene que caminar por fe. ¿Sabe algo más? El hogar nunca va a llegar a ser un hogar ideal. A veces uno se cansa de escuchar a ciertas personas que dicen que fueron a una sesión donde se les aconsejó de cómo hacer las cosas, y ahora tienen el hogar más glorioso que pueda existir.

Yo he estado casado ya por varios años, y sé por seguro que mi esposa tiene el derecho de equivocarse, y muchas veces no estamos de acuerdo. Pero siempre hemos podido llegar al lugar donde yo puedo abrazarla a ella y decirle que la amo, a pesar de que ella esté equivocada. Joven creyente, usted no está en lo correcto si piensa que va a comenzar un hogar cristiano ideal. Pienso que usted descubrirá que será probado de la misma manera en que Abraham fue probado. Él huyó a Egipto, y estoy seguro de que, durante todo ese camino hacia Egipto, Sara le decía a Abraham: "Yo no quiero ir a Egipto". Pero ellos fueron a Egipto, y él casi pierde a Sara en ese lugar. Él tuvo que mentir en cuanto a ella. Ése no es un hogar ideal, ¿no le parece?

Cuando él regresó a la tierra prometida, vemos que tenía problemas con su sobrino. Tal vez debió haberlo dejado en Ur de los caldeos; pero se separó de él, y el sobrino fue a vivir a Sodoma. Ahora Abraham queda solo en esa zona montañosa. Aun así, ninguno de ellos podría llamar a eso algo ideal. Abraham duda de Dios; él no cree que Dios debe destruir a Sodoma y Gomorra. Dios tiene que demostrarle de manera clara que lo que Él hace es lo justo y lo correcto. Él tuvo que presentar eso claramente a Sara. Él le dio a ella fuerza para tener un hijo. Luego les entregó a ellos ese pequeño niño en su hogar. Ahora, ellos están preparados para ayudar a crecer a ese niño en su hogar. Y él se cría allí en el hogar de ellos.

Yo diría que ésta es la clase de hogar que Él quiere que usted tenga. Si usted piensa que, de alguna manera u otra, fijando ciertas reglas usted va a evitar todos los problemas o los puntos difíciles de la vida, usted está equivocado. Usted se va a dar cuenta que un día usted puede discutir con su esposa. Usted descubre un día que va a tener problemas con ese hijo. Usted no va a tener aquello que es ideal de ninguna manera. ¿Cómo va usted a poder tratar con todas estas cosas? Por fe, amigo, por fe. Cuando usted y yo hemos llegado al punto donde estamos dispuestos a poner a nuestro hijo sobre el altar de Dios, entonces podemos decir que hemos arribado. Aquí tenemos un hogar que está tan cerca de lo que Dios quiere que sea aquí, como el que usted y yo podemos lograr.

Así es que, amigo creyente, si usted está encontrando la situación un poco difícil, si tiene problemas, Dios está tratando de enseñarle algo. Permita que Dios sea su Maestro. No vaya a su Pastor, porque él no puede resolverle todos sus problemas. No acuda a su Pastor y no crea que pueda seguir un curso especial no va a poderle resolver todos sus problemas. Pero si usted y yo, caminamos por la fe, el Señor nos va a ayudar.

La adoración de fe de Abraham le llevó a obediencia en su vida, por lo tanto, se puede decir de él, creyó Abraham a Dios, y le fue contado por justicia. (Ro. 4:3b)

La fe de Isaac

Por la fe bendijo Isaac a Jacob y a Esaú respecto a cosas venideras. [He. 11:20]

Note que se dice muy poco en cuanto a Isaac, especialmente cuando se lo presenta en contraste con el padre Abraham. ¿Qué es lo que uno puede decir en cuanto a Isaac? Una de las cosas que caracteriza la fe de Isaac es su disposición, su sumisión. Por fe Isaac, cuando era ya un hombre maduro, tenía unos 30 o posiblemente 33 años de edad, no se rebeló cuando su padre Abraham lo ofreció a él sobre el altar, y esto, por cierto, habla de una sumisión.

Pero note: Por la fe bendijo Isaac a Jacob y a Esaú respecto a cosas venideras. Así es que, una de las cosas que se destaca aquí en cuanto a su vida es esto que se llama fe al bendecir a sus hijos. Eso es algo bastante extraño en cuanto a este hombre, porque él hacía muchas cosas; por ejemplo, él cavaba un pozo de agua, luego venían sus enemigos y se lo quitaban; entonces él se dirigía a otra parte y cavaba otro pozo. En muchas formas se podría decir que es una persona descolorida, y lo que caracteriza a este hombre es su disposición, su sumisión. Él estaba dispuesto a bendecir a Jacob y a Esaú en cuanto a las cosas venideras; sin embargo, no había nada en el presente inmediato que causara que él los bendijera.

La fe de Jacob

Llegamos ahora a un individuo de mucho colorido.

Por la fe Jacob, al morir, bendijo a cada uno de los hijos de José, y adoró apoyado sobre el extremo de su bordón. [He. 11:21]

Jacob vivió una vida de fe en relación a su padre, y a su hijo José, y a sus nietos. Esto se presenta de una manera muy clara en una de las cosas que se señala de su vida cuando estaba por morir. Uno debe esperar hasta el fin de la vida de un hombre antes de poder decir que ése era un hombre de fe, pero él, en esa ocasión, bendijo a los hijos de José. Ellos eran sus nietos, y él adoró apoyado sobre el extremo de su bordón.

Hay muchas cosas que se puede decir en cuanto a él. Aquí tenemos una ilustración de la naturaleza humana, y esto revela que por gracia sois salvos. Si no hubiera sido por la gracia de Dios, Jacob se hubiera perdido. Él no tenía ningún mérito humano, ninguno de ninguna manera. Quizá ése sea el mismo cuadro de cada uno de nosotros. "Nada hay que mi mano pueda brindar, sólo a tu cruz me puedo aferrar".

El fundador de la misión al interior de China, el Dr. Hudson Taylor, tenía una manera de enfatizar el hecho de que uno no es nada. En cierta ocasión llegó un nuevo misionero con su esposa, y el Dr. Taylor enfatizó a ellos que ante Dios nosotros somos completamente nada. Que Dios es el único que puede tomar nada y hacer algo con eso. Por fin, un día ese joven vino ante el Dr. Taylor y le dijo: "Es muy difícil para mí el pensar que soy nada". El Dr. Taylor contestó: "Joven, usted es nada, créalo o no. Sencillamente acepte la Palabra de Dios por ello".

Este hombre Jacob pues, es un cuadro de la naturaleza humana. Se habla mucho hoy en cuanto a la psicología del cuidado prenatal, del cuidado natal, del cuidado postnatal, y cuán importante son estas cosas en la vida de una persona. El ginecólogo y el psicólogo le dan mucho énfasis al cuidado prenatal, al cuidado natal y al cuidado postnatal. El cuidado prenatal es, por supuesto, antes del nacimiento; el cuidado natal es durante el nacimiento de la persona, y el cuidado postnatal es después del nacimiento. ¿Qué puede decirse de Jacob? Se dice en la Biblia que cuando su madre Rebeca estaba por dar a luz y eran mellizos, Esaú y Jacob, que estos dos estaban luchando dentro del vientre de ella. Aun en un tiempo tan temprano, Jacob estaba luchando para tratar de sacar ventaja de su hermano, y en el momento del nacimiento, luchando aún. Él fue el último en nacer, pero tenía su mano trabada al calcañar de Esaú. Así es como él nació, asido, agarrado a su hermano, por el talón, y eso fue lo que fue toda su vida.

Luego tenemos el cuidado postnatal; es decir, después del nacimiento. Jacob era un engañador; él era un bribón. Pero Dios luego transformó su vida.

En primer lugar, tenemos en la vida de ese hombre, fe en relación a su padre. Dios le había prometido a él la bendición, pero no podía esperar. Él tuvo que tomarla por un método bastante engañador. Luego más adelante, él también fue engañado; él ya no era el engañador, sino que fue engañado. Temprano en su vida, este hombre Jacob tuvo que abandonar su hogar. Él pasó la noche en Betel, extrañando su hogar, pero aún no había ocurrido ningún cambio en su vida. Luego, él llegó a vivir en la casa de su tío Labán, siempre utilizando su propio ingenio. Luego Dios tuvo que detenerle cuando regresaba a su tierra, y Dios luchó con él esa noche cerca del arroyo de Jaboc, y le hizo cojo. Dios tuvo que agarrarlo. Luego, Dios le bendijo. Pero usted se da cuenta que el pecado que él había cometido antes vuelve a presentarse ante él en este jovencito José. Usted recuerda como los hermanos de José llevaron ese saco de muchos colores que él había tenido, pero que ahora estaba lleno de sangre. Y le preguntaron a Jacob si ése era el saco de su hijo, si lo reconocía. Él comenzó a llorar, pero en la misma forma en que él había engañado, él estaba siendo engañado ahora, en relación a su propio hijo. Dios visita la iniquidad de los padres sobre los hijos, y por cierto que aquí tenemos un ejemplo de esto.

Luego, uno puede apreciar la fe en relación a sus nietos, Efraín y Manasés, y eso es lo que se señala aquí en esta Epístola a los Hebreos, y eso no ocurre hasta cuando se llega al fin de la vida del hombre, por la fe Jacob, al morir—dice aquí. Estaba muriendo. Él ya estaba en su lecho de muerte.

Él bendijo a los hijos de José, y luego él adoró, y ahora por primera vez en su vida, aún cuando ya es demasiado tarde, habrá obediencia en su vida. Lo que siempre me ha interesado a mí es que él adoró apoyado sobre el extremo de su bordón. ¿Cuál era ese bordón? Usted recuerda que él era como un inválido, y que ese bordón, o vara, le ayudaba a él a caminar. Inclusive cuando la muerte llega, este hombre que ha sido un engañador y todo eso, él aún quiere seguir andando. Él no quería acostarse y morir. Yo puedo decir esto ahora de este hombre: No hubo bendición en la vida de Jacob. La suya fue una vida de pecado y de engaño, de tramas y trampas. Nunca puede haber una bendición como producto del pecado.

Creo que aquí hay algo que se puede destacar y es que Dios puede tomar una vida perdida, desviada, llena de engaño, y arreglarla. Donde existen la confusión y el engaño, si hay fe anclada en el Señor Jesucristo, podemos asirnos de Él. Así es que, tenemos aquí que la fe operó en la vida de Jacob, pero tuvo que llegar al fin de su vida para verlo.

La fe de José

Por la fe José, al morir, mencionó la salida de los hijos de Israel, y dio mandamiento acerca de sus huesos. [He. 11:22]

Estoy seguro que el escritor, guiado por el Espíritu de Dios, pudo haber seleccionado muchos incidentes en la vida de José que podrían ilustrar su fe. Estoy seguro que uno podría, por ejemplo, haber tomado el incidente cuando José se encontraba en la prisión, y uno pensaría que cuando se encontraba en Egipto eso sería el fin. Muchos de nosotros hubiéramos clamado en una situación similar. Pero no es eso lo que José hace. Hay muchas otras cosas en la vida de José que podrían destacarse; pero, en realidad, ¡qué contraste el que hay entre él y su padre Jacob! No hay ninguna falta ni marca en su vida. Es un hombre que ha sido elevado a una posición muy alta en una corte extranjera.

Probablemente no hay ningún otro, en todo el Antiguo Testamento, que sea más un tipo del Señor Jesucristo que él. Sin embargo, es un hombre que nunca es usado en la Escritura como una figura o tipo. La analogía es realmente sorprendente. José era el hijo más amado. El Señor Jesucristo también lo fue. Él tenía un saco de muchos colores, el cual lo destacaba entre sus hermanos y esto le daba a él cierta autoridad sobre sus hermanos. José tuvo una visión. Sus hermanos pensaban que era un soñador. Y usted recuerda que el Señor Jesucristo vino con un mensaje, y ellos pensaron que Él era un soñador. José obedeció a su padre. Y el Señor Jesucristo dijo que había venido a hacer la voluntad de Su Padre. Los hermanos de José le odiaban. De Jesucristo se dijo: A lo Suyo vino, y los Suyos no le recibieron. (Jn. 1:11) El padre de José le envió a buscar a sus hermanos. El Señor Jesús vino a este mundo a buscar a los perdidos. José encontró a sus hermanos en el campo, ya que eran pastores; los pastores de noche vinieron al Señor Jesús cuando ya había nacido. Los hermanos se burlaron de José y le rechazaron, así es como le trataban; y lo mismo ocurrió con el Señor Jesucristo. Los hermanos de José trataron de matarle. Y estas analogías por cierto que continúan a través del Señor Jesucristo. José fue vendido como un esclavo, y el Señor fue vendido por treinta piezas de plata. La túnica de José fue untada con sangre, y lo mismo ocurre con los vestidos del Señor Jesucristo; los soldados echaron suerte por ellos, con Su sangre en el vestido. José fue vendido a Egipto donde Dios le levantó para salvar (en forma material) al mundo. El Señor Jesucristo fue hasta la muerte, después de haber sido tentado por el mundo, la carne, y el diablo—para venir a ser el Salvador del mundo—tanto el gentil como el judío. José fue tentado por el mundo de la carne y del mal. El Señor Jesucristo también lo fue. José llegó a ser el salvador del mundo gentil de aquella época. El Señor Jesucristo vino a buscar y a salvar a todos, a los judíos y a los gentiles. Cuando estaba en el trono, José dio pan a la gente; el Señor Jesucristo es el Pan de Vida. José tomó una esposa gentil, en Egipto; el Señor Jesucristo está llamando de este mundo un pueblo para Su nombre. José se hizo conocer ante sus hermanos cuando ellos llegaron a Egipto; algún día el Señor Jesús se hará conocer a Sus propios hermanos.

Algo interesante en cuanto a este hombre es que tenía fe en el sueño que recibió; tuvo fe cuando fue arrojado a la celda; tuvo fe en Egipto, y eso es lo que le mantuvo a él en esa situación. Pero al llegar al fin de su vida, uno pensaría que hubiera quedado satisfecho con Egipto. Pero no es así con este hombre. Él dijo que, cuando llegaran los días en que los hijos de Israel dejaran la tierra de Egipto, que llevaran de ese lugar sus huesos. ¿Por qué no podían ellos llevar su cuerpo en ese momento y sepultarlo en la tierra de Efraín? Bueno, la razón, según opino yo, es algo bastante obvia, ya que él era un héroe nacional. Pero, llegó al trono un faraón que no conocía a José, y los hijos de Israel salieron de ese lugar. Llevaron sus huesos y los sepultaron en Siquem, en el país samaritano.

La fe de Moisés

Ahora adelantamos bastantes años al tiempo cuando los hijos de Israel están en esclavitud en la tierra de Egipto. Moisés representa los sacrificios de la fe.

> *Por la fe Moisés, cuando nació, fue escondido por sus padres*
> *por tres meses, porque le vieron niño hermoso, y no temieron el*
> *decreto del rey. [He. 11:23]*

Moisés tenía padres piadosos; ellos estaban dispuestos a tomar una posición para Dios. La fe de ellos en realidad estaba involucrada en el nacimiento de Moisés.

> *Por la fe Moisés, hecho ya grande, rehusó llamarse hijo de la hija*
> *de Faraón. [He. 11:24]*

Usted puede observar la obra de la fe. Él creció en el palacio de Faraón, y podría haber llegado a ser el próximo faraón. Así es que, tiene que tener fe para elegir correctamente. Y él hizo eso.

> *Escogiendo antes ser maltratado con el pueblo de Dios, que gozar*
> *de los deleites temporales del pecado, Teniendo por mayores*
> *riquezas el vituperio de Cristo que los tesoros de los egipcios;*
> *porque tenía puesta la mirada en el galardón. [He. 11:25-26]*

Alguien más, aparte de Abraham, pudo ver el día del Señor Jesucristo y regocijarse, y ése fue Moisés.

> *Por la fe dejó a Egipto, no temiendo la ira del rey; porque se*
> *sostuvo como viendo al Invisible. [He. 11:27]*

Él tiene fe para actuar, y la fe le guía a las acciones que él realizó. Hay personas que por mucho tiempo hablan en cuanto a que creen esto, que creen aquello; sin embargo, no hacen nada. A ellos debo decirles que la fe se revela a sí misma, en la acción. Dios salva sin obras. Pero la fe que salva produce sus obras. Así es que este hombre aquí abandonó a Egipto, no temiendo a la ira del rey; porque se sostuvo como viendo al Invisible.

> *Por la fe celebró la pascua y la aspersión de la sangre, para que*
> *el que destruía a los primogénitos no los tocase a ellos. [He. 11:28]*

Moisés tenía la fe para obedecer a Dios. Dios dijo que hiciera eso, y él lo hacía. Uno tiene estos ejemplos en la vida de este hombre. Él dejó los placeres del mundo. Él ahora ha salido al desierto, y luego regresará y sacará a su propio pueblo. Tiene la fe para obedecer a Dios allí.

Por la fe pasaron el Mar Rojo como por tierra seca; e intentando los egipcios hacer lo mismo, fueron ahogados. [He. 11:29]

¿De quién es la fe mencionada aquí? ¿La fe de los hijos de Israel? Ellos no tenían ninguna fe. Esta gente le dijo a Moisés cuando observó que se acercaban los carros de faraón: "Regresemos a Egipto lo más pronto posible. Hemos cometido una equivocación al salir de allí". Fue la fe de Moisés. Él se acercó a la orilla del mar y con su vara hirió las aguas, y fue por su fe que las aguas se partieron y ellos pudieron marchar hacia la otra ribera. Luego, ellos cantaron el cántico de Moisés. Ellos estaban identificados con Moisés. Pero, debemos comprender que fue la fe de Moisés la que hizo eso.

La fe de Josué

Por la fe cayeron los muros de Jericó después de rodearlos siete días. [He. 11:30]

Aquí tenemos la mirada de fe. Si usted se hubiera encontrado con este hombre Josué, digamos el quinto día de su marcha alrededor de la ciudad de Jericó, usted le podría haber dicho a él: "Bueno, parece que no está avanzando mucho". Y él le hubiera dicho: "Bueno, espere y observe". Quizá usted le podría haber dicho: "¿Por qué está haciendo una cosa tan insensata? Usted es un general que tiene mucha inteligencia, pero no está avanzando a ninguna parte". Él le hubiera contestado: "Usted se ha olvidado que yo he visto al capitán de los ejércitos del Señor, que Él me ha dicho que el puesto de comando no está aquí en mi carpa, sino en el cielo, que yo he descubierto que no soy un general, sino sencillamente un soldado raso, que debo tomar las órdenes que Él da. Él dijo que marchemos alrededor de la ciudad, y eso es lo que estamos haciendo. Usted sencillamente observe. Esos muros van a caer. Yo estoy siguiendo la estrategia de Alguien que sabe de esto". Así es que, aquí tenemos la mirada de fe.

¡Ah, la fe para creerle a Dios! Este hombre, el general Josué, tuvo que aprender eso.

La fe de Rahab

Por la fe Rahab la ramera no pereció juntamente con los desobedientes, habiendo recibido a los espías en paz. [He. 11:31]

La historia de esta mujer es en relación con la historia de los muros de Jericó. En la historia de los muros de Jericó, tenemos el asombro de fe. Dentro de esa ciudad se encontraba esta mujer Rahab, y de ella se nos dice: Por la fe Rahab la ramera no pereció juntamente con los desobedientes. Hace algunos años apareció un libro titulado La religión en lugares insospechados. No sé si se incluyó en ese libro a Rahab, nunca lo leí. Pero, el título llama bastante la atención: "La religión en los lugares insospechados". Ella tendría que haber sido incluida en ese libro, porque ése sería por cierto el último lugar donde uno iba a buscar la fe. Ella vivía en una ciudad muy malvada, pagana, perdida, y ella no sólo vivía allí, sino que practicaba la profesión más antigua. Se había considerado que aquéllos que practicaban esa profesión eran pecadores hasta recientemente, ya que ahora nosotros, ah, hemos avanzado mucho y tenemos una nueva moralidad en el presente. Pero esta mujer era una pecadora y sin embargo se nos dice: Por la fe Rahab la ramera no pereció juntamente con los desobedientes. Estoy seguro que el intendente, o el alcalde de la ciudad, y muchos otros hombres que ocupaban altos cargos allí pensaban que ellos eran lo suficientemente buenos como para ser salvos. Pero no fue así. Se nos dice que ellos perecieron en la ciudad, por una sencilla razón. Ellos no creyeron.

La forma en que Dios actuó en cuanto a esta ciudad es una forma bastante peligrosa. Hay muchos críticos que encuentran fallas con Dios por haber destruido a la gente de Jericó. Uno de mis profesores de universidad lloraba mucho cada vez que hablaba de esta gente que había muerto allí en la ciudad de Jericó. Una de las cosas que me llamaba la atención era que este profesor demostraba tan poco interés en otras personas, hasta los estudiantes, pero lloraba tanto cuando pensaba en la gente de Jericó, que ellos habían sido destruidos.

Observe por unos momentos qué fue lo que esta mujer hizo en realidad. Porque, ella hizo realmente algo notable. Ella expresó su fe de una forma muy directa. Cuando la ciudad estaba ya a punto de ser destruida, el pueblo de Israel había cruzado por el río Jordán y cuando se informó a la gente de Jericó, la ciudad fue cerrada inmediatamente, es decir, se cerraron las puertas de la ciudad, porque ellos nunca habían pensado que durante la época de las inundaciones esa gran cantidad de gente iba a pasar a través del río Jordán. No había ningún puente para que ellos pudieran cruzar. El río se estaba desbordando en esa ocasión. ¿Cómo podría pasar tanta cantidad de gente al otro lado? Así es que, la gente no se preocupaba hasta cuando terminara la época de las inundaciones. Tenían tiempo entonces de preocuparse. Pero ahora este pueblo se encuentra alrededor de la ciudad. Aparentemente la ciudad de Jericó se había dado cuenta del método que se usó, pero en realidad, Dios le dio a la ciudad una oportunidad para ver si la gente de allí se volvía en fe a Él.

Josué, pues, envió a unos espías dentro de la ciudad, y allí había una ramera; una mujer que practicaba la profesión más antigua. Ella entró en contacto con estos hombres. Tal vez les hizo una proposición; no sé si ellos aceptaron o no. Pero lo que sí sé es, que ellos le informaron a ella muy claro cuál era su misión, y que ellos necesitaban protección, y que Dios iba a entregar la ciudad en las manos de ellos. Ellos, por lo menos le informaron esto a ella. Ella los tomó y los ocultó en su casa. Pienso que al hacer esto, ella estaba arriesgando su propia vida. Ella, entonces, les pidió a estos hombres un favor. Ella les dijo: "Cuando vosotros os apoderéis de la ciudad, yo quiero que os acordéis de mí y de mi familia. Yo quiero que vosotros nos salvéis a nosotros". Y ellos hicieron esa promesa. Ellos le dijeron: "Tú deberás poner en la ventana este cordón de grana", y cuando Josué se apoderó de la ciudad, él tuvo mucho cuidado de salvar la vida de esta mujer y a los de su casa. Su testimonio fue algo así. En el libro de Josué 2:9-11, leemos: Sé que Jehová os ha dado esta tierra— aquí está hablando Rahab—porque el temor de vosotros ha caído sobre nosotros, y todos los moradores del país ya han desmayado por causa de vosotros. Porque hemos oído que Jehová hizo secar las aguas del Mar Rojo delante de vosotros cuando salisteis de Egipto, y lo que habéis hecho a los dos reyes de los amorreos que estaban al otro lado del Jordán, a Sehón y a Og, a los cuales habéis destruido. Oyendo esto, ha desmayado nuestro corazón; ni ha quedado más aliento en hombre alguno por causa de vosotros, porque Jehová vuestro Dios es Dios arriba en los cielos y abajo en la tierra.

Por cierto, que ésta es una declaración bastante extraña que procede de los labios de esta mujer; pero es una revelación tremenda del hecho de que Dios no destruyó arbitrariamente esa ciudad de Jericó. Usted puede darse cuenta, que por 40 años ellos habían estado recibiendo, en Jericó, información en cuanto a un pueblo que había cruzado el Mar Rojo. Ella está diciendo: "Nosotros hemos oído eso". Eso fue 40 años antes que ellos habían oído eso y ella dice: "Yo he creído y los demás también han creído los hechos". Pero ellos nunca creyeron en Dios. Ellos nunca confiaron en el Dios vivo y verdadero. Más adelante, ellos se enteraron de cómo Dios estaba guiando a este pueblo, y que Él les había dado la victoria al otro lado del Jordán contra los amorreos, y esta ciudad debió haber sacado provecho de eso. Ahora ellos cruzaron en forma milagrosa el río Jordán, y aquí los tenemos, frente a las puertas de la ciudad de Jericó. Ellos van a hacer algo muy fuera de lo común. ¿Qué es lo que estaba haciendo Dios? Él le estaba dando a esta ciudad una oportunidad para que creyera en Él, para que confiara en Él, para que se volviera hacia Él.

Creo que debería ser obvio para cualquier persona que, si Dios salvó a esa mujer que creyó en Él, entonces, Él hubiera salvado al alcalde o a cualquier otra persona en la ciudad de Jericó, si esa persona hubiera confiado en Él, de la misma manera en que lo hizo esta mujer. Por tanto, Dios los hubiera salvado. Dios los vio a todos ellos en una sola base en la ciudad de Jericó. Él los vio a todos como pecadores. Por cuanto todos pecaron y están destituidos de la gloria de Dios. (Ro. 3:23) Ella quizá pecaba más abiertamente que probablemente el alcalde de la ciudad. No sé nada en cuanto a ese hombre, pero pienso que su vida privada no hubiera resistido una inspección, y estoy seguro que eso hubiera sido cierto en cuanto a muchos otros allí. Ellos eran pecadores, pero tuvieron 40 años para decidir si creían o no creían en Dios, pero no creyeron. Ahora, después de 40 años, todavía no creyeron en Él. Me gustaría preguntarle a ese profesor universitario que lloraba tanto por la gente de Jericó, esto: Dios le había dado a esta gente 40 años para decidir si confiar en Él, o no confiar. Sólo una mujer decidió confiar en Dios, y Dios la salvó. Es bastante obvio, por la clase de persona que ella era, que cualquier otra persona hubiera sido salva también si hubiera confiado en Dios. ¿Piensa usted que 40 años no es tiempo suficiente? ¿Piensa usted que Dios debió haberles dado 41, o quizá 42 años? Después de 40 años, si ellos no van a creer en Dios, entonces no van a creer en Dios. Dios es un Dios de mucha paciencia; eso es muy obvio. Él no desea que nadie perezca, aun aquella ramera que confió en Él; Dios la salvó.

Así es que, ella podía decir: "Hemos oído". Y lo que ellos oyeron causó una reacción en la gente. La gente creyó lo que había sucedido; creyó los hechos, pero ellos no confiaron en Dios. Si ellos hubieran confiado en Dios, entonces, hubieran sido salvos. Esta mujer, pues, dio evidencia de que ella había creído en Dios, porque ella les dijo a los espías: "Yo sé que vosotros os apoderaréis de la ciudad, y cuando hagáis eso, quiero que vosotros me salvéis". Ella dio un paso de fe, y en ese paso de fe, ella arriesgó su vida.

Usted puede apreciar, que la fe comenzó a actuar. La fe siempre entra en acción. La fe no se sienta a un lado sin hacer nada. Por la fe Rahab la ramera no pereció juntamente con los desobedientes, habiendo recibido a los espías en paz.

La fe viene por el oír, y el oír por la Palabra de Dios. Ella les había dicho a los espías que los habitantes de Jericó eran ya conocedores de lo que Dios había hecho por ellos, es decir, por los israelitas, y dijo: "Nosotros creemos"; o sea, que ella dijo: "Yo confío en Él. Yo confío en Él de tal modo que estoy dispuesta a arriesgar mi vida". Y ella dio evidencia de la fe que tenía. Usted puede apreciar en esta mujer la maravilla de la fe, y hoy, en un mundo perdido, Dios no ve que un grupo de gente sea mejor que otro grupo de gente, Dios los ve a todos como pecadores. Y cuando cualquiera se vuelve a Dios, Dios le salva. ¡Cuán maravilloso es Él!

La fe de "otros"

¿Y qué más digo? Porque el tiempo me faltaría contando de Gedeón, de Barac, de Sansón, de Jefté, de David, así como de Samuel y de los profetas. [He. 11:32]

Él escritor de esta epístola, llega a este punto en particular de la Palabra de Dios, en el Antiguo Testamento y se pregunta: ¿Qué puedo decir ahora? Él puede dirigirse en cualquier dirección y puede poner una lista de héroes, si usted quiere llamarlos así, de héroes de la fe. Él puede demostrar cómo la fe ha obrado en las vidas de los hombres y de las mujeres. Él presenta aquí una lista, y habla claramente diciendo que él no puede discutir a ninguno de éstos, pero cualquiera de éstos puede ser incluido y es incluido en este maravilloso capítulo.

Porque el tiempo me faltaría contando de Gedeón, de Barac, de Sansón, de Jefté, de David, así como de Samuel y de los profetas.

Nuevamente podemos apreciar aquí las guerras, la guerra de la fe en las vidas de estos hombres. No se mencionan detalles en cuanto a ninguno de ellos. Todos tienen algo en común. Cada uno de ellos mencionado aquí era un gobernante. Estos hombres que son mencionados como Gedeón, Barac y Sansón, así como Jefté y Samuel, eran todos jueces. David fue un rey; así que todos tenían cargos de importancia, y todos ellos estaban tomando parte en una guerra por Dios. Cada uno de ellos la ganó por fe. Aquí tenemos la historia de Gedeón, y si hubo alguna vez un hombre con una débil fe, ése fue Gedeón. Gedeón fue una persona muy débil. En algunas iglesias tienen una banda o un grupo de Gedeón. Lo que quieren decir con esto en realidad, es que tienen una cantidad pequeña. Pero, no es la pequeña cantidad lo que se destaca en cuanto al grupo de Gedeón; es la fe que tenían esos hombres. Gedeón, en realidad, era un hombre que tenía muy poca fe cuando el Señor le llamó.

No vamos a entrar en detalles con cada uno de estos mencionados aquí, pero note por un momento nada más, a este hombre Gedeón. Gedeón era un juez cuando los madianitas se habían apoderado de la tierra de Israel. La gente de allí ni siquiera podía recoger la cosecha. Los madianitas se las quitaban. Gedeón, un hombre joven, se encontraba sacudiendo trigo en el lagar, un lugar donde no debería estar. Por lo general, se llevaba el trigo a la cumbre de una montaña, se lo lanzaba hacia arriba en el aire, y el viento se llevaba entonces todo el tamo, y el trigo caía limpio donde estaba el trabajador. El viento sopla en esa tierra por las tardes. Si usted tiene oportunidad de visitar ese lugar, puede darse cuenta de cómo sopla el viento allí. Especialmente durante el mes de junio, que es la época de la cosecha. Hay muchos lugares que aún en el presente cosechan los granos de la misma manera. Uno puede ver los trabajadores haciendo esta tarea en el día de hoy.

Gedeón era un cobarde. Él llevó el trigo al lagar. Eso se encuentra en un lugar bajo en el valle. Nadie lo podía ver allí. Ése era el lugar más bajo. Si uno quiere ver a una persona frustrada, mire a Gedeón allá abajo cuando él lanza el trigo hacia arriba, y no hay nada de viento allí para hacer volar el tamo; y ¿qué es lo que sucede entonces? Todo eso vuelve a caer sobre él, y se le mete entre la ropa. No puedo pensar en nada que pueda ser más desanimador que lanzar el trigo de esta manera, y que todo vuelva a caer sobre uno. Así era Gedeón.

Fue en ese momento en que se le aparece el ángel de Jehová a Gedeón y le dice: "Varón esforzado y valiente". Ésa no era en realidad, la forma apropiada de dirigirse a Gedeón, y éste pensó que el ángel tal vez estaba hablándole a otra persona. Creo que él tal vez levantó la cabeza y dijo: "¿Quién? ¿Yo?" Él es un gran cobarde y está dispuesto a admitirlo. Él dijo que pertenecía a la tribu más pequeña. "Mi familia"—dijo—"es una familia pequeña en la tribu, y yo soy el más pequeño de todos en la familia. Tú has elegido a la persona más insignificante de todas. Yo no soy nadie".

Dios le contesta: "Ésa es la razón por la cual te he elegido porque tú eres nadie. Yo quiero que tú Me creas". Usted descubre que Dios comenzó a fortalecer a la fe de este hombre hasta que llegó un día, que, con sólo 300 hombres, él fue capaz de derrotar a los madianitas. Es la fe, la fe operando en la vida de este hombre.

Cuanta gente hoy, aún aquéllos que son creyentes, piensan que tiene que haber alguna gran demostración, alguna gran reunión, si es que algo va a ser de parte del Señor. Dios no actúa de esa manera. Yo pienso que la obra más grande para Dios está siendo desarrollada por personas y por grupos pequeños en todas partes. Uno puede ver esto en lugares realmente pequeños. Usted puede encontrar a creyentes que son realmente activos, que son verdaderos testigos del Señor. Uno no escucha mucho en cuanto a esto, esta gente no parece recibir ninguna clase de publicidad. Uno puede encontrar estos creyentes que ni desean siquiera que sus nombres sean mencionados. Algunos sufren persecución, pero son verdaderos testigos. Hay muchos gedeones en el mundo hoy, y ellos están actuando por fe. No creo que sea el tamaño de la reunión, ni la grandeza de la publicidad ni cosas por el estilo. Creo que Dios está actuando en maneras misteriosas, para realizar Sus maravillas.

Así es que, aquí tenemos a Gedeón, a Barac y a Sansón. No sé si yo incluiría o no a Sansón en esta lista. Sansón fue un completo fracaso en cuanto a su servicio se refiere. Pero, él creyó a Dios.

Llegó un momento cuando el Espíritu de Dios vino sobre él, y él comenzó a librar a Israel, pero él nunca llegó a completar su tarea. Luego, tenemos a Jefté, y también a David. Podríamos detenernos aquí a hablar mucho en cuanto a David, y también de Samuel, y de los profetas. Pero, él dice aquí con toda claridad, que le faltaría el tiempo para contar de todo esto. Pero, notemos lo que hicieron estas personas. Era una guerra de fe:

> *Que por fe conquistaron reinos, hicieron justicia, alcanzaron promesas, taparon bocas de leones. [He. 11:33]*

Taparon bocas de leones. Sabemos que se refiere a Daniel. Él no ha sido mencionado por nombre aquí, pero es a él a quien se refiere.

> *Apagaron fuegos impetuosos, evitaron filo de espada, sacaron fuerzas de debilidad, se hicieron fuertes en batallas, pusieron en fuga ejércitos extranjeros. [He. 11:34]*

Ésta es la guerra de la fe, y éstos son los victoriosos. Tendremos luego, otro grupo de personas mencionado. Éstos son aquéllos de los cuales no se escucha hablar mucho hoy. Éstos son aquéllos que no reciben una victoria externa. Son aquéllos que, según mi juicio, si uno quiere buscar héroes, éstos son los verdaderos héroes de Dios.

En el versículo 35, podemos apreciar la amplitud de la fe. Esto ha entrado a cada una de las áreas de la vida.

> *Las mujeres recibieron sus muertos mediante resurrección; mas otros fueron atormentados, no aceptando el rescate, a fin de obtener mejor resurrección. [He. 11:35]*

El versículo 35, comienza diciendo: Las mujeres recibieron sus muertos mediante resurrección. Usted puede recordar a la viuda de Sarepta, donde se alojó el profeta Elías (véase 1 Reyes 17:17-24).

Mas otros fueron atormentados, no aceptando el rescate, a fin de obtener mejor resurrección. Es decir que, aquí se está hablando en cuanto a los mártires.

> *Otros experimentaron vituperios y azotes, y a más de esto prisiones y cárceles. [He. 11:36]*

Ahora, el escritor de esta epístola está hablando en cuanto a otros que están en contraste con aquéllos de los cuales había estado hablando antes; y estos otros— dice—experimentaron vituperios y azotes, y a más de esto prisiones y cárceles.

> *Fueron apedreados, aserrados, puestos a prueba, muertos a filo de espada; anduvieron de acá para allá cubiertos de pieles de ovejas y de cabras, pobres, angustiados, maltratados; De los cuales el mundo no era digno; errando por los desiertos, por los montes, por las cuevas y por las cavernas de la tierra. [He. 11:37-38]*

Aquí tenemos otro grupo de gente. Éstos no ganaron grandes victorias en el campo de batalla. Ellos no se movieron triunfantes en la amplia plataforma de la vida. No entraron en la arena de la vida grandes audiencias y realizaron grandes hazañas para Dios. Éstos son los "otros". Tuvieron pruebas, fueron vituperados, azotados, y estuvieron en prisiones y en cárceles. Fueron apedreados, aserrados. Se nos dice que así es como murió Isaías. Por supuesto que todo lo que tenemos en cuanto a eso es una tradición, nada más. Pero el historiador Jerónimo indica muy insistentemente que así es como murió Isaías, aserrado. Ésa es una muerte cruel, horrible. Ellos, pues, fueron puestos a prueba, muertos a filo de espada.

Yo quisiera que usted note el contraste que existe aquí. En el versículo 34, se habla en cuanto a victorias que fueron ganadas; cómo ellos subyugaron a los reinos, de cómo hicieron justicia, alcanzaron promesas, taparon las bocas de los leones, apagaron fuegos impetuosos, evitaron filo de espada. Éstos, escaparon del filo de la espada; pero, estos otros que se mencionan aquí, fueron muertos a filo de espada. Ahora, ¿cómo explica uno eso? Un grupo por la fe escapó del filo de la espada. ¿Qué podemos decir en cuanto al otro grupo? Ellos no escaparon del filo de la espada. Ellos fueron muertos con la espada. Así es que, tenemos aquí a un grupo completamente diferente. Y, ¿cómo va uno a explicar esto? Lo que tenemos ante nosotros es un tema bastante difícil, y se puede llamar: "¿Por qué sufre el justo?"

Sé que es muy fácil responder a esto si uno está gozando de buena salud y decir simplemente: "Bueno, Dios los está probando". Vamos a ver eso en el próximo capítulo. Pero, aquí tenemos que toda esta gente pasó a través de esto por la fe. Ellos no estaban mirando a esto como si estuvieran pasando por una prueba o algo por el estilo. Ellos lo soportaron porque lo hicieron por fe. Ellos confiaron en Dios cuando el día era tenebroso, cuando la noche era larga, cuando el sufrimiento era tremendo, cuando no había en ninguna manera libertad para ellos.

Otros fueron muertos a filo de espada. Es hermoso poder levantarse y citar un versículo de las Escrituras, como el Salmo 34:7 que dice: El ángel de Jehová acampa alrededor de los que le temen y los defiende. Luego, el versículo 19 dice: Muchas son las aflicciones del justo, pero de todas ellas le librará Jehová. Eso es algo maravilloso, y Dios hace eso. Pero ¿qué se puede decir en cuanto a los otros? ¿Aquéllos que no pudieron escapar del filo de la espada? ¿Qué se puede decir de aquéllos que sufrieron? Esteban pudo mirar a los líderes religiosos de su día y decirles: ¿A cuál de los profetas no persiguieron vuestros padres? (Hch. 7:52a) La vida del profeta nunca fue fácil, y Esteban mismo fue el primer mártir de la era cristiana. Y él continuó diciendo: Y mataron a los que anunciaron de antemano la venida del Justo, de quien vosotros ahora habéis sido entregadores y matadores. (Hch. 7:52b) Eso fue lo que les dijo Esteban antes de que ellos le apedrearan y le dieran muerte. Cuando el Señor Jesucristo llamó a Saulo de Tarso, a ese inteligente joven fariseo, dijo de él: Yo le mostraré cuánto le es necesario padecer por Mi nombre. (Hch. 9:16) El Señor Jesucristo hablando muy claramente dice en Juan 16:33: En el mundo tendréis aflicción; pero confiad, Yo he vencido al mundo. Cuando Pablo y Bernabé salieron en su viaje misionero, dice en el libro de los Hechos 14:22: fueron confirmando los ánimos de los discípulos, exhortándoles a que permaneciesen en la fe, y diciéndoles: Es necesario que a través de muchas tribulaciones entremos en el reino de Dios.

Amigo, hay muchas personas que demuestran su fe ganando batallas, demuestran su fe cuando son librados del peligro, y luego hay otros, gran multitud de ellos, que sufren por la fe. A través de la larga historia de la iglesia ha habido, por ejemplo: los Waldenses, los Albigenses, los Hugonotes, y muchos otros.

Ya he mencionado a una fiel creyente que era miembro de mi iglesia y que sufría tanto, que era imposible que alguien la tocara, y que fue bautizada en su propio hogar porque no podía salir de él.

Esta mujer padeció mucho y luego pasó a la presencia del Señor. Hay muchos hoy que están en sus lechos de dolor, sufriendo grandes angustias y dolores, leyendo este estudio. Quizá miles de personas en estas condiciones. Es muy lindo poder leer en cuanto a salir al escenario de la vida y lograr una gran victoria. Es maravilloso poder informar que uno ha recibido sanidad. Pero ¿qué en cuanto a aquéllos que están sufriendo en su lecho de dolor? ¿Qué se puede decir en cuanto a aquel creyente en un lugar apartado por allá y muchos de ellos sufriendo por amor al Señor Jesucristo? Hay muchos, ya sean misioneros, o ministros, pastores, creyentes, que están sufriendo hoy, por amor al Señor Jesucristo. ¿Qué se puede decir en cuanto a esto?

Yo quisiera compartir con usted algo que aprendí recientemente y que ilustra esto. El Apóstol Pedro, dice: Amados, no os sorprendáis del fuego de prueba que os ha sobrevenido, como si alguna cosa extraña os aconteciese, sino gozaos por cuanto sois participantes de los padecimientos de Cristo, para que también en la revelación de Su gloria os gocéis con gran alegría. (1 P. 4:12-13) El Apóstol Pablo, escribiendo a los Colosenses dice: Ahora me gozo en lo que padezco por vosotros, y cumplo en mi carne lo que falta de las aflicciones de Cristo... (Col. 1:24) Al leer esto, uno se hace la siguiente pregunta: ¿Qué es lo que quiere decir Pablo con lo que falta de las aflicciones de Cristo? ¿Acaso no fue la muerte de Cristo y Su resurrección por nosotros algo completo, perfecto? Por cierto que lo fue. Pero hubo ciertos sufrimientos que no eran sufrimientos redentores, sufrimientos que Él tuvo en Su vida aquí en la tierra. El sufrimiento de redención tuvo lugar en la cruz. Ninguno de nosotros puede agregar nada a eso. Pero si usted y yo, si nosotros vamos a tomar una posición por Él, pienso que debemos pagar un precio. Algunos de nosotros debemos sufrir un poquito.

Muchos de mis lectores han conocido de la enfermedad del cáncer que tuve que padecer durante mi vida. Debido a mi ministerio radial yo tuve la oportunidad de visitar muchos lugares y había prometido dar toda la gloria al Señor si yo era sanado conforme al deseo de mi corazón. Conocedores de esta enfermedad, muchos de los oyentes del programa A Través de la Biblia, me enviaron cartas personales afirmando que ellos también padecían de esta enfermedad que para ellos parecía incurable. Por supuesto, que yo hice oración insistente por la sanidad de estos enfermos, pues ellos me pidieron hacerlo. Sin embargo, de repente recibí noticias de un ser querido que había fallecido debido a esa enfermedad. Más tarde, otra señora escribió diciendo que su esposo falleció debido al cáncer y que, en vida, sufrió mucho. Así es que, yo comencé a mirar esto desde otro punto de vista. Dios, no siempre lo sana a uno. Piense solamente en los miles que se encuentran en el día de hoy en los hospitales. Piense en los miles que están en esos lechos de dolor. Estoy pensando en los demás ahora. ¿Usted sabe lo que el Señor hace a veces? Él nos da otra enfermedad y usted puede decir: ¿está usted acusando al Señor por eso? Por cierto, que sí. Él me dijo: "Yo te voy a dar otra espina en la carne, para que cierres tu boca; tú estás hablando demasiado, tú estás jactándote de que Yo he actuado a favor tuyo y así ha sido. Pero quiero que sepas una cosa, que no he actuado así en la vida de los demás. Después de todo, eso es un signo de que ellos son grandes santos, ellos son los que en realidad están sufriendo, ellos son los que conocen lo que la verdadera fe es. Tú no conoces lo que es la fe y lo que es en realidad, confiar en Mi en un momento como éste".

El Señor me hizo ir a parar a mi lecho de dolor y nunca sufrí como sufrí entonces. Le digo que llegué a pensar entonces, que el Señor estaba en contra mía. El Señor, me habló de forma muy directa y particular y me llamó la atención en pasajes de las Escrituras, como este capítulo 11 de la Epístola a los Hebreos, por ejemplo. Ahora cuando pienso que estoy sufriendo mucho, llego entonces a leer estas palabras que dicen: Otros…fueron…puestos a prueba, muertos a filo de espada. Otros sufrieron y lo hicieron por la fe.

Ya sea que usted pueda caminar y dar su testimonio e incluso decir cómo Dios le ha sanado, y donde quiera que usted vaya, puede decir el éxito que ha tenido en sus negocios, permítame recordarle que, en el día de hoy, hay multitud de santos de Dios que están sufriendo. Ellos están pagando precios tremendos. ¿Sabe usted como lo están haciendo? Lo están haciendo por la fe, y ellos tienen mucha más fe que la que nosotros tenemos. Creo que ellos son santos elegidos y mucho mejores que lo que usted y yo podemos ser.

Por cierto, que me siento muy conmovido por las cartas que recibo y puedo leer en cuanto a algún creyente maravilloso que se encuentra por allá en un lugar muy apartado, al cual sólo puede llegarse a caballo y luego, uno tiene que bajarse y caminar otro trecho para poder llegar al lugar donde está. Se encuentra en ese lugar por Dios hoy, y está sufriendo. Aquí tenemos una gran cantidad de gente, y ellos son simplemente llamados otros. Otros. No quiero que usted se olvide de los otros hoy. Éstos, están viviendo por fe, y muriendo por fe también. El sufrimiento ha terminado para muchos de ellos, y han entrado a la presencia del Señor, y ya no morirán jamás. Eso me gusta mucho. Eso tiene un significado nuevo para nosotros y espero que también tenga un significado nuevo y especial para usted.

> *Y todos éstos, aunque alcanzaron buen testimonio mediante la fe, no recibieron lo prometido. [He. 11:39]*

¿Cuál fue la promesa que no recibieron? Dios hizo muchas promesas y muchos de ellos recibieron las promesas que Él hizo. Pero esta promesa es que Dios los resucitaría y que se establecería un reino sobre la tierra. Ellos no han recibido aún esa promesa, porque Dios aún está separando a un pueblo para Su propio nombre, como dice aquí en Hebreos 2:10...habiendo de llevar muchos hijos a la gloria. Aquí se nos da la razón para esto:

> *Proveyendo Dios alguna cosa mejor para nosotros, para que no fuesen ellos perfeccionados aparte de nosotros. [He. 11:40]*

Dios estaba pensando en nosotros. ¿No demuestra así Su gracia? Para que no fuesen ellos perfeccionados aparte de nosotros. Dios está llamando pacientemente un pueblo de este mundo para Su nombre, y ésa es la iglesia. Hasta cuando la iglesia llegue a ser completa, Él va a continuar llamando, porque creo que, en el día de hoy, Él está llamando a muchos que salgan de este mundo en el cual vivimos.

Aquí tenemos al mundo y la obra de la fe. Permítame decir lo siguiente, y espero no ser malentendido. Quisiera dirigirme expresamente a los jóvenes. Hay muchos jóvenes que me escuchan en nuestros programas, y que también me escriben; y quisiera dirigir unas palabras directamente a ellos. Lo que quiero decir es algo delicado y no quiero ser malentendido porque ése no es mi propósito. Pero, no me gusta escuchar el testimonio de algún joven que ha sido salvo apenas por una semana, o por un mes, o tres meses. Alguien me va a decir:

"Pero, usted lee cartas de personas así". Sí, lo hago y me regocijo con ellos.

Pero, lo que quiero decirles a los jóvenes, es que es bueno tener un testimonio durante una vida. Hace algún tiempo recibí una carta de una persona que hablaba de un hombre que había recibido al Señor Jesucristo como su Salvador personal hace como 30 años, y él tuvo un testimonio maravilloso, y en su entierro se habló de la fe que este hombre tenía. Hay jóvenes que dicen que han salido de cierta actividad en la cual muchos han aceptado a Cristo y dicen: "¿No es eso maravilloso?" Por supuesto que lo es. Pero, será más maravilloso todavía, si dentro de tres o cuatro años, o quizá 30 años, todavía usted puede decir que estas personas vivieron y murieron por la fe. Quiero concluir este capítulo pensando en esto ahora, porque pienso que es algo muy importante.

Hay personas que opinan que la fe es algo que no se ha probado; que la fe es algo de lo cual uno no puede estar bien seguro, que en realidad no tiene una buena base. Aquí tenemos una gran compañía de testigos, y muchos de ellos viven largas vidas. Viven por la fe. Han descubierto que sí obra. Cuando yo era invitado a predicar, no presentaba mensajes apologéticos. Cuando a mí se me pedía que hablara y tratara de presentar un mensaje que probara, que demostrara que la Biblia es la Palabra de Dios, yo contestaba que no me gustaba presentar esa clase de mensajes.

Sencillamente, presentaba yo un mensaje de la Biblia, permitiendo que el Espíritu Santo hiciera eso. Cuando yo era invitado a hablar a los jóvenes, no trataba de probar que la Biblia es la Palabra de Dios. Sencillamente predicaba la Palabra de Dios a los jóvenes, y luego podía notar que muchas de esas vidas jóvenes habían sido ayudadas, habían recibido nuevas fuerzas por medio de la Palabra de Dios. Así que, no es necesario probar que la Biblia es la Palabra de Dios. No es necesario que alguien me diga cuán maravillosa es la fe. No es necesario que alguien le diga si la fe obra o no, porque no sólo pienso que la fe obra, sé positivamente que la fe obra. Conozco muy bien que así es. Y, sabe, ¿cómo es que lo sé? Lo sé, porque lo he experimentado ya por mucho tiempo, y sé que obra.

Cuando el hombre construyó el aeroplano y lo hizo volar, había quienes decían que no podían creerlo, que no podían creer lo que sus ojos veían. Bueno, hay personas hoy, que son así de ciegos espiritualmente. Estas personas dicen: "Yo quiero que usted me pruebe esto". Amigo, si usted es una persona honrada y quiere dejar o abandonar el pecado en su vida, y volverse al Señor Jesucristo y confiar en Él como su Salvador personal, yo quisiera conversar con usted de aquí a tres años. Pienso que entonces, nadie necesitará probarle nada a usted. Usted sabrá que obra. Hay multitud de personas alrededor mío en este instante que pueden decir un "amén" a lo que acabo de decir. Usted sabe que Dios obra. Es algo real, genuino, verdadero. ¿Por qué no sale usted del mundo de la fantasía y entra a un mundo de realidad y encuentra por sí mismo lo que Jesucristo puede hacer por usted?

Capítulo 12

La esperanza

Nos encontramos en una sección muy práctica de la Biblia, donde vemos que Cristo nos trae mejores beneficios y obligaciones en el día de hoy. El capítulo 11, ha sido llamado el "capítulo de la fe de la Biblia", y eso es cierto. El capítulo 12, es el "capítulo de la esperanza", y el capítulo 13, es el "capítulo del amor de la Biblia".

La carrera cristiana

Por tanto, nosotros también, teniendo en derredor nuestro tan grande nube de testigos, despojémonos de todo peso y del pecado que nos asedia, y corramos con paciencia la carrera que tenemos por delante, Puestos los ojos en Jesús, el autor y consumador de la fe, el cual por el gozo puesto delante de él sufrió la cruz, menospreciando el oprobio, y se sentó a la diestra del trono de Dios. [He. 12:1-2]

En la primera parte de la Epístola a los Hebreos, tenemos el peligro de deslizarnos. Simplemente el ser oidores y deslizarnos sin hacer nada, en cuanto a la salvación de Dios. En la última parte, el escritor habla a los creyentes del peligro de permanecer inmóviles; de quedarnos estancados en un mismo lugar. ¡Participemos en la carrera! ¡Avancemos! ¡Movámonos, y dediquémonos! Somos corredores. Yo diría que el peligro mayor en la vida cristiana, en este punto en particular, es el peligro de permanecer inmóviles sencillamente en un mismo lugar, sin hacer nada.

Se dice que en los lugares donde hace mucho frío, donde hay grandes nevadas, que, si uno se llega a perder en la intemperie, existe el peligro de congelarse y morir. Cuando esto ocurre, lo primero que le sucede a la persona es que quiere dormirse. Para poder sobrevivir, uno debe luchar contra esto. Uno no debe dormirse. Tiene que seguir avanzando. Si uno no sigue moviéndose, entonces se congela y se muere. Yo diría que ése es el gran peligro de los creyentes hoy, el peligro de no hacer absolutamente nada, de dormirse. Diría que esto es mucho más peligroso que el peligro de deslizarse, o de ser nada más que oidores. Eso es bastante malo. Pero lo que tenemos aquí es algo verdaderamente trágico, el de permanecer siempre en el mismo lugar donde uno está.

Quizá ya he contado la historia de un vaquero que había ido a una reunión hace mucho tiempo. Allí estaba una anciana vestida muy a la moda de aquel día, y ella se levantó para dar su testimonio, y dijo: "El Señor llenó mi copa hace 20 años. Nada ha entrado allí ni tampoco nada ha salido". Este vaquero que se encontraba en la parte de atrás de aquel lugar dijo: "Esa copa tiene que estar llena de renacuajos, ahora". Creo que ésa es la condición de muchos creyentes en el presente. Ellos están diciendo: "El Señor ha llenado mi copa", pero ésta no está rebosando, siempre permanece igual. Así es que, estoy de acuerdo con este hombre, que hay muchos renacuajos en las copas de estas personas que se están jactando de esa manera en el presente. Por tanto, se nos dice, que debemos avanzar, debemos vivir por la fe. ¿Por qué? Bueno, en primer lugar, debemos decir que por tanto es otra de esas pequeñas frases o palabras que unen este capítulo con lo que ha sido dicho anteriormente, y eso es lo que sucede aquí; dice: Por tanto, nosotros también, teniendo en derredor nuestro tan grande nube de testigos.

Por mucho tiempo yo pensaba que esos testigos de que se habla aquí eran los santos que se mencionan en el Antiguo Testamento, y muchos de ellos son mencionados en el capítulo 11 de esta epístola. Es como si estuvieran sentados en las tribunas, observándonos a nosotros correr en esta carrera de la vida. Hablando francamente, pensaría que, no hay ninguna otra cosa que pueda ser más aburrida para ellos, que observarnos a nosotros correr esta carrera cristiana aquí. Esto, debido a la forma en que corremos algunos de nosotros. Pero, en realidad, no quiere decir eso. Aunque esto no se aplica realmente a lo que enseña este capítulo, yo quisiera mencionar una historia que es algo sentimental y que creo enseña algo.

Había un director técnico de un equipo de fútbol, quien, según la persona que contaba la historia, tenía un jugador que era famoso por dos cosas. La primera de ellas era que se destacaba por su fidelidad en las prácticas del equipo. Él era el primero en salir al campo, y el último en partir, pero nunca llegó a formar parte del equipo principal. Él no era lo suficientemente bueno como para ocupar ese puesto. La segunda cosa por la cual él era famoso era que su padre siempre le visitaba, y la gente los podía observar al padre y al hijo caminando, con los brazos entrelazados el uno con el otro, caminando y conversando muy atentamente. Por supuesto, todos notaban eso.

Pensaban que era algo maravilloso. En una ocasión, el director técnico del equipo recibió un telegrama diciendo que el padre de este muchacho había fallecido, y ellos pensaban que este hombre tenía que comunicarle esa triste noticia al joven jugador. Él lo llamó y le dijo lo que había sucedido, y por supuesto que el joven se entristeció mucho y tuvo que regresar a su hogar para el funeral. Pero él volvió para participar en el próximo partido; él estaba allí sentado junto con los jugadores que no participaban en el encuentro, y al llegar el director técnico, este joven le dice: "Profesor, éste es mi cuarto y último año aquí, y yo nunca he podido jugar un solo partido. Quisiera saber si usted me pudiera colocar en el equipo sólo por unos pocos minutos y dejarme jugar". El director técnico hizo lo que el joven le pidió y, más que nada porque hacía poco que había fallecido su padre, dejó que este muchacho jugara y resultó ser una verdadera estrella del equipo. Nunca había visto él a nadie jugar de la manera brillante como había jugado este muchacho. Así es que no sólo dejó que jugara unos minutos, sino que permitió que jugara todo el encuentro. Cuando finalizó el juego, llamó al muchacho a un costado y le dijo: "Oye, yo nunca he visto a nadie jugar de la manera en que has jugado tú hoy. Hasta ahora eras uno de los peores jugadores que teníamos en el equipo. Quisiera que me explicaras esto". El muchacho le contestó: "Bueno, profesor, mi padre era ciego, y ésta es la primera oportunidad que él tiene de verme jugar fútbol".

Si este versículo en las Escrituras, indica que aquéllos que han partido antes de nosotros nos están observando, entonces, ésta podría ser una buena ilustración. Pero desafortunadamente esa interpretación no tiene base alguna. Estos testigos no están en realidad sentados allí como en una tribuna. Ellos son los que ya han corrido la carrera aquí en la tierra. Ellos son los que han corrido la carrera, y usted y yo somos los que estamos observando desde las tribunas, de la misma manera en que lo hicimos en el capítulo 11. Les observamos a ellos correr la carrera de la vida. Ellos la corrieron y la corrieron por fe. Aquéllos que podrían ser llamados un éxito completo por el mundo, lo hicieron por la fe. Aquéllos que sufrieron mucho y que el mundo llamaría una derrota miserable, aquéllos que sufrieron y fueron muertos por la espada; aquéllos que sufrieron y soportaron esto, lo hicieron también por la fe, y son tan héroes como los anteriores. Ellos nos testificaron a nosotros. Nosotros los estamos observando a ellos, y los hemos podido ver al marchar ellos a través del capítulo 11; estoy seguro que usted podría recorrer las páginas del Antiguo Testamento, y encontrar mucho más. Porque el escritor dijo que le faltaba el tiempo para mencionarlos a todos. Había muchos allí. Ellos nos testificaron y nos animan a nosotros, a correr por fe, a vivir por la fe.

La vida del creyente aquí es comparada a una carrera griega. El Señor Jesucristo es el camino hacia Dios, y a lo largo del camino, el creyente es un soldado, que se debe mantener firme; como creyente, él debe andar; pero como atleta, él tiene que correr la carrera, y un día nosotros vamos a volar, y eso ocurrirá en el Rapto de la iglesia. Nosotros vamos a viajar a través del espacio hacia la nueva Jerusalén.

Nosotros también, teniendo en derredor nuestro tan grande nube de testigos, despojémonos de todo peso. Aquí no tenemos una señal de peligro, sino que tenemos un desafío. Despojémonos de todo peso y del pecado que nos asedia, y corramos con paciencia la carrera que tenemos por delante. Lo que se está diciendo es que nosotros debemos salir de la tribuna, que descendamos a la pista atlética de la vida, y que hagamos aquello que Dios nos ha llamado a hacer, y a lo que Él nos ha llamado a vivir, donde nosotros vivimos y actuamos y tenemos nuestro ser; vayamos a la carrera y corramos la carrera cristiana. Éste es el pensamiento que tenemos aquí.

Hay muchos creyentes que siempre se mantienen en el mismo lugar. Aquí tenemos el pensamiento de que debemos correr con paciencia. Se nos dice aquí: Corramos con paciencia la carrera que tenemos por delante. Pero nosotros debemos hacer dos cosas. Una de ellas es que debemos despojarnos de todo peso y del pecado que nos asedia. Dios nos ha salvado del pecado. Él nos ha llevado a los cielos, en realidad, al lugar santísimo, y asimismo nos hizo sentar en los lugares celestiales con Cristo Jesús. (Ef. 2:6b) Él nos ha dado el Espíritu Santo. Luego, usted y yo tropezamos y caemos y andamos de un lugar para otro como una persona perdida en la oscuridad. ¿Qué es lo que anda mal hoy con la vida cristiana en la forma en que está siendo vivida en el presente? Vuelvo a regresar a lo que siempre digo porque pienso que ésa es en realidad la respuesta. El problema es que los creyentes no van a Dios. Muchas veces ellos son salvos, comienzan a dar su testimonio, y eso es todo lo que llegan a tener. Nunca comienzan a estudiar la Palabra de Dios. Eso es lo importante. Es como esa pequeña niña que una noche se cayó de su cama, y su madre corrió a recogerla porque la muchachita comenzó a llorar mucho. La mamá le pregunta: "Hijita, ¿cómo es que te caíste de la cama?" La niña llorosa le contesta: "Creo que me quedé muy cerca del lugar donde entré". Ése es el problema de los creyentes hoy. Tropezamos y caemos y fracasamos hoy, y todo eso es porque nosotros permanecimos demasiado cerca al lugar donde entramos. Debemos continuar hacia adelante. Ésta es una carrera.

Aquí se nos dice: Despojémonos de todo peso y del pecado que nos asedia. La vida cristiana es una carrera donde todos van a ganar. Ésta es la única carrera donde todos ganan. El Apóstol Pablo lo expresó de la siguiente manera: ¿No sabéis que los que corren en el estadio, todos a la verdad corren? Todos corren para obtener el premio. Luego, Pablo también dice: Yo de esta manera, corro, no como a la aventura. (1 Co. 9:24, 26) Luego él reprendió a algunos de sus seguidores diciendo: Vosotros corríais bien, ¿quién os estorbó para no obedecer a la verdad? (Gá. 5:7)

Nosotros podemos ser animados por estos testigos. Ellos no son sencillamente espectadores, sino que ellos están testificándole a usted mismo. Ellos están animándole a usted. Ellos están tratando de animarle a usted a que corra esa vida cristiana. Abraham nos podría decir a usted y a mí: "Sigan adelante, sigan por la fe". Moisés nos está diciendo esto a usted y a mí: "Sigan adelante por la fe". Daniel nos dice: "Sigan adelante por la fe".

Aquí tenemos dos condiciones. Despojémonos. Eso es lo primero, y es algo negativo: Despojémonos de todo peso y del pecado que nos asedia. ¿Qué es lo que quiere decir con esto de despojarnos de todo peso? Es sencillamente lo siguiente: Todo peso es algo que no se necesita en una carrera. Es algo que, por supuesto, no es esencial. No debemos estar usando peso.

En cierta ocasión, había un corredor muy famoso, quien también era un buen creyente. Antes de comenzar la carrera, él daba dos o tres vueltas utilizando unos zapatos para tenis. Luego, él se detenía, se los quitaba y se ponía otros zapatos más livianos. Un joven que lo estaba observando le preguntó por qué se cambiaba los zapatos. Él ya tenía esos zapatos de tenis; ¿por qué se los quitaba? Este corredor sencillamente tomó un zapato de los dos pares y los lanzó al hombre que le había hecho la pregunta, y le dijo que sintiera el peso. Y, había cierta diferencia. No había mucha, pero había suficiente diferencia en el peso como para que este joven pudiera perder la carrera. Eso es precisamente lo que él dijo: "Estos zapatos de tenis pesan un poco más, lo suficiente como para que yo pueda perder la carrera".

Debo decir, que en la vida del creyente hay algunas cosas que en sí y de sí no son malas. Pero los creyentes no deberían andar cargados con esos pesos. ¿Por qué? Porque así uno no puede ganar. Vamos a usar aquí una ilustración, y no piense usted que estamos tratando de señalar una cosa en particular, porque ésa no es nuestra intención. Usted tiene que determinar lo que puede hacer como hijo de Dios, y yo tengo que determinar lo que yo puedo hacer como hijo de Dios. Voy a usar una ilustración, pero por favor, no piense usted que yo estoy fijándome en sólo una cosa. Cierta jovencita se dirigió a su Pastor y le preguntó: "¿Está bien ir a los bailes?" El Pastor le respondió: "Sí, si es que tú no quieres ganar". Lo que quiero destacar es que no es sencillamente si algo está bien o está mal en la conducta del creyente. Se supone que usted como creyente va a hacer lo que está bien, y no hay entonces esa duda, de si eso o aquello está bien o está mal, sino ¿dañará mi testimonio? ¿Hará esto que yo llegue a perder la carrera? ¿Será esto un peso en mi vida? Hay muchos creyentes que se encuentran hoy llevando un peso que no deberían estar llevando. Hay muchas cosas, que no son malas. No quiero ponerme a discutir aquí de si el baile es malo o es bueno; no voy a entrar en eso. No quiero entrar en argumentos en cuanto a estas cosas, cosas con las cuales arguyen aquéllos que quieren hacer separación. Uno no lo debería hacer si es un creyente. No estoy diciendo que usted no lo puede hacer. Todo lo que estoy diciendo es: ¿Está usted en la carrera? ¿Tiene usted el deseo de ganar? ¿Tiene usted sus ojos puestos en Cristo Jesús? Eso es realmente importante.

Despojémonos del peso y del pecado. ¿Cuál es el pecado? Aquí no está hablando del pecado en general. Él está hablando de un pecado específico. Debemos regresar al capítulo anterior porque esas primeras palabras, por tanto, con que comienza este capítulo 12, nos llevan de vuelta al capítulo anterior. Ese pecado estaba en el capítulo anterior. ¿Cuál era en realidad ese gran pecado del capítulo anterior? Es la incredulidad. La incredulidad es el pecado, y no hay ninguna otra cosa que pueda estorbarle a usted tanto, como la incredulidad. Es como tratar de correr una carrera con un saco de harina a las espaldas. Eso es mucho peso; o como el poner los pies dentro de un saco vacío, y tratar de correr una carrera. Es imposible hacerlo de esa manera. Tampoco se puede hacer así en la vida cristiana. La incredulidad, es lo que nos ata a muchos de nosotros. Hablando personalmente, yo diría que ésa es una de las cosas que me ata más que cualquier otra cosa en mi vida cristiana.

Los creyentes se encuentran ahora en una competición y conflicto

Considerad a aquél que sufrió tal contradicción de pecadores contra sí mismo, para que vuestro ánimo no se canse hasta desmayar. [He. 12:3]

Las palabras paciencia (V. 1) y sufrir (V. 2) tienen la misma raíz; así es que, los problemas y los sufrimientos por lo general producen paciencia. Pero aquí somos llamados a considerar al Señor y a sufrir.

Estos creyentes hebreos habían salido de una religión que tenía muchos ritos y un gran templo. El templo de Herodes, aunque no había sido finalizado, cuando fue destruido allá en el año 70 d.C., era algo muy hermoso y causaba admiración y reverencia, y allí tenían lugar grandes ritos. Al principio, habían sido ritos dados por Dios; pero para esta época ya había sido corrompido y en gran manera. Si a uno le gusta la religión, entonces, esta gente la tenía. Ahora ellos estaban abandonando todo esto, y ya no pasaban más a través de la religión. Ellos habían llegado ahora a considerar al Señor Jesucristo, y Él lo es todo. Él es el templo. Él es el rito. Él es el cristianismo. Él es todo. Allí tenemos una simplicidad en cuanto a todo esto. Había una simplicidad o sencillez en cuanto al Señor Jesucristo, y el escritor les dirige la atención hacia Él.

En primer lugar, ellos deben conocer que Él sufrió tal contradicción de pecadores cuando estuvo aquí, y Él aprendió paciencia. Se nos dice al principio de esta epístola en esa sección que presenta Su humanidad, que Él aprendió muchas cosas aquí en la tierra, aunque Él es Dios. Pero en Su carne, Él aprendió algo, y fue el tomar nuestra humanidad y sufrir por nosotros, y Él soportó y sufrió, y aprendió la paciencia.

…para que vuestro ánimo no se canse hasta desmayar. Permítame ahora decir algo de manera honesta y con cuidado, y es lo siguiente: A no ser que usted permanezca cerca de la Palabra de Dios, lo que le ayudará a estar cerca de la persona de Cristo, donde el Espíritu Santo puede tomar las cosas de Cristo y hacerlas reales para usted, usted se va a cansar en la vida cristiana y usted va a desmayar. Ésa es la razón por la cual hay tantos creyentes hoy que se sienten desanimados. Acérquese usted a la Palabra de Dios y acérquese más al Señor Jesucristo, y usted va a ser animado. Usted no se cansará en cuanto a esta vida que tiene que vivir aquí. Estamos viviendo en los mejores días que haya existido.

> *Porque aún no habéis resistido hasta la sangre, combatiendo contra el pecado. [He. 12:4]*

Esto sencillamente quiere decir que en esa época el templo aún no había sido destruido; es decir, en el momento de escribir esta epístola, aún no había sido destruido el templo; y la persecución vendría de parte de los gentiles, del Imperio Romano, y esto aún no había tenido lugar contra los creyentes, por eso es que él les dice: Porque aún no habéis resistido hasta la sangre. El templo, no había sido destruido hasta el momento de escribirse esta carta.

Lo que él les está diciendo ahora es que, aun cuando ellos están teniendo sus problemas y dificultades, la única cosa que pueden encontrar para la debilidad y el abatimiento y el tropezar y el fracaso y su desilusión, es considerarle a Él. Considerar a Cristo. "Fija tus ojos en Cristo, tan lleno de gracia y amor, y lo terrenal sin valor será a la luz del glorioso Señor".

> *Y habéis ya olvidado la exhortación que como a hijos se os dirige, diciendo: Hijo mío, no menosprecies la disciplina del Señor, ni desmayes cuando eres reprendido por él. [He. 12:5]*

El escritor está citando a Proverbios, capítulo 3: 11-12: No menosprecies, hijo mío, el castigo de Jehová, ni te fatigues de Su corrección; porque Jehová al que ama castiga, como el padre al hijo a quien quiere.

En versículo 3, él dijo: Considerad a Aquél que sufrió tal contradicción de pecadores contra Sí Mismo. Al decir esto, él está diciendo "vosotros os olvidasteis". Muchos de ellos se habían olvidado. Lo único que ellos tenían al alcance de la mano era Cristo, no era un templo, no era un rito, ni tampoco una religión. Ellos eran casi despreciados en esta época, y él está diciéndoles aquí: "No os olvidéis de esa exhortación de parte de Dios". Él está hablando a Sus hijos.

A propósito, aquí se utiliza esta palabra hijos. En los versículos 5-8, la palabra hijos, o hijo, se menciona seis veces. La palabra en griego quiere decir un hijo ya crecido. Hay gran cantidad de santos hoy que piensan que ellos no necesitan ser disciplinados. Esto aquí es para santos ya maduros, personas que han estado en esto por mucho tiempo. Hubo un tiempo en que yo pensaba que ya no necesitaba ser disciplinado, porque yo era entrado en años. Yo había recorrido mucho camino, y, sin embargo, el Señor me tomó, y permitió que me enfermara, y tuve que guardar cama, y de ese modo me hizo saber que necesitaba ser disciplinado.

Note lo que dice aquí: Hijo mío, no menosprecies la disciplina del Señor, ni desmayes cuando eres reprendido por Él. Pensamos que la represión es castigo. La palabra es disciplina, y no es un castigo como algunos pueden interpretar hoy. Esta palabra indica el entrenamiento, la preparación de uno, la disciplina. El Señor disciplina a Sus hijos.

> *Porque el Señor al que ama, disciplina, y azota a todo el que recibe por hijo. Si soportáis la disciplina, Dios os trata como a hijos; porque ¿qué hijo es aquél a quien el padre no disciplina? Pero si se os deja sin disciplina, de la cual todos han sido*

participantes, entonces sois bastardos, y no hijos. [He. 12:6-8]

Éstas son palabras bastante duras, pero hay algunos miembros en la iglesia que deberían prestar atención a este pasaje de las Escrituras. Es algo muy importante, por cierto. En primer lugar, quisiera decir lo siguiente: A veces hay personas que presentan una pregunta muy pertinente de por qué sufren los justos. Yo entré a este tema en una ocasión cuando tuve que guardar cama y todo lo que yo podía hacer era permanecer allí de espaldas. A veces se me permitía pararme un poco. Es por eso que yo quise entrar en esto, y analizarlo a profundidad. Yo comparto esto porque habla de una experiencia personal. Los hijos de Dios sufren.

Se puede presentar esto como un axioma de las Escrituras. La Biblia no discute en cuanto a esto. La Biblia sencillamente dice que eso es cierto. ¿Por qué? ¿Por qué, pues, sufren los justos? Muchas son las aflicciones del justo, pero de todas ellas le librará Jehová. (Sal. 34:19) Pero como las chispas se levantan para volar por el aire, así el hombre nace para la aflicción. (Job 5:7) El Señor Jesucristo Mismo dijo, en San Juan 16:33: Estas cosas os he hablado para que en Mí tengáis paz. En el mundo tendréis aflicción, pero confiad, Yo he vencido al mundo. El apóstol Pablo dijo: Y también todos los que quieren vivir piadosamente en Cristo Jesús padecerán persecución. (2 Ti. 3:12)

¿Por qué es que sufre el pueblo de Dios? No hay una respuesta establecida para esto. No hay ningún versículo en las Escrituras que conteste esto. He buscado en las Escrituras y a continuación doy siete razones por las cuales los hijos de Dios sufren. Voy a mencionarlas todas, porque creo que son importantes.

1. Sufrimos como hijos de Dios hoy y, como hijos maduros, por nuestra propia insensatez francamente, y por nuestro propio pecado. 1 Pedro 2:20, dice: Pues, ¿qué gloria es, si pecando sois abofeteados, y lo soportáis? Esto indica que uno no ha alcanzado el blanco. Uno no ha podido lograr el objetivo. Y lo soportáis. Él está diciendo que eso no tiene ningún valor, porque muchas veces usted y yo sufrimos porque nos hemos comportado de manera insensata.

Muchas personas se lanzan a la aventura comercial, al mundo de los negocios, sin saber lo que están haciendo, y luego salen perdiendo mucho dinero. Y no sólo la persona que invierte el dinero sale perdiendo, sino que toda su familia sufre también. Él sufre y ellos sufren porque esta persona todo lo que hizo, fue obrar insensatamente. A veces nos comportamos así en otras áreas de nuestra vida también. Un hombre confesaba que él había obrado insensatamente. Él dijo que él y su señora no se estaban llevando muy bien, y que en su oficina trabajaba una mujer bastante atractiva que le mostraba bastante simpatía; y que ella estaba trabajando una tarde y a él también le tocó trabajar. Este hombre de pronto llamó a su esposa y le dijo que tenía que trabajar hasta tarde. Pero lo que él estaba pensando era que sería bueno salir a cenar con esta otra mujer. Él decía que no hicieron ninguna otra cosa sino ir a un restaurante a comer. El problema es que allí lo vio otra persona que a su vez llamó a la esposa de este hombre. Aunque él no hizo nada malo, solamente llevó a esta otra mujer al restaurante, eso le causó serios problemas. Él había actuado insensatamente. Hay muchos que tienen que sufrir a causa de su insensatez.

2. Sufrimos por tomar una posición a favor de la verdad y la justicia. Si usted se mantiene firme por la verdadera justicia, usted va a sufrir. ¿Cuántas personas pueden testificar en cuanto a esto hoy? Pedro, dice: Mas también si alguna cosa padecéis por causa de la justicia, bienaventurados sois. Por tanto, no os amedrentéis por temor de ellos, ni os conturbéis. (1 P. 3:14) Así es que, ésta es otra de las razones por la cual los santos sufren hoy. Ellos han tomado una posición justa. Lo hacen de forma deliberada. Lo hacen por Dios.

En esto también es posible cometer alguna insensatez. Por ejemplo, cierto hombre contaba que donde él trabajaba, todo el mundo era su enemigo porque él se había mantenido firme por Dios. Bueno, sucede que otro de los dirigentes de ese lugar donde este hombre trabajaba, contó algo en cuanto a él. Sucede que ese hombre estaba tratando de enseñar y argumentar con toda la gente allí mientras los demás estaban trabajando. Él comenzaba a hablarle a otra persona cuando esa persona estaba ocupada. Ése no es el lugar para testificar. Lo único que uno logra hacer con eso, es convertirse en un fastidio para los demás y hacer realmente enemigos. Él no estaba sufriendo, en realidad, por haber tomado una posición por la verdadera justicia. Era una persona que estaba obrando en forma insensata. Eso era todo.

3. Uno puede sufrir por algún pecado en la vida. Pablo, dice: Si, pues, nos examinásemos a nosotros mismos, no seríamos juzgados. (1 Co. 11:31) Pero, si usted no trata de arreglar ese pecado en su vida y si usted es un hijo de Dios, entonces, Dios le juzgará. Él tratará de arreglar las cosas.

4. Uno puede sufrir por pecados pasados en la vida. El Apóstol Pablo, dice: No os engañéis; Dios no puede ser burlado: pues todo lo que el hombre sembrare, eso también segará. Porque el que siembra para su carne, de la carne segará corrupción; mas el que siembra para el Espíritu, del Espíritu segará vida eterna. (Gá. 6:7-8) Él está hablando aquí a los creyentes. La mejor ilustración que tengo en cuanto a esto, creo es la de un evangelista que después de haber tenido una reunión conmigo, fue conmigo y un grupo de hermanos a un lugar para tomar unos refrescos. Este hombre pidió sencillamente un vaso de agua, mientras que los demás pedimos helado. Los demás comenzamos a burlarnos de él, y él entonces nos dijo lo siguiente: Él había sido un borracho y se había convertido y dijo: "Cuando el Señor me dio un nuevo corazón, Él no me dio un estómago nuevo". Él estaba sufriendo a causa de ese pecado que había cometido antes. Así es que tenemos allí otra razón.

5. Ésta es una razón muy elevada de Dios, y se encuentra en el libro de Job. Job estaba sufriendo porque estaba demostrando a Satanás y al mundo de los demonios y a los ángeles de los cielos que él no era una persona asalariada, que no todos los hombres tienen un precio, y que él amaba a Dios por Sí Mismo solamente. Espero nunca tener que sufrir como Job sufrió.

6. Los cristianos sufren por su fe como vimos en el capítulo 11. Algunos demostraron su fe y ganaron grandes batallas. Algunos fueron librados de la espada. Pero también dice que algunos fueron muertos. Uno puede pensar en los Hugonotes

franceses, por ejemplo. Ellos salieron a la batalla sabiendo muy bien que iban a sufrir la muerte, pero fueron a la batalla cantando: "Si Dios es por nosotros, ¿quién contra nosotros?" Ellos sufrieron por su fe.

7. La última razón es por disciplina. Eso es lo que tenemos aquí en el versículo 6: Porque el Señor al que ama, disciplina, y azota a todo el que recibe por hijo. Esto es algo diferente. Aquí se habla de la enseñanza que recibe el hijo, de la disciplina; eso no es un castigo. Un juez castiga. Un padre disciplina y lo hace en amor. El castigo es para mantener la ley. Dios usa la disciplina para demostrar cuánto nos ama. Él dice muy claramente que usted no es un hijo legítimo si usted no es disciplinado por Él. Hay muchas personas que dicen: "Ah, pero ¿por qué permite Dios que eso me suceda a mí? Debe ser que yo no soy un creyente". La verdad es que ésa es una prueba de que usted es un hijo de Dios.

Creo que, si usted es un cristiano inteligente, cuando usted se encuentra en problemas y no sabe por qué, irá al Señor y hablará con Él. Estoy seguro que Él se comunicará con usted y le dejará salir por qué está teniendo problemas. Puede ser que Él no esté juzgándole. Dios nos juzga, y eso es castigo, pero Él es también nuestro Padre celestial, amoroso, que disciplina a Sus hijos.

Cuando yo era joven, unos amigos y yo tuvimos un problema en la escuela. Mi papá vino a la escuela cuando había varios cientos de estudiantes. Pero cuando él entró en esa escuela, ¿sabe usted a quién buscaba él? Él buscaba a su hijo, y él llevó a su hijo a la casa y lo castigó. Él no castigó a esos cientos de estudiantes en la escuela—porque no suyos. Él disciplinó sólo a su hijo, a quien amaba. Mi papá murió cuando yo tenía catorce años, pero ahora yo tengo un Padre celestial que hace lo mismo conmigo—Él me disciplina en amor.

Por otra parte, tuvimos a nuestros padres terrenales que nos disciplinaban, y los venerábamos. ¿Por qué no obedeceremos mucho mejor al Padre de los espíritus, y viviremos? [He. 12:9]

Cuando éramos niños, teníamos que escuchar lo que nuestros padres decían. Entonces no se hablaba de esta nueva psicología de hoy, que uno no debe prestar atención a los padres, y que ellos no deben disciplinar a los hijos. Nuestros padres nos disciplinaban, y uno prestaba atención a eso. El escritor nos está diciendo que, si nosotros prestábamos atención a lo que nuestros padres terrenales nos decían, ¿por qué no obedeceremos mucho mejor al Padre de los espíritus, y viviremos? Si usted escucha a su padre terrenal cuando él lo disciplina, es mejor que usted también escuche lo que dice su Padre Celestial.

Él hace aquí una sugerencia, y pienso que solamente es una sugerencia. Él dice: Obedeceremos mucho mejor al Padre de los espíritus, y viviremos. ¿Qué es lo que quiere decir con este viviremos? ¿Quiere decir acaso que debemos disfrutar la vida al máximo? Creo que lo que quiere decir es que debemos vivir una vida cristiana completa, pero también existe un lado negativo, y es que el Padre Celestial disciplina a veces de manera muy severa. Hay un pecado de muerte, y ése es un pecado que un hijo de Dios puede cometer, y a veces el Padre Celestial llama a Su hijo desobediente al cielo. Lo saca de este mundo porque está trayendo descrédito a Su Nombre.

Aquí él nos está diciendo que es mejor que escuchemos a nuestro Padre Celestial. Él lo está haciendo en amor. Pero si usted persiste en hacer lo que está haciendo, Él puede llevárselo al cielo.

Y aquéllos, ciertamente por pocos días nos disciplinaban como a ellos les parecía, pero éste para lo que nos es provechoso, para que participemos de su santidad. [He. 12:10]

Cuando el hijo crece ya no está bajo la disciplina del padre terrenal. Hay veces en que un hijo puede hacer enojar a su padre, y éste puede desatar ese enojo con el hijo. Pero, aun así, lo hace para provecho de su hijo. Mi Padre celestial me disciplina por mi propio bien—¡de eso no hay duda!

Para que participemos de Su santidad. Yo creo que no hay manera de llegar a ser un hijo maduro de Dios, excepto por la disciplina. Nuestro padre terrenal lo hacía para provecho nuestro, estoy seguro de eso, y nuestro Padre Celestial, lo hace hoy para nuestro provecho también.

Es verdad que ninguna disciplina al presente parece ser causa de gozo, sino de tristeza; pero después da fruto apacible de justicia a los que en ella han sido ejercitados. [He. 12:11]

Es como aquel muchachito al que su padre iba a castigar y le dice: "Hijo, esto me va a doler más a mí que lo que te dolerá a ti". El muchacho le contesta: "Sí, papá, pero no en el mismo lugar". Dios disciplina a Sus hijos. No creo que Él disfrute haciendo eso, sino que lo hace porque usted y yo lo necesitamos.

Podríamos decir aquí que no sólo no parece ser causa de gozo, sino que no es causa de gozo, sino que es más bien, causa de tristeza. Ésa es la experiencia.

Cuando yo tuve cáncer, mi primera pregunta al Señor fue: ¿por qué? No me demoré mucho en descubrir por qué. Era que mi Padre celestial me estaba castigando. Yo era una persona muy empecinada, muy cabeza dura, pero arreglé las cosas con el Señor. Él me sanó del cáncer, y luego, cuando comencé el ministerio radial de A Través de la Biblia, y todo marchaba tan maravillosamente, regresé en una ocasión de un viaje y entonces, tuve otra enfermedad. En aquella ocasión, el médico me dijo que yo debía permanecer en mi casa y que no debía abandonar ese lugar. Yo tuve que permanecer allí por tres semanas. Allí aprendí algo. No me juzgaba Dios esta vez, porque yo cuidé que mis cuentas estuvieran al día con Dios. Yo siempre arreglaba las cuentas al final de cada día. Pero, todavía yo permanecía bastante empecinado como lo era antes, así es que tenía que ir a Él y confesarle mi pecado. Creí que estaba en la voluntad de Dios. Así es que, en esa oportunidad, fui al Señor y le dije: "Señor, ¿por qué permites que esto me suceda a mí? Yo quiero continuar con este programa. Pero aquí estoy en la cama". El Señor me contestó: "Tú eres Mi hijo. Yo soy tu Padre, y hay muchas cosas que todavía tú no conoces, muchas lecciones que aún no has aprendido. Quizá pienses que este ministerio tuyo es algo completamente esencial, y que Yo no puedo obrar sin ti. Pero después de todo, ¿cómo fue que Yo pude hacer las cosas antes de que tú llegaras a este mundo?" En vista de esto, tuve que cancelar muchas conferencias, aunque hubiera querido asistir a ellas. Pero, el Señor me dijo que no, que yo no iría a esos lugares; que debía permanecer en cama y tendría que aprender algo. El Señor me dijo: "Yo soy tu Padre, y tú tienes que aprender a soportarme. Tú no sabes cómo descansar. Tú no sabes cómo esperar en Cristo". Pasé todo ese tiempo en cama, mirando hacia arriba. Me demoré bastante tiempo en aceptar lo que Dios dispuso para mí, pero que al fin me fui a la cama y le dije al Señor: "Muy bien, Señor, Tú quieres que yo permanezca aquí, aquí me quedaré. Yo quiero aprender la lección que Tú tienes para mí".

Pero después da fruto apacible de justicia a los que en ella han sido ejercitados. Él quiere que nosotros saquemos provecho de esto, para que participemos de Su santidad. Creo que no hay ninguna otra forma en este mundo para uno llegar a crecer y a madurar; y pienso que ése es el pensamiento principal en cuanto a la santidad aquí, no hay otra forma, pues, de llegar a ser un hijo de Dios ya crecido, maduro, y viviendo en comunión con Él, a no ser mediante la disciplina de Dios.

Debemos decir que, aquí Él nos disciplina. Cuando somos disciplinados no es algo que nos cause gozo, pero, se dice: pero después da fruto apacible de justicia a los que en ella han sido ejercitados. Dios no permite que usted sea disciplinado sin ningún propósito. Es como ese hombre que estaba en un manicomio y cierto visitante fue allí un día y vio que este hombre se estaba golpeando la cabeza con un pedazo de madera; y el visitante se le acercó y le dijo: "¿Por qué se golpea usted la cabeza con ese pedazo de madera?" El loco le contestó: "Porque, me siento tan bien al dejar de hacerlo". Dios hace esto por su propio bien, y cuando termina la disciplina, existe un propósito. El Apóstol Pablo nos dice que siempre existe un propósito en la disciplina que Dios nos da.

¿Cómo reacciona usted cuando Dios lo disciplina? Aquí tenemos cuatro cosas que son mencionadas en este pasaje de las Escrituras. Vamos a tener que devolvernos un poco y señalar algunos versículos que ya hemos visto.

1.   Y habéis ya olvidado la exhortación que como a hijos se os dirige, diciendo: Hijo mío, no menosprecies la disciplina del Señor, ni desmayes cuando eres reprendido por Él. (v. 5) Aquí él menciona que, en primer lugar, uno puede menospreciar esto. Ésa puede ser su reacción, es decir, que uno lo trata ligeramente, que usted no recibe ningún mensaje de esa

disciplina. Usted llega a ser una persona fatalista. Puede decir: "Bueno, yo estoy teniendo problemas. Todo el mundo tiene problemas". Entonces, eso no tiene ningún significado para usted. Usted no está recibiendo el mensaje que Dios le está tratando de comunicar. Usted no le da importancia. Usted no reconoce que su Padre Celestial lo está disciplinando en todo esto. Ésa es una de las reacciones. Uno puede ignorar eso completamente. Hay muchas personas que hacen eso en efecto. Hay muchos que aceptan eso y dicen: "Bueno, sí, estoy enfermo, pero todos enferman. Esto le ocurre a la familia humana". Y ellos no ven ningún propósito en esto.

2.   Luego, se menciona algo más: ni desmayes. Hay quienes aceptan esto desde ese punto de vista. Éstos son aquéllos que se ponen a llorar por cualquier cosa. Estas personas comienzan a quejarse y a llorar y a decir: "¿Por qué me tiene que suceder esto a mí? No vale la pena seguir viviendo la vida cristiana. Yo he estado sirviendo al Señor y mire ahora lo que me está ocurriendo". Esta gente desmaya, y hay muchos santos que toman esa actitud. Cuando yo estaba enfermo hace algunos años, recibí muchas cartas de personas que expresaban su simpatía hacia mí. Algunas de esas cartas fueron escritas por personas que estaban más enfermas que yo, y esas personas habían estado enfermas por mucho tiempo, y me hicieron pasar realmente vergüenza por las cosas tan dulces y tan amables que decían. Éstas eran personas que tenían una victoria real y verdadera. Hay veces cuando uno va a una reunión, escucha el testimonio de una persona que ha estado muy enferma, y que ha sido sanada y habla de una gran victoria. Pero ¿sabe usted, dónde están las verdaderas victorias? Vaya a los hospitales, vaya a visitar alguna de esas personas que han estado enfermas por meses y años, y escuche lo que ellos tienen que decir. Usted quizá puede desmayar, pero eso no sucede con esa gente. El Señor es quien les da la fortaleza.

3.   El otro mensaje aquí es algo peligroso porque está muy cerca a la verdad: Si soportáis la disciplina. (v. 7) Alguien quizá diga: "Bueno, eso es lo que la Biblia dice. Allí dice que tenemos que sufrir el castigo, soportar la disciplina". Sí, pero éstos son los

santos súper-piadosos. Uno los podría comparar a ellos con esos fakires indios, esa gente que se acuesta en una cama de madera llena de vidrios rotos, o llena de clavos. No tienen que hacerlo, pero lo hacen de todas maneras. Hay muchos santos hoy que aceptan esto de una forma pasiva y dicen: "Ah, esto es del Señor, y tengo que soportarlo". Él nunca le pidió a usted que hiciera algo tan pesimista, que tome esa actitud de santo súper piadoso. Si usted está pasando por dificultades o problemas, ¿por qué no se acerca al Señor y le pregunta por qué Él ha permitido que eso le suceda a usted? Ahí, hay una lección y usted tendrá que aprenderla. No acepte eso de una forma pasiva. A veces recibo cartas así. Hay personas que dicen: "Ah, esto es algo que he tenido que soportar, y continuaré soportándolo", en una forma pasiva, y quejándose todo el tiempo.

4. Luego, tenemos el cuarto ejemplo que es mencionado en el versículo 11: Pero después da fruto apacible de justicia a los que en ella han sido ejercitados. Hay personas que hacen ejercicios para perder un poco de peso, para mantenerse en buena condición física. Aquí se nos habla de otra clase de ejercicio. ¿Se ejercita usted, cuando tiene problemas? ¿O cuando usted tiene que sufrir? ¿Cuándo se le presentan dificultades? ¿O cuando un enemigo se cruza en su camino? ¿Se ha detenido usted a preguntarle alguna vez a Dios por qué permite que esa persona se cruce en su camino? Dios lo hace con un propósito. Dios hace todas estas cosas con un propósito. Lo que debemos hacer es ser ejercitados por medio de estas cosas. El Apóstol Pablo, dice que él va a controlar a su cuerpo, que lo va a ejercitar. Él no quería ir a la presencia de Dios algún día y ser desaprobado. No importa quien sea usted, o donde quiera que esté; es hora de que usted comience a hacer sus ejercicios, y me refiero a la clase de ejercicios que evitarán que usted llegue a una situación como la que se describe aquí:

Por lo cual, levantad las manos caídas y las rodillas paralizadas. [He. 12:12]

No camine usted a través de esta vida difícil como un creyente quejándose todo el tiempo. Había un hombre que cada vez que se le preguntaba cómo se sentía, le explicaba a uno, una y otra vez todos los pormenores y demoraba como 15 minutos para darle la respuesta. Entonces la gente ya no le preguntaba más cómo se sentía, y esta clase de persona anda todo el tiempo con las manos caídas y las rodillas paralizadas. Alguien le está observando. ¿Cómo soporta usted el problema o la dificultad que Dios le envía? ¿Lo soporta siendo ejercitado por ello? Eso es lo importante, y así es como debemos soportarlo. Él es mi Padre y me está disciplinando, y hay un propósito en eso. Quiero aprender la lección. Él comienza a presentar los ejercicios. Uno, dos, tres, uno, dos, tres y así. "Señor, yo quiero saber por qué estoy sufriendo de esta manera".

> *Y haced sendas derechas para vuestros pies, para que lo cojo no se salga del camino, sino que sea sanado. [He. 12:13]*

Hablando honradamente, nunca estuve seguro o claro en cuanto al significado de esto. Haced sendas derechas para vuestros pies. ¿Tiene uno que andar en caminos derechos para que los santos más débiles sigan las pisadas de uno, o tiene uno que andar por sendas derechas para que uno no se acostumbre a andar cojeando a través de la vida? Hay muchos creyentes cojos en el presente. Ellos se quejan, critican, y no están testificando para Dios. Aparecen ser súper-santos, muy piadosos.

> *Seguid la paz con todos, y la santidad, sin la cual nadie verá al Señor. [He. 12:14]*

Sed de buen ánimo, y estad en paz con todos los hombres. Debemos tratar de tener paz con todos los hombres. Hay algunas personas que no pueden estar en paz. En Romanos 12:18, Pablo dice: Si es posible, en cuanto dependa de vosotros, estad en paz con todos los hombres. Es decir, con todos los hombres creyentes. Debemos tener una gran carrera de campo traviesa en el cual muchos de nosotros corremos juntos en esta vida cristiana.

Luego, dice: Y la santidad, sin la cual nadie verá al Señor. Si esto significara que nosotros tenemos que producir santidad, pues entonces, abandonaríamos ahora mismo, porque no tenemos ninguna. Pero, la paz que tenemos vino a través de la sangre de Cristo, siendo justificados…por la fe, tenemos paz para con Dios. (Ro.

5:1) Si tengo santidad, ésa ha sido hecha por Él. Él es mi justicia. Y si llego ante la presencia de Dios, será solamente porque Cristo murió por mí, y eso me da ánimo. Eso me anima a mí a salir y correr esta carrera cristiana.

Señal de peligro: El peligro de la negación

Mirad bien, no sea que alguno deje de alcanzar la gracia de Dios; que brotando alguna raíz de amargura, os estorbe, y por ella muchos sean contaminados. [He. 12:15]

Esto de mirad bien tiene en sí el pensamiento de una dirección. Ahora, ¿cuál es esa dirección? Mirando al Señor Jesucristo, el Autor y Consumador de la fe. (He. 12:2)

Mirad bien, no sea que alguno deje de alcanzar la gracia de Dios. La palabra que se utiliza aquí para expresar esta idea de "dejar de alcanzar", no es en realidad la apostasía, no se recibe aquí la idea del peligro de la apostasía. Sencillamente indica el fracasar. Es decir, el creyente debe mantener sus ojos en el Señor Jesucristo, y no en los hombres. Si él no mantiene sus ojos en Cristo, puede llegar al punto de no poder aprovecharse de la gracia de Dios.

Dios tiene una gran reserva de gracia. Él quiere dar gracia abundantemente a Sus hijos. Él está preparado para hacer eso, y lo puede hacer. Cristo pagó el castigo por nuestros pecados, y Dios es rico en misericordia, es rico en gracia, y Él quiere entregar eso a nosotros. Pero, el problema que existe es que muchos de nosotros no nos aprovechamos de eso. Estoy hablando aquí de algo real, algo que le permite a usted ir a Dios, y lograrlo. Eso es la gloria de todo esto. Ése es el mensaje pues, de esta Epístola a los Hebreos.

¿Se ha dirigido usted a Él, amigo creyente, y ha hablado con Él? ¿Ha hablado usted con Dios, de una forma reverente, pero como si Él fuera su Padre? Cuéntele a Él en cuanto a usted mismo. Dígale que usted necesita de Su gracia. Amigo, todos nosotros necesitamos gracia, y allí está a nuestra disposición, pero usted tiene que solicitarla. Usted tiene que dirigirse a Él y pedírsela. Allí está a su alcance. No fracase en esto de obtener la gracia de Dios.

Porque si esto sucede, usted puede notar lo que pasará: Que

brotando alguna raíz de amargura, os estorbe, y por ella muchos sean contaminados. Una persona santa que critique mucho en una iglesia puede arruinar toda la iglesia; es como una manzana podrida que puede arruinar todas las demás. Eso es lo que puede suceder. Lo que usted debe hacer es esto: Usted debe pedirle a Dios que le dé gracia para soportar cualquier cosa, y para no amargarse, para no demostrar amargura hacia ninguna persona, o hacia cualquiera circunstancia.

No sea que haya algún fornicario, o profano, como Esaú, que por una sola comida vendió su primogenitura. [He. 12:16]

La fornicación mencionada aquí es algo espiritual. Existe el peligro de volverse de Dios hacia las cosas de la carne, y eso puede ser cualquier cosa de la carne. En cuanto le tocaba a Esaú, él vendió su primogenitura, esa primogenitura espiritual que le favorecía tanto. Eso indicaba que podría estar en el linaje que llevaba al Mesías, y que él podría haber sido un sacerdote de la familia de Abraham. Pero a él no le interesaba eso.

La palabra profano proviene de dos palabras: vanas que indica "templo," y pro, que indica "a favor" o "en contra". Aparentemente aquí indica, "contra", y quiere decir "contra Dios". Indica que él es una persona impía. Esaú no vio ninguna necesidad de reconocer a Dios o de tener alguna relación con Él, o ningún sentido de responsabilidad. Así es que, él despreció su primogenitura, y él pensó que eso no tenía ningún valor. Estaba hasta dispuesto a cambiar eso por un plato de sopa. Hay muchas personas que han vendido su alma. Hay algunas que las vendieron por una botella de licor. Pienso que eso es lo peor. Hay otros, que me imagino la venden hoy por las drogas; algunos venden su alma por el sexo. Otros, por la deshonestidad. De eso es de lo que está hablando aquí. Existe un peligro porque, como hijo de Dios usted, o bien va hacia adelante, o bien, cae hacia atrás en su relación con Cristo, como se nos dice aquí. Usted no se va a quedar siempre en el mismo lugar.

> *Porque ya sabéis que aun después, deseando heredar la bendición,*
> *fue desechado, y no hubo oportunidad para el arrepentimiento,*
> *aunque la procuró con lágrimas. [He. 12:17]*

No conozco ningún otro pasaje de las Escrituras que haya sido más malentendido que éste. Da la impresión de que este pobre Esaú, quería arrepentirse y que Dios no aceptó su arrepentimiento. Sin embargo, el escritor está diciendo algo que es completamente diferente. Esaú despreció su primogenitura. Pero luego, él descubrió que con esa primogenitura iba una herencia, que él heredaría el doble de cualquier otro hijo de Abraham. Esaú estaba interesado en algo físico. Su arrepentimiento es demostrado por el derramamiento de lágrimas. Cuando dice aquí: aunque la procuró con lágrimas, indica que él se lamentaba mucho. Creo que lo puedo ilustrar de la siguiente manera: Cierto ladrón fue aprehendido, fue arrestado por la policía y el ladrón comenzó a llorar y decir que lo sentía mucho. Pero, él no sentía mucho el ser un ladrón. Él sentía mucho el haber sido atrapado; eso era lo que sucedía. Así es que Esaú no se estaba arrepintiendo, porque él quisiera regresar a Dios y quisiera algo espiritual. No, sino porque él había perdido algo. Por eso es que él lloraba y éste es el pensamiento de esta porción. Él está en realidad en contra de Dios.

Porque no os habéis acercado al monte que se podía palpar, y que ardía en fuego, a la oscuridad, a las tinieblas y a la tempestad, Al sonido de la trompeta, y a la voz que hablaba, la cual los que la oyeron rogaron que no se les hablase más, Porque no podían soportar lo que se ordenaba: Si aun una bestia tocare el monte, será apedreada, o pasada con dardo; Y tan terrible era lo que se veía, que Moisés dijo: Estoy espantado y temblando. [He. 12:18-21]

El escritor está hablando aquí en cuanto al monte Sinaí, cuando se le dio la ley a Moisés. Él estaba hablando del antiguo pacto. La gente a la cual él le estaba escribiendo era hebreos que se habían vuelto a Cristo. Nuevamente debemos recordar que, en la iglesia primitiva en el día de Pentecostés, esos 3.000 que fueron salvos no eran gentiles. Eran judíos. La iglesia primitiva por esos primeros años, hasta cuando Pablo y Bernabé y otros misioneros comenzaron a salir, era un ciento por ciento judía.

El escritor, entonces, está dirigiéndose a estos judíos. Muchos de esos judíos en Jerusalén que se habían vuelto a Cristo, descubrieron que habían tenido grandes pérdidas. Ellos estaban acostumbrados a ir al templo, y estaban acostumbrados a escuchar cuando se leía la ley. Pero, ahora ya no pueden escuchar la ley ni tampoco pueden ir al templo. Ya no forman parte de ese sistema, y ellos se sentían como si se hubieran quedado por fuera. Por lo tanto, creo que el Apóstol Pablo les está diciendo a ellos: "Vosotros venís a un monte ahora que es diferente al monte Sinaí, y vosotros no queréis regresar a eso". El monte Sinaí fue un lugar donde se dio la ley, y donde 3.000 personas murieron (véase Ex. 32), pero en el día de Pentecostés 3.000 personas fueron salvas. Aquéllos murieron al darse la ley; éstos recibieron nueva vida el día de Pentecostés por la predicación del evangelio. El dar de la ley no era algo muy lindo. Hubo el sonido de la trompeta. Hubo un terremoto. Hubo truenos y relámpagos, y la gente estaba muy asustada. Ellos le dijeron a Moisés, Habla tú con nosotros, y nosotros oiremos; pero no hable Dios con nosotros, para que no muramos. (Ex. 20: 19) Ahora Pablo les dice: "Vosotros no queréis volver a ese sistema".

En cierta ocasión, una dama se me acercó para conversar, y era una persona muy hermosa en muchas maneras, pero yo pensaba que ella era una de esas mujercillas de las cuales habla el Apóstol Pablo; dice: ...mujercillas cargadas de pecados, arrastradas por diversas concupiscencias. Éstas siempre están aprendiendo, y nunca pueden llegar al conocimiento de la verdad. (2 Ti. 3:6-7) Esta persona pues, pertenecía a una familia bastante adinerada. Ella iba a todas las fiestas y cócteles de la gente rica y compartía en sus pecados. Pero, aun así, ella quería continuar asistiendo a las clases bíblicas. Ella iba y estudiaba la Biblia, pero nunca llegó a ser miembro de una iglesia. Siempre pretendía saber mucho en cuanto a la Biblia y, sin embargo, era una de esas personas que siempre están aprendiendo y que nunca pueden llegar al conocimiento de la verdad. En cierta ocasión, cuando yo prediqué un mensaje en cuanto a la ley, y que nosotros no queremos estar bajo la ley, ella dijo: "El acto de dar la ley es algo muy hermoso, ¿verdad?" Yo le tuve que decir que el dar la ley no era algo hermoso, y que no se podía apreciar nada hermoso en cuanto a eso. Leemos que fue una de las escenas más terribles presentadas en la Biblia; 3.000 personas murieron en ese día, y a la gente se le dijo que ésa era una ley que nunca podría salvarles. Dios les dio a ellos ese sistema de los sacrificios. Ellos tenían que presentar un sacrificio, un animalito tenía que morir porque la ley no los podía salvar, sino que en realidad los condenaba.

Estos cristianos hebreos, en aquel día estaban acostumbrados a ir al templo, y a pasar a través de esos ritos en ese lugar. Pero, ahora ya no había nada por lo cual ir allí, ya no había ceremonia ni sacrificio que traer. Pero él les está diciendo que ellos, en realidad, tienen algo:

> *Sino que os habéis acercado al monte de Sion, a la ciudad del Dios vivo, Jerusalén la celestial, a la compañía de muchos millares de ángeles. [He. 12:22]*

Recuerde que él le está hablando a Israel. El monte Sion era el lugar de David. Él tenía un palacio en ese lugar. David fue sepultado allí. Ése era su lugar favorito. Pero él está diciendo esto a los creyentes judíos. Había muchos que aun iban a la fiesta en Jerusalén. Así que él les dice que ellos tienen un Jerusalén celestial. Ellos habían sido dejados afuera por ahora, la persecución los había sacado, pero él les está diciendo que ellos están teniendo una Jerusalén celestial. Esto es algo realmente maravilloso. El monte Sion es la ciudad celestial. Es la ciudad del Dios vivo. Es la Jerusalén celestial. En el libro de Apocalipsis se le llama la Nueva Jerusalén. Algún día nosotros vamos a cambiarnos de casa. Si usted quiere saber la dirección donde yo voy a estar, se la puedo dar. No puedo darle el nombre de la calle ni el número de la casa, pero mi dirección va a estar allí en la Nueva Jerusalén. Ése es el lugar donde iré yo. Ésa es nuestra ciudad para hoy. Tenemos algo mucho mejor en Cristo.

A la compañía de muchos millares de ángeles. Ya he declarado esto una vez y mantengo lo que dije antes, que el ministerio de los ángeles no está relacionado con la iglesia. Pero nosotros vamos a ir a la Nueva Jerusalén algún día, y vemos en el libro de Apocalipsis, que se desarrolla allí una gran escena de adoración, y es algo fantástico. Juan lo vio, y dijo que allí habría una gran compañía de inteligencias creadas, y miles de millares. Luego, él miró a su alrededor y dijo: "Yo no vi esa otra multitud allí, esa cantidad de muchos millares de ángeles". Ellos son las inteligencias de Dios llamadas "ángeles".

Yo nunca he podido ver un ángel. A veces me pregunto en cuanto a ellos. Voy a llegar algún día a la Nueva Jerusalén y voy a unirme a esa gran escena de adoración. Yo voy a poder adorar al Cordero, y todas las inteligencias creadas estarán allí. Una de las cosas que me gustaría hacer es conversar con ellos. A mí, me gustaría saber lo que tienen que decir, ¿no le gustaría a usted saberlo también? Yo nunca tuve el privilegio de hacerlo aquí en la tierra. Cuando alguna persona dice que tuvo un sueño y que un ángel le habló, sería bueno que pensara en lo que comió la noche anterior, porque tal vez eso puede explicar la presencia de ese ángel. Usted nunca ha podido ver a un ángel hoy. Puede pensar que lo vio, pero no ha sido así. Pero, ya vamos a llegar a ese lugar algún día.

A la congregación de los primogénitos que están inscritos en los cielos, a Dios el Juez de todos, a los espíritus de los justos hechos perfectos. [He. 12:23]

"Los primogénitos" que se mencionan aquí son aquéllos que han nacido de nuevo. Aquí se está hablando de la iglesia en el momento del rapto. Ellos serán arrebatados en ese lugar, y sus nombres están inscritos en los cielos, a Dios el Juez de todos. Le doy gracias a Dios que cuando yo llegue a la presencia del Juez, ya hay Alguien que ha pagado mi castigo por mis pecados, y todo eso ya se habrá arreglado.

Luego, se menciona los espíritus de los justos hechos perfectos. Esto no quiere decir completo o perfecto como podríamos pensar nosotros. Se refiere más bien a los santos del Antiguo Testamento. Ahora que Cristo, el Cordero de Dios que quita el pecado del mundo, ha muerto, la salvación de ellos ha sido hecha completa.

A Jesús el Mediador del nuevo pacto, y a la sangre rociada que habla mejor que la de Abel. [He. 12:24]

Él no va a tronar desde el monte Sinaí. Aun cuando Él estuvo aquí, Él se sentó en la montaña y presentó la ley para Su reino, y creo que va a ser mucho mejor cuando usted y yo entremos a Su presencia un día, y le veamos a Él como el Mediador del nuevo pacto.

Y a la sangre rociada que habla mejor que la de Abel. La sangre de Abel clamaba por venganza, pero la sangre de Cristo nos habla de salvación. Esto nos hace pensar en lo que dice Hebreos 12:3: considerad a Aquél que sufrió tal contradicción de pecadores contra Sí Mismo. El escritor está tratando de lograr que estos hebreos cristianos quiten sus ojos del templo, de los sacrificios sangrientos, de los ritos, y que los pongan directamente en la persona de Cristo. Es necesario que nosotros hoy quitemos nuestros ojos de la iglesia, de la religión, de una organización y del hombre mismo. No hay ningún hombre al cual nosotros deberíamos estar mirando en el presente. Mire a Jesús, mírele sólo a Él. Lo que tenemos aquí es tan sencillo. Ese templo con toda su gloria y esplendor estaba pasando, y también iba a ser destruido. Ahora, ellos se encuentran bajo algo nuevo.

Alguien ha dicho: "Ésta es la sencillez de nuestra fe"; y yo estoy de acuerdo con eso. Pero existe cierto peligro en el simplificar demasiado algo bajo los métodos presentes que se utilizan hoy. Yo creo que la fe + nada, es igual a la salvación. La fe sola puede salvar. Pero nosotros tenemos hoy una epidemia de creedores que hoy han hecho de la salvación un pequeño problema matemático o una ecuación, que, si usted dice esto o aquello, o si contesta afirmativamente a una media docena de preguntas, entonces, usted es un creyente. No quiero ser antagonista en esto, pero lo que quiero decir es que usted no es un creyente así. Porque esta clase de cosas no deja ningún lugar para la obra del Espíritu Santo para ser convencido de pecado, y solamente indica un asentimiento de un conocimiento pasajero de Jesús.

Hay una palabra que se está utilizando demasiado en estos días: "Entregue la vida a Cristo". ¿Qué clase de vida puede usted entregarle a Cristo? Si usted se acerca a Él como pecador, entonces, usted ni siquiera tiene vida. Usted está muerto en delitos y pecados. Él es quien dijo: He venido para que tengan vida, así es que usted no tiene que entregar una vida. Él entregó Su vida por usted, Él murió por usted. Usted está muerto en delitos y pecados, y Él tiene una vida que ofrecerle a usted. Él dijo en Juan 10:10: Yo he venido para que tengan vida, y para que la tengan en abundancia.

Hay algunas personas que dicen que debemos entregar nuestro corazón a Jesús. ¿Qué piensa usted que Él quiere hacer con ese corazón inmundo que le podemos dar? De seguro que usted ha escuchado lo que Él dijo: "Del corazón salen las cosas más inmundas que uno puede imaginar". (Véase Mt. 15:19) Usted puede leer la lista que Él dio. ¿Piensa usted que Él quiere ese corazón inmundo suyo? No. Usted no tiene que dar su corazón a Él. Él dice: "Yo les daré un nuevo corazón. Yo quiero darles una nueva vida". Nosotros necesitamos hoy convencernos del pecado, de que nosotros somos pecadores. A veces esa idea de ofrecer salvación hoy se presenta de una manera demasiado alegre. El evangelista lo puede presentar de una manera tan dulce y hermosa. No vemos a la gente llorando en el presente. Creo que debemos enfatizar esto, debemos darle mucho énfasis a la Palabra de Dios.

> *Mirad que no desechéis al que habla. Porque si no escaparon aquéllos que desecharon al que los amonestaba en la tierra, mucho menos nosotros, si desecháremos al que amonesta desde los cielos. [He. 12:25]*

Mirad que no desechéis al que habla. Ya que el Señor Jesucristo es tan maravilloso y ya que Sus palabras son muy importantes, más vale que usted le preste atención—le será muy provechoso.

Porque si no escaparon aquéllos que desecharon al que los amonestaba en la tierra, mucho menos nosotros, si desecháremos al que amonesta desde los cielos. Si usted quiere ver lo que le sucede a la gente bajo la ley, puede ver lo que le pasa aún hoy, a la nación de Israel. ¿Están viviendo en paz hoy? No. Su historia ha sido una historia bastante triste por más de 2000 años. ¿Por qué? Ellos le rechazaron, ellos no quisieron escucharle cuando Él estuvo aquí. Ellos también rehusaron oír la ley, y es por esto que Dios les ha juzgado. Por tanto, éste es un asunto bastante serio el no escuchar esta advertencia, porque el Señor Jesucristo Mismo dijo que si alguno estaba dispuesto a hacer Su voluntad, él lo sabrá. (Véase Jn. 7:17) Si usted hace Su voluntad, entonces, usted descubrirá si es cierto o no. Pero si usted rehúsa escucharle, entonces, ¿cómo va a poder escapar, como él dijo antes ...si descuidamos una salvación tan grande? (He. 2:3a)

> *La voz del cual conmovió entonces la tierra, pero ahora ha prometido, diciendo: Aún una vez, y conmoveré no solamente la tierra, sino también el cielo. [He. 12:26]*

Usted recuerda que cuando se entregó la ley hubo un terremoto. Cuando tuvo lugar la crucifixión del Señor Jesucristo también hubo un terremoto. Dios dice que llegará el día cuando Él sacudirá todo. Cuando uno ve esos grandes edificios en nuestras ciudades, es mejor que los mire bien hoy, porque quizá no estén allí mañana. Dios dice aquí, que Él va a conmover no solamente la tierra, sino también el cielo. ¿Sabe usted por qué va a hacer eso? Dios va a sacudir, va a conmover todo, para hacerle saber a este universo que Él creó, que hay algunas cosas que no se pueden sacudir, y una de esas cosas es la fe viviente en Cristo Jesús. Él es la Roca sobre la cual nosotros descansamos, y Él no puede ser conmovido o sacudido. Ése es el lugar más seguro hoy. Ése es el lugar al cual podemos acudir. Ése es el refugio que es seguro en el presente.

Hay personas que tienen deseos de hacer de este mundo un lugar seguro. Nadie puede hacer de este mundo un lugar seguro. Las Naciones Unidas han tratado de hacerlo, pero nunca lo han logrado. Ni siquiera uno puede caminar por las calles de nuestras ciudades, sin peligro. No sé cuáles, ni como son las calles por las cuales usted transita, pero me parece que son muy similares a las calles que yo tengo que recorrer. Pero, Él va a hacer que todo sea seguro y sin peligro algún día, pero para lograr eso, Él conmoverá todo.

> *Y esta frase: Aún una vez, indica la remoción de las cosas movibles, como cosas hechas, para que queden las inconmovibles. [He. 12:27]*

Es decir, que nosotros debemos tener mucho cuidado dónde edificamos nuestra casa: ¿Estamos construyendo sobre arena movediza, o estamos construyendo sobre Cristo, que es la Roca sólida? Dios permanecerá. Su Palabra permanecerá, y el reino eterno al cual pertenecen todos los creyentes permanecerá.

> *Así que, recibiendo nosotros un reino inconmovible, tengamos gratitud, y mediante ella sirvamos a Dios agradándole con temor y reverencia. [He. 12:28]*

Nos estamos dirigiendo hacia un reino celestial, y si nos estamos dirigiendo hacia el reino celestial, entonces, debemos reconocer que aquí debemos servir al Señor. Pero ¿cómo podemos servirle? Debemos servirle agradándole. ¿Cómo podemos servirle agradándole? Con temor y reverencia. El cristianismo no es jugar a la iglesia. No es el asumir nada más, una actitud un poco piadosa. Es el vivir una relación verdadera y real con Jesucristo, que nos afecta en nuestra vida, que transforma nuestras vidas, y que le permite a uno tener una base sólida en la Palabra de Dios.

Porque nuestro Dios es fuego consumidor. [He. 12:29]

Usted, o puede aceptar esto o dejarlo pasar, pero sucede que esto está en la Palabra de Dios. Ésta es una advertencia solemne que la gracia está a su alcance para que usted pueda servir a Dios, pero usted no juega con esto. No piense usted que puede jugar con Dios y salirse con la suya. En cierta ocasión yo visité a un anciano que estaba muy enfermo. En realidad, el hombre falleció de esa enfermedad. Al hablar con este hombre y presentarle el evangelio, él me escuchó muy cortésmente y luego dijo: "Pastor, yo quisiera decirle ahora mismo que yo acepto a Cristo como Salvador y lo haré. Pero, yo he hecho esto tantas veces; yo he jugado con Dios a través de los años, que ahora, ni siquiera sé yo mismo si estoy siendo sincero o si no lo soy".

No juegue usted con Dios. Puede llegar el día cuando usted ni siquiera llegue a saber cuál es su posición con Él. Le digo, nuestro Dios es fuego consumidor, pero Él es también un Salvador glorioso, maravilloso.

CAPÍTULO 13

El amor

Como dije, el capítulo 11, es el capítulo de la fe; el capítulo 12, es el capítulo de la esperanza, y el capítulo 13 es el capítulo del amor. Otro bosquejo que ha sido sugerido para esta sección es así: El capítulo 10, ha sido llamado el privilegio del creyente. El capítulo 11, se ha llamado el poder del creyente; el capítulo 12, el progreso del creyente; y el capítulo 13, la práctica del creyente. No creo que éste sea un buen bosquejo, excepto en lo que se refiere a este capítulo 13.

Aquí tenemos la práctica del creyente.

La vida secreta del creyente

Permanezca el amor fraternal. [He. 13:1]

Esto aquí no quiere decir que los creyentes deben amar como hermanos, sino que deben amar porque son hermanos. Si usted es un hijo de Dios, entonces, usted es mi hermano. El cemento o el pegamento que mantiene unido todo esto es el amor de hermano. No el amor como hermano, sino el amor de hermano. Somos hermanos. Nosotros no tenemos que amar como hermanos, sino porque somos hermanos.

El escritor de esta epístola les está escribiendo a hebreos, pero lo que tiene que decir tiene una aplicación para nosotros. A mí me llegan muchas cartas de los oyentes. Hay personas que me escriben diciendo que son de diferentes países, o que son de diferentes razas. Pero, todos nosotros los que hemos recibido al Señor Jesucristo como Salvador, somos hermanos. El color de nuestra piel o nuestra nacionalidad no hace ninguna diferencia. Si usted es un hijo de Dios, Él le ha dado un nuevo corazón; Él le ha lavado a usted dejándolo tan blanco como la nieve. Así es que, si usted ha recibido a Cristo, usted es mi hermano, usted es mi hermana. Todos estamos en la misma familia, le guste a usted, o no le guste. Quizá a usted no le guste estar en mi familia. Pero, usted es parte de mi familia y nosotros, tenemos que amarnos unos a otros.

Yo puedo ilustrar esto como un triángulo que representa la vida cristiana.

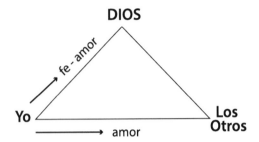

En la parte superior, colocamos a Dios; a un lado, se coloca usted mismo; y en el otro lado, podemos colocar a los demás. Así tenemos la fe y el amor hacia Dios, y el amor hacia los demás. Así es como lo manifestamos. Permanezca el amor fraternal.

Ahora, hay un amor que es aun más extraño:

> *No os olvidéis de la hospitalidad, porque por ella algunos, sin saberlo, hospedaron ángeles. [He. 13:2]*

Ha habido aquéllos que hospedaron ángeles sin saberlo. La palabra ángel puede referirse a seres súper humanos, y también a seres humanos que son mensajeros de Dios. La misma palabra se usa para dirigirse a los Pastores de las siete iglesias en Asia Menor en los capítulos 2 y 3 del libro de Apocalipsis, y en el cual yo tomo la posición que los "ángeles" son mensajeros humanos; eso es, son los maestros o Pastores de las iglesias a las cuales se dirige el mensaje.

El escritor menciona que hay aquéllos en el Antiguo Testamento que entretuvieron a "ángeles". Abraham tuvo esa experiencia de hospedar ángeles sin saberlo. Jacob hizo eso también; él no lo hospedó muy bien ya que estaba bastante ocupado luchando con el ángel esa noche. Un ángel también le apareció a Josué. Así es que, muchos hospedaron ángeles sin saberlo.

El pensamiento básico de este versículo es que debemos extender amor a los extranjeros. Pero nuestro amor debe ser ejercitado con juicio y cuidado. También debemos recordar y reconocer que hay muchas personas a nuestro alrededor, a las cuales podemos servirles de ayuda. Podemos extender nuestro amor hacia ellos, y podemos llegar a conocer a personas maravillosas de esa manera.

Acordaos de los presos, como si estuvierais presos juntamente con ellos; y de los maltratados, como que también vosotros mismos estáis en el cuerpo. [He. 13:3]

El Apóstol Pablo estaba preso, así es que él sabía mucho de eso, y dice, Acordaos de los presos…y de los maltratados… La iglesia es el cuerpo. Cuando un miembro sufre, todos sufren. Cuando yo estaba gravemente enfermo hace algún tiempo, tuve la oportunidad de experimentar esto por mí mismo. Una carta de una señora me causó derramar lágrimas: "Dr. McGee, soy inactiva ahora, y no puedo hacer nada. Oré a Dios que yo pudiera tomar su enfermedad para que usted pueda seguir con su ministerio." Permítame decir que no se encuentra ese tipo de espíritu en toda iglesia ni en todo grupo de creyentes, pero lo necesitamos y le doy gracias a Dios que hay mucho de ese espíritu en nuestro alrededor.

Hablamos mucho del compañerismo cristiano que tenemos en nuestros grupitos o en nuestros banquetes. Pero ¿qué del santo que está en una cama, lejos de su hogar, y nadie lo visita? Muchos de ustedes podrían tener un ministerio maravilloso visitando a los enfermos y a los que están solos. Esto es el amor fraternal del cual él está hablando aquí. El amor fraternal no es algo que tiene lugar sólo en la iglesia o en los grupos que se reúnen. Se cree que se ha creado una nueva frase en nuestro día: "verdad corporal." Amigo, ese término ha estado en la Escritura durante todos estos años; no es algo nuevo. Y usted ejerce esa verdad corporal visitando a ese individuo que tiene necesidad. No escuchamos enfatizar ese aspecto mucho en el día de hoy.

Honroso sea en todos el matrimonio, y el lecho sin mancilla; pero a los fornicarios y a los adúlteros los juzgará Dios. [He. 13:4]

Honroso sea en todos el matrimonio. El escritor está condenando el ascetismo. Luego, toca el tema del matrimonio. Ésa es la base misma de la estructura social. Y eso, por supuesto, también es muy personal. Honroso sea en todos el matrimonio. Aquí él está condenando el ascetismo. Si usted encuentra una muchacha que le acepta a usted, cásese con ella. Y usted, señorita, si encuentra algún muchacho que le acepta a usted, pues, cásese con él. Por supuesto, si ésa es la persona apropiada para usted. Dios puede guiarle a usted a la persona que le conviene, si usted está dispuesto a ser guiado de esta manera.

Honroso sea en todos el matrimonio. El sexo es algo que tiene que ser ejercitado dentro del marco del matrimonio. Dios dio el matrimonio para la humanidad, para el beneficio de la humanidad. No quiero aparecer aquí como chapado a la antigua, porque ahora es muy popular esa idea de que los jóvenes pueden vivir juntos sin ser casados. Es algo que es aceptado en muchas naciones entre los jóvenes. Pero, usted joven que me escucha, usted tendrá que pagar por eso, si usted está tratando de vivir fuera de los lazos del matrimonio, porque el hogar es el centro mismo de la estructura social, y es el mismo centro de la iglesia.

Honroso sea en todos el matrimonio, y el lecho sin mancilla. Ése es el mismo centro de la estructura social, no hay nada malo con el sexo, excepto que hoy en día, se está enseñando demasiado en las escuelas. Las estadísticas demuestran que enfermedades venéreas tales como el SIDA, se están diseminando a pasos agigantados. Desde Londres se informa que allí se está tratando de reducir la enseñanza del sexo, porque eso ha llevado a que se cometan violaciones en la misma escuela. No creo que sea necesario esto de la educación sexual con tanto énfasis en los colegios. Según el informe proveniente de Londres, eso es responsable por una epidemia de enfermedades venéreas.

Pero a los fornicarios y a los adúlteros los juzgará Dios. Gálatas 6:7, dice: No os engañéis; Dios no puede ser burlado; pues todo lo que el hombre sembrare, eso también segará. Aquí tenemos algo bastante severo. Estoy seguro que hay muchos cristianos que han tratado de salirse con la suya en este asunto. No creo que nadie haya logrado eso; quizá no han sido descubiertos, pero por cierto que no salen sin culpa. Dios juzgará esto. Así es que, Él condena aquello que es lujurioso en nuestras vidas. Cualquier cosa que el hombre sembrare, eso cosechará. Usted no va a poder escaparse, no va a poder salirse con la suya. Hay muchos en la iglesia que piensan eso en el presente. Usted no puede escapar de Su juicio.

Sean vuestras costumbres sin avaricia, contentos con lo que tenéis ahora; porque él dijo: No te desampararé, ni te dejaré. [He. 13:5]

Es maravilloso que Él pueda decir eso. Quizá usted nunca llegue a ser millonario, pero Él nunca le desamparará ni le dejará. ¿No es maravilloso que Él nos diga eso? No importa quien usted sea ni lo que sea, si usted ha respondido en fe a la Palabra de Dios, usted ha sido traído al lugar donde puede saber que Él nunca le dejará ni le desamparará. Yo creo que hay amigos míos que me pueden dejar en el presente, y también que algunos parientes me pueden hacer eso. Pero, el Señor Jesucristo, nunca me dejará. Es maravilloso el tenerle a Él de mi lado, y espero que usted también le tenga de su lado.

De manera que podemos decir confiadamente: El Señor es mi ayudador; no temeré lo que me pueda hacer el hombre. [He. 13:6]

Estos creyentes judíos en Jerusalén Judea y en Samaria tendrían que enfrentar en los años siguientes crueles castigos. Ellos iban a enfrentarse a grandes pruebas, y aquéllos que eran creyentes, recordaban que Dios no los iba a olvidar. Ellos podían decir a pesar de lo que ocurría: El Señor es mi ayudador; no temeré lo que me pueda hacer el hombre.

Es interesante notar que, durante la guerra de Vietnam, mucha gente de tendencia radical fue a ese país a hablar en favor de los prisioneros de guerra; encabezaron actividades de protesta, y todo eso; y luego, los prisioneros de guerra fueron liberados. Pero ¿ha visto usted a alguna de estas personas que tanto trabajaban antes, demostrar algún interés ahora en los prisioneros de guerra? y, ¿sabe por qué? Porque muchos de los prisioneros de guerra regresaron y dijeron que no fue una estrella de cine o alguna persona importante la que les había ayudado a salir. Fue el Señor Jesucristo, y muchos de ellos se habían vuelto al Señor Jesucristo.

Es interesante notar que los órganos informativos y la televisión no mencionaron eso. No les gustaba. No les gustaba hablar en cuanto a los prisioneros de guerra, y es interesante notar cómo ellos se olvidaron de esta gente, porque muchos de ellos se habían vuelto hacia el Señor Jesús. Amigo, Él nunca los dejó. Él permaneció con ellos. Y Él es quien permanecerá con usted también. No creo que los haya dejado en momentos difíciles. No creo que los radicales puedan ayudar mucho. No creo que los partidos políticos puedan ayudar mucho. Uno se cansa de escucharlos, y es mejor escuchar al Señor Jesucristo. Él dice: No te desampararé, ni te dejaré.

La vida social del creyente

Acordaos de vuestros pastores, que os hablaron la palabra de Dios; considerad cuál haya sido el resultado de su conducta, e imitad su fe. [He. 13:7]

Sé que hay muchos ministros que utilizan este versículo para decir que los miembros de la iglesia deben obedecerles. Pero, yo opino que el pensamiento expresado aquí es más bien el de guiar, que ellos son guías espirituales, y los guías espirituales deben llevar a la gente a Cristo. Si un hombre está presentando a Cristo, y tratando de llevar a esa gente a la presencia de Cristo, entonces, uno debe ser leal con esa persona. Pero el decir que uno simplemente es leal a un hombre porque sucede que es el Pastor de la iglesia, no es en realidad lo que el escritor nos está diciendo aquí.

Jesucristo es el mismo ayer, y hoy, y por los siglos. [He. 13:8]

Sólo hay una palabra, Jesucristo. No ocurren accidentes en la Palabra de Dios. Ninguna palabra se usa descuidadamente. Jesús era Su nombre humano. Cristo era Su título. Eso habla de Su Deidad, de Su Divinidad.

Jesús, es el nombre que lo une a Él con la humanidad. Eso lo une a Él con la palabra y la persona más maravillosa de este mundo. Aquí tenemos Su Nombre y un título. Usted sabe lo maravilloso que era Jesús aquí como persona, cuando estuvo aquí en esta tierra. No estoy hablando solamente en cuanto a Su humanidad. La gente le rodeaba; Él era tan humano que las multitudes le seguían, le amaban; pero, fueron las enseñanzas de Jesús las que fueron odiadas. No era Jesús, el hombre; Él era amado y maravilloso.

Cristo es un título que habla de Su misión mesiánica a esta tierra— Él es Dios en la carne. Jesucristo—¡Cuán maravillosamente se unen estos dos nombres! Él es Jesucristo, y Él es el mismo.

No me siento muy capacitado para tratar con este versículo. Lo primero que tengo que decir es que este versículo probablemente ha sido mal aplicado quizá más que cualquier otro versículo de la Palabra de Dios. Hay quienes lo utilizan en el presente, y dicen: "Bueno, Jesús estuvo aquí hace 2.000 años, y Él hizo milagros. Entonces, nosotros debemos hacerlos en el presente. Él sanó hace 2.000 años; por lo tanto, nosotros debemos sanar hoy, porque Él todavía lo hace".

Jesucristo es el mismo, pero debemos comprender bien cómo es que Dios es el mismo, cómo Jesús es el mismo. Él es el mismo en Su carácter, en Su persona, en Sus atributos. Pero no es el mismo en el lugar que estaba, ni en lo que realiza. Si usted visita a Israel hoy, estoy seguro que usted no va a poder verlo allí. Es más, usted notará muy poca evidencia en cuanto a Él en esa tierra. Pero Él estuvo allí hace 2.000 años, y Él sanó. Así fue. Hace más de 2.000 años Él estuvo en la ciudad de Belén, como un pequeño bebé; pero Él ya no es un bebé pequeñito; y Él no está en Belén. Hace más de 2000 años Él fue un jovencito que jugaba en las calles de Nazaret. Usted puede recorrer las calles de Nazaret y no lo va a encontrar allí. Puede ver muchos jovencitos, pero no lo verá a Él. Usted puede ir a Jerusalén, pero no lo verá allí. Puede ir al Gólgota, pero allí ni siquiera hay una cruz. Él no se encuentra en una cruz. El pensamiento total de esta epístola es que Él está a la diestra de Dios; que tenemos un Sumo Sacerdote a la diestra de Dios, y que Él es el Autor y Consumador de nuestra fe. (Véase He. 12:2) Él lo hizo hace 2.000 años y ahora se encuentra a la diestra de Dios. Ahora mismo se encuentra allá arriba, pero algún día Él va a regresar como Rey. No lo ha hecho todavía, no ha regresado como Rey; y Él establecerá Su reino. Él no ha sacado a la iglesia de este mundo todavía, pero Él hará eso. Pero Él es el mismo en Sus atributos.

Cuando Él estuvo aquí hace 2.000 años, fue Dios quien bajó a nuestro nivel. Uno se puede maravillar en cuanto a esto. Él vino a un lugar donde no había mucha riqueza ni pompa ni ceremonia. Él no fue a Roma, donde estaba el centro del poder y el gobierno. Él no fue a Atenas, donde se encontraba el centro cultural. Él fue a Jerusalén, que era el centro religioso de aquel día. Pero Él descendió a nuestro nivel, fue un ser humano.

Quisiera ahora decir algo en cuanto a la persona de Dios, porque muchos de nosotros hoy, creemos que no vamos a ser bien comprendidos, y por eso no enfatizamos la humanidad de Cristo. Enfatizamos Su Deidad, y eso necesita ser enfatizado hoy porque los liberales no hablan de otra cosa sino de la humanidad de Cristo, y creo que ellos yerran el blanco. Creo que el Señor Jesucristo fue la persona más atractiva que anduvo por esta tierra. No estoy hablando de eso porque Él era Dios, sino porque Él era un hombre. Él era un verdadero hombre. ¿Ha notado usted alguna vez que las multitudes se sentían atraídas hacia Él? Las multitudes le seguían. Él era fuerte pero amable. Los niños se acercaban a Él. Pero Él podía expulsar a los cambiadores de dinero del templo, y ellos tuvieron que huir del templo porque Él era lo suficiente hombre como para hacerlo. Él era un hombre verdadero. Él era atractivo. Él tenía lo que nosotros llamamos hoy "carisma". La gente le seguía porque le amaba. Ellos estaban en la presencia de un hombre que era un hombre. En Capernaum, Él sanó a un leproso, y luego tuvo que partir de allí por la cantidad de gente que le seguía. Le rodearon tantas personas que no podía continuar con Su ministerio. Los pecadores públicos se acercaban a Él. Es por eso que Él fue perseguido por la multitud religiosa de ese lugar. Si Él llegara a visitar su ciudad hoy, y no me gusta decir esto, pero no creo que Él vaya a su iglesia, ni creo que tampoco vaya a la mía. No creo que Él se dirija a esos lugares, pero, me imagino que uno lo podría encontrar donde se encuentra la gente. Él se mezclaría con la multitud. Los niños se acercaban a Él, y eso me maravilla. Usted recuerda que cuando Él fue hacia Jericó al final de su ministerio, las multitudes bordeaban el camino y el pequeño Zaqueo tuvo que subirse a un árbol, y nuestro Señor se detuvo e hizo que él descendiera de ese árbol. ¡Cuán sensitivo era el Señor Jesucristo a la necesidad humana, y cuán maravilloso en Su persona!

Quiero ahora decir algo y lo quiero hacer con mucho cuidado: Era la persona de Cristo la que atraía. No era Su enseñanza. Esa declaración Suya de que iba a morir para redimir a los hombres no era popular. Al comienzo de Su ministerio fueron Sus enseñanzas las que ofendían. Él hablaba diciendo que era el Pan de vida, y que Él había descendido para dar Su vida, para que los hombres pudieran tener alimento espiritual, y dijo: por eso os he dicho que ninguno puede venir a Mí, si no le fuere dado del Padre. Desde entonces muchos de Sus discípulos volvieron atrás, y ya no andaban con Él. Dijo entonces Jesús a los doce: ¿queréis acaso iros también vosotros? Le respondió Simón Pedro: Señor, ¿a quién iremos? Tú tienes palabras de vida eterna. (Jn. 6:65-68) Las multitudes se habían reducido ya. Sólo doce permanecieron con Él. ¿Por qué? Debido a Sus enseñanzas. Simón Pedro le regañó cuando habló de Su muerte...en ninguna manera esto te acontezca. (Mt. 16:22) Hasta a los discípulos, no les gustaba esa clase de enseñanza. Cuando los hombres entraban en contacto con el Señor Jesucristo, ellos encuentran gracia y verdad; encontraban dulzura y fuerza; encontraban humildad y majestad; encontraban luz y amor. Él les apelaba a los hombres, pero cuando Él murió en la cruz, esa cruz vino a ser una ofensa. La cruz todavía es una ofensa, pero Jesús sigue siendo atractivo.

Se cuenta que Savonarola se presentó en la ciudad de Florencia ante una gran multitud, y les dijo: "Sean libres". La gente le aplaudía. Pero cuando, él les dijo: "Sean puros", la gente, entonces, le expulsó de la ciudad. Ellos no querían sus enseñanzas, a no ser que estuviera de acuerdo con los hombres. El Señor Jesucristo les dijo a los hombres: "Debéis apartaros del pecado. No podéis vivir en el pecado. Yo he venido para daros libertad. Pero yo tengo que dar Mi vida por vosotros, y vosotros tenéis que venir a Mí como pecadores". Y los pecadores vinieron. Cuando los hombres se encontraban desesperados, iban a Él. Creo que ésa es la única forma en la que ellos van a ir a Él hoy.

Él era una persona maravillosa. Alguien lo expresó de la siguiente manera:

"Nuestro bendito Señor, dos naturalezas en una; ambas completas, en Su naturaleza humana todo sublime. En Su Deidad, todo plenitud. Como hombre, participó en una fiesta; huésped humilde en la cena. Como Dios, mueve allí el agua y la cambia en vino. Como hombre, Él sufre cansancio, descansa al lado de un pozo. Como Dios, penetra al corazón de los pecadores, y salva sus almas del infierno. Como hombre, sube a la cima de la montaña, como el suplicante que sería. Como Dios, dejó Su lugar de oración y caminó sobre la mar.

Como hombre, lloró con corazón conmovido, al lado de la sepultura del amigo estimado. Como Dios, rompe las ligaduras de la muerte, Todopoderoso aun para salvar. Como hombre, descansa en la embarcación, necesitando el reposo del sueño. Como Dios, se levanta, reprende al viento, y calma al embravecido mar. Como hombre, se entrega a Sus enemigos, dejándose atar. Como Dios, Su presencia les sobrecogió y a tierra les lanzó. Así fue nuestro Señor cuando vivió en la tierra, dos naturalezas en un sólo ser. La simiente de la mujer, en realidad, y el eterno Hijo de Dios. Oh, criatura, oh hijo, oh Verbo hecho carne, que sobreabunde Tu alabanza, Tú maravilloso, Tú Dios poderoso, Príncipe de paz eterno".

Jesucristo es el mismo ayer. Ahora, esto es lo que Él fue ayer. Pero Él se encuentra hoy allá arriba, a la diestra de Dios, y aún Él desea que los niños se acerquen a Él. Él tiene Sus brazos extendidos hacia ellos y aún pueden acercarse a Él los pecadores, y Él los puede salvar. Aun aquéllos que se encuentran en lo más profundo del pecado. Ve y no peques más. "Yo te puedo liberar". Si el Hijo os liberare, seréis verdaderamente libres. Hay muchas personas que se muestran muy cautelosas en ir a la iglesia. Piensan que allí se encuentran con un grupo de personas demasiado buenas, y que tienen que tener mucho cuidado. Si el Señor Jesucristo estuviera en esa reunión, tal vez le podríamos escuchar riéndose, y creo que podríamos encontrar en Él a una persona hacia la cual uno puede sentir cariño.

Alguien dijo algo en cuanto a Él, y yo hablé en contra de esto cuando lo escuché por primera vez; pero me ha hecho pensar. Uno de estos jóvenes radicales dijo que el Señor Jesucristo era un revolucionario, y eso no me gusta. Eso no es cierto. Pero él dijo que el Señor Jesús era una persona de mucho valor. Cómo ha sido criticado Él por eso; y yo me uno en la crítica. He estado pensando en cuanto a esto. No estoy de acuerdo con eso, pero quiero decir lo siguiente. ¿Sabía usted que si nosotros verdaderamente presentamos al Señor Jesús como Él era en realidad, Él atraería a los radicales hoy? Jesús era un hombre, y Él es el mismo hoy, pero Él es Dios. Él pudo llorar en la tumba de Lázaro porque era humano. Pero Él le podía decir a Lázaro: "Ven fuera". Él mismo puede encontrarse con usted hoy. Puede simpatizar con usted, puede llorar con usted, puede reírse con usted, y también puede salvarle. Cómo me gustaría poder presentarle a Él tal cual era hace más de 2.000 años cuando vino a esta tierra. ¡Cuán maravilloso era Él! Hoy, su tristeza, es la tristeza de Él; y su gozo es el gozo de Él; y Él será el mismo en el futuro, y ayer y hoy y por los siglos siguientes. Él no cambiará jamás. Algún día nosotros estaremos en Su presencia y ¡cuán maravilloso llegará a ser eso!

Quiero compartir ahora una porción de un escrito del Dr. Scofield. Él dice: "En primer lugar, según me parece a mí, esta amabilidad y agrado o hermosura de Cristo consiste en Su naturaleza humana perfecta. ¿Estoy siendo comprendido? No quiero decir que Él era un humano perfecto, sino que Él era perfectamente humano, lo es en todo menos en nuestra naturaleza pecaminosa y malvada, Él es uno con nosotros. Él crecía en sabiduría y en estatura, y en gracia para con Dios. Él trabajó, lloró, oró, y Él amó. Él fue tentado en toda forma como nosotros, pero sin pecado. Con Tomás, nosotros le confesamos a Él, Señor y Dios. Le adoramos y le reverenciamos; pero, no hay ningún otro que pueda establecer con nosotros tal intimidad; que pueda llegar tan cerca de nuestros corazones humanos. No hay nadie en este universo de quien tengamos tan poco miedo. Él entra tan sencilla y naturalmente en nuestro siglo XXI, y vive como si hubiera crecido en la misma calle con nosotros".

Él es maravilloso, y usted debe conocerle. Pablo, quien llegó a conocerle, se dio cuenta que aun al fin de su vida, él quería conocerlo más: A fin de conocerle, y el poder de Su resurrección... (Fil. 3:10) Hoy, mi propio propósito es conocerle y propagar Su Palabra—no hay otra cosa que sea más importante.

Él tiene atracción aun para aquéllos que son radicales. Como usted puede apreciar, no era la persona de Jesucristo la que hacía que la gente se alejara de Él, sino Su enseñanza. ...el Hijo del Hombre no vino para ser servido, sino para servir, y para dar Su vida en rescate por muchos. (Mt. 20:28, Mr. 10:45)

No os dejéis llevar de doctrinas diversas y extrañas; porque buena cosa es afirmar el corazón con la gracia, no con viandas, que nunca aprovecharon a los que se han ocupado de ellas. [He. 13:9]

Esto es sorprendente: A la mayoría de los cultos y sectas les gustan las dietas. Creo en una dieta, y eso es algo muy importante, en lo que se refiere al cuerpo. Pero no tiene nada que ver con su relación con Dios. Pablo dice, escribiéndoles a los creyentes de Corinto, que, si uno comía o no comía carne, que eso no le encomendaba a uno ante Dios (véase 1 Co. 8:8). Eso es lo que él está tratando de decir aquí. No se aparte con estos cultos extraños, y esas enseñanzas extrañas que existen hoy, de que una dieta o una ceremonia y un rito y reunirse con un pequeño grupo y estudiar una cosa pequeña hoy, como los que existen en el presente, que eso va a hacer de usted un santo muy superior. Nada, amigo, nada en este mundo puede edificarle a usted, si no es la Palabra de Dios. La Palabra de Dios no le edificará a usted a no ser que le lleve a los pies de Cristo, y sólo el Espíritu Santo puede tomar las cosas de Cristo y hacer que sean verdaderas para usted.

Tenemos un altar, del cual no tienen derecho de comer los que sirven al tabernáculo. [He. 13:10]

Se está haciendo una comparación entre lo que Israel tenía bajo el primer pacto en contraste a lo que tenemos en el nuevo pacto. Hoy, los creyentes tenemos un altar, pero el altar no es la cena del Señor como lo interpretan algunos. No es un altar material, pero sí tenemos un altar. El altar es el trono de la gracia en las alturas. Era un trono de juicio. Allí Él me condenó, pero también, cuando allí fue colocada la sangre, puedo yo llegar y encontrar gracia y ser salvo. Ese altar se encuentra en el cielo hoy.

Yo quisiera decir que el compañerismo cristiano, no consiste en tener un banquete en la iglesia. La comunión no se experimenta en un banquete en la iglesia, si puedo expresarlo de esa manera. Siempre escucho decir eso: "Venga al banquete, vamos a tener una comunión cristiana maravillosa". No, amigo, no va a ser así. Usted va allí para divertirse un poco, o simplemente para llenar su estómago. Eso es lo que va a hacer allí. El único lugar donde usted puede tener comunión cristiana, y me refiero a esa palabra griega Koinonía, es cuando usted está alrededor de la Palabra de Dios, y cuando la Palabra de Dios le presenta a usted la Palabra de Cristo, y usted puede verle a Él en toda Su gloria. Entonces es cuando usted puede pasar un buen tiempo con otros creyentes. Nuestro Señor es maravilloso, amigo— es terrible no aceptarle.

Porque los cuerpos de aquellos animales cuya sangre a causa del pecado es introducida en el santuario por el sumo sacerdote, son quemados fuera del campamento. [He. 13:11]

El escritor se está refiriendo a la ofrenda para el pecado. Cuando Cristo murió, era por el hecho de que usted y yo somos pecadores. No sólo cometemos pecado, sino que somos pecadores por naturaleza, y Él tomó nuestro pecado sobre Sí Mismo que poder darnos una nueva naturaleza.

Por lo cual también Jesús, para santificar al pueblo mediante su propia sangre, padeció fuera de la puerta. [He. 13:12]

El Señor Jesús murió afuera de la ciudad. Él fue esa ofrenda por el pecado. Recuerde, amigo, que la ofrenda por el pecado era sacada del templo allá afuera. El Señor Jesús fue nuestra ofrenda por el pecado y pagó el precio.

Salgamos, pues, a él, fuera del campamento, llevando su vituperio. [He. 13:13]

El escritor les está diciendo a estos cristianos hebreos, "No sentáis el dejar el templo, no sentáis el dejar los ritos. No penséis que esas cosas son de mucha ayuda. Id a Cristo Mismo".

Nosotros debemos ir a Él. Estamos en camino ahora. Se nos dice que nos estamos dirigiendo hacia la Jerusalén Celestial. Ésta es una verdadera separación. Hoy se habla mucho de ser separado de algo. "Ah, no hacemos esto, no hacemos aquello. Somos separados de algo". Pero la separación no es de algo, sino para algo. El Apóstol Pablo dice que él fue separado o apartado para el evangelio, separado para Cristo, separado para la Palabra de Dios. En realidad, la palabra en hebreo, y él está escribiendo aquí a los hebreos, indica uno que cruzó al otro lado. Abraham fue llamado un hebreo, porque vino del otro lado del río Eufrates, y eso indica que la vida anterior ya ha pasado. Los hijos de Israel cruzaron el Mar Rojo, y eso indica liberación de la esclavitud. Ellos ahora son redimidos. Ahora existe la posibilidad de una nueva vida. Ellos tuvieron que cruzar el Jordán y luego vivieron en la tierra prometida; vivieron en Canaán, la clase de vida que nosotros debemos vivir aquí.

Se nos dice a nosotros, y se les dice también a los hebreos aquí, que tenemos que salir fuera del campamento, llevando Su vituperio. A los hebreos no les gustaba dejar el templo y la religión, y hay muchos creyentes que están tan involucrados en "iglesianismo", si me permite la expresión, y piensan que, porque son miembros de una iglesia, son salvos. Hay muchas personas que necesitan alejarse de los ritos, y que necesitan apartarse de la religión y llegar a Cristo Mismo. Venga a Él. Ésa es una verdadera separación, y de paso digamos, una verdadera salvación.

Debemos ir fuera del campamento, llevando Su vituperio. Estamos caminando hacia un Jerusalén celestial. A los cristianos hebreos no les gusta dejar el templo y su religión. Muchas personas hoy están involucradas en "iglesianismo," pensando que, por ser miembros de una iglesia, son salvas. Necesitan alejarse del rito y de la religión y venir a Cristo. Venga a Él—ésa es la verdadera separación de la cual él habla aquí, y ésa es la salvación.

> *Porque no tenemos aquí ciudad permanente, sino que buscamos la por venir. [He. 13:14]*

Aquí no tenemos nada que sea permanente.

La vida espiritual del creyente

> *Así que, ofrezcamos siempre a Dios, por medio de él, sacrificio de alabanza, es decir, fruto de labios que confiesan su nombre. [He. 13:15]*

El Hijo de Dios es un Sacerdote hoy, y puede llevar un sacrificio y este sacrificio es la vida espiritual del creyente. Hay cuatro sacrificios para un creyente. Tres de ellos se mencionan aquí en el versículo 15:

1. Nosotros somos sacerdotes y nos podemos ofrecer a nosotros mismos a Dios. (Véase Ro. 12:1.) Alguien dijo que, cuando uno se entrega verdaderamente al Señor, todo lo demás que uno da, llega a ser fácil.

2. Podemos ofrecer a Dios nuestro dinero. (Véase 2 Co. 8:1-5.) Si Él no tiene su dinero, Él no lo tiene a usted.

3. Podemos ofrecer a Dios nuestra alabanza—fruto de labios que

confiesan Su nombre. (V. 15).

4. Luego, podemos ofrecer nuestras acciones de hacer el bien, y eso lo vemos aquí:

Y de hacer bien y de la ayuda mutua no os olvidéis; porque de tales sacrificios se agrada Dios. [He. 13:16]

Cuando usted lleva un canasto de frutas a una persona que ha estado enferma por mucho tiempo, algún anciano, a ese maravilloso hijo de Dios, que todos los demás han olvidado, entonces usted es un sacerdote ofreciendo sacrificio a Dios, un sacrificio que le agrada a Dios. A Él le agrada que usted haga eso. A veces, cuando nosotros mismos estamos enfermos podemos enviar cartas a otras personas y ayudarles a ellos a recuperarse, o a pasar esos momentos de enfermedad, en compañía del Señor. Se puede escribir cartas muy hermosas y a mí me gusta recibir eso, cuando estoy enfermo. Eso es un sacrificio que agrada a Dios. De eso es de lo que estoy hablando aquí. Si el cristianismo no puede ser algo práctico, entonces no es bueno. Lo que estoy tratando de decir, es que el Señor Jesucristo se encuentra en el cielo a la diestra de Dios. Allí es donde está la Cabeza de la iglesia, pero Sus pies están aquí abajo, aquí donde nos encontramos usted y yo. Él quiere que el cristianismo camine aquí sobre este mundo.

Obedeced a vuestros pastores, y sujetaos a ellos; porque ellos velan por vuestras almas, como quienes han de dar cuenta; para que lo hagan con alegría, y no quejándose, porque esto no os es provechoso. [He. 13:17]

Ésta es una declaración similar a la que vimos en el versículo 7. El pensamiento detrás de todo esto es que, si usted tiene un Pastor que está enseñando la Palabra de Dios, y le está presentando propiamente la Palabra de Dios, entonces, usted debe obedecer; no obedecerle a él como persona, sino que usted tiene que obedecer a la Palabra de Dios como él la está presentando. Es mejor no oír la Palabra de Dios si uno no la va a obedecer. Esto, de ninguna manera quiere decir que no debemos respetar al Pastor, sino por el contrario, que debemos darle el respeto debido y acatar sus exhortaciones y amonestaciones, porque el Apóstol Pablo dice en 1 Tesalonicenses 5:12-13: Os rogamos, hermanos, que reconozcáis a los que trabajan entre vosotros, y os presiden en el Señor, y os amonestan; y que los tengáis en mucha estima y amor por causa de su obra. De modo que, si el Pastor, está presentándole la Palabra de Dios como debe, entonces, debemos acatar y obedecer lo que la Palabra de Dios nos enseña.

Orad por nosotros; pues confiamos en que tenemos buena conciencia, deseando conducirnos bien en todo. [He. 13:18]

Orad por nosotros. Evidentemente los lectores de esta epístola sabían quien les estaba escribiendo. Opino que es el Apóstol Pablo.

Confiamos en que tenemos buena conciencia, deseando conducirnos bien en todo. Es maravilloso poder poner la cabeza sobre la almohada en la noche, y saber que tenemos una buena conciencia, una conciencia que es iluminada por la Palabra de Dios. Hay muchas personas que no están caminando en la luz: Si decimos que tenemos comunión con Él, y andamos en tinieblas, mentimos y no practicamos la verdad; pero si andamos en luz, como Él está en luz, tenemos comunión unos con otros, y la sangre de Jesucristo Su Hijo nos limpia de todo pecado. (1 Jn. 1:6-7)

Y más os ruego que lo hagáis así, para que yo os sea restituido más pronto. [He. 13:19]

Esto nuevamente me hace pensar que es el Apóstol Pablo quien está escribiendo esto. Esta epístola tiene muchas señales de que fue el Apóstol Pablo quien la escribió. Aparentemente él se encuentra en la prisión, y él está diciendo a estos creyentes hebreos: "Yo quiero regresar y estar entre vosotros otra vez". Después de todo, él era hebreo, y quería estar entre su pueblo. Francamente hablando, como ya he dicho anteriormente, la palabra "hebreo" indica una persona que ha cruzado al otro lado, y me gustaría que todos los hebreos fueran así hoy; es decir que hubieran cruzado al Señor Jesucristo.

La bendición apostólica

Y el Dios de paz que resucitó de los muertos a nuestro Señor Jesucristo, el gran pastor de las ovejas, por la sangre del pacto eterno, Os haga aptos en toda obra buena para que hagáis su voluntad, haciendo él en vosotros lo que es agradable delante de él por Jesucristo; al cual sea la gloria por los siglos de los siglos. Amén. [He. 13:20-21]

El gran Pastor de las ovejas. El Señor Jesucristo es llamado el Gran Pastor. En el Salmo 23, se le llama el Buen Pastor, y Él se llama a Sí Mismo el Buen Pastor en Juan 10:11. Él es el Buen Pastor de las ovejas, y el buen pastor muere por ellas. Él es el Buen Pastor. Pero Él es también el Gran Pastor de las ovejas. Él es quien perfecciona a las ovejas y es quien las ayuda a crecer. En el Salmo 23, vemos que Él es quien las guía a aguas de reposo, y las lleva a verdes pastos, tiernos y buenos, que hablan de la Palabra de Dios. Luego, vemos que Él es el Príncipe de los pastores. Él murió en el pasado como el Buen Pastor. Hoy, Él es el Gran Pastor y regresará un día como el Príncipe de los pastores y vendrá a buscar a Sus ovejas. Él comenzó con cien ovejas. ¿Sabe usted cuántas ovejas se va a llevar al cielo? No se va a llevar 99. No, Él va a llevar cien ovejas. Todas ellas estarán con Él allí.

Por la sangre del pacto eterno. Esto es algo muy importante de notar aquí, y Su sangre es la base de todo pacto que Dios ha hecho.

Os haga aptos—aquí tenemos el propósito de esta Epístola a los Hebreos. Se nos dice que debemos ir a la perfección. ¿Qué es lo que quiere decir? Indica que debemos madurar; que ahora uno es ya un hijo crecido de Dios. Es algo maravilloso poder ver a un bebé recién nacido; pero si uno regresa 20 años después y aun es un bebé que continúa en su cuna y hablando como un recién nacido, entonces algo anda mal. Sin embargo, hay muchos santos así en el presente. Dios quiere que usted llegue a madurar. Que crezca. La Epístola a los Hebreos le ayudará a hacer esto.

En toda obra buena para que hagáis Su voluntad. ¿Qué es lo importante para el hijo de Dios? Es hacer Su voluntad, haciendo Él en vosotros lo que es agradable delante de Él por Jesucristo; al cual sea la gloria por los siglos de los siglos. Amén. Ésa es la bendición, pero note cuán personal es esto:

Os ruego, hermanos, que soportéis la palabra de exhortación, pues os he escrito brevemente. [He. 13:22]

Debo sonreír ante esto, porque el escritor dice que él escribió pocas palabras. Según mi juicio es una carta bastante larga.

Pero dice que escribió brevemente.

Sabed que está en libertad nuestro hermano Timoteo, con el cual, si viniere pronto, iré a veros. [He. 13:23]

Esto parece indicar que Pablo es quien escribió esto. Aparentemente Timoteo había sido puesto en la cárcel. Hay algunas versiones de la Biblia que indican algo que no es parte del texto inspirado, y que dice: "Escrita a los hebreos desde Italia por Timoteo". Ésa es la interpretación de algún hombre, o es sencillamente la interpretación de lo que Pablo escribió. Ese hombre puede estar equivocado; puedo estarlo yo; ambos podemos estar equivocados. Lo importante en esto es que esta epístola fue escrita por el Espíritu Santo, y el Espíritu Santo toma las cosas de Cristo y nos muestra eso a nosotros.

Saludad a todos vuestros pastores, y a todos los santos. Los de Italia os saludan. [He. 13:24]

El escritor estaba en Roma al escribir esta epístola, y Pablo estuvo en la prisión en Italia.

Él finaliza ahora con esta maravillosa bendición en el versículo 25, y, con esto, finaliza también este estudio porque no puedo agregar nada más a esto. No puedo interpretarla, porque se interpreta a sí misma.

La gracia sea con todos vosotros. Amén. [He. 13:25]

La epístola universal de
Santiago

INTRODUCCIÓN

Esta es una de las epístolas que generalmente son llamadas epístolas generales. Estas epístolas incluyen los libros de Santiago, 1 y 2 Pedro, 1, 2, y 3 Juan, y Judas. También son llamadas epístolas católicas, en el sentido de que son universales, porque no están dirigidas a una iglesia en particular, ni a un grupo particular en la iglesia, sino a la iglesia en su totalidad. Aquí tenemos esta epístola dirigida a la Diáspora, o sea a los de la dispersión.

La epístola de Santiago ha sido comparada con el libro de Proverbios. Hay muchas semejanzas. Otros la han comparado con el sermón de la montaña. Eso también es correcto, porque, después de todo, Santiago era un hermano de sangre, o medio hermano, del Señor Jesucristo. Creo que sería conveniente decir aquí unas cuantas palabras en cuanto a este Santiago del cual estamos hablando.

En cuanto a la epístola a los Hebreos, hay cierto problema en cuanto a su autor. ¿Quién escribió la epístola a los Hebreos? ¿La escribió el Apóstol Pablo? Yo opino que fue él quien lo hizo. Hay otros que opinan que fue el evangelista Lucas quien escribió esa epístola, o Bernabé; así es que se ha mencionado unos cuantos. Tenemos aquí también un problema en cuanto al autor de la epístola universal de Santiago. No hay ninguna duda que fue Santiago quien escribió la carta de Santiago, pero ¿cuál Santiago fue? Hay personas que han encontrado seis Santiagos diferentes en el Nuevo Testamento. Es muy obvio que en varios lugares se está hablando del mismo Santiago. Creo que uno puede encontrar tres que son identificados claramente. Algunos por supuesto hacen de esto cuatro Santiagos. Pero, yo me conformo con solamente tres.

El que tenemos aquí es, en primer lugar, a Jacobo, el hermano de Juan. Él era uno de los hijos de Zebedeo. Ellos recibieron un nombre de parte del Señor Jesucristo, Él los llamó "los hijos del trueno". (Véase Mr. 3:17) Este Santiago, fue asesinado por Herodes. (Hch. 12:1-2) Herodes tomó a Santiago y le dio muerte cuando Pedro estuvo encarcelado.

Tenemos luego, al segundo Santiago mencionado, el hijo de Alfeo, comúnmente identificado como Jacobo, el menor. Él es mencionado en la lista de apóstoles, pero se conoce muy poco en cuanto a él. Uno lo deja de lado automáticamente.

Luego, tenemos al tercer Santiago, o Jacobo, y él es el hermano del Señor. Eso quiere decir que era hijo de María y al mismo tiempo hijo de José. Eso hace de él un medio hermano del Señor Jesucristo.

Al comienzo del ministerio del Señor Jesucristo sus hermanos no creían en Él para nada. Se menciona en Mateo 13: 55: ¿No es éste el hijo del carpintero? ¿No se llama Su madre María, y Sus hermanos, Jacobo, José, Simón y Judas? Así es que este Jacobo, o Santiago, es quien yo creo que escribió esta epístola de Santiago. Él llegó a encabezar la iglesia de Jerusalén, y en Hechos 15, encontramos que ese gran concilio de Jerusalén—bueno, él parecía estar a cargo de ese concilio, parecía ser el presidente de ese concilio—por lo menos fue él quien resumió todo lo que se dijo y llevó a cabo la decisión, evidentemente guiado por el Espíritu Santo.

Opino también que el Apóstol Pablo hizo una referencia en cuanto a él. En Gálatas 2, el Apóstol Pablo tiene algo que decir en cuanto a él: Y reconociendo la gracia que me había sido dada, Jacobo, Cefas y Juan, que eran considerados como columnas, nos dieron a mí y a Bernabé la diestra en señal de compañerismo, para que nosotros fuésemos a los gentiles, y ellos a la circuncisión. (Gá. 2:9)

Lo que tenemos aquí es al hombre que yo creo que es el autor de esta epístola, la cual fue escrita aparentemente alrededor del año 45 al 50 d.C., no más allá del año 50, ni tampoco más temprano del año 45, pero probablemente alrededor del año 45 d.C. Hay algunos que han dicho que Santiago escribió su epístola para combatir las enseñanzas de Pablo, que él enfatizaba las obras y que Pablo enfatiza la fe. Voy a entrar en esto más adelante, pero eso no puede ser cierto, porque la primera epístola del Apóstol Pablo, la primera epístola a los Tesalonicenses, no pudo haberse escrito antes del año 52 al 56. Así es que, aún la primera epístola que escribió el apóstol Pablo no fue escrita sino hasta después de haberse escrito la epístola de Santiago. Santiago es el primer escritor del Nuevo Testamento, si uno toma esto cronológicamente. En cierta ocasión, un predicador estaba hablando, y él cometió la equivocación de decir que Santiago había escrito su carta para corregir al Apóstol Pablo en la doctrina de la justificación por fe, pero ese hombre no había analizado esto completamente, o él no hubiera cometido esa equivocación. El tema que Santiago presenta no es el de las obras nada más. Es fe, lo mismo que presenta el Apóstol Pablo. Él nos dice lo que la fe produce.

Usted descubre que esos dos hombres están dando énfasis a la fe y a las obras. Ellos utilizan esa expresión muchas veces. El tema a través de toda la epístola de Santiago es el de la fe, y lo que la fe hace. Ambos presentan dos aspectos de la fe; y el Apóstol Pablo enfatiza ambas cosas. Él presenta con toda claridad que la fe es el camino, o la forma, por la cual somos justificados. Pero que esa fe es una fe que produce obras. Él podía decir: Porque por gracia sois salvos por medio de la fe... no por obras, para que nadie se gloríe. (Ef. 2:8-9) No por obras de justicia que nosotros hemos hecho. En Tito 3:5, Pablo dice...nos salvó, no por obras de justicia que nosotros hubiéramos hecho, sino por Su misericordia, por el lavamiento de la regeneración y por la renovación en el Espíritu Santo...

Somos justificados para obras. En Efesios 2:10 él nos dice, Porque somos hechura Suya, creados en Cristo Jesús para buenas obras, las cuales Dios preparó de antemano par que anduviéramos en ellas. El Apóstol Pablo también escribió: ...Y en estas cosas quiero que insistas con firmeza, para que los creen en Dios procuren ocuparse en buenas obras... (Tito 3:8)

La fe es la raíz de la salvación, y el Apóstol Pablo hace énfasis en eso. Las obras son el fruto de la salvación, y eso es lo que Santiago enfatiza. La fe es la causa de la salvación, y las obras, son el resultado de la salvación. Cuando el Apóstol Pablo habla de que las obras no lo salvan a uno, él está hablando en cuanto a las obras de la ley. Y cuando Santiago enfatiza que las obras son importantes y esenciales, él está hablando en cuanto a las obras de la fe, no de las obras de la ley. Él dice: Muéstrame tu fe sin tus obras, y yo te mostraré mi fe por mis obras. (Stg. 2:18b) Dios nos observa y considera lo que hay en nuestro corazón. Él sabe si usted cree o no cree. Eso es justificación por la fe. Pero su vecino de al lado él no puede ver su corazón, él puede observar solamente sus obras, el fruto de eso. Vamos a hablar mucho de eso más adelante en esta epístola.

Considero dos versículos como claves en esta epístola de Santiago. El primero de ellos lo vemos en 1:22: Pero sed hacedores de la Palabra, y no tan solamente oidores, engañándoos a vosotros mismos.

Luego, en 2:20: ¿Mas quieres saber, hombre vano, que la fe sin obras es muerta? Como ya he indicado anteriormente, ésta es una epístola práctica. Santiago, aparentemente era una persona muy práctica. La tradición cuenta que a él se le dio un sobrenombre, "rodillas de camello". La razón para eso es que él pasaba mucho tiempo en oración. Él trata mucho con asuntos prácticos como la ética del cristianismo, no la doctrina. Él va a poner mucho énfasis en esto. Pero él no se va a apartar para nada de la fe.

Como ya he indicado también, la epístola de Santiago ha sido comparada con el libro de Proverbios, y también con el Sermón del Monte. Santiago arguye que la justificación por la fe es demostrada por las obras, y la justificación por la fe debe ser colocada en los tubos de prueba de las obras (Cáp. 1-2), y de las palabras (Cáp. 3), y de la mundanalidad (Cáp. 4); que, dicho sea de paso, es una advertencia para ricos también (Cáp. 5).

Bosquejo

I. La verificación de la fe genuina, Capítulos 1-3

A. Dios prueba la fe por medio de las pruebas, 1:1-12

(Un resultado doble: un desarrollo de paciencia ahora, V. 3; una recompensa en el futuro, V. 12)

B. Dios no prueba la fe con el mal, 1:13-21

(El mal proviene de adentro—la carne, V. 14)

C. Dios prueba la fe por LA PALABRA, y no por las palabras de los hombres, 1:22-27

(Lo que uno hace, más bien que la doctrina es la prueba final de la fe; el conocimiento no es suficiente)

D. Dios prueba la fe por la actitud y acción en la acepción de personas, 2:1-13

E. Dios prueba la fe por medio de las buenas obras, 2:14-26

(Abraham es una ilustración de las buenas obras, V. 21)

F. Dios prueba la fe por la lengua, Capítulo 3

("Lo que está en el pozo del corazón saldrá por el balde de la boca")

II. La VACUIDAD e INSIPIDEZ DE LA MUNDANALIDAD, Capítulo 4

(La mundanalidad es identificada con contiendas y el espíritu de disensión. Vs. 1, 2)

III. La VEJACION de los ricos. El VALOR de la venida inminente de Cristo, Capítulo 5.

(La venida inminente de Cristo produce paciencia, Vs. 7, 8 y oración, Vs. 13-18)

A. Los ricos advertidos, 5:1-6

B. La venida de Cristo es un consuelo, 5:7-12

C. La oración de los justos tiene poder, 5:13-20

CAPÍTULO 1

La epístola de Santiago es un libro muy práctico que trata con la ética del cristianismo en vez de la doctrina. Santiago dará mucho énfasis a algunos asuntos prácticos, pero el tema de la fe también se ve por toda la epístola. El énfasis en Santiago es sobre las obras que son el producto de la fe. En los primeros tres capítulos, él va a hablar de la verificación de la verdadera fe y nos va a dar algunas de las formas en que Dios prueba la fe.

Santiago, siervo de Dios y del Señor Jesucristo, a las doce tribus que están en la dispersión: Salud. [Stg. 1:1]

Note que él se llama a sí mismo un siervo de Dios, y eso quiere decir, en realidad, un esclavo del Señor Jesucristo. Él utiliza esa expresión. No sé cómo reaccionaría usted, pero estoy seguro que, si yo hubiera sido medio hermano, en el lado humano del Señor Jesucristo, en alguna parte de la epístola, yo, en alguna manera, se lo haría conocer. Lo habría presentado en manera muy piadosa, y quizá lo hubiera presentado también en manera muy humilde. Pero estoy seguro que yo le hubiera dejado saber eso. Sin embargo, Santiago no lo hace. Él se llama a sí mismo un esclavo de Dios y del Señor Jesucristo. Al comienzo, Sus hermanos no le creían al Señor Jesucristo. Después de todo, ellos habían crecido junto al Señor. Habían jugado junto a Él. Le habían visto crecer. Ellos habían notado que era un poco diferente, pero ellos no pensaban que Él era el Salvador del mundo.

El Señor Jesucristo era tan humano cuando se encontraba aquí sobre la tierra, que aún Sus propios hermanos no llegaban a darse cuenta que Él tenía una diferente naturaleza, y, por supuesto, la gente más difícil de alcanzar, es la familia. Aun así, ellos son aquéllos a quienes nosotros debemos tratar de alcanzar. Santiago llegó a conocer al Señor Jesucristo, no como su hermano de sangre, sino como su Salvador, y él llegó a ser un esclavo del Señor. ¿Ha notado usted, la forma en que él se dirige a Él? Él lo llama por su nombre completo, el Señor Jesucristo. O sea, Él es mi Señor. Como ya he dicho y visto, Jesús era Su nombre humano. Él le conocía como Jesús, su medio hermano, pero también le conocía como Cristo, como el

Mesías que iba a venir. Aquél que murió por los pecadores, y ese Jesús no era simplemente un nombre, sino que Él era llamado Jesús porque iba a salvar a Su pueblo de sus pecados.

A las doce tribus que están en la dispersión: Salud. Es muy obvio lo que quiere decir. Se trata de los creyentes en Israel. Él está escribiendo a los creyentes judíos de aquel día. Después de todo, la iglesia primitiva estaba formada por un ciento por ciento de judíos, por un largo período de tiempo. Luego, unos cuantos gentiles entraron a la iglesia, y luego, un gran número de ellos. Se podría decir que tuvo lugar un gran avivamiento en el corazón mismo del Imperio Romano, donde existe Turquía en el presente. Allí es donde estaban las siete iglesias de la Asia Menor mencionadas en Apocalipsis. Hablando literalmente, podríamos decir que varios millones se volvieron a Cristo, y opino que hay suficiente evidencia para decir eso. Pero, muchos de ellos eran israelitas, y estas epístolas son enviadas en esa dirección.

…a las doce tribus que están en la dispersión. Esta carta está dirigida a las doce tribus que están en la dispersión. ¿Pensaba usted que 10 de las tribus se habían perdido? No, como vimos en el libro de Oseas, no hay ninguna tribu que se haya perdido en realidad. Dios les había esparcido a través del mundo. Santiago sencillamente está confirmando esto de que ellos están esparcidos a través de este mundo. Ellos no se han establecido en Inglaterra, aunque hay muchos de ellos en ese lugar. Sin embargo, la población más grande de judíos, fuera de Israel, está en Rusia. Ellos también están en Rusia, en la China, y en el Japón; están esparcidos por todas partes. Santiago ha escrito esta carta a los judíos creyentes de aquel día que estaban esparcidos en todas partes.

Salud. Esa palabra se hubiera traducido mejor si dijera "regocijaos". Él les está escribiendo a ellos, y les dice: "Regocijaos". Él no era una persona de cara larga. Este hombre tenía mucha vida en él, y, por tanto, dice: "Regocijaos".

Ahora, Santiago va a hablar en cuanto a disfrutar del gozo bajo circunstancias fuera de lo común.

Hermanos míos, tened por sumo gozo cuando os halléis en diversas pruebas. [Stg. 1:2]

Cuando ustedes estén teniendo problemas, no comiencen a llorar, como si algo terrible hubiera sucedido. Ustedes deben regocijarse. Debemos contar esto como un gozo de que Dios lo esté probando de esta manera.

Se hace la pregunta: ¿Debe el creyente experimentar gozo en la muerte y en todas las pruebas y tensiones de la vida? Hablando honradamente, la contestación es que no. Eso no es lo que Santiago está diciendo. En realidad, nos lleva a algo que no es real el decir: "Yo estoy reconciliado con la voluntad de Dios", cuando vienen problemas y cuando, en realidad, usted no está reconciliado. Hay muchas personas que dicen que están reconciliados, y luego, tienen una cara tan larga, que están llorando todo el tiempo. Amigo, usted no está reconciliado con la voluntad de Dios hasta cuando pueda regocijarse.

En realidad, es una forma de enajenación mental el adoptar esa actitud de seudo-piedad. Los problemas no vienen a nosotros sólo por amor al problema. Nunca es un fin en sí mismo.

Sabiendo que la prueba de vuestra fe produce paciencia. [Stg. 1:3]

Dios tiene un propósito en mente. Usted puede confiar en eso y esto tiene que ver con la actitud de su corazón hacia su problema. El tiempo de esa frase en griego sugiere que el gozo debe ser el resultado de la prueba. En Hebreos 12, el método que Dios utilizaba es llamado la disciplina. En realidad, lo podríamos llamar la educación o el entrenamiento del niño. Las pruebas, son sin sentido; el sufrimiento, es sin sentido; la prueba, es irracional, a no ser que exista un buen propósito y que haya una buena razón para ellos; es decir que, Dios dice que existe una buena razón para ellos y buena es la razón. Y sabemos que a los que aman a Dios, todas las cosas les ayudan a bien, esto es, a los que conforme a Su propósito son llamados. (Ro. 8:28) Cuando las presiones externas de la prueba están sobre nosotros, y somos colocados en los fuegos de la adversidad, la calamidad, la tragedia, el sufrimiento, la desilusión, y el quebrantamiento de corazón, entonces, la actitud de la fe es que Dios ha permitido eso con un propósito, y existe un objetivo elevado en vista, sabemos que Dios está obrando algo en nuestras vidas.

Eso no quiere decir que podemos entender el propósito. Ésta es la prueba de la fe. Nosotros andamos por fe y no por vista. Alguien dijo en la Edad Media que Dios no hace nada ni permite que algo suceda, si no aquello que nosotros permitiríamos, si pudiéramos ver a través de todos los hechos, tan bien como lo puede hacer Él.

¿Cuáles son algunos de los propósitos que resultan en la prueba de la fe? ¿Nos ha mostrado Dios alguna guía para esto? En esta epístola tenemos la prueba positiva de la fe genuina. Note lo que dice Santiago: sabiendo. ¿Sabiendo qué? Que la prueba de vuestra fe produce paciencia. Nosotros podemos saber que esto está obrando de manera buena en su vida. Permítame presentar una ilustración. En algunas ciudades hay fábricas donde se construyen aviones. Hay fábricas que permiten a los visitantes observar cómo comienza la preparación para la producción de un nuevo modelo de avión. Para comenzar, los ingenieros presentan un nuevo diseño. Por supuesto, se hacen planos y, luego, se construyen modelos en miniatura. Luego, estos ingenieros hacen pruebas con los modelos. Entonces, comienza la construcción del avión mismo. Puede que pase uno o dos años, y luego sale de una de esas plantas de construcción un nuevo aparato. Pero, por supuesto, aquí se presenta esta pregunta: "¿Volará ese avión? ¿Cómo funcionará? ¿Soportará la prueba?" Esas compañías tienen pilotos de prueba. El piloto de prueba toma ese avión, y lo lleva al campo de aterrizaje y de allí se eleva. Ése es un trabajo que no me gustaría tener a mí. Sin embargo, cuando el piloto ya está en el aire, lleva a cabo diferentes pruebas con ese aparato. ¿Soportará esta clase de prueba? Luego, ese avión resulta ser todo lo que el fabricante dijo que era. La gente tiene confianza en ese avión, y una de las compañías de transporte compra ese tipo de avión, y lo lleva al aeropuerto, suben los pasajeros, y es así como llega a hacer su tarea de llevar personas de un lugar a otro por el aire. Es un aparato que sirve y que es útil.

Nos encontramos ahora en una sección donde Dios prueba la fe mediante las pruebas; mediante los problemas; mediante los sufrimientos. La fe produce algo, pero Dios no permite que usted tenga pruebas a no ser que esas pruebas produzcan algo en su vida. Es decir que, cuando andamos por la fe y se nos presentan los problemas, no quiere decir que nosotros debemos comprender esto, pero sí quiere decir, en primer lugar, que es una prueba positiva de una fe genuina.

La fe genuina debe ser probada. Un buscador de oro lleva cierta sustancia a una oficina para que un empleado de allí pruebe si hay allí oro o plata, en esa sustancia. Este hombre le pone fuego, y echa un poco de ácido sobre esa sustancia, y luego declara que es genuina. Dios prueba la fe para ver qué es genuino y qué no lo es. Alguien ha dicho que el ácido del sufrir, prueba la moneda del creer, y hay bastante de verdad en eso. Dios lo hace con un propósito. ¿Qué es lo que está buscando?

Mas tenga la paciencia su obra completa, para que seáis perfectos y cabales, sin que os falte cosa alguna. [Stg. 1:4]

La paciencia es lo que hace de nosotros creyentes adultos, maduros. Lo más interesante aquí es que la paciencia es el fruto del Espíritu Santo. Usted nunca llegará a ser paciente por las pruebas, y el Espíritu Santo tampoco la coloca en una bandeja de plata y se la presenta a usted como regalo. La paciencia, le llega a uno a través del sufrimiento y de las pruebas. Usted nunca llegará a ser perfecto, es decir, completo, maduro, con una personalidad completa como creyente, si usted no tiene esa paciencia. Por tanto, hay algunos creyentes que nunca crecen completamente. Ellos continúan siendo como niños, y todo Pastor conoce muy bien esto.

Yo, dirigiéndome en una ocasión a mi congregación, dije que había más niños en el auditorio principal que en la sala cuna donde cuidan a los niños. Ahora, eso no me hizo a mí muy popular en ese momento, por supuesto. La diferencia es que esos niños pequeños son algo hermoso; pero esos otros "niños" que estaban en el auditorio no eran tan lindos. En el día de hoy, hay muchos que se están quejando, y que están criticando, y están encontrando faltas con los demás. Hay disturbio, hay tensión y problemas en muchas iglesias, ¿por qué todo esto? David dijo en el Salmo 131:1-2: Jehová, no se ha envanecido mi corazón, ni mis ojos se enaltecieron; ni anduve en grandezas, ni en cosas demasiado sublimes para mí. En verdad que me he comportado y he acallado mi alma como un niño destetado de su madre; como un niño destetado está mi alma. David decía: "He descubierto en mi vida que yo tenía que crecer. Tenía que dejar de beber la leche y comenzar a comer buena comida, sólida, comer del pan de vida. Tenía que crecer". Dios probó a David y eso permitió que él creciera.

El Apóstol Pablo dice que ése es uno de los resultados del ser justificado por la fe. En Romanos 5:3, él dice: Y no sólo esto, sino que también nos gloriamos en las tribulaciones, sabiendo que la tribulación produce paciencia; y la paciencia, prueba; y la prueba, esperanza. Existe un propósito para todo esto, como usted puede apreciar. Ésa es la razón hoy por la cual tenemos tantos santos que son superficiales, nada más. Hay tantos que tienen cierto sentimiento o complejo de inseguridad como creyentes en el presente. Hay aquéllos que tratan de pertenecer a un grupo intelectual, y ellos ponen en duda la Palabra de Dios. Luego, hay quienes piensan que nosotros hemos entrado a una nueva moralidad. Permítame sugerir, ¿por qué no probar la vieja moralidad? Pero el problema es que ellos nunca crecen. Son como pequeños niños. Dios nos da las pruebas, para producir paciencia en nuestras vidas. Así es como llegamos a ser pacientes. La paciencia por tanto viene a través del sufrimiento y de la prueba. Esto quiere decir, que vamos a crecer y vamos a ser hijos de Dios maduros. ¡Cómo necesitamos esto hoy! Dios debe enviarnos los problemas para que aprendamos paciencia, y esto producirá esperanza, y entonces, producirá amor en la vida de los hombres y de las mujeres. Uno puede descubrir eso a través de los años.

En cierta ocasión, había un hombre en mi iglesia que acostumbraba a criticarme a mí sin misericordia. Luego, este hombre comenzó a asistir a los estudios Bíblicos. Los demás creyentes, notaron que él traía su Biblia y que tomaba apuntes. Ese hombre creció en diez años en una manera sorprendente, y durante ese tiempo Dios le envió a él muchos problemas y ese hombre creció en gran manera. Él llegó a ser uno de los creyentes más dulces que yo haya podido conocer. Esta clase de prueba es algo que Dios da a aquellos que son Suyos.

Y si alguno de vosotros tiene falta de sabiduría, pídala a Dios, el cual da a todos abundantemente y sin reproche, y le será dada. [Stg. 1:5]

La sabiduría que se menciona aquí está relacionada con lo que él está hablando. En el día de hoy yo tengo problemas. Usted tiene problemas. ¿Cómo entonces, va a resolver sus problemas? ¿Cómo va a hacer frente usted a estas circunstancias? ¿Cómo va a tratar usted con esta o aquélla persona? Necesitamos ir a Dios en oración, si nos falta sabiduría. La sabiduría es el ejercicio o el uso práctico del conocimiento. Hay muchas personas que hoy tienen conocimiento, pero no tienen ningún sentido práctico.

En cierta ocasión, un doctor en filosofía estaba jugando al golf conmigo. De pronto comenzó a llover, y este hombre, este doctor tan erudito y tan bien educado, al observar que estaba lloviendo, me dijo: "Y ahora ¿qué hacemos?" No hace falta tener mucha inteligencia para darse cuenta que, si está lloviendo, pues uno trata de refugiarse en algún lado para no mojarse; pero aquí tenemos a este hombre, un doctor en filosofía, y él no tenía sentido suficiente como para salir de la lluvia. La sabiduría es saber cómo actuar bajo ciertas circunstancias de prueba, cuando se presentan los problemas y las dudas. La vida está llena de estas cosas, y por tanto usted y yo necesitamos tener la sabiduría de Dios. ¿Qué es lo que uno hace? Bueno, a Dios le gusta dar abundantemente, sin reproche. Él simplemente le ayuda a usted en momentos como éstos. Sin reproche—esto indica que es una forma de dar sencilla y pura sin agregar ninguna clase de mal ni amargura. Eso es lo que usted y yo tenemos que hacer. Si nos falta la sabiduría, vayamos a Dios, y Él va a escuchar y contestar nuestra oración.

> *Pero pida con fe, no dudando nada; porque el que duda es semejante a la onda del mar, que es arrastrada por el viento y echada de una parte a otra. [Stg. 1:6]*

Mi problema hoy, y quizá no sea su problema, pero ha sido el mío, y durante muchos años, en el transcurso de mi vida como creyente, no he creído lo suficientemente a Dios. No quiero que usted me entienda mal. Yo creo en Cristo, como mi Salvador y creo de todo corazón, que Él me ha salvado y que me salvará. Creo eso de todo corazón. Pero, aquí en los problemas de la vida, en las dificultades, es donde tenemos esos problemas. Yo realicé mis estudios en una incredulidad total. Yo no creía que Dios podía ayudarme a completar mis estudios. Especialmente porque yo era pobre. Yo tenía que pedir dinero prestado, o trabajar por mucho tiempo; y eso en realidad, es algo difícil. Cada año yo pensaba que no iba a poder terminar, o que no podría regresar al año siguiente. Sin embargo, yo me daba cuenta que de pronto Dios abría una puerta. A través de todo ese tiempo yo vivía una vida miserable. Cuando miro hacia atrás, pienso de lo bueno que hubiera sido todo esto, si yo solamente hubiera creído en Dios. Pero pida con fe, no dudando nada. ¿Por qué no cree usted en Dios, hoy? Estoy hablándole a usted como creyente. ¿Tiene usted una cara larga hoy? ¿Está preguntándose cómo resultará esto o aquello? Sé exactamente cómo se siente usted. Yo ya he pasado por eso. ¿Por qué no cree usted a Dios? ¿Por qué no confía en Él? Ponga esos problemas en Sus manos. Si alguno de vosotros tiene falta de sabiduría. Yo sé eso, yo no soy lo suficientemente inteligente como para hacer frente a los problemas de la vida. Yo no soy capaz de vivir en esta civilización tan compleja. Pero tengo un Padre celestial, y Él puede darme toda la sabiduría que yo necesito, y la que usted también necesita.

Porque el que duda es semejante a la onda del mar, que es arrastrada por el viento y echada de una parte a otra. A veces, nosotros decimos: "Bueno, yo creo que Dios va a obrar en esto", pero cuando nos llega la ocasión, saltamos a una conclusión nosotros mismos, y tratamos de tomar nuestra propia decisión. Yo lo he hecho muchas veces. Lo entrego todo en las manos del Señor y creo, pero al día siguiente, ya no creo más y decido que siendo que nada ha sucedido, como una solución, pues que lo voy a resolver yo mismo. Allí es donde cometo mi gran equivocación. Aquí dice: El que duda es semejante a la onda del mar, es arrastrada por el viento, y echada de una parte a otra.

> *No piense, pues, quien tal haga, que recibirá cosa alguna del Señor. [Stg. 1:7]*

Si usted va a tratar de resolverlo, entonces, Dios no puede hacerlo. Usted tiene que permitir que Él trate de resolver las cosas por usted.

Luego, en el versículo 8, nos presenta un proverbio, y es uno bastante bueno:

> *El hombre de doble ánimo es inconstante en todos sus caminos. [Stg. 1:8]*

Esto es algo que habíamos visto ya en la epístola a los Hebreos. Ése era un gran problema para Israel. Cuando estudiamos el libro de Oseas, vimos que era como una paloma incauta. Dios dice, "Como una paloma incauta vuela a Asiria, primero va a uno, y luego va al otro, pero no va a Dios".

Cuántas veces esto nos ocurre a nosotros mismos. Se nos presenta un problema, y nosotros tratamos de resolverlo por nosotros mismos. Vamos a este lugar y tratamos de resolverlo, vamos a otro lugar, y de pronto se nos ocurre que ni siquiera hemos presentado el problema ante Dios. Cuando usted comienza un día nuevo, ¿entrega usted todas estas cosas en las manos del Señor? Creo que es una buena costumbre, cualquiera sea su trabajo, el de presentar todo eso en las manos del Señor. Usted puede orar diciendo: "Señor, hoy voy a encontrarme con gente nueva, y no sé cómo tratarla. Este hombre puede ser un amigo maravilloso, quizá pueda ayudarme a repartir la Palabra de Dios; pero este otro hombre, quizá sea un hombre que me pueda hacer daño, me pueda atacar por la espalda y puede lastimarme, y causar daño a la misión. Señor, ayúdame a conocer la diferencia, ayúdame a ser capaz de ser amigo de aquel hombre a quien pueda ayudar, y ayúdame también a reconocer al hombre que puede causarme daño y no ayudarme para nada. Señor, dame sabiduría". Nosotros necesitamos sabiduría en los asuntos de la vida.

En el versículo 9, tenemos algo en lo cual podemos regocijarnos.

El hermano que es de humilde condición, gloríese en su exaltación. [Stg. 1:9]

¿Cómo es él exaltado? Usted puede decir hoy: "Yo soy una persona pobre; no tengo mucho dinero. Yo no tengo ninguna riqueza". Usted tiene mucha riqueza. Créame, usted tiene un tesoro. Usted tiene un tesoro muy grande. Usted tiene un tesoro en los cielos. ¿Ha pensado usted alguna vez en todo lo que tiene aquí? ¿Y todo lo que tiene en Cristo? Nosotros tenemos todo. El Apóstol Pablo dijo en 1 Corintios 3:21-23: Así que, ninguno se gloríe en los hombres; porque todo es vuestro: Sea Pablo, sea Apolos, sea Cefas, sea el mundo, sea la vida, sea la muerte, sea lo presente, sea lo porvenir, todo es vuestro, y vosotros de Cristo, y Cristo de Dios.

Yo pertenezco a Cristo; todo lo que Él tiene me pertenece, y Él me lo va a entregar a mí. Yo tengo vida, yo tengo bendiciones. Y aún me vendrá la muerte, si es que no viene Él antes de ese momento, y todo esto viene de Él. Yo me puedo regocijar en todas esas cosas. Aún la persona más humilde que me esté escuchando puede ser la persona más pobre en la tierra; pero, usted es rico en Cristo Jesús. Usted tiene algo en que regocijarse.

> *Pero el que es rico, en su humillación; porque él pasará como la flor de la hierba. [Stg. 1:10]*

A veces uno puede observar, especialmente en una universidad, algunos edificios dedicados o que llevan el nombre de alguna persona rica. ¿Sabe usted dónde están esas personas ricas hoy? Bueno, ellos han pasado, la flor de la hierba. Ya no están con nosotros hoy. Uno puede pensar de esos hombres, de lo poderosos que eran, de lo ricos que eran, y de la mucha influencia que tenían. Sin embargo, ya no están con nosotros hoy, han desaparecido. No se regocije en el hecho de que usted es una persona rica, porque usted no va a tener eso por mucho tiempo.

Alguien quizá diga: "Bueno, usted está equivocado. Yo tengo acciones y tengo muchas otras posesiones". Usted lo puede tener, pero, usted va a perder eso. Mejor dicho, no creo que usted lo vaya a perder, sino que esas acciones lo perderán a usted uno de estos días. Porque cuando llegue la muerte, usted ya no va a poder controlar eso, no puede llevarse eso con usted. Ese antiguo dicho, muy bien conocido de que "la mortaja no tiene bolsillos", es muy cierto. El rico pasará como la flor de la hierba.

> *Porque cuando sale el sol con calor abrasador, la hierba se seca, su flor se cae, y perece su hermosa apariencia; así también se marchitará el rico en todas sus empresas. [Stg. 1:11]*

Y eso es cierto con algunas artistas de cine, en particular. Hace años, me invitaban de vez en cuando a hablar a un grupo en Hollywood, California, en los Estados Unidos. En ese grupo había una estrella de cine que era muy famosa, y hasta llegó a ser creyente. Esa mujer, al entrar en años, ya había perdido mucho de la belleza que tenía. Todo eso pasa. También se marchitará el rico en todas sus empresas. Amigo, regocíjese hoy, regocíjese porque usted tiene un Salvador que no sólo lo salvará a usted para el cielo—y eso es muy bueno para mí—sino que también Él le va a ayudar hoy, hoy mismo, y eso siempre es de mucha ayuda, de mucho ánimo.

Esto es semejante a una universidad. Dije al comienzo, que esta epístola de Santiago es un libro muy similar al libro de Proverbios, o podríamos decir que Proverbios es muy similar a Santiago. Vimos esto anteriormente: El hombre de doble ánimo es inconstante en todos sus caminos. (1:8) Eso quiere decir que esa persona no se puede decidir. Esto quiere decir que este hombre no puede alcanzar una decisión propia. Es inconstante en todos sus caminos. Es una persona que puede cambiar mucho. Es, decir, es un creyente como un yo-yo.

Cuando enseño el libro de Proverbios, digo que es como un joven que se está preparando para entrar a la universidad. Este joven investiga las diferentes universidades, y ésta es la universidad de la sabiduría. Aquí nuevamente tenemos otra universidad. La podemos llamar la escuela del golpe y del porrazo. Ésta es la universidad en la cual nos encontramos la mayoría de nosotros hoy. Dios quiere llevar a aquéllos que son Suyos a un crecimiento completo, como creyentes; y Él tiene gran cantidad de pruebas, y ciertos exámenes de ingreso. Dios prueba a todos Sus hijos para ver si ellos son genuinos, para ver si hay una realidad, para sacar aquello que es falso, aquello que es de los seudo-santos.

Luego, quiere dar una seguridad al hijo de Dios. Las pruebas en realidad no son una muestra de que usted no es un hijo de Dios, sino que son pruebas positivas de su fe. Si usted no está teniendo dificultades hoy, podríamos poner en duda su salvación. Si usted está teniendo problemas, eso es una buena prueba. Él nos dice que usted puede saber y quiero enfatizar lo que dice el versículo 3: Sabiendo que la prueba de vuestra fe produce paciencia. Dios prueba esto de formas muy diferentes, y Él lo hace según se nos dice aquí: Sabiendo que la prueba de vuestra fe produce paciencia. O sea que, Dios tiene un objetivo que realizar. Este objetivo que se menciona aquí, (y hay muchos de ellos) es el de que haya paciencia en su vida. Dios no sólo quiere demostrarle que usted es el hijo genuino de Él, sino que también quiere producir paciencia en su vida. Hay mucho que se ha escrito en cuanto a este tema en particular.

Cierto escritor anónimo dijo lo siguiente: "Si todo fuera fácil, si todo fuera brillante y claro, ¿dónde estaría la cruz? ¿Dónde estaría la lucha? Pero, en el lugar difícil en que Dios le ha colocado a usted, existe la posibilidad de probar lo que Él puede hacer". Otra persona dijo lo siguiente: "Si debo llevar una carga, Cristo me llevará. A veces tenemos que ser humillados antes de poder andar con la mirada alta. Nosotros somos débiles, aun donde somos fuertes. En Cristo somos fuertes, aún donde somos débiles. No es en realidad importante cuánto tiempo vive uno, sino cómo vive. Eso es lo importante".

Hay muchas personas que se preguntan por qué debo padecer esto. Cierto hombre escribió en una ocasión: "Mi esposa ha estado enferma por 20 años y ha estado paralizada por 10. Ella ni siquiera tiene la esperanza de salir del hospital. ¿Cómo puede un Padre amante hacer sufrir a una persona de tal manera? Yo sé que ella ama al Señor".

Este hombre estaba preocupado en gran manera, en manera genuina. Él no tenía una respuesta para su problema. Lo interesante de esto es que tampoco yo la tengo. Yo no puedo decirle a él por qué, pero puedo decirle esto: "Existe un propósito para eso". Dios estaba obrando algo en su vida.

> *Bienaventurado el varón que soporta la tentación; porque cuando haya resistido la prueba, recibirá la corona de vida, que Dios ha prometido a los que le aman. [Stg. 1:12]*

Tentación es la misma palabra que teníamos anteriormente, que fue traducida como prueba. Tentación es una buena palabra si usted la comprende en un buen sentido, como vamos a poder apreciar seguidamente.

Bienaventurado el varón que soporta la tentación; porque cuando haya resistido la prueba, recibirá la corona de vida, que Dios ha prometido a los que le aman. Éste es el método que Dios utiliza para ayudarle a usted, y para ayudarme a mí, a desarrollarnos en la fe cristiana. Ésta es la forma que Él usa para permitirnos crecer, y quiere producir paciencia en nuestras vidas.

Pero aquí Él tiene algo más para el futuro. Este asunto de la prueba es un programa para el futuro. La prueba de cualquier clase no interesa cuál sea, especialmente si es algo bastante severo, una calamidad o una tragedia, tiene la tendencia de producir un sentimiento de pesimismo y desespero. Eso era lo que pudimos apreciar en la carta que acabo de mencionar. No puedo culpar a ese hombre por sentir lo que él siente. Dios estaba haciendo eso con un propósito bastante definido. Él tiene un propósito en todo esto.

El hombre mundano, el hombre del mundo, se hunde bajo las olas de la adversidad. Aun cuando la vida está en su cumbre le hace sentir a él pesimista. ¿Cuántos cínicos hay en el día de hoy? ¿Cuántos hay que están llenos de amargura y sin embargo tienen de todo? Hemos podido apreciar una epidemia de suicidio entre los jóvenes en los últimos años. Los hemos visto a estos jóvenes apartándose de la sociedad, y hoy llegan a ser miles los que se encuentran en esa situación. ¿Por qué? Bueno, ellos no tienen ningún objetivo en esta vida. Cierto comentarista durante este período cuando las cosas estaban peores, una persona muy sensible, dijo lo siguiente: "Durante la época de la depresión la gente tenía una voluntad para vivir, y había muy pocos suicidios. Pero hoy, se les ha dado de todo y esta gente quiere morir". Ahora cuando la fe es probada y rodeada por la oscuridad, y las olas son altas y amenazadoras, todo parece perdido, el hijo de Dios sabe que éste no es el fin. Puede ser algo tenebroso ahora, pero será la gloria después. El salmista dice en el Salmo 30:5b: Por la noche durará el lloro, y a la mañana vendrá la alegría. Aquí se nos dice: Porque cuando haya resistido la prueba, recibirá la corona de vida, que Dios ha prometido a los que le aman.

Uno puede notar que las personas que han sufrido mucho han entrado a una relación muy amorosa con el Señor Jesucristo. Mucho se ha escrito en cuanto a esto, y alguna persona lo ha expresado de la siguiente manera: "¿No hay otro camino, oh Dios, sino a través del dolor, la tristeza, y la pérdida, para grabar la similitud de Cristo en mi alma? ¿No hay otro camino sino la cruz? Luego, una voz calma mi alma como calmó las ondas del Mar de Galilea. '¿No puedes soportar el calor del horno de fuego si Yo camino entre las llamas contigo? Yo llevé la cruz. Conozco muy bien su peso. Yo bebí de la copa que se te presenta a ti. ¿No Me puedes seguir donde te guío? Yo te daré la fuerza. Apóyate en Mí'".

Esto lleva a la persona a una relación amorosa con el Señor Jesucristo. Le hace mirar hacia ese día en el futuro, cuando él será llevado a Su presencia, y tiene algo para esperar, el hecho de que el Señor Jesucristo le dará a él la corona de la vida.

Observemos esto por un momento. ¿Qué es esa corona de vida? Bueno, hay muchas coronas mencionadas en las Escrituras que son dadas como recompensa a los creyentes. No es la salvación, sino una corona que representa una recompensa. Es algo que es dado a una persona.

Cierto joven prácticamente desconocido ganó cinco o seis medallas de oro en los juegos olímpicos. De pronto uno podía ver su rostro en propagandas en la televisión, en cartelones en la calle, haciendo toda clase de propagandas. Sin embargo, eso es lo que este joven hace ahora. Hasta se le ofreció un contrato para una película. Él había ganado seis medallas de oro. Todo es una recompensa por las pruebas que él pasó con éxito en los juegos olímpicos.

Los hijos de Dios también son examinados y probados; y esto, o lleva al hijo de Dios al Señor, o le aparta de Él. Hay muchos creyentes que se vuelven amargados. No es esto una experiencia placentera. Pero puede ser una experiencia hermosa. Desarrollará su carácter, y le llevará a usted a una relación amorosa con el Señor Jesucristo. Si usted soporta estas pruebas, recibirá una corona de vida. ¿Qué es esa corona de vida? Bueno, no sé lo que es. Nunca hemos visto una, y he leído mucho en cuanto a esto. Hay veces en que me pregunto de dónde sacan toda la información que presentan algunos escritores, pero permítame presentarle una interpretación sencilla de lo que creo es una corona de vida.

Hemos visto que existen diferentes clases de castigo para los perdidos. Algunos recibirán cierta cantidad de latigazos, otros recibirán más. Hay ciertos grados de castigo para los perdidos. Hay también ciertos grados de recompensa para los creyentes. Yo no espero recibir la misma recompensa que el apóstol Pablo pueda recibir. O personas como Martín Lutero, por ejemplo, y otros grandes creyentes del pasado. No espero recibir una recompensa como la que recibirán ellos. Pero espero poder recibir algo, y tengo mucho interés en cuanto a esto. Creo que la corona de vida es aquello que lo lleva a uno a una relación muy cerca del Señor Jesucristo, mucho más que cualquier otra cosa pueda ser. En el libro de Apocalipsis, él habla en cuanto a esto. En Apocalipsis 2:17, leemos: Él que tiene oído, oiga lo que el Espíritu dice a las iglesias. Al que venciere, daré a comer del maná escondido, y le daré una piedrecita blanca, y en la piedrecita escrito un nombre nuevo, el cual ninguno conoce sino aquél que lo recibe.

Un día, el Señor nos dará a nosotros una piedrecita con un nombre escrito allí. Muchos presumen que eso quiere decir que Él nos dará a cada uno de nosotros un nombre nuevo. Me duele tener que arruinar un pensamiento como éste, pero no creo que vayamos a recibir un nombre nuevo. Hay algunos que dicen que hay un nombre nuevo en la gloria. No es un nombre nuevo, es su propio nombre que está escrito en la gloria. Usted ha recibido una nueva naturaleza, pero según me doy cuenta yo, este nombre nuevo significa que Él le dará a usted una piedrecita sobre la cual se ha escrito un nombre de Cristo que se aplica a usted. Para usted tiene un significado un poquito diferente, algo especial y que será algo diferente a lo que es el significado que otra persona tenga. Es decir, que el Señor Jesucristo significa algo para usted que no tiene el mismo significado para mí. Él tiene cierto significado para mí que no es lo mismo que para usted.

Hubo cierto momento en mi vida cuando me encontré en una encrucijada en el camino. Yo estaba en una conferencia bíblica, y llegó un momento cuando tuve que decidir si iba a seguir al Señor o no seguirlo, o si iba a continuar en una vida de pecado. Había una joven en esa conferencia en quien yo tenía mucho interés, pero ella no era el tipo de persona que tenía un verdadero interés en las cosas espirituales. Jamás olvidaré aquella noche allá en el campo cuando me recosté bajo un árbol. Bajo la luz de la luna, me arrodillé y le dije al Señor Jesucristo que yo necesitaba Su ayuda y Su fuerza para poder tomar una decisión. Como resultado de esa noche, Él significa algo para mí que puede ser diferente para otra persona. Usted probablemente tiene un momento precioso en su vida que es algo que yo no he experimentado. Creo que el nuevo nombre escrito en la piedra va a reflejar lo que Cristo significa especialmente para usted.

Usted probablemente tenga algún momento precioso en su vida, y ese nombre nuevo estará escrito allí. Creo que la corona de vida significa que usted va a tener un grado de vida en el cielo que otra persona no tendrá. Hay muchas personas que han pasado a través de este mundo y que no han hecho nada para Dios. Gracias a Dios que hay un ladrón que estuvo allí sobre la cruz y que se volvió a Cristo. Pero no me puedo imaginar que él reciba una recompensa grande. Especialmente cuando uno lo compara con el Apóstol Pablo. Estoy seguro que el Apóstol Pablo recibirá la corona de vida. Pablo tenía mucho interés en eso, y también lo tenía el Apóstol Santiago. Sin embargo, nadie podrá recibir esta corona de vida hasta cuando entre en esa carrera de vida. Esto nos toca a nosotros muy directamente en la forma en que vivimos, y si usted puede vivir para Dios, entonces, Él tiene una corona de vida para usted algún día. Eso es algo que nosotros podemos esperar.

Cierto diácono en una reunión de testimonio, cuando se le preguntó cuál era su versículo favorito, se puso a pensar y luego dijo: "Mi versículo favorito es: 'y sucedió'". El Pastor le miró sorprendido, y la gente también estaba sorprendida, y finalmente el Pastor le preguntó: "Hermano, ¿qué es lo que quiere decir cuando dice, 'y sucedió'?" El creyente le miró fijamente y le respondió: "Bueno, cuando yo tengo problemas y dificultades, yo me dirijo al Señor y le alabo a Él, y le digo: 'Te alabo Señor, y le digo gracias Señor que esto vino para pasar, para suceder nada más, y que no permanece conmigo. Gracias a Dios por eso.'" No sé cómo expresar esto de una manera mejor que ésta. Los problemas y las dificultades no vienen para quedarse. Él usa la misma advertencia para los ricos; aquí dice: Él pasará como la flor de la hierba. (V. 10) Es algo hermoso para usted hoy. La vida puede ser hermosa para usted y usted puede pasar las cosas muy bien, pero, esa flor se está marchitando, y las riquezas no le librarán a usted. Algún día usted tendrá que estar ante el Señor Jesucristo. Cada ser humano tendrá que presentarse ante Él. Incrédulos ante el gran trono blanco. Pero gracias a Dios, que habrá un grupo llamado la iglesia que se presentará ante Cristo, para ver si recibe la corona de vida. No sé en cuanto a usted, pero a mí, me gustaría tener esa corona, y Él está ofreciendo esa corona a los que, después de haber soportado las pruebas de esta vida, le aman a Él.

Vamos a entrar ahora en otra división principal en este libro de Santiago, y vamos a ver que Dios no prueba la fe con algo malo.

Dios no prueba con el mal

Bienaventurado el varón que soporta la tentación; porque cuando haya resistido la prueba, recibirá la corona de vida, que Dios ha prometido a los que le aman. Hay muchas personas que dicen: "Bueno, el Señor me ha tentado", y, cuando usted dice eso, debe saber que está errado, porque no es el Señor que le está tentando o probando a uno. El Apóstol Santiago nos va a aclarar ese punto, y lo va a presentar de una manera muy clara, por cierto.

Cuando alguno es tentado, no diga que es tentado de parte de Dios; porque Dios no puede ser tentado por el mal, ni él tienta a nadie. [Stg. 1:13]

Ésta es una tentación para hacer el mal. Dios no puede ser tentado con el mal. Pero, aunque Santiago es práctico, él trata aquí con algo que yo pienso, muchos de los hijos de Dios necesitan comprender bien. Nosotros acusamos a Dios, o culpamos a Dios muchas veces, por cosas por las cuales en realidad Él no es responsable en nuestras vidas. La tentación a pecar no viene de parte de Dios.

Ésta es una sección muy importante para el hijo de Dios. Dios prueba a los Suyos, pero Santiago aquí nos presenta con toda claridad que la tentación a pecar no viene de parte de Dios. Note lo que dice: Cuando alguno es tentado, no diga que es tentado de parte de Dios. Note que aquí no se usa el sustantivo tentación, se utiliza el verbo, o sea la acción. La inclinación natural de toda la humanidad es el de culpar a Dios por cualquier falta, por todas sus debilidades, por todos sus fracasos, en todas las inmundicias, y aun la caída que tuvo lugar al principio. Usted recuerda lo que Adán dijo: La mujer que Tú me diste. Él estaba echándole la culpa a otra persona aquí. Y la mujer hizo lo mismo: La serpiente me engañó. Los tres eran responsables en este asunto, es decir, Adán, Eva y la serpiente.

En el día de hoy, uno escucha cosas como éstas: "¿Por qué envía Dios inundaciones y terremotos y mata a los niños?" Nosotros culpamos a Dios hoy por la avaricia y el egoísmo de la humanidad. Eso es lo que envía las inundaciones y los terremotos. Los hombres construyen las casas muy cerca al río. Luego, cuando éste aumenta su cauce, dicen que están teniendo una inundación. Pero así es como corre ese río. Es mucho más lindo, claro, vivir cerca del río. Está cerca de una vía de transporte. Allí es donde tienen lugar los negocios, y es por cierto la avaricia del hombre por edificar en ese lugar lo que hace de eso algo peligroso.

Dios le había dado una advertencia a Adán, y aún así los hombres no le dan ninguna atención a esto. Hablemos un poquito más cerca a nosotros. Hay algunas zonas del mundo que son propensas a terremotos. Uno los puede sentir casi a diario. Sin embargo, hay personas que van a vivir a esa zona. Les gusta como es el clima y construyen sus casas, algunos edificios muy altos y todo esto. Entonces, no podemos culpar a Dios si se cae la casa, o si un pedazo de cemento de estos edificios lo golpea a uno o mata a un ser querido. No podemos acusar a Dios o culpar a Dios por eso. Sería mucho más seguro vivir en un lugar amplio donde no existe esa propensión a terremotos. Pero quizá esas zonas no son muy agradables para vivir. Así es que, uno no debe acusar o culpar a Dios cuando la gente vive en zonas propensas a terremotos, y luego uno de éstos ocurre. Porque ya se ha dado la advertencia en cuanto a esto. Los hombres hoy culpan a Dios con su filosofía. El panteísmo, por ejemplo, dice: "Todo es Dios, pero lo bueno es la diestra de Dios, y lo malo está en Su izquierda". Dios no es un extremista. Él no es un derechista ni es un izquierdista.

El fatalismo dice que todo ocurre como una necesidad ciega. Ellos dicen que, si hubiera Dios, lo que está sucediendo es que Él le dio cuerda como uno de esos relojes que marcan el tiempo por ocho días, y que luego lo abandonó, y lo dejó.

Para el materialismo hoy, ésta es la explicación. ¿Cuál es el problema con la raza humana? Bueno, las aspiraciones más altas y las pasiones más viles son el metabolismo natural del organismo físico. Ésa es la explicación que ellos dan. Ahora, Dios ha respondido a eso. Dios no puede ser tentado con el mal. No hay mal en Dios. Todo en Él es bueno, y todo en Él es luz, y todo en Él es justo.

Usted recuerda lo que Juan dijo: Éste es el mensaje que hemos oído de Él, y os anunciamos: Dios es luz, y no hay ningunas tinieblas en Él. (1 Jn. 1:5)

El Señor Jesucristo hizo la siguiente declaración, en Juan 14:30: ...viene el príncipe de este mundo, y él nada tiene en Mí. Eso quiere decir, que no hay nada malo en Él; es decir, en Dios. Pero cuando él viene cerca de mí, él puede encontrar siempre algo.

Permítame inducir algo aquí que es teológico. Quizá usted esté en desacuerdo con esto, que ya he presentado en el estudio del evangelio según San Mateo. El Señor Jesucristo no podía pecar. Alguien puede decirnos: "¿Por qué fue tentado entonces?" Bueno, Él dijo en Mateo 4:7: Jesús le dijo: Escrito está también: No tentarás al Señor tu Dios. Dios quiere salvarle del pecado. La tentación a pecar no viene de parte de Dios. Él quiere librar a los hombres. Él nunca usa el pecado como una prueba. Él permite eso, como vamos a ver, pero Él no lo utiliza para nada. El Señor Jesucristo no tenía ningún pecado en Él. El príncipe de este mundo no encuentra nada en Él. (Véase Jn. 14:30) Entonces, me hago la pregunta: "¿Por qué fue Él tentado?" Voy a expresar lo que pienso yo del porqué de esa tentación del Señor Jesucristo. Él fue tentado para probar que no había nada en Él. Después de haber vivido aquí por 33 años, Satanás se acerca a Él con esta tentación. La tentación que apela a la personalidad total del hombre. Al lado físico, al lado mental, y también al lado espiritual. El Señor Jesucristo no podía fracasar, y la prueba, o tentación, fue dada para demostrar que Él no podía caer. Porque si Él pudiera, en cualquier momento su salvación y la mía, podría estar en duda; porque en el momento en que Él sucumbiera, entonces, nosotros no tendríamos un Salvador. Esto era para probar que Él no podía hacer eso.

Permítame ejemplificar esto con una ilustración un poco casera. Hace algunos años, el ferrocarril que pasaba por la localidad campesina donde mi familia vivía, tenía que cruzar un río sobre un puente de madera. Este río durante la época del verano era algo insignificante, pero cuando comenzaba la temporada de lluvia, se convertía en algo que arrasaba con todo. En cierta ocasión, este río se inundó tanto que se llevó consigo el puente del ferrocarril. Los ingenieros se hicieron presentes y construyeron otro puente; esta vez lo hicieron de metal. Cuando su construcción finalizó, los ingenieros llevaron a ese puente dos máquinas del ferrocarril, las colocaron en el medio del puente, y allí detuvieron su marcha. La gente de la zona se preguntaba por qué hacían eso los ingenieros. ¿Querían ellos acaso ver que el puente se cayera? Yo estaba por allí observando esto, y me atreví a preguntar a los ingenieros qué era lo que estaban haciendo, y éste respondió que tenían plena confianza que el puente no se iba a caer. Para eso habían colocado las máquinas del ferrocarril en el medio, para probar que el puente no se iba a caer. El Señor Jesucristo, fue tentado para probar que usted y yo tenemos un Salvador que no puede pecar, un Dios que no puede ser tentado con el pecado. Dios, no le tentará a usted con el pecado.

Dios permite el pecado. Podemos tener un ejemplo, algo que se dice en cuanto a David. En 2 Samuel 24:1, leemos: Volvió a encenderse la ira de Jehová contra Israel, e incitó a David contra ellos a que dijese: Ve, haz un censo de Israel y de Judá.

Hablando francamente, eso era algo pecaminoso. Alguien quizá diga: "Dios los tentó a ellos con algo malo". Es necesario entrar bien en la Biblia para tener toda la historia completa. En el Primer libro de Samuel, uno tiene el punto de vista del hombre. Parecería como si Dios estuviera enojado contra Israel y que Él hubiera obligado a David a hacer esto. Pero, no es así. Se nos dice en 1 Crónicas 21:1, y aquí tenemos el punto de vista de Dios: Pero Satanás se levantó contra Israel, e incitó David a que hiciese censo de Israel. ¿Quién fue el que hizo eso? Satanás fue quien lo hizo, y Dios sencillamente lo permitió; permitió que David hiciera esto a causa de Su ira contra Israel, a causa del pecado de Israel. Pero, la tentación a pecar no viene de parte de Dios.

Entonces, ¿quién es responsable por nuestra tendencia a pecar? ¿Quién causa que nosotros pequemos? Alguien quizá diga: "Usted ya ha destacado esto. Es el diablo". Bueno, eso no es lo que dice este pasaje de las Escrituras:

> *Sino que cada uno es tentado, cuando de su propia concupiscencia es atraído y seducido. [Stg. 1:14]*

Aquí estamos hablando en cuanto a los pecados de la carne. ¿Quién es responsable cuando uno es llevado a hacer algo pecaminoso y de ceder ante la tentación del mal? Dios, no es responsable, y el diablo no es responsable tampoco. Es usted, amigo, usted mismo, quien es responsable. Cierto hombre se perdió en las montañas hace algún tiempo. Él llegó a un pequeño pueblito, vio algunos muchachitos jugando en ese lugar. Él se acercó a ellos y les preguntó, "¿Dónde estoy?" Él había perdido su camino; no había ninguna señal en el camino o algo que indicara dónde estaba. Uno de los muchachitos le miró sorprendido por un momento y finalmente le señaló con uno de los dedos y le dice: "Usted está aquí". Dios dice que cuando usted hace esta pregunta ¿quién me tentó a hacer esto? Dios dice: "Usted está allí, es su propia piel, allí es donde está el problema". Cada uno—dice aquí—cada uno. Ésta es una declaración de la individualidad de cada personalidad de la raza humana; cada uno. De la misma manera en que cada uno de nosotros tenemos huellas digitales diferentes, cada uno de nosotros tiene una naturaleza moral diferente. Todos nosotros tenemos nuestras propias idiosincrasias, nuestras propias excentricidades. Todos tenemos algo, un poquito diferente del otro.

En cierta ocasión había dos hombres que estaban conversando y el uno le dice al otro: "Todos los que están aquí, tienen una peculiaridad". El otro le respondió: "Bueno, yo no estoy de acuerdo con eso, yo no tengo ninguna peculiaridad". Entonces, el primero que habló, le dijo: "Permítame hacerle una pregunta: ¿Mezcla usted el café con su mano derecha, o con la izquierda?" El otro respondió: "Bueno, lo mezclo con mi mano derecha". Este otro hombre le dice: "Ya ve usted, ésa es su peculiaridad, porque la mayoría de la gente lo hace con una cuchara".

Todos nosotros tenemos nuestras peculiaridades. Una persona puede ser tentada a beber; otro, puede ser tentada a comer demasiado; otra persona puede ser tentada en el ámbito del sexo. El problema siempre se encuentra con el individuo; no hay ninguna cosa fuera de él que le pueda influenciar a pecar, tiene que ser algo que viene de adentro, y allí es donde está el problema. El problema está dentro de nosotros con esa vieja naturaleza que tenemos.

Un niño estaba jugando cerca de un lugar donde su madre guardaba las galletas. Él había bajado el recipiente donde ella las guardaba y su madre escuchó que él estaba por allí y lo llamó y le preguntó, qué era lo que estaba haciendo. Entonces, el muchachito respondió: "Estoy luchando contra la tentación". El estaba en un lugar bastante malo para luchar contra la tentación. Eso es lo que personas ya maduras hacen hoy. Hay muchas cosas que no son malas en sí mismas, es el uso que uno hace de ellas lo que es malo. La comida es buena, pero uno puede llegar a ser un glotón. El alcohol es medicina, pero uno puede llegar a ser un alcohólico si lo usa indebidamente. El sexo es bueno, si se usa dentro de los límites del matrimonio, como Dios lo ha establecido, pero si uno lo ejerce fuera del mismo, entonces, uno va a tener una epidemia de enfermedad venérea, o aún peor, contraer el SIDA. ¿Por qué? Debido a la liberalidad del día de hoy, de la inmoralidad. En el día de hoy los sicólogos quieren que nosotros nos libremos de nuestro complejo de culpa, es decir, hay muchos de ellos que están tratando de hacer eso.

Cierto psicólogo me decía que yo debería enfatizar más el complejo de culpa de lo que estoy haciéndolo. Él decía que un complejo de culpa es tanta parte de mí como lo es el brazo derecho. Me dijo que yo no podía librarme de esto. Puede que el psicólogo sin Dios trate de librarle a usted de su complejo de culpa de manera equivocada. En cierta ocasión una señora me llamó diciéndome que algo terrible le había ocurrido a ella. Ella estaba teniendo problemas, y estaba casi a punto de sufrir un colapso nervioso. Eso era porque estaba pasando por ciertas pruebas. Ella fue a un psicólogo que había sido recomendado por su médico, y cuando el psicólogo descubrió que ella era una persona creyente, lo que le dijo fue que ella necesitaba ir al bar y agarrar al primer hombre que encontrara allí, y que así se libraría de ese complejo de culpa que tenía.

¡Imagínese usted! Hay otros que le dicen a uno hoy: "¿Qué me puede decir en cuanto a sus antecedentes? ¿Le amaba a usted su mamá cuando era pequeño? ¿Qué sucedió cuando ella le concibió a usted, y usted estaba en su vientre?" Cualquier respuesta que uno dé, él lo va a tomar como algo para culpar a la madre.

Usted podría resolver muchos de sus problemas por los cuales está acusando a otra persona, si le dijera al Señor Jesús vivo: "Yo soy un pecador. Yo soy culpable". Él quitará ese complejo de culpa que usted tiene, y Él es el Único que lo puede hacer. En el libro de Proverbios 23:7, leemos: Porque cual es su pensamiento en su corazón, tal es él.

La solicitud del pecado tiene que tener una respuesta que corresponda dentro de uno, y aquí él dice: de su propia concupiscencia. Un deseo que no es controlado, y entonces, uno es atraído y seducido. El Señor Jesucristo dijo: "Yo atraeré hacia Mí a todos los hombres". El que se burla puede decir: "Bueno, Tú no me atraerás a mí". Él no le forzará a usted. Vimos en el libro de Oseas, que Él sólo utiliza las cuerdas del amor. Él quiere ganarle a usted por medio de Su amor y de Su gracia. Hablando francamente, el mal, el pecado, es algo atractivo hoy. Moisés fue atrapado al principio por los placeres del pecado. Uno puede ser atraído hoy. Usted puede por así decirlo, morder ese anzuelo, y antes de que pase mucho tiempo, ya ese hombre llega a ser un alcohólico, o un joven llega a ser un adúltero.

Entonces la concupiscencia, después que ha concebido, da a luz el pecado; y el pecado, siendo consumado, da a luz la muerte. [Stg. 1:15]

Esta declaración que tenemos aquí realmente es algo tremendo. Usted puede apreciar que la concepción es la unión de dos. El deseo del alma se une con la tentación de afuera. La tentación se encuentra en frente, delante de uno. Santiago utiliza una palabra muy interesante aquí, y la vuelve a utilizar otra vez. Entonces la concupiscencia, después que ha concebido, da a luz. Es el deseo de esta vieja naturaleza nuestra de unirse a la tentación externa, y el Señor Jesucristo habló muy claramente en cuanto a esto. Él dijo que, si uno está enojado con su hermano, eso lo llevará a cometer asesinato. Allí es donde comienza el asesinato premeditado. Él dice en Mateo 5:28: Pero Yo os digo que cualquiera que mira a una mujer para codiciarla, ya adulteró con ella en su corazón. Y tiene que estar allí unido con la tentación. Siempre ha surgido la pregunta: "¿Es pecado la tentación?" La respuesta, es: "No". Martín Lutero dijo: "Uno no puede evitar que las aves vuelen sobre la cabeza de uno, pero sí es posible evitar que ellas construyan un nido en su cabello". El pecado, por tanto, es la consumación del acto de manera interna y externa.

La tentación en sí misma, no es un pecado. Todos nosotros tenemos esa clase de naturaleza. Este versículo concluye diciendo: Da a luz la muerte. Eso finalmente provocará la muerte física. Sólo es necesario preguntarle a una persona alcohólica en cuanto a esto.

Todos nosotros tenemos una naturaleza pecaminosa; no vale la pena tratar de engañarnos a nosotros mismos en cuanto a esto. Todos nosotros hemos sido tentados a hacer el mal. Cada uno de nosotros tiene una debilidad en la carne. Una persona puede ser una persona glotona; otro, puede ser una persona que gusta de los chismes. Ambas cosas son de la carne. Esto viene de adentro de la persona. El Señor Jesucristo es el Único que podía decir: ...viene el príncipe de este mundo, y él nada tiene en Mí. (Jn. 14:30)

Entonces la concupiscencia, después que ha concebido, da a luz. Ahora, no puede haber un nacimiento muerto, tiene que dar a luz algo. Cuando este pensamiento pecaminoso que está en el corazón se une a la tentación, y luego existe un nacimiento, un nacimiento de este acto, no puede ser un nacimiento muerto. ¿Qué es lo que hace entonces? Dice aquí: da a luz el pecado. Nosotros tratamos de racionalizar esto hoy. Tratamos de racionalizar el mal genio. Racionalizamos hoy la chismografía, y hacemos lo mismo con muchos pecados. Nosotros hoy hasta analizamos la inmoralidad del presente. Pero cuando esto haya sido consumado—dice aquí—da a luz la muerte.

La muerte. Hay tres clases de muerte. Existe la muerte física, y siempre tiene un resultado, de eso podemos estar seguros. También tenemos a la muerte espiritual, y ésa es una condición en realidad del hombre perdido. Muerto en delitos y pecados, ésa es la condición en la cual nos encontramos todos nosotros. (Véase Ef. 2:1) Luego, tenemos la muerte eterna. El pecado tiene su obra, y eso, en primer lugar, indica separación, y para un creyente que ha nacido de nuevo, cuando ese pecado nace, es decir, cuando llega a ser un hecho, el resultado de eso es que rompe la comunión con Dios. Si decimos que tenemos comunión con Él, y andamos en tinieblas, mentimos... (1 Jn. 1:6) Nosotros no estamos diciendo la verdad. No podemos tener comunión con Él, y permitir que el pecado ocurra continuamente en nuestra vida.

El gran pecado hoy, supongo yo, es por cierto este asunto del adulterio, del sexo. Recibo muchas cartas en cuanto a esto, y es algo que cada persona ha tenido que enfrentar. No es algo nuevo. Pienso que hoy se da mucho énfasis a esto. La moda del presente ha llevado a cometer esto, y el cometer adulterio es algo que ocurre en el presente mucho más que en el pasado. Por cierto, que esto fue lo que hizo caer a las grandes naciones del pasado, junto con el problema del alcohol. En realidad, el vino, las mujeres y el canto fueron lo que hicieron caer las grandes naciones del mundo. Roma cayó de adentro mismo.

En cierta ocasión, un hombre vino a verme, y me dijo: "Pastor, me he enamorado de una muchacha muy hermosa. Quiero que ella sea mía". Yo le pregunté si él le había pedido la mano ya a esa muchacha. "Bueno", dijo él, "no exactamente". Le pregunté: "¿Por qué?" El joven respondió: "Porque ella es casada". Yo le dije: "Mejor es que usted desista de esa idea ahora mismo". Pero, este joven preguntó si sería malo que ella obtuviera un divorcio y que ellos se casaran. Yo le respondí que por cierto habría algo muy lamentable y muy malo en eso. El joven decía que ella estaría dispuesta a hacer eso. Pero yo dije que eso no hacía ninguna diferencia. Le dije, "usted ha sido tentado, y tentado en gran manera; pero como hijo de Dios, usted nunca podrá salirse con la suya". Le presenté luego varios casos donde las personas pensaban que podrían haberse salido con la suya, pero no pudieron ser felices. Hay algunos que se han casado en esas circunstancias, y luego han tenido una vida miserable, sin hijos, llegan a ser ancianos y no son felices. Es algo trágico en realidad. Hay personas que piensan que pueden salirse con la suya. El caso es que, cuando la concupiscencia, después que ha concebido, da a luz el pecado; y el pecado, siendo consumado, da a luz la muerte. Eso es lo único que puede traer al mundo, pecado. El pecado traerá la muerte. Eso trae la separación de la comunión con Dios, si uno es un hijo de Dios, y Dios le juzgará por eso, a no ser que nos juzguemos a nosotros mismos. Pero uno no se sale con la suya.

Ese joven salió de mi oficina, después que traté de inculcar en él, el temor de Dios. Este joven era un creyente maravilloso, pero él estaba siendo tentado mucho. Regresó mucho tiempo después y me dijo que él había tomado su decisión junto con la muchacha. Yo pensaba que habían tomado una decisión mala. Pero, este joven dijo que había reconocido junto con la muchacha, que en esta vida ellos no podían casarse, que nunca podrían unirse. Que eso estaba muy claro, y que no había duda en cuanto a eso. Ellos estaban pidiéndole a Dios que algún día en el cielo, les permitiera estar juntos. Ese joven dijo que había pedido a la compañía para la cual trabajaba, que era una compañía bastante grande, que lo transfiriera a otra ciudad, y no mucho tiempo después, él salió de esa ciudad y se fue a otro lado.

Eso es tentación. Hay mucho de eso hoy. Hay creyentes hoy que dicen: "Ah, fue Satanás quien me tentó". La tentación no nos puede conseguir hasta que se haya unido con la naturaleza pecaminosa nuestra. Ese deseo de la naturaleza pecaminosa, cuando se une, lo importante y lamentable es que producirá pecado. Y el pecado con el tiempo produce la muerte. El pecado rompe esa comunión que hay con Dios, y eso es una muerte segura, digamos de paso.

Amados hermanos míos, no erréis. [Stg. 1:16]

Cuando él dice no erréis, la palabra que utiliza, quiere decir divagar, desviarse, vagar de un lado para otro. Es como la oveja de la cual habló el Señor Jesucristo, esa oveja perdida la cual Él fue a buscar. Esa oveja a quien amó tanto. Santiago está diciendo: "No se desvíen." No piensen que de alguna manera u otra pueden salirse con la suya. La persona que tiene el hábito de pecar continuamente, definitivamente nunca tuvo una línea de comunicación con Dios. Él nunca ha nacido de nuevo. Si usted puede vivir en el pecado y disfrutarlo, entonces, usted no es un hijo de Dios. Es así de sencillo.

Se cuenta la historia acerca de un calvinista y de un ardiente arménico. Como usted sabe, el calvinista cree que una vez que uno es salvo, nunca llega a perderse. Mientras que el arménico cree que uno puede perder su salvación. El arménico dijo: "Si yo creyera su doctrina y estuviera seguro de que me habría convertido, entonces, me llenaría de pecado". Replicó el calvinista: "¿Cuánto pecado cree usted sería necesario para llenar a un creyente genuino para su propia satisfacción?" Ésa es una respuesta tremenda. Si usted puede estar satisfecho con el pecado, entonces le digo que es necesario que usted se examine a sí mismo, para ver si realmente usted está en a la fe o no. Alguien ha dicho: "Aquél que cae en el pecado es un hombre. Aquél que se lamenta del pecado es un santo. Aquél que se jacta del pecado es un diablo". Todos nosotros estamos sujetos a la tentación. Pero debemos estar seguros de no dar a luz en ese sentido en que se menciona aquí, porque no puede haber un aborto aquí, si uno continúa en esto. Esto deberá tener su resultado.

Toda buena dádiva y todo don perfecto desciende de lo alto, del Padre de las luces, en el cual no hay mudanza, ni sombra de variación. [Stg. 1:17]

Es como el otro lado de la luna que es oscuro mientras que este lado tiene luz. Pero en Dios, no hay oscuridad. En todos nosotros hay una sombra. Usted y yo hacemos sombra. Se cuenta que cuando Alejandro Magno había conquistado al mundo y regresó a Grecia, él fue a visitar a su antiguo maestro Aristóteles, y estaba tan ansioso para contarle a él lo que había ocurrido, que entró a su casa. Aristóteles en ese momento estaba dándose un baño. Alejandro Magno le contó lo que había sucedido, y luego le dijo: "Yo estoy preparado para darte cualquier cosa que quieras en este mundo. ¿Qué es lo que quieres?" Aristóteles levantó su vista y dijo: "Quiero que te quites de mi luz". Alejandro Magno estaba parado en la puerta, tapando la luz del día. Eso es lo que muchos de nosotros hacemos. Una sombra nada más. Pero no hay sombra en Dios. Él no varía. Dios no cambia. Dios no es como un yo-yo, como muchos creyentes son en el día de hoy. Arriba hoy y abajo mañana. Así van de un lado para otro.

Así es que Dios nunca cambia. La tentación a pecar nunca viene de parte de Dios. Aquí dice: Toda buena dádiva viene de parte de Dios. Hay algunas pólizas de seguros que indican que ciertas cosas son excluidas y que, si ciertas cosas le ocurren a la casa, pues anulan esa póliza, o algún acto de Dios, como dicen ellos. ¿Qué piensan ellos que Dios va a hacerle a mi casa? Si uno les pregunta eso a ellos, dicen: "Bueno, un ciclón o un viento fuerte puede destruir la casa". Ahora, ¿se le puede culpar a Dios por eso? La compañía de seguros responde: "Bueno, es que ésa es la forma de expresarse que tiene la compañía de seguros". Ésa ha sido la costumbre a través de las edades, el culpar a Dios. Usted tiene una buena dádiva y un don perfecto, de parte de Él. Usted puede contar cuántas bendiciones tiene hoy: el calor del sol, la lluvia, un día nublado, un día brillante, el pasto verde, el agua que usted bebe, el aire que respira. Dios no nos dio el aire contaminado, nos dio un aire muy limpio, por cierto. Él nos dio agua limpia, no nos dio agua sucia. Fue el hombre quien contaminó todas estas cosas. Dios da buenas dádivas; Dios es bueno, y usted y yo en realidad no sabemos cuán bueno es Él.

Él, de su voluntad, nos hizo nacer por la palabra de verdad,
para que seamos primicias de sus criaturas. [Stg. 1:18]

Ésta es una referencia muy directa al nuevo nacimiento. ¿Cómo es que nos hace nacer de nuevo? Por la Palabra de verdad, para que seamos primicias de Sus criaturas. La palabra que se utiliza aquí en este versículo es la de concebir, y esto nuevamente dice algo muy importante y que nosotros debemos notar. Hay quienes dicen: "Bueno, si yo estoy predestinado para perderme, no hay nada que pueda hacer en cuanto a eso; así es que no me voy a preocupar por eso. Si yo voy a ser salvo, bueno, entonces, seré salvo". Aquí tenemos dos voluntades; dice: Él, de Su voluntad, nos hizo nacer. Recuerde, lo que dije antes en cuanto al mal. Es necesario que haya una concepción de dos que se juntan. No hay ninguna otra forma. Así es que, cuando la voluntad de Dios se une a la voluntad suya, usted nacerá de nuevo. No nos diga que no es responsable. Él no quiere que nadie perezca. Dios, nos hace nacer por la Palabra de verdad. Cuando usted está dispuesto a ir a Él, a creer la Palabra de Dios, y acepta al Señor Jesucristo como lo que Él es, como su Salvador, entonces, nacerá de nuevo. Siendo renacidos, no de simiente corruptible, sino de incorruptible, por la Palabra de Dios que vive y permanece para siempre. (1 P. 1:23) Esto es algo verdaderamente tremendo.

Por esto, mis amados hermanos, todo hombre sea pronto para
oír, tardo para hablar, tardo para airarse. [Stg. 1:19]

Por esto, mis amados hermanos, todo hombre sea pronto para oír. Eso quiere decir que él está hablando a un hijo de Dios. Pronto para oír. ¿Para oír qué? Para oír la Palabra de Dios, por supuesto. Debemos ser prontos para oír. Hemos sido concebidos por la Palabra de Dios, pero aún no hemos concluido nuestra vida. Debemos ahora, crecer con la Palabra de Dios. Tenemos algo que es vivo, poderoso, más cortante que toda espada de dos filos (He. 4:12), y el hombre natural, el hombre que no es salvo, él no comprende las cosas del Espíritu de Dios, tampoco puede saberlas. Son nada más que locura para él. ¿Por qué? Porque deben ser discernidas espiritualmente. (Véase 1 Co. 2:14) Usted, como hijo de Dios, en el cual mora el Espíritu Santo de Dios que quiere ser su Maestro, usted tiene la Palabra santa de Dios; y el Creador de este universo, el Redentor de los pecadores perdidos, Él quiere hablar con usted. Él quiere decirle algo. Usted, pues, debe estar listo, debe estar alerta.

A veces, cuando yo contemplo la congregación de la iglesia, siento un deseo como de gritar para que la gente se despierte. Dan ganas de gritar que el lugar se está incendiando para que haya un poco de movimiento, para que la gente se muestre un poco más alerta. Es necesario, que hoy nos mostremos alertas, debemos estar prontos se nos dice aquí. Por esto... todo hombre sea pronto para oír, lento o tardo para hablar.

Dios nos dio dos oídos y una boca, y debe haber una razón muy directa para eso, porque existe el peligro de que hablemos demasiado. Voy a decir algo y sé que esto no es muy popular hoy. Podría decir muchas cosas que no son populares en el presente.

Como un señor que decía que en su ciudad había un predicador que se parecía a ese enjuague bucal que se llama Listerine. Cuando alguien le preguntó por qué, él dijo que él escuchaba a ese predicador dos veces por día, aunque no le gustaba todo lo que el predicador decía. De todas maneras, él le escuchaba dos veces todos los días. Y usted sabe que el enjuague bucal Listerine, tiene en su propaganda comercial, algo que dice que a la gente no le gusta, pero que de todos modos lo usa dos veces al día. Bueno, ése es el comentario que este señor tenía en cuanto a ese predicador. Quizá habrá algunos que dicen lo mismo en cuanto a mí, porque muchas veces lo que digo, no es muy popular.

Hay aquéllos que dicen que en el momento en que uno es salvo, tiene que comenzar a testificar. No estoy de acuerdo con esto, no creo que una persona esté lista para testificar entonces. Una persona que se salvó anoche ya se quiere que presente su testimonio hoy, especialmente si esa persona es una persona destacada, o un hombre rico, o un criminal o alguna persona que ha estado en las películas, en los negocios, o tal vez ha sido un político destacado. La gente siempre trata de lograr que esta gente dé su testimonio. Ésa es una razón por la cual no me gusta que algunos cantantes hablen antes de presentar su canto. Pueden cantar muy bien, y esto no me molesta, por supuesto, pero sí me molesta y a veces me averguenza las cosas que dicen antes de cantar. Dios dice: "Sé pronto para oír, lento o tardo para hablar".

Alguien quizá diga: "Pero ¿acaso no debemos testificar nosotros?" Sí, pero debemos tener cuidado de cómo testificamos. Es mejor estar seguros en cuanto a la vida de uno primero.

Se cuenta cierta historia en cuanto a Sócrates. Un joven se presentó ante él que quería entrar a estudiar con él. Sócrates era un maestro y un filósofo. Así es que, este joven llega ante Sócrates, y antes de que Sócrates pudiera decir una palabra, este joven comenzó a hablar. Él habló por 10 minutos, según el reloj de sol de aquel día. Sócrates finalmente, cuando este jovencito terminó de hablar, le dice: "Yo lo voy a aceptar como estudiante, pero le voy a tener que cobrar el doble". El joven le dice: "¿Por qué me va a cobrar el doble?" Sócrates le respondió: "Bueno, en primer lugar, debo cobrarle a usted para enseñarle cómo dominar su lengua, y luego cómo utilizarla". Pronto para oír, tardo para hablar. Los creyentes, necesitamos ser muy cuidadosos en cuanto a esto, y no revelar la ignorancia de la Palabra de Dios que nos aqueja. Escuchémosle a Él. Ahora, alguien quizá diga: "Bueno, el Salmo 107 dice: Díganlo los redimidos de Jehová". Así es, pero permítame decirle que él tiene que saber qué decir, y necesita tener mucho cuidado en cuanto a lo que dice. Es por eso que existe ese peligro de permitir a las personas que son artistas, o que son destacadas en el mundo de negocios, que se levanten y den su testimonio demasiado pronto. La teología de ellos no es muy buena. Necesitan estudiar más la Palabra de Dios, y no necesitan que alguien les empuje al frente a hablar. Sé que esto no es muy popular hoy. Sé eso, porque a la gente le gusta escuchar lo que a fulano de tal le ha ocurrido y lo que está diciendo. Pero, recuerde lo que se dice aquí, que debemos ser prontos para oír, tardos para hablar, y luego note lo que sigue diciendo: tardo para airarse. No se ponga a discutir en cuanto a la religión y pierda los estribos. Es muy lindo ser fundamentalista. Pero uno no debe comenzar a luchar contra todos aquéllos que están en desacuerdo con uno en cualquier jota o tilde. Después de todo, usted no tiene tampoco toda la verdad. La Escritura dice que debemos ser tardos para airarnos. No se enoje.

Se cuenta que Jonathan Edwards, el tercer presidente de la universidad de Princeton, en los Estados Unidos, y probablemente uno de los grandes pensadores de América, y también uno de los grandes predicadores, tenía una hija con un temperamento incontrolable. Cierto día un joven de la universidad que había estado visitándola a esta señorita, se enamoró de ella, y se presentó entonces ante el señor Jonathan Edwards como se acostumbraba en aquellos días, y le pidió su mano. Jonathan Edwards le dijo: "Tú no puedes casarte con ella". Él joven respondió: "Pero yo estoy enamorado de ella". Jonathan Edwards le volvió a decir: "Tú no te puedes casar con ella". El joven volvió a decirle: "Pero ella me ama a mí". Y otra vez, el señor Edwards le dijo: "Tú no te puedes casar con ella". El joven entonces le dijo: "Bueno, ¿por qué no puedo casarme con ella?" El señor Edwards respondió: "Porque ella no es digna de ti". El joven dice: "Pero ella es una creyente, ¿no es verdad?" Y Edwards respondió: "Sí, ella es creyente, pero la gracia de Dios puede vivir con cierta gente con la cual nadie más puede vivir". Hay muchos creyentes que no son dignos hoy que tienen un temperamento en realidad incontrolable, y eso arruina su testimonio probablemente tanto como cualquier otro asunto en su vida.

Porque la ira del hombre no obra la justicia de Dios. [Stg. 1:20]

Ésta es la razón por la cual nosotros no debemos discutir en cuanto a la religión. Es muy difícil encontrar al individuo que esté de acuerdo conmigo en un ciento por ciento, o con el cual yo esté de acuerdo un ciento por ciento. Pero ésa no es ninguna razón por la cual yo deba odiar o evitar a esa persona.

Uno podría decir que la única persona con la cual está de acuerdo ciento por ciento, es con uno mismo. Aquí dice: Porque la ira del hombre no obra la justicia de Dios. Quizá usted, se sienta como un defensor de la fe, y algo por el estilo; pero, la ira del hombre sencillamente no obra la justicia de Dios. No se engañe a usted mismo, que usted se enoja por amor a Dios, porque Él no se enoja así. Él está en este asunto de salvar a la gente.

Por lo cual, desechando toda inmundicia y abundancia de malicia, recibid con mansedumbre la palabra implantada, la cual puede salvar vuestras almas. [Stg. 1:21]

Usted, debe recibir la Palabra de Dios, y eso es realmente importante, y eso es lo que se destaca aquí, y a lo cual se le da énfasis.

También note que se dice que debemos desechar toda inmundicia—ésa es la carne, y podemos también continuar leyendo: y abundancia de malicia, recibid con mansedumbre la palabra implantada.

La Palabra de Dios es el mejor preventivo contra los pecados de la carne. Creo que es el mejor de todos. Cierto predicador dijo en una ocasión: "El pecado le apartará a usted de la Biblia, o la Biblia le apartará a usted del pecado". Por cierto, que él tenía mucha razón en cuanto a esto. Es capaz de salvar las almas. Él les está hablando a aquéllos que han sido salvos. Él está hablándoles a ellos. Usted recibe la Palabra implantada. Ha sido plantada en su corazón. Ya ha traído la salvación a su corazón, pero usted tiene una vida que vivir como creyente, y ésta es la salvación de la cual está hablando. Yo he sido salvo. Yo estoy siendo salvo. Y seré salvo. La salvación tiene tres tiempos como ya he dicho en otras ocasiones. Santiago está hablando aquí de la salvación en el tiempo presente.

Dios prueba la fe por la Palabra, no por las palabras del hombre

El hijo de Dios nunca puede apartarse de la Palabra de Dios. Todo hijo quiere oír la voz de su padre, especialmente si es una voz de consuelo, así como una voz de corrección. Un individuo a quien no le interesa la Palabra de Dios o que no quiere permanecer cerca de ella—si en verdad es hijo de Dios, va a meterse en problemas.

Hay muchas personas, que lo único que recuerdan de esta epístola de Santiago, es este versículo. Éste es un versículo muy familiar, muy conocido para ellos.

Pero sed hacedores de la palabra, y no tan solamente oidores, engañándoos a vosotros mismos. [Stg. 1:22]

Usted y yo, vivimos en un tiempo cuando tenemos muchas traducciones de la Biblia y se están multiplicando cada día. Descubro que muchas de estas traducciones dejan mucho que desear, aun cuando las traducciones antiguas necesitan ser mejoradas en algunas partes. Pero, hoy nosotros necesitamos una nueva traducción. Quizá esto le parezca algo extraño a usted cuando yo digo esto. Pero ésa debe ser una traducción que sea diferente a muchas de las traducciones nuevas que están saliendo. Tiene que ser superior a los esfuerzos más modernos. Y, ¿quiere saber algo que quizá le sorprenda a usted? ¿Sabía usted que cualquier creyente que esté leyendo este estudio puede hacer la nueva traducción? Usted puede hacer una nueva traducción de la Biblia. Alguien puede decir, "Usted no me conoce a mí. Yo no soy capaz de hacerlo. Yo no conozco el lenguaje original y no sé de qué manera uno debe tratar un manuscrito". A pesar de sus limitaciones, quizá usted tenga muchas limitaciones, pero aún es posible hacer la mejor traducción de las Escrituras que se haya hecho hasta el presente. ¿Sabe usted cuál es el nombre de esa traducción? Se conoce como la "traducción de los hacedores". Pero sed hacedores de la Palabra. Ésa es una buena traducción, una traducción de los hacedores.

Llegamos ahora al verdadero pragmatismo de Santiago. El Apóstol Pablo expresó el mismo pensamiento en una forma un poquito diferente, con frases diferentes, cuando dijo: Nuestras cartas sois vosotros, escritas en nuestros corazones, conocidas y leídas por todos los hombres; siendo manifiesto que sois carta de Cristo expedida por nosotros, escrita no con tinta, sino con el Espíritu del Dios vivo; no en tablas de piedra, sino en tablas de carne del corazón. (2 Co. 3:2-3)

El mundo no está leyendo hoy la Biblia. Pero están leyéndolo a usted y a mí. Ésa es la mejor traducción, y hay un poemita que pregunta: "¿Qué es el evangelio según usted?"

En el versículo 22, encontramos las "demandas de la Palabra". Luego, en los versículos 23 y 24, el "peligro de la Palabra", y luego en el versículo 25, el "diseño de la Palabra". En otras palabras, aquí tenemos aquello que es sustancia; aquello que realmente nos alcanza en el lugar mismo donde vivimos. Aquí tenemos los imperativos, o demandas de la Palabra.

Aquí tenemos un elemento en cuanto a la Palabra de Dios que, en realidad, lo hace diferente de cualquier otro libro. De paso, digamos que hay muchas diferencias, pero aquí tenemos una que nosotros no he mencionado anteriormente. Hay muchos libros hoy que usted puede leer para recibir información, para ganar conocimiento, para estimularlo intelectualmente, que le sirven de inspiración espiritual, que le divierten a usted. Pero, la Palabra de Dios es diferente. Ésa es probablemente la razón por la cual no es tan popular. Demanda acción. Pero sed hacedores de la Palabra, y no tan solamente oidores. Requiere atención.

El Señor Jesucristo dijo en Juan 7:16-17: Mi doctrina no es Mía, sino de Aquél que Me envió. El que quiera hacer la voluntad de Dios, conocerá si la doctrina es de Dios, o si Yo hablo por Mi propia cuenta. Así es que, este libro demanda acción. El salmista dice: Gustad, y ved que es bueno Jehová; dichoso el hombre que confía en Él. (Sal. 34:8) Usted puede leer la historia. Eso no le pide nada al estudiante. Usted puede leer la literatura. Allí no hay ningún imperativo, no hay declaraciones ni explicaciones. Ah, usted puede decir que tiene una lección, pero eso probablemente ni siquiera estaba en el pensamiento del autor. Usted puede leer en la ciencia muchas cosas, pero eso no hace ninguna demanda de usted. Usted puede leer un libro de cocina y le presenta a usted una receta. Pero no se hace allí ninguna demanda para que usted cocine esto o aquello.

En cambio, la Palabra de Dios es un mandamiento. Es una trompeta. Es un llamado a la acción. Juan, dice: Y éste es el testimonio: que Dios nos ha dado vida eterna; y esta vida está en Su Hijo. El que tiene al Hijo, tiene la vida; el que no tiene al Hijo de Dios no tiene la vida. (1 Jn. 5:11-12) El primer mensaje del Señor Jesucristo era: "arrepentíos". Su segundo mensaje: "venid a Mí", y el tercero: "Creed". (Véase Mt. 11:28; Mr. 1:15) La Palabra de Dios, demanda el creer.

Toda la propaganda que uno observa hoy es de mucha presión, demanda. Se utiliza en la radio y en la televisión, en cartelones, así como también en revistas y periódicos. Ellos tratan de vender. Nosotros no somos sólo sufridores de un lavado cerebral en cuanto a las noticias en la radio y la televisión, sino que también estamos sufriendo un lavado cerebral por medio de la propaganda comercial que recibimos. Ah, usted debe comprar cierta clase de automóviles. Se le dice lo maravilloso que es este año y lo superior que es al del año anterior. Todo lo que se cambió fue una perilla muy pequeñita por allí. Eso es toda la diferencia que tiene. Se le dice a usted que, si no usa esta clase de desodorante, entonces, usted puede hasta perder su trabajo. Pero la Palabra de Dios, dice: "Usted va a morir en sus pecados si usted no se vuelve a Él", y, esto también tiene mucha presión. Dios dice: Ahora es el tiempo aceptable; he aquí ahora el día de salvación. (2 Co. 6:2)

Creo que uno de los fracasos más grandes de la iglesia de los años recientes, se encuentra precisamente en esta área. Después de la segunda guerra mundial, el mundo occidental salió de los refugios contra las bombas y se dirigió a la iglesia, por temor a las bombas, no por el temor de Dios. El número de los que se hicieron miembros de la iglesia, y la asistencia a la iglesia, se elevaron a nuevas alturas. El que era Pastor en esa época podía ver una iglesia llena. Eso era algo maravilloso. ¡Glorioso! Pero al mismo tiempo, aumentó la inmoralidad y la desobediencia a las leyes un ciento por ciento. La embriaguez, el divorcio, la delincuencia juvenil, todo eso aumentó. Hubo un derrumbe total de la separación. ¿Qué es lo que sucedió? Estábamos presentando la Palabra de Dios en una voz pasiva, en un modo subjuntivo, y aquí es presentada en modo imperativo. Nos olvidamos que la Biblia con cubierta de cuero necesita también zapatos de cuero que la acompañen. Estamos aprendiendo las Escrituras de memoria, pero esto no es todo; tiene que ser algo que se mueva. ¡Tiene que avanzar! Pero sed hacedores de la Palabra, y no tan solamente oidores. ¿Por qué? Porque usted se va a engañar a sí mismo si no lo pone en acción.

El imperativo que tenemos aquí es, en realidad, para el hijo de Dios que ha nacido de nuevo. Dios no le pide nada a la persona que no ha sido salva, solamente una cosa. Eso, en realidad, no es el hacer algo. La gente se aproximó a él y le dijo: "¿Qué debemos hacer para heredar la vida eterna?" Él dijo: "¿Hacer?" Ésta es la obra de Dios, que creáis en el que Él ha enviado. (Jn. 6:29) El hacer, en el libro de Dios para las personas que no son salvas es sencillamente creer en Cristo. Dios no le está pidiendo nada a la persona que no es salva, solamente que crea y que confíe en Cristo.

El oír, le llevará a usted a hacer algo. No a una acción de rito y de hábito. No es algo triste y monótono, no es algo de rutina, sino que la intención de la Palabra de Dios es producir una acción creativa. Es el hacer algo productivo, un vivir exhilarativo, y una experiencia emocionante. Si somos motivados por un deseo interior de que estamos disfrutando de un vivir lleno del Espíritu, entonces, usted y yo podemos salir a practicar cualquier deporte y disfrutarlo, y también disfrutar de un estudio Bíblico, de una manera completa, así como en el deporte; y esto será algo realmente emocionante para nosotros. No seáis oidores solamente. Hay mucha diferencia entre un estudiante y uno que oye nada más.

Aquí él nos está diciendo: Pero sed. Ésta no es una forma ordinaria del verbo "ser" sino que en realidad aquí se está utilizando la palabra gíneste, y eso literalmente significa "llegar a ser" o "nacer"; algo que llega a existir. Así es que, esta forma no es la forma imperativa del verbo "ser" o "estar". En otras palabras, él está hablando aquí a los creyentes. Dios no está pidiéndoles a los incrédulos o a aquéllos que no salvos, que hagan algo. Dios está hablando aquí a Sus hijos. Él no les manda a los hijos del diablo a que hagan nada. Como he dicho, Él nunca castiga a los hijos de Satanás. Tampoco les pide a ellos que hagan algo. Él no le pide al mundo incrédulo en el día de hoy que haga algo. Él quiere decirles a ellos que Él ya ha hecho algo.

En cierta ocasión, yo me encontraba jugando fútbol, y me padre se acercó al campo de juego. Él no vino a buscar a todos los muchachos que allí se encontraban, sino a su propio hijo. Yo no había cumplido con mis obligaciones en la casa, y mi padre me vino a buscar. Él no le pidió a ninguno de los otros muchachos que fuera con él para hacer esto o aquello, sino que me pidió a mí que regresara. ¿Sabe por qué? Porque yo era su hijo. Los otros muchachos no eran hijos suyos. Dios, no le está pidiendo a usted nada hasta cuando llegue a ser Su hijo. Entonces, aquí dice: Pero sed, se refiere a aquéllos que han llegado a ser hijos de Dios. Pero sed hacedores de la Palabra, y no tan solamente oidores, engañándoos a vosotros mismos. Uno debe ser un hacedor de la Palabra. Eso es muy importante de notar de nuestra parte.

Esto es algo muy difícil para los predicadores. En cierta ocasión, un amigo y yo estábamos por jugar al golf. Mi amigo era un doctor en medicina, y un creyente. Un tercer hombre quiso unirse a jugar con ellos y mi amigo me presentó diciendo, "Éste es el Dr. McGee". Entonces, este hombre dice: "Bueno, tenemos dos doctores aquí". Yo quería aclarar qué clase de doctor era, y por tanto dije: "Yo soy un doctor que predica. El otro es un doctor que practica". Pues, bien, hacen falta más doctores que practiquen, así como también aquéllos que prediquen. Eso es lo que se está diciendo aquí: Pero sed hacedores de la Palabra, y no tan solamente oidores, engañándoos a vosotros mismos. Alguien dijo lo siguiente: "Es mucho más fácil predicar que practicar; es mucho más fácil decir que hacer; la mayoría de los sermones es escuchado por muchos, pero son llevados al corazón por pocos".

Sed hacedores de la Palabra. Dios está hablando aquí a Sus hijos. Él está diciendo que, si usted es sólo un oidor de la Palabra, usted simplemente se está engañando a sí mismo. Nosotros debemos reconocer que él está dejando bien en claro aquí, esto de que el oír simplemente lleva al hacer, no a un rito, o aquello que es nada más que un hábito, no a aquello que es monótono, aquello que es una rutina nada más. Note la palabra hacedores, y a propósito, de allí es donde sacamos este nombre para esa traducción de la Biblia de la cual hablamos anteriormente, la "traducción de los hacedores". En realidad, eso tiene que ver con el vivir, con la experiencia real de una acción creadora, haciendo algo para Dios, motivados por un deseo interior.

Uno puede apreciar esto con el grupo de personas con las cuales tiene que trabajar. Por ejemplo, aquí donde trabajamos, algunos tienen ciertas funciones que son un poco diferentes a los demás. Algunos pueden ser los que cuidan, los que ministran; hay secretarias, pero todos tienen algo bueno, algo nuevo que hacer. Son personas dedicadas, y uno piensa que se han dedicado a la obra de Dios, y allí se necesita tener un espíritu creativo, ver aquello que es dinámico, aquello que produce. Él dice aquí que debemos ser hacedores y no tan solamente oidores.

Existe una diferencia entre el ser un estudiante y un oidor en una clase. Por lo general, uno tiene más problemas con aquéllos que están oyendo, los oidores, que con los estudiantes matriculados. Los oidores están siempre enviando cartas y postales al profesor, diciéndole que es demasiado duro con los demás alumnos, etc. La diferencia es que esos oidores nunca tienen que tomar un examen, nunca tienen que tomar una clase de preparación, nunca escriben algún reporte, algún informe, nunca tienen que estudiar nada, simplemente se sientan en la clase. Lo interesante de todo esto es que ellos nunca hacen nada.

Pero la fe, lleva a la acción. No hará de usted un oidor simplemente.

Había un hombre que tenía la costumbre de hablar siempre en cuanto a la fe, y él nunca hacía nada por nadie. Sencillamente hablaba de su fe. Pues bien, este hombre en cierta ocasión quedó atascado en el barro con su carreta, y un amigo que pasaba y lo vio allí y que no podía sacar su carreta del lugar, le dijo: "Bueno, usted ahora sí que está bien establecido en la fe". Lo que nosotros necesitamos hoy es continuar avanzando. Después de estar establecidos en la fe, necesitamos mantener nuestro movimiento en la fe, y no quedarnos atascados en el lodo.

Engañándoos a vosotros mismos. Cuando uno se engaña a sí mismo es una de las peores cosas que puede hacer. Juan dice que aquéllos que dicen que no tienen ningún pecado en sus vidas, no están engañando a nadie más sino a sí mismos. Es muy fácil el explicar las acciones de uno. El racionalizar el hecho de que uno no está haciendo nada.

En el versículo 23, nos encontramos con el peligro de la Palabra.

> *Porque si alguno es oidor de la palabra pero no hacedor de ella, éste es semejante al hombre que considera en un espejo su rostro natural. [Stg. 1:23]*

Esta palabra "espejo" aquí, se refiere a cierto artefacto que se utilizaba en aquel tiempo y que era de un bronce muy bien pulido. Un espejo es algo muy interesante. Aquí es un cuadro de la Palabra de Dios. Cuando usted mira en un espejo, contempla la reflexión de usted mismo. Usted se puede ver a sí mismo en un espejo. Y se puede ver tal cual es.

Usted recuerda ese cuento de hadas en el cual se habla de dos hermanas. Una era muy hermosa, mientras que la otra no era tan bella. Aquélla que no lo era, estaba muy preocupada, y ella hacía todo lo que podía para volverse hermosa. Luego, ella iba y se miraba en el espejo. El espejo podía hablar con ella. Así es que ella se acercaba al espejo, y le decía: "Espejito, espejito, ¿quién es la más hermosa de todas?" Y el espejo se lo decía.

La Palabra de Dios es igual que eso. La Palabra de Dios le dice a usted lo que es, tal cual es. Quizá usted haya visto fotografías o cuadros del expresidente de los Estados Unidos, Abraham Lincoln. Usted habrá notado que, en algunos de los cuadros, hay una marca en el rostro, y que en otros cuadros no está. Cierto artista quería pintar un retrato del presidente, tratando de buscar la forma de pintarle sin que se mostrara esta marca que tenía el presidente en su rostro. Así es que movía su lienzo de un lugar para otro, y también le pedía al presidente que cambiara de posición. El presidente comenzó a sonreírse ya que se dio cuenta de lo que este pintor estaba haciendo. Estaba tratando de colocarlo en una posición donde la marca en su rostro no se mostrara. Finalmente, cuando el artista quedó satisfecho, él dijo: "Señor presidente, ¿cómo quiere usted que le pinte?" El presidente Lincoln contestó: "Pínteme tal cual soy, con la marca en el rostro también".

Pues, bien, eso es lo que el espejo le diría a uno. Si usted tiene una marca en su rostro, la mostrará. La Palabra de Dios le dice a usted lo que usted es. Ésa es una de las razones por la cual muchos de nosotros no queremos dedicar mucho tiempo para pasarlo en la presencia de un espejo.

Porque si alguno es oidor de la palabra pero no hacedor de ella, éste es semejante al hombre que considera en un espejo su rostro natural. Alguien diría aquí: "Debería decir una mujer, en lugar de un hombre". Una mujer siempre lleva consigo algún espejo para asegurarse de que siempre está luciendo bien. ¿Pero qué en cuanto al hombre? Ellos también se observan en los espejos. Son tan vanidosos como las mujeres. Siempre hay un espejo a mano en el lavabo. Porque el hombre está siempre deseoso de estar seguro de que su corbata luce bien, que su cabello está bien peinado, y así debería ser. Estamos viviendo en una época cuando la forma en la que uno luce es muy importante, y el espejo por tanto nos revela eso. Ahora, existe un peligro de mirar en el espejo y de ver el rostro natural, y que esto no tenga ningún efecto en la persona.

Porque él se considera a sí mismo, y se va, y luego olvida cómo era. [Stg. 1:24]

Santiago, está contestando lo que había dicho anteriormente, en el versículo 19: Por esto, mis amados hermanos, todo hombre sea pronto para oír, tardo para hablar, tardo para airarse. Lo que dice es que uno no debe ser demasiado pronto en el oír. El pensamiento en ser tan pronto en oír significa el dar toda la atención, el estar alerta a la Palabra de Dios, como indiqué anteriormente. Ahora, lo que él está diciendo aquí es que no se debe tratar de una forma casual, que no se debe hacer tan a la carrera, tan de prisa. Porque el hombre que es solamente un oidor de la Palabra no es un hacedor. No le lleva a la acción. Es como un hombre que contempla su rostro natural en un espejo. Luego, se va e inmediatamente se olvida cómo era.

La gente a quien no le gusta leer en la Biblia que son pecadores, simplemente pasa por alto esas secciones. Ésa es una de las razones hoy por la cual la predicación textual de la Biblia es algo fuera de moda. Creo que necesitamos detenernos a través de la Palabra de Dios, no solamente observar unos versículos hermosos, dulces, aquí en un lugar, y luego en aquel otro. Dios no nos dio la Biblia en versículos, digamos de paso. Los versículos fueron intercalados o señalados, por los hombres. Creo que uno debería tomar eso tal cual es, y eso es un espejo que le revela a usted lo que es.

Creo que la Palabra de Dios es cristalina. Le alcanza a uno y le dice lo que es. Cierto hombre va a visitar al doctor, y éste saca una radiografía, y eso revela que tiene cáncer. El doctor observa esa radiografía y dice: "Usted tiene unas cuantas manchas en sus pulmones". El hombre le dice: "Doctor, yo no les tengo mucha confianza a las radiografías, por tanto, yo voy a ignorar eso. Es mejor que me olvide de eso". Hay muchas personas que han hecho eso, y ahora están muertas. Uno no puede leer la Palabra de Dios y no tener una reacción a lo que aquí se dice, porque esto demanda una respuesta de su parte; y si usted no lo hace, entonces, usted es responsable. Si el médico le dice a usted que tiene cáncer, y usted no hace nada, ¿tiene acaso el médico la culpa? Él no tiene ninguna responsabilidad en este caso.

Dios, le ha dado a usted Su Palabra. De eso es que habla Santiago. Él la utilizó como una ilustración, como un hombre aquí o también una mujer, por supuesto. La Palabra le llevará a él o a ella, de regreso al momento cuando nació de nuevo. Lo que él está diciendo es esto: "Mira, tú no estás creciendo. Tú, en realidad, estás abandonando tu primer amor". Él dice: "Recuerda, Dios te está llamando de nuevo". Un espejo es aquello que revela lo que se pone delante de él. Aquí se nos dice que nosotros no tenemos que olvidar esto, porque la Palabra de Dios es viva y eficaz, y más cortante que toda espada de dos filos... (He. 4:12a) Nos revela a nosotros lo que somos, y penetra debajo de la superficie.

La Biblia no es un libro muy popular hoy, según creo yo. Es uno de los libros que se vende más, pero que se lee menos. Porque sencillamente demuestra lo que uno es. Hace muchos años, una familia vivía en una zona muy apartada de las montañas, y a veces ese lugar era visitado por los turistas. Algunas de estas familias que viven allí no veían a muchos de ellos, y después que los turistas se retiraban, tenían por costumbre ir y revisar el lugar para ver qué se había olvidado allí. En cierta ocasión, un hombre encontró varias cosas que los turistas habían dejado, y entre ellas se encontró un espejo. Él nunca había visto un espejo anteriormente. Miró pues, el espejo, y no se dio cuenta que lo que miraba allí era su propio rostro, y este hombre dijo: "No sabía que mi papá se había sacado una foto". Lo que en realidad él estaba observando era su propio rostro que era semejante al de su padre. Se estaba observando a sí mismo. Él, por supuesto, sentía cierta atracción sentimental a esto, y entró a su casa y trató de esconder ese espejo en un lugar seguro. Su esposa lo estaba observando, y no dijo nada en cuando a lo que vio, y cuando él salió de ese lugar, ella fue a ver qué era lo que él había guardado allí. Entonces, encontró ese espejo. Ella miró en el espejo y al ver su rostro, y sin darse cuenta de que era ella misma dijo: "Ajá, así que ésta es la vieja con la cual él ha estado saliendo".

Es muy fácil leer la Palabra de Dios y pensar que es un cuadro de otra persona. Sin embargo, es un cuadro que lo muestra a usted, y me muestra a mí.

En el versículo 25, encontramos el diseño de la Palabra.

Mas el que mira atentamente en la perfecta ley, la de la libertad, y persevera en ella, no siendo oidor olvidadizo, sino hacedor de la obra, éste será bienaventurado en lo que hace. [Stg. 1:25]

Aquí tenemos el diseño de la Palabra. En aquellos días, el espejo se colocaba en el suelo, y uno tendría que inclinarse para verse en él. Esto indica que uno necesita una mente humilde. Eso es lo que indica esto de mirar atentamente. Luego, se nos dice que tenemos la perfecta ley, la de la libertad. Esto no es una referencia a la ley de Moisés; es la ley de la gracia; y vamos a hablar en cuanto a esto. Santiago no habla en cuanto a la ley de la misma manera en que habla Pablo. Cuando el Apóstol Pablo habla en cuanto a la ley, se refiere a la ley de Moisés. En cambio, cuando Santiago habla de la ley, se refiere a la ley de fe, porque existe una ley de fe. Hay un amor en la ley en el Antiguo Testamento, y hay ley en el amor en el Nuevo Testamento. ...si el Hijo os libertare, seréis verdaderamente libres. (Jn. 8:36)

Pero un momento. Dios dijo: Si Me amáis, guardad Mis mandamientos. (Jn. 14:15) Él también dijo: Sobrellevad los unos las cargas de los otros, y cumplid así la ley de Cristo. (Gá. 6:2) ¿Cuál ley es la ley? Juan dice en su primera epístola: Pues éste es el amor a Dios, que guardemos Sus mandamientos. (1 Jn. 5: 3a) Cuando uno está manejando por la carretera, y hay mucho tráfico allí, esa carretera también tiene sus leyes. Usted no tiene libertad de dirigirse en cualquier dirección o en cualquier forma que quiera, pero usted tiene que obedecer las leyes de tráfico; de otra manera tendrá problemas. De igual manera, hay libertad en Cristo. Ésa es la única libertad verdadera. Usted puede estar seguro de una cosa cuando está en Cristo: que usted va a obedecerle, y que Sus leyes no son difíciles. No son rigurosas. El hecho de que usted sea un hijo de Dios y tenga libertad en Cristo, esa libertad no le permite quebrantar los diez mandamientos. Las leyes son para los débiles. Las leyes han sido dadas para el hombre natural. Pero ahora hay leyes para el hijo de Dios, y eso es muy importante.

Los ciudadanos honrados no necesitan la ley. No sé en cuanto a usted, pero yo no conozco quizá la mitad de las leyes de la zona donde vivo. Lo que sí puedo decirle es que cada abogado de mala fama, la conoce, porque busca puntos débiles en esas leyes para poder quebrantarlas. Dios, en el día de hoy, ha llamado a Sus hijos a un nivel mucho más alto. Un hijo de Dios tiene una espontaneidad espiritual, un motivo mucho más elevado, una inspiración de Dios. El creyente no desea asesinar a nadie. Él vive sobre la ley. Él es motivado ahora por el amor del Salvador; desea obedecerle a Él. Mientras más leamos y estudiemos la Palabra de Dios, más podemos aprender, amaremos más, y vamos a vivir, y el gozo llenará e inundará el alma. Nosotros no somos como los esclavos de galera, azotados y encadenados a un banco, y haciendo aquello que no queremos hacer. ¿Le pide Dios a los que no son salvos que sean hacedores de Su Palabra? En cierto sentido, sí. En Juan 6:28-29, leemos: Entonces, le dijeron: ¿Qué debemos hacer para poner en práctica las obras de Dios? Respondió Jesús y les dijo: Ésta es la obra de Dios, que creáis en el que Él ha enviado. Es decir, que usted y yo no necesitamos conocer las leyes de nuestro país, pero por cierto que necesitamos conocer la Palabra de Dios, si vamos a vivir para Él.

No estoy de acuerdo con ese canto muy popular hoy que dice: "No necesitas entender, sólo necesitas tomarte de Su mano". Usted necesita saber para entender. Usted no puede tomarse de Su mano a no ser que entienda. Pienso que hay demasiadas personas hoy que son muy ignorantes de la Palabra de Dios. No es una desgracia o una deshonra el ser ignorante. No sé en cuanto a usted, pero yo nací siendo ignorante. Yo no sabía la diferencia entre una "a" y una "b" cuando nací. Ni siquiera podía caminar o hablar. Estaba en una situación bastante mala. Pero, no permanecí en esa situación. Ni usted tampoco. En el día de hoy, no es una desgracia, una deshonra el ser ignorante. Pero, sí es una desgracia el permanecer ignorante si usted es un hijo de Dios.

Si alguno se cree religioso entre vosotros, y no refrena su lengua, sino que engaña su corazón, la religión del tal es vana. [Stg. 1:26]

Él está hablando en cuanto a aquéllos que son religiosos. Esa palabra "religioso" y "religión" son, en realidad, palabras que no son bíblicas. Aparecen muy poco en el Nuevo Testamento. No creo que usted pueda encontrar aquí esa palabra "religión", que se repite digamos más de media docena de veces en el Nuevo Testamento. Santiago la utiliza aquí más que cualquier otra persona. La palabra "religión" proviene de una palabra latina, que significa "ligar, envolver, o unir". Uno puede ver que Heródoto, en el griego, utiliza esa palabra, pero no era una palabra que se usaba comúnmente en el griego. Él hablaba de la religión de los sacerdotes egipcios, y tenía que ver con el pasar por un rito y una ceremonia y cosas por el estilo. Hay muchas religiones hoy que pueden demostrar que tienen seguidores fieles, y muy celosos, pero no creo que usted pueda llamar creyentes a ninguno de ellos, sólo porque se conforman a ciertas formas exteriores de rito; porque el cristianismo, como he dicho en muchas ocasiones, no es una religión. Es una persona, y esa Persona es Jesucristo el Hijo de Dios. Usted, o lo tiene a Él, o no lo tiene.

¿Qué podemos decir ahora en cuanto al creyente? Santiago va a decir mucho en cuanto a él; más adelante, va a decir mucho en cuanto al hijo de Dios, y en cuanto a este asunto de la lengua. Vamos a decir aquí sencillamente que cuando lleguemos al capítulo 3, hablaremos de la lengua; la lengua que necesita ser controlada.

Alguien ha dicho, "Usted no puede creer la mitad de lo que uno escucha hoy, que pueda repetirse". Ése es el problema que existe en muchas iglesias hoy. Tenemos demasiadas personas con lenguas sueltas.

En el versículo 27, Santiago habla de la religión pura. Si usted en realidad quiere una religión, y aquello que es sin mácula, creo que la podemos reconocer aquí mismo.

La religión pura y sin mácula delante de Dios el Padre es ésta: Visitar a los huérfanos y a las viudas en sus tribulaciones, y guardarse sin mancha del mundo. [Stg. 1:27]

Ésta es una declaración tremenda. En este versículo tenemos que lo puro está del lado positivo, mientras que sin mácula está del lado negativo. Usted necesita tener ambas cosas si tiene la verdadera clase de religión. Por cierto, que el cristianismo debería producir esto.

Por el lado positivo, él dice que se debe visitar a los huérfanos y a las viudas en sus tribulaciones. Esto significa lo siguiente: que un hijo de Dios debe estar en contacto, en contacto personal con los dolores y las tristezas del mundo, y con los problemas de la gente en el mundo. Aquí podemos observar que los políticos actúan con mucha inteligencia. Ellos tomaron esto de la Biblia, digamos de paso. Ellos salen a la calle y se reúnen con la gente y le dan la mano y hacen de esto un contacto personal. Nosotros, como creyentes, debemos actuar de esta manera. Debemos salir y hacer contactos personales con las demás gentes. Esto hace que la gente responda. Debemos ir a donde está la gente, y pienso que existe un gran peligro en el hecho de que tenemos una religión de santuario, y no tenemos una religión de las calles; y necesitamos eso. Esto significa que, si usted o yo, nosotros, estamos en contacto con el mundo, debemos estar en contacto con el mundo con una ternura y amabilidad y debemos ayudar a los demás.

Veamos ahora el lado negativo. Dice que esa persona se guarda sin mancha del mundo. El contacto con el mundo no quiere decir que uno deba mezclarse en las cosas del mundo. El Señor Jesucristo dijo: No ruego que los quites del mundo, sino que los guardes del mal. (Jn. 17:15) Por tanto, usted y yo, debemos tener este contacto personal. Permítame darle aquí una ilustración. Ocurrió que un muchachito muy pequeño perdió a su madre. Su papá trató de criar al muchachito solo y por supuesto tenía que ir a trabajar, y hubo un matrimonio que tenía interés en este jovencito. Eran personas muy ricas, y también parientes. Así es que, se acercaron al padre y le dijeron: "Mira, tú no eres capaz de dar a ese muchachito todo lo que necesita en la vida". Él era un hombre muy pobre. Estos parientes eran muy ricos. Ellos decían: "Nosotros sí podemos darle de todo". Así es que el padre fue a conversar con su hijo y habló muy seriamente con él en cuanto a ir a vivir con esta gente, con sus parientes. Él le dijo a su hijito: "Ellos te pueden dar una bicicleta, juguetes, regalos maravillosos en la Navidad, y te llevarán a pasear muchas veces. Ellos pueden hacer muchas cosas por ti que yo no puedo hacer". El hijito contestó: "Yo no quiero ir con ellos". El padre le preguntó entonces: "¿Por qué?" El niño respondió: "Porque ellos no me pueden dar a ti". Eso era lo que este muchachito quería. Hay muchas personas hoy, que desean tener un contacto personal, y uno puede traerles un contacto cristiano, a gente que necesita esa dulzura, y ese amor y consideración y amabilidad. Pero debemos recordar que debemos guardarnos sin mancha de este mundo, porque uno no puede mezclarse tanto en eso que puede llegar a ser algo muy peligroso.

CAPÍTULO 2

En los primeros 13 versículos de este capítulo, vemos que Dios prueba la fe, por la actitud y la acción, en cuanto a la distinción de las personas. ¿Cómo trata usted a la gente que está en una posición diferente a la suya en la sociedad? ¿Cómo trata usted a una persona rica? ¿Cómo trata usted a un hombre pobre? ¿Cómo trata usted a la persona de la clase media? ¿Cómo trata usted a esa gente con la cual se encuentra hoy? Santiago va a hablar de esto en esta porción de las Escrituras. Esta sección, es en realidad, una guerra de Dios contra la pobreza. Lo interesante es que también es una guerra de Dios contra las riquezas. Es una guerra de Dios contra las pobrezas y las riquezas. Esto es algo diferente a lo que hace un gobierno. En la mayoría de los casos, los gobiernos no son capaces de tratar efectivamente con este problema.

¿Cuál es el verdadero problema? Lo que él va a decir, y Santiago tiene mucho que decir en cuanto a los ricos; este hombre parecería ser un radical, pero no creo que sea radical en el sentido moderno de la Palabra. Amigo, él por cierto que habla muy duro contra los ricos en el capítulo 5 de su epístola. Encontramos allí que habla directamente a los ricos. Y aquí él tiene algo que decir en cuanto a esto. Las riquezas y la pobreza pueden ser una maldición, y parte de la maldición del pecado sobre la raza, en realidad, es la pobreza y las riquezas.

Usted recuerda que el escritor de los Proverbios dice: No me des pobreza ni riquezas... (Pr. 30:8b) La gente más difícil de alcanzar en el presente son aquéllos que se encuentran en pobreza, así como también aquéllos que forman parte del grupo más rico. Parece casi imposible el poder alcanzar a cualquiera de estas dos clases hoy con la Palabra de Dios. ¿Cuál es el problema? El problema en realidad es una falta de balance en la riqueza del mundo. El gran problema no se encuentra en realidad entre los partidos políticos, tampoco se encuentra entre las razas, no pienso que sea ése el problema de este mundo. El problema del mundo es la falta de balance de la riqueza que existe.

Por ejemplo, tenemos una nación como la India que tiene más de mil millones de personas. Con esa población tan tremenda, existe el hambre y la malnutrición. Se mueren de hambre miles de personas allí. Uno puede observar el lujo y la abundancia que tienen los ricos. Dios habla de ese problema en esta epístola. Él está del lado de los pobres. Me agrada mucho ver esto. Después de todo, cuando el Señor Jesucristo vino a este mundo, Él no nació en una familia rica. Él nació para morir en la cruz. Él nació en la pobreza. Él nació en un pesebre prestado. Él tuvo que pedir comida prestada a un muchachito para alimentar a la multitud. Él habló desde un bote prestado. Él nunca tuvo un lugar donde reclinar Su cabeza. Él tuvo que pedir prestada una moneda para ilustrar una verdad. (Allí tenemos una razón doble por la cual Él pidió prestada esa moneda; Él quería utilizar el dinero de otro hombre, pero no tenía dinero en Sí Mismo.) Él pidió prestado un pequeño asno para entrar a Jerusalén. Él pidió prestado una habitación para celebrar la Pascua, y Él murió sobre una cruz prestada, en realidad. Esa cruz pertenecía a Barrabás, no le pertenecía a Él. Le colocaron a Él en una tumba que tampoco le pertenecía, sino que era de José de Arimatea. Él va a hablar aquí en cuanto a la pobreza y la riqueza.

Cuando yo estaba estudiando en la universidad, un predicador se dirigió a nuestra clase, estudiantes en la mayoría pobres. Muchos de nosotros teníamos que pedir dinero prestado para ir a la universidad, y además teníamos que trabajar para pagar ese dinero y la escuela. Ese hombre habló en la reunión, y él estaba ganando mucho dinero por la tarea que realizaba. Este hombre hablaba en esa ocasión sobre el tema de las bendiciones de la pobreza. Pero, él no tenía un mensaje para los jóvenes. ¿Cómo podía él hablar en cuanto a la pobreza cuando estaba ganando tanto dinero, mucho más dinero que aquéllos que le escuchaban? Así es que, lo que él decía entraba por un oído y salía por el otro. No alcanzaba a esa gente. Parte de la maldición que el Señor Jesucristo tuvo que llevar en Sí Mismo fue la pobreza.

Las riquezas, pueden ser también una maldición y él nos va a mostrar eso en esta epístola. Pablo ya dijo: ...raíz de todos los males, es el amor al dinero... (1 Ti. 6:10) Por cierto que el Apóstol Pablo y Santiago ya se han puesto de acuerdo en todo esto. Uno puede gastar su dinero en cosas malas. Uno puede depositar su dinero en un banco equivocado. Se nos dice que no debemos reunir tesoros para nosotros mismos aquí en la tierra. Debemos poner nuestro tesoro en el cielo. Dios dice: "Yo tengo un banco que estará allá arriba para vosotros". Santiago será bastante duro con los ricos aquí. Vamos a ver eso en el capítulo 5 de esta epístola. En el libro de Proverbios 30:8b, leemos: No me des pobreza ni riquezas... Ésta debería ser la filosofía de un creyente.

¿Cuál es la solución de Dios para el problema de la pobreza? No es el robar al rico para cuidar al indigente, al perezoso, al indolente, al borracho, al vagabundo, a aquéllos que no quieren hacer nada. Por otro lado, Dios nunca destruye la dignidad y el respeto propio y la integridad y el honor del pobre colocándolo a recibir caridad de los demás. La guerra de Dios contra la pobreza y las riquezas no marchan bajo el estandarte del dinero, donde puede haber millones. Tampoco se dirige a la cabeza o al estómago primordialmente, sino al corazón. Guerra contra las distinciones y las divisiones de los creyentes, y de esto es que nos habla aquí, y ha sido producido por el dinero, por supuesto, el pobre y el rico.

Hermanos míos, que vuestra fe en nuestro glorioso Señor Jesucristo sea sin acepción de personas. [Stg. 2:1]

Debemos notar en este versículo cómo Santiago habla del Señor. Él lo llama aquí nuestro glorioso Señor Jesucristo. Santiago es medio hermano del Señor, según la carne, pero aquí él lo presenta con Su nombre completo, nuestro glorioso Señor Jesucristo. Nosotros podemos ver que lo llama el Señor de la gloria, o glorioso. Aquí tenemos una afirmación muy fuerte, por cierto, de la Deidad de Cristo, y, no sé de ninguna otra persona que esté en una mejor posición de juzgar en cuanto a la Deidad de Cristo que un hermano más joven del Señor Jesucristo, quien creció en la misma casa con Él. Francamente, opino que él se encuentra en una mejor posición para hablar en cuanto a la Deidad de Cristo que algunos teólogos que se encuentran en alguna biblioteca donde están rodeados de grandes volúmenes, pero muy retirados de la realidad de aquel día. Opino que un teólogo en esa forma está muy retirado o muy lejos de la realidad del primer siglo, y del hogar en el cual creció el Señor Jesús. De modo que, si no le parece mal a usted, me gustaría unirme a lo que dice Santiago.

No profese usted tener fe en Cristo y al mismo tiempo ser un esnob espiritual que piensa que es más que los demás. No se una a una camarilla en la iglesia. Todos los creyentes son hermanos, y eso tiene que ver con las denominaciones, en el cuerpo de Cristo. Hay una comunión de los creyentes, y una amistad. Esto debería ser como bandera sobre ellos siempre. Santiago se está dirigiendo aquí a la comunidad concreta de los creyentes. A los ricos, a los pobres, a los que tienen influencia, a la gente común, a los de arriba, como a los de abajo, a los esclavos como a los libres. A los judíos y a los gentiles, a los griegos y a los bárbaros. Al hombre y a la mujer. Todos ellos son uno en Cristo en cuanto llegan a Cristo. Él está dirigiéndose a los creyentes, a la hermandad, al cuerpo de los creyentes. El Señor Jesucristo es un denominador común. La amistad y la comunión es la moneda legal entre los creyentes.

Note lo que él está diciendo en cuanto a la fe: que vuestra fe en nuestro Señor Jesucristo sea sin acepción de personas. Si usted pertenece al Señor Jesucristo y otra persona también pertenece al Señor Jesucristo, esa persona es su hermano. Ahora, llega un pecador a su congregación, o usted llega a ponerse en contacto con él, recuerde que él también es un ser humano por el cual murió el Señor Jesucristo. Él tiene que ponerse al pie de la cruz, tal cual lo hacemos usted y yo.

El Antiguo Testamento le enseñaba a Israel, que no tuviera acepción de personas, a los ricos o a los pobres. Dios les enseñó eso en el sistema de Moisés. En Levítico 19:15, Dios dice: No harás injusticia en el juicio, ni favoreciendo al pobre ni complaciendo al grande; con justicia juzgarás a tu prójimo—y a un hijo de Dios hoy.

Simón Pedro aprendió, cuando él se dirigió a Jope, cuando Dios hizo descender ante él toda esa clase de animales, y Pedro dijo: En verdad comprendo que Dios no hace acepción de personas. (Hch. 10:34b)

> *Porque si en vuestra congregación entra un hombre con anillo de oro y con ropa espléndida, y también entra un pobre con vestido andrajoso. [Stg. 2:2]*

La palabra "congregación", significa en realidad una sinagoga; evidentemente los creyentes judíos llamaban "sinagoga", al lugar donde se reunían, y ellos en ese entonces no tenían un edificio que hubieran construido; le llamaban entonces una sinagoga, y era probablemente en la casa de alguno. En muchos lugares, posiblemente se reunían en alguna sinagoga alquilada. En algunos lugares ellos podían alquilar estas sinagogas, ya que se reunían los domingos y no los sábados, de manera que no hubiera ningún conflicto para la reunión de esa congregación y la de los judíos. A propósito, aquí tenemos otro buen argumento del por qué la iglesia se reunía los domingos.

Un hombre con anillo de oro no se refiere solamente a un anillo, sino que indica que esa persona tenía un anillo en cada dedo de su mano. Se cuenta de un hombre que tenía seis anillos en un sólo dedo. Luego se dice: Ropa espléndida. Esto quiere decir que tenía ropas muy buenas, ropa muy fina, ropa resplandeciente, y estaba vestido ostentosamente. También, esto de ropa espléndida estaba en contraste con la ropa que estaba usando el hombre pobre.

Alguien ha dicho que hay pocas personas hoy que van a la iglesia para cerrar los ojos, mientras que otros van para observar la ropa de los demás. En algunos lugares el día domingo es nada más que para ir a mostrar las ropas buenas que tenemos, y hay muchas personas que van a la iglesia vestidos de manera exagerada. Ellos se sienten muy bien cuando hacen eso. Pero eso es algo pretencioso. Hay cierta pompa, pomposidad en cuanto a esto. Sin embargo, es algo que es vulgar y vano. Hay hombres ricos que llegan a esos lugares con banderas desplegadas, al son de trompetas viajando en un suntuoso automóvil, y cuando tienen que bajarse, el chofer les abre la puerta y esa persona entra a la iglesia como un pavo real. Eso es lo que el Señor Jesucristo utilizó en esa historia que Él contó en cuanto al hombre rico y Lázaro. En Lucas 16:19, tenemos lo que el Señor Jesucristo dijo: Había un hombre rico, que se vestía de púrpura y de lino fino, y hacía cada día banquete con esplendidez.

¿Qué es lo que quiere decir con esto de hacía banquete con esplendidez? Sencillamente quiere decir que él trataba de hacer las cosas de una manera superior a todos los demás.

Santiago nos habla de un hombre que sólo tenía andrajos para vestir. Quizá él estaba limpio, pero su ropa era andrajosa. Aquí tenemos una evidencia de parches y de pobreza. Puede que él haya sido una persona desaliñada, o quizá abandonada y deteriorada. Quizá haya tenido días mejores antes, pero el caso es que no tenía ropa buena para ponerse los domingos.

Lo que está haciendo Santiago aquí es, mostrarnos un contraste entre esos hombres. Cada uno de ellos se encuentra en un extremo de la escala social. Hoy en la sociedad afluente en la cual nos toca vivir, quizá no vemos tanto de esto como antes. Nosotros nos vestimos para los demás, y hay muchas personas que, por cierto, hacen esto. En algunos países, uno puede observar esto en la llamada "semana santa", especialmente. Muchas personas se visten con trajes nuevos en esa ocasión, y en algunos lugares usan sombreros con las alas bien grandes. Eso es algo por cierto que se puede notar mucho. Pero también hay excepciones, personas que son ricas, son adineradas, pero que visten modestamente, bien vestidos, pero no de una manera exagerada. Esto, por supuesto, nos puede hablar si nosotros mismos nos estamos vistiendo de una manera que no demuestra humildad.

> *Y miráis con agrado al que trae la ropa espléndida y le decís: Siéntate tú aquí en buen lugar; y decís al pobre: Estate tú allí en pie, o siéntate aquí bajo mi estrado. [Stg. 2:3]*

Es decir, que él le coloca a ese hombre en la parte más alejada, y quizá en la parte de atrás del templo. En aquellos tiempos había unos pocos asientos al frente nada más, y allí sólo se sentaban las personas destacadas. Hubo un día en algunos países donde las personas compraban o pagaban por los asientos en las iglesias. Algunos tenían una pequeña puertecita, y sólo la familia que había pagado por ese asiento podía sentarse allí el domingo. Usted no podía sentarse con quien quería. No sé si hoy existen estas cosas, pero quizá haya grupitos, camarillas en ciertas partes de la iglesia, donde todos se sientan juntos. Si usted siendo extraño en ese lugar llega a sentarse allí, especialmente si no está bien vestido, puede tener problemas con esta clase de gente. No va a ser bienvenido en esa parte de la iglesia, de eso estoy seguro.

> *¿No hacéis distinciones entre vosotros mismos, y venís a ser jueces con malos pensamientos? [Stg. 2:4]*

Lo que está haciendo, Santiago aquí es presentando, como ya dije, un contraste entre estos hombres; él dice: "Ahora, observadlos vosotros. Vosotros os estáis mostrando parcializados.

Él les está hablando a los creyentes aquí, porque dice:

Hermanos míos amados, oíd: ¿No ha elegido Dios a los pobres de este mundo, para que sean ricos en fe y herederos del reino que ha prometido a los que le aman? [Stg. 2:5]

Note que él está llamándoles hermanos.

Un creyente pobre es mirado con cierto desprecio en algunas iglesias, y, aun así, esa persona puede ser la persona más rica espiritualmente de esa iglesia. Quizá usted haya notado, o quizá no haya notado, cuánto se dice en la Biblia, en cuanto a los pobres. Hay mucho que uno puede encontrar en la Palabra de Dios si la revisa cuidadosamente. Dios ha señalado claramente desde el libro de Génesis hasta el Apocalipsis, que Él tiene interés y consideración de los pobres. No interesa lo que usted piense, pero lo que voy a decir se aplica a cualquiera de las grandes ciudades de nuestro mundo. Los pobres nunca reciben el trato que merecen. Nunca lo han recibido, y mientras los hombres continúen actuando en su propia naturaleza, hombres que no han nacido de nuevo, y no son creyentes, los pobres nunca recibirán el trato que merecen en este mundo. La única esperanza que ellos tienen se encuentra en el Señor Jesucristo. Escuche lo que dice la Palabra de Dios. En Job 5:15-16, leemos: Así libra de la espada al pobre, de la boca de los impíos, y de la mano violenta; pues es esperanza al menesteroso, y la iniquidad cerrará su boca. También, en Job 36:15, leemos: Al pobre librará de su pobreza, y en la aflicción despertará su oído. Luego en el Salmo 9:18, dice: Porque no para siempre será olvidado el menesteroso, ni la esperanza de los pobres perecerá perpetuamente. También en el Salmo 68:10, dice: Los que son de Tu grey han morado en ella; por Tu bondad, Oh Dios, has provisto al pobre. Y el Salmo 69:33, dice: Porque Jehová oye a los menesterosos... También, en el Salmo 72:12-13, leemos: Porque Él librará al menesteroso que clamare, y al afligido que no tiene quien le socorra. Tendrá misericordia del pobre y del menesteroso, y salvará la vida de los pobres.

En el Salmo 45, encontramos que llegará Uno que reinará sobre esta tierra en justicia. En Isaías 11, se nos presenta esto allí, y Él es Aquél que va a gobernar por los pobres; Él juzgará con justicia a los pobres (véase V. 4), se nos dice allí. Dios tiene mucho que decir en cuanto al tratar mal a los pobres sobre esta tierra por parte de los ricos y de parte de aquéllos que están en el poder. Esto es algo que ellos tendrán que responder ante Dios algún día. Los pobres son ricos en cosas espirituales. Esto es lo importante de ver de parte de los pobres.

> *Pero vosotros habéis afrentado al pobre. ¿No os oprimen los ricos, y no son ellos los mismos que os arrastran a los tribunales? [Stg. 2:6]*

Puede ser una corporación, una compañía muy rica, o puede ser un sindicato rico. Los poderosos no están tratando honestamente a los pobres. Cada año los políticos cuando están buscando ocupar algún cargo, dicen que van a trabajar y ayudarnos a nosotros los pobres, y, sin embargo, esta gente nos odia en realidad. No importa a qué partido pertenecen ellos. Alguien quizá diga: "Bueno, usted está hablando de una manera muy cínica". Yo he sido pobre siempre. Nunca me he alejado mucho de esa situación. Desde ese punto de vista, somos cínicos, porque hemos podido apreciar la forma en que los pobres son tratados en esta tierra. La única esperanza que ellos tienen se encuentra en Cristo Jesús. Ellos son despreciados por el mundo. Lo único que buscan los políticos es el voto de los pobres, y así es como tratan de lograrlo.

> *¿No blasfeman ellos el buen nombre que fue invocado sobre vosotros? [Stg. 2:7]*

Si usted está maltratando a los pobres, entonces, usted está blasfemando el nombre de Cristo.

> *Si en verdad cumplís la ley real, conforme a la Escritura: Amarás a tu prójimo como a ti mismo, bien hacéis. [Stg. 2:8]*

Él está diciendo ahora, si vosotros queréis agradar a Dios, queréis obedecerle, entonces, debéis cumplir con la obligación que tenéis. Él nos presenta esto de una manera muy clara: Amarás a tu prójimo como a ti mismo. Eso es el resumen de toda la ley relacionada con el hombre. Él va a enfatizar esto.

Pero si hacéis acepción de personas, cometéis pecado, y quedáis convictos por la ley como transgresores. [Stg. 2:9]

La ley condena eso. Ahora, alguien me puede decir: "Bueno, yo no he cometido ningún asesinato. Yo no he cometido adulterio". ¿No ha hecho usted eso? Note lo que dice Santiago:

Porque cualquiera que guardare toda la ley, pero ofendiere en un punto, se hace culpable de todos. [Stg. 2:10]

¿Qué es lo que quiere decir con eso? No quiere decir que, si usted ha quebrantado un mandamiento, los ha quebrantado a todos; sino que significa que usted es culpable de quebrantar los mandamientos, no importa cuál haya sido el que usted ha quebrantado. Es como aquel hombre que está en la prisión. Puede haber sido un asesino y él puede ver del otro lado del pasillo, y puede decirle al otro prisionero: "Bueno, yo no soy un ladrón. Yo nunca he quebrantado esa ley." Sí, pero él también se encuentra detrás de las rejas. Él es un asesino. Creo que es algo irónico hoy que algunos prisioneros tratan de matar a otro prisionero, otro que va a parar a la cárcel con ellos, porque no tienen ningún respeto por él. O ellos piensan que el crimen que este otro ha cometido es algo horrible. Pero, usted no necesita ir a la cárcel para ver eso. Usted puede encontrar a personas que desprecian a otra de la misma manera. Todos nosotros estamos ante Dios como personas que hemos quebrantado la ley.

Porque el que dijo: No cometerás adulterio, también ha dicho: No matarás. Ahora bien, si no cometes adulterio, pero matas, ya te has hecho transgresor de la ley. Así hablad, y así haced, como los que habéis de ser juzgados por la ley de la libertad. [Stg. 2:11-12]

Ésa es la ley de Cristo. El Señor Jesucristo dijo: Si Me amáis, guardad Mis mandamientos. (Jn. 14:15) ¿Cuál es Su mandamiento? ...que os améis unos a otros, como Yo os he amado. (Jn. 15:12)

Porque juicio sin misericordia se hará con aquél que no hiciere misericordia; y la misericordia triunfa sobre el juicio. [Stg. 2:13]

Se cuenta la historia de un matrimonio muy rico que estaba dando una fiesta para unos amigos en una ocasión. Éstos trataron de hacer algo diferente. Así es que se dirigieron a la parte pobre de esa ciudad, y allí había una misión para los pobres donde se predicaba el evangelio. Así es que esta gente, para divertirse nada más, entró a ese lugar, y se sentó en la parte de atrás del auditorio. Este matrimonio muy rico pertenecía a una iglesia muy de moda, pero ellos nunca habían tenido oportunidad de escuchar el evangelio bien predicado, de la misma manera en que una persona que vive en lugares alejados raramente tiene esta oportunidad. Pero esa noche, ellos escucharon la predicación del evangelio, y sus corazones fueron tocados, y ellos pudieron observarse a sí mismos como pecadores, y entonces pasaron al frente esa noche junto con esas otras personas en harapos y andrajos, y ellos aceptaron a Cristo. Estas personas llegaron a ser obreros del Señor en esa zona, y establecieron allí un hogar para niñas desamparadas.

Nosotros necesitamos reconocer hoy que quizá pensamos que somos mejores que los demás; que, de alguna forma u otra, nosotros estamos despreciando a los otros, y es pecaminoso el hacer eso. No interesa quien sea esa persona, ese hombre o esa mujer se encuentra en el mismo nivel que usted y yo nos encontramos ante Dios. Esa persona es una persona pecadora, y usted y yo debemos ir a la cruz, y tenemos que presentarnos ante el Señor Jesucristo como lo hizo este matrimonio rico del cual hablamos.

Se cuenta que hace muchos años en Londres, Inglaterra, había un predicador muy bueno; un joven, que en cierta ocasión fue invitado a visitar un hogar muy prominente, donde se presentaría un programa musical una noche. En ese programa se presentaba una jovencita que estaba entusiasmando a toda la ciudad de Londres por la forma de cantar y actuar. Ella era realmente destacada. Cuando finalizó su presentación esa noche, ella recibió una gran ovación de los presentes. Después de la presentación, los que estaban allí se reunieron alrededor de ella para felicitarla y aplaudirla. Este joven predicador se acercó a ella, y cuando logró que ella le prestara atención, le dijo: "Señorita, cuando usted estaba cantando yo estaba pensando, de cuánto se beneficiaría la causa de Cristo si usted se dedicara a sí misma y sus talentos al Señor. Pero", él continuó diciendo: "Usted es tan pecadora como el peor borracho, o como una ramera en la calle. Pero, me agrada decirle que la sangre de Jesucristo, el Hijo de Dios, le limpiará a usted de todos sus pecados, si usted se acerca a Él". Esta señorita volteó su cabeza de manera muy altiva y altanera, y le dijo: "Usted me está insultando, señor". Trató de apartarse del lugar. Este joven le dijo: "Señorita, no traté de ofenderla, pero estoy orando que el Espíritu de Dios la convenza a usted".

Todos se retiraron y esa noche esta joven no podía dormir. A las dos de la mañana se arrodilló al lado de su cama. Ella tomó a Cristo como su Salvador y luego se sentó y se puso a pensar en lo ocurrido. Entonces, Charlotte Elliot, escribió estas palabras de un himno favorito: "Tal como soy sin más decir. Que a otro yo no puedo ir. Y Tú me invitas a venir. Bendito Cristo, heme aquí. Tal como soy sin demorar. Del mal queriéndome librar. Me puedes sólo Tú salvar. Bendito Cristo, heme aquí". Luego, la última estrofa dice: "Tal como soy, Tu gran amor me vence. Y con grato ardor servirte quiero. Mi Señor, bendito Cristo, heme aquí." Ésa es la base en la cual todos nosotros debemos acudir a Cristo. Es un gran himno, por cierto, y fue producto de una gran experiencia.

Dios prueba la fe por las buenas obras

En los versículos 14-26 Santiago muestra que Dios prueba la fe por las buenas obras. Hay aquellas personas que dicen, que aquí tenemos una contradicción con lo que dice Pablo, porque el Apóstol Pablo presentó de una manera muy clara, que la fe puede salvar. Para tener una mejor idea de lo que dice el Apóstol Pablo, note Gálatas 2:16, y observe lo que allí se menciona: Sabiendo que el hombre no es justificado por las obras de la ley, sino por la fe de Jesucristo, nosotros también hemos creído en Jesucristo, para ser justificados por la fe de Cristo y no por las obras de la ley, por cuanto por las obras de la ley nadie será justificado.

He dividido esta porción de las Escrituras en tres partes, indicando que aquí tenemos la "interpretación de la fe", la "identificación de la fe", y también, la "ilustración de la fe". Tenemos aquí una definición en el contexto de la Escritura. No es un término definitivo, de modo que podemos ver precisamente que Pablo y Santiago estaban en perfecto acuerdo. Ellos están hablando del mismo tema, pero observándolo desde diferentes puntos de vista.

Pablo está diciendo, que un hombre no es salvo por las obras de la ley. En Romanos 3:28 él dice: Concluimos, pues, que el hombre es justificado por fe sin las obras de la ley. Eso lo presenta de una manera muy clara en su epístola a los Gálatas, y como hemos visto, este hombre es justificado, no por obras, sino por fe en Cristo Jesús. ¿Cómo vamos a reconciliar entonces estas dos cosas? Pablo y Santiago no están frente a frente luchando uno contra el otro, sino que como alguien ha dicho, ellos están de espalda a espalda, luchando contra fuerzas opuestas. Había quienes estaban diciendo que las obras de la ley—y ellos estaban hablando ahora en cuanto a la ley de Moisés—que uno tenía que hacer las obras de la ley, que usted tenía que ir por la ley, para poder ser salvo. Francamente, Pablo está diciendo que las obras de la ley no le salvan a usted, pero la fe en Cristo sí le salva. Estos hombres, por tanto, estaban defendiendo la ciudadela de la fe. ¿Por qué? Conviene que comprendamos primero el uso de la terminología.

Lo que el Apóstol Pablo está diciendo, es que la fe salvadora, aquélla que es real y que es genuina, transformará la vida de una persona. Que allí tendrá lugar una revolución. Pablo podía decir: Pero cuantas cosas eran para mí ganancia, las he estimado como pérdida por amor de Cristo. (Fil. 3:7) Esto sí que era una revolución, una revolución que cambió completamente la vida de Pablo. Note lo que él dice en 1 Corintios 15:1-2: Además os declaro, hermanos, el evangelio que os he predicado, el cual también recibisteis, en el cual también perseveráis; por el cual, asimismo, si retenéis la palabra que os he predicado, sois salvos, si no creísteis en vano. Es decir, a no ser que sea una fe vacía, digamos de paso.

Santiago no está hablando aquí en cuanto a las obras de la ley; Santiago sencillamente dice que la fe le salva, pero la fe que salva producirá obras. Pablo está diciendo la misma cosa, a no ser que uno haya creído en vano. Usted debe examinarse a sí mismo, dice Pablo, para ver si usted está en la fe o no lo está. Así es que, Santiago está hablando de aquello que es una fe profesante.

> *Hermanos míos, ¿de qué aprovechará si alguno dice que tiene fe,*
> *y no tiene obras? ¿Podrá la fe salvarle? [Stg. 2:14]*

Él está hablando aquí en cuanto a una fe profesante, en cuanto a aquello que es falso y también falsificado. Creo que uno de los graves peligros que tienen que enfrentar los predicadores del evangelio, es que les gusta ver que la gente se convierta, y están dispuestos a aceptar un "sí" de alguna persona que dice: "Sí, yo confiaré en Jesús". Puede ser nada más que un movimiento insolente, impudente de la cabeza. Es muy fácil hoy presentar aquello que es falso a primera vista, como decir que un elefante vuela porque tiene las orejas grandes.

Existe un pequeño cuento y quisiera pasárselo a usted para que lo considere. Satanás tuvo una reunión con sus demonios para tratar de persuadir a los hombres de que Dios no existía, ya que ellos mismos creían que había un Dios, y se preguntaban ¿cómo hacer esto? También querían decirle a la gente que Jesucristo nunca había existido, y que los hombres no deberían creer en una ficción como ésa. Así es que, él estaba preguntándoles a los demonios ¿qué es lo que deberían hacer? Cierto demonio sugirió que sería muy difícil librarse del Cristo histórico. Otro demonio se puso de pie y dijo: "Bueno, yo creo que sería bueno si nosotros persuadimos a la gente, que con la muerte se termina todo. Que ellos no tienen que preocuparse de una vida después de la muerte". Luego otro demonio dijo: "Voy a decirles lo que debemos hacer: vamos a ir a la tierra y decirle a la gente que puede creer que hay un Dios, que hay un Jesucristo, y que creyendo en Él se salva, pero que no hay nada más que hacer, sino confesar la fe, y luego continuar viviendo en el pecado, como se vivía antes". Ellos decidieron hacer eso. La razón por la cual estoy seguro de que eso es lo que ellos decidieron en esa reunión, es porque eso es lo que Satanás está utilizando hoy también.

Pablo y Santiago se encuentran en una armonía perfecta aquí. Cuando el Apóstol Pablo habla de obras, él se refiere a las obras de la ley. Pablo nuevamente presenta eso de una manera muy clara en Romanos 3:20: Ya que por las obras de la ley ningún ser humano será justificado delante de Él; porque por medio de la ley es el conocimiento del pecado.

Pablo está diciendo: "Sí, la ley es un espejo, le revela a usted que es un pecador. Pero la ley no le puede salvar; las obras de la ley nunca pueden salvarle". Y Santiago está diciendo la misma cosa. Él está diciendo aquí que usted tiene que tener algo, un poquito más. Porque cualquiera que guardare toda la ley, pero ofendiere en un punto, se hace culpable de todos.

Alguien lo expresó de la siguiente manera: "El hombre no puede salvarse por una perfecta obediencia. No puede lograr eso. Él no puede salvarse por medio de una obediencia imperfecta, porque Dios no lo aceptaría". La única solución para esto es la redención en Cristo Jesús, y Santiago y Pablo están enfatizando eso; pero, Santiago está diciendo lo mismo que Pablo dice. Pablo, en Gálatas dice: "Amigos, vosotros no sois salvos por la ley"; pero él también presentó muy claramente en Gálatas 6:9, lo siguiente: No nos cansemos, pues, de hacer bien; porque a su tiempo segaremos, si no desmayamos. Hay mucho del "hacer" que va junto con el creer, digamos de paso. Él habla claramente aquí cuando dice en Gálatas 6:6-7: El que es enseñado en la palabra, haga partícipe de toda cosa buena al que lo instruye. No os engañéis; Dios no puede ser burlado: pues todo lo que el hombre sembrare, eso también segará. Éstas son cosas que se presentan con toda claridad. También fue muy claro lo que él dijo en Gálatas 5:6: porque en Cristo Jesús ni la circuncisión vale algo, ni la incircuncisión, sino la fe que obra por el amor. La fe, tiene que ser una fe que obra.

Muchas veces, ya hemos mencionado algo que Juan Calvino dijo: "La fe sola salva, pero la fe que salva no está sola". La fe que salva, por tanto, es una fe viva. Una fe que se profesa nada más, está muerta. Tenemos muchos hoy de aquellos llamados creyentes profesantes. Ellos son miembros de una iglesia, pero son como zombis. Ellos están caminando como si estuvieran vivos, pero en realidad, están muertos.

En cierta ocasión una niña le preguntó a su maestra de la Escuela Dominical: "¿Cómo puedo ser creyente y continuar haciendo las cosas como yo quiero?" La maestra le contestó citando el pasaje de la epístola a los Romanos 8:5, que dice: Porque los que son de la carne piensan en las cosas de la carne; pero los que son del Espíritu, en las cosas del Espíritu. Si usted es un hijo de Dios, usted no puede hacer solamente lo que quiere. Usted tiene que hacer lo que Él quiere. Por cuanto los designios de la carne son enemistad contra Dios; porque no se sujetan a la ley de Dios, ni tampoco pueden... Mas vosotros no vivís según la carne, sino según el Espíritu, si es que el Espíritu de Dios mora en vosotros. (Ro. 8:7, 9a). Usted puede producir el fruto del Espíritu en su vida, y si usted no lo hace, entonces, hay algo completamente malo. Un creyente no hace lo que le place, sino que hace lo que le place a Cristo Jesús.

En cierta ocasión un hombre se acercó a su Pastor y le dijo que tenía toda clase de problemas. Pero también le dijo al Pastor: "Yo amo a mi Salvador, yo amo a mi familia, yo amo a mi iglesia, y yo amo a mis negocios. Pero, hay momentos cuando yo siento como que quisiera salir y dejarlos a los cuatro". El Pastor le miró directamente a los ojos y le dijo: "¿Por qué no lo hace?" Ese hombre contesta: "La razón por la cual no lo hago, es porque soy creyente". La fe salvadora que hace a un creyente conduce a hacer buenas obras. Nosotros estamos tan ansiosos en lograr miembros para la iglesia, que los traemos, aunque su profesión no sea profunda y firme. Como resultado, hay muchas iglesias que están llenas en realidad, de incrédulos. Aquí tenemos la identificación de la fe. Una fe que salva puede ser reconocida, y puede ser identificada mediante huellas digitales espirituales. Existe una verificación de una fe genuina y Santiago usa una ilustración. Note ahora, la ilustración práctica que él presenta:

Y si un hermano o una hermana están desnudos, y tienen necesidad del mantenimiento de cada día, Y alguno de vosotros les dice: Id en paz, calentaos y saciaos, pero no les dais las cosas que son necesarias para el cuerpo, ¿de qué aprovecha? [Stg. 2:15-16]

Él dice: "Usted puede ser muy piadoso y decirle a esa persona: Hermano, yo voy a orar por usted, y sé que el Señor proveerá". Pero, el Señor le colocó a usted allí para que usted, como hijo de Dios, pueda proveer lo que esa otra persona necesita. A veces cansa escuchar a personas que son bastante ricas diciendo que nosotros estamos realizando una tarea muy buena, que estamos haciendo lo correcto al presentar la Palabra de Dios, pero esta gente nunca tiene ninguna participación financiera en este programa. Ellos no pueden hacernos creer que son sinceros, no pueden serlo. Ellos pueden decir piadosamente: "Ah, hermano, yo estoy con usted". Pero ¿está usted con él? ¿Está usted apoyándole?

Una fe viva produce algo. Usted la puede identificar. El Señor Jesucristo dijo: En esto conocerán todos que sois Mis discípulos, si tuviereis amor los unos con los otros. (Jn. 13:35) Pablo en Romanos 13:8, dice: No debáis a nadie nada, sino el amaros unos a otros; porque el que ama al prójimo, ha cumplido la ley. Lo que quiero señalar es que uno no puede decir: "Yo soy un hijo de Dios", y luego vivir igual que una persona que no tiene ley. Uno no puede ser una persona que vive fuera de la ley, y luego decir que es un hijo de Dios. Esto no quiere decir que uno tenga que darle dinero a todo pordiosero que se presente, para luego ir a comprar licor. Y, no creo que toda persona que profesa ser creyente lo es en realidad. Es necesario probar a esas personas, para ver si son creyentes o no.

A veces, uno aprende de cosas que realmente le dan ánimo, al enterarse de cómo algunas personas ayudan a otras en tiempo de necesidad, o de cómo alguna dama ayuda a un misionero en algún lugar; y hacen todo esto sin decirle nada a nadie. Usted está demostrando por medio de su vida, si usted tiene una fe genuina o no la tiene.

> Así también la fe, si no tiene obras, es muerta en sí misma. [Stg. 2:17]

¿Por qué dice que la fe es muerta? Sencillamente, porque la fe que vive produce obras, y uno tiene que sacar esa conclusión. Santiago está hablando en cuanto al fruto de la fe. El Apóstol Pablo está hablando en cuanto a la raíz de la fe, y ése es el énfasis de ambos. Pero, tanto Pablo como Santiago están diciendo que la fe sola salva. Pablo dice que la fe va a producir fruto, el fruto del Espíritu: amor, gozo, paz, y todos los demás. El Señor Jesucristo dijo que Él es la vid y nosotros somos los pámpanos, o sea las ramas, para que podamos dar fruto.

La fe salva, pero la fe que salva produce algo; eso es todo lo que Santiago podía decir. Santiago está hablando en cuanto a la fe, y él aquí nos presenta dos ilustraciones en cuanto a la fe.

¿No fue justificado por las obras Abraham nuestro padre, cuando ofreció a su hijo Isaac sobre el altar? [Stg. 2:21]

Santiago está diciendo aquí que Abraham es justificado por la fe. En el libro de Génesis (véase Gn. 15:6; 22:1-14), vimos que Abraham fue justificado por la fe. ¿Fue justificado Abraham cuando ofreció a su hijo Isaac? La pregunta es: ¿Ofreció él a su hijo Isaac? La respuesta es no. Él no lo hizo. ¿Cuál fue entonces, su obra de fe? ¿Cómo le salvaron sus obras? Su fe causó que él levantara ese cuchillo, para hacer una cosa que él no creía que Dios jamás le pediría que hiciera; pero, ya que Dios le pidió que hiciera eso, él estuvo dispuesto a hacerlo. Abraham creyó que Dios levantaría a su hijo de entre los muertos. Él no dio muerte a su hijo. Ésta es una ilustración ejemplar, digamos de paso. Usted demuestra su fe, por medio de sus acciones, y la acción de este hombre es que creyó a Dios.

Santiago utiliza, otra ilustración:

Asimismo, también Rahab la ramera, ¿no fue justificada por obras, cuando recibió a los mensajeros y los envió por otro camino? [Stg. 2:25]

¿Cómo puede ser justificada por las obras? Ella recibió a los mensajeros y los envió por otro camino. ¿Sabía usted que esa mujer viviendo en la ciudad de Jericó, había arriesgado su vida? Ella le dio la espalda a su vida antigua y a su propia gente. Lo que antes era ganancia para ella, llegó a ser pérdida. Ella no les dijo a esos hombres: "Yo me quedaré aquí a un lado cuando vosotros vengáis, y cantaré algún himno de alabanza a Dios. Yo voy a decir: Aleluya, alabado sea el Señor, cuando vosotros entréis aquí". Ella dijo: "Yo voy a hacer algo. Yo voy a esconder a estos espías, porque yo creo que Dios les va a entregar esta tierra a ellos. Nosotros hemos estado escuchando esto por cuarenta años, y yo creo a Dios". Ella creyó a Dios, y tomó parte de lo que estaba ocurriendo. Ella fue justificada ante Dios por su fe. El escritor de la epístola a los Hebreos, en el capítulo 11, versículo 31, dice: Por la fe Rahab la ramera no pereció juntamente con los desobedientes, habiendo recibido a los espías en paz. Pero, ante su propia gente y ante los israelitas, ella fue justificada por obras.

Hace algún tiempo un señor fue a un vivero de plantas y compró la raíz de un árbol. La habían marcado como árbol de ciruela, pero se veía sólo un palo, como palo de escoba. Se le dijo a este señor que lo colocara en la tierra de cierta manera, y así lo hizo, y observó este árbol cuidadosamente, y en la primavera le comenzaron a salir hojas. Durante tres años ese árbol tuvo flores y luego hubo fruto. ¿Sabe usted qué clase de fruto salió de ese árbol? Ciruelas. La raíz de ese árbol era de un árbol de ciruelas, y la fe es la raíz, y la raíz produce la clase de fruto que dice la raíz que es. Si usted, tiene una fe viva, entonces, habrá fruto en su vida. Nuevamente dice el Apóstol Pablo, que debemos examinarnos a nosotros mismos para ver si estamos en la fe. Debemos probarnos a nosotros mismos.

Porque como el cuerpo sin espíritu está muerto, así también la fe sin obras está muerta. [Stg. 2:26]

Y eso, también lo digo yo.

CAPÍTULO 3

Dios prueba la fe por la lengua

A este capítulo podríamos darle un título un poco sensacional, pero este título sensacional es un título bíblico. Podemos llamar a esta sección de Santiago: "Arde el infierno". Ésa es una expresión que vemos que se usa en este capítulo en particular, para hablar en cuanto a la lengua.

Mucho se ha oído hablar en nuestros días en cuanto a la libertad de expresión, y a la libertad de prensa. Eso es algo así como una vaca sagrada hoy, esta idea de la libertad de expresión y libertad de prensa. La libertad de prensa quiere decir que esta gente puede hacerle un lavado cerebral a uno según el punto de vista liberal. La libertad de expresión quiere decir que uno puede utilizar un lenguaje soez. Sería muy bueno tener libertad de oídos. Tenemos solamente una boca, pero tenemos dos oídos, y creo que nuestros oídos tienen que ser también protegidos como la boca. Por tanto, necesitamos hoy libertad de oídos, así como libertad de expresión.

Pero esta libertad de expresión la vemos en la universidad de Dios. Éste es uno de los títulos que podemos darle a este capítulo aquí. También podemos darle otro: "Dios escucha nuestra conversación". No hay ninguna duda de si Él tiene o no tiene el derecho de escucharnos. Pero sé que sí lo tiene y lo ha tenido por mucho tiempo. Él ha escuchado todo lo que usted ha dicho. Se estima que la persona común dice por lo menos 30.000 palabras cada día. Hay algunas personas que opinan que nosotros decimos muchas más que ésas. Pero esas palabras son suficientes como para escribir un libro de buen tamaño. Hay personas que conocemos que podrían escribir una serie de libros con todo lo que dicen en un sólo día, y usted y yo podríamos en el transcurso de nuestra vida llenar una biblioteca completa con lo que decimos. Dios ha tomado nota de todo esto, porque Él escucha nuestra conversación.

Esta libertad de expresión, este movimiento hoy, creo que tuvo su comienzo en la zona oeste de los Estados Unidos, allá en la universidad de Berkeley, y a la cual la industria de medios masivos le dio una proporción que no tenía. Esto preocupó en gran manera a personas interesadas en la obra de la universidad, que decían que su dinero con el cual apoyaban estos estudios se utilizaba para otras cosas, y todo resultó en un espectáculo en realidad ridículo, ya que esos jóvenes de esa época trataron de tomar ventaja de todo esto. La mayoría de los estudiantes en esa universidad fueron intimidados, los estudiantes serios, y eso, por supuesto, reflejaba sobre las buenas intenciones de obtener una buena educación. Ha cambiado todo esto ahora y está mucho mejor, pero aún permanecen las cicatrices de esa época.

El problema no está sólo en la universidad y en los medios de comunicación masiva del presente, sino que también se encuentra en la iglesia, y el problema allí es un problema de chismografía. Esto se puede aplicar a cada uno de nosotros que somos creyentes, y tiene que ver con la libertad de expresión. Este libro de Santiago es similar al libro de Proverbios, y tiene una universidad. Santiago es el rector de esa universidad de Dios, al considerar este tema tan controversial. El rector Santiago, pues, tiene mucho que decir en cuanto a este asunto del uso y del abuso de la lengua. Me gustaría pensar que estamos entrando a un laboratorio, y que ahora vamos a hacer un experimento.

En esta sección en la cual nos encontramos, Dios está probando nuestra fe en formas diferentes. Dios prueba la fe por nuestra lengua. Así es que, queremos tomar una de las botellas de ácido que tenemos para hacer este experimento. En realidad, este ácido es mucho más potente que el ácido sulfúrico o cualquier otro ácido que haya sido creado por el hombre y la etiqueta que encontramos aquí dice LENGUA. No estamos hablando aquí en cuanto a la composición química de la lengua, sino en cuanto a la teología de la lengua. Santiago ya indicó que él iba a hablar de este tema. Él dijo en el capítulo 1, versículo 26, Si alguno se cree religioso entre vosotros, y no refrena su lengua, sino que engaña su corazón, la religión de tal es vana.

Él también expresó algo en cuanto a ser prontos para oír, pero tardos para hablar (véase Stg. 1:19), porque usted tiene dos oídos, y Dios se los dio a usted para que pueda escuchar dos veces más, y solamente le dio una boca. Hay algunos que tienen dos, pero la mayoría tenemos una. Hay personas que tienen doble lengua, como bien se sabe. Ellos dicen una cosa, por un lado, y luego dicen otra cosa por otro lado.

En realidad, la lengua es el armamento más peligroso en el mundo. Es más mortal que la bomba atómica misma, y en realidad, no se puede inspeccionar nada en cuanto a la lengua. Alguien dijo que fue un milagro cuando el asno de Balaam habló en aquel día, pero que hoy es un milagro cuando se queda con la boca cerrada. Otra persona lo expresó de la siguiente manera: Un bebé necesita dos años para aprender a hablar, y 50 años para aprender a mantener su boca cerrada.

Cierto hombre se encontraba pescando a orillas del mar. Por allí pasaron dos mujeres, y él estaba pescando sólo y había estado pescando por varias horas, y por fin cogió un pescadito que por cierto no era muy grande. Las dos mujeres que por allí pasaban decidieron reprender a ese hombre, y le dijeron: "¿No tiene usted vergüenza de atrapar tan cruelmente a ese pequeño pescadito?" El hombre que ya estaba un poco desanimado por haber pasado tanto tiempo sin pescar nada, dijo: "Quizá usted tenga razón, señora, pero si ese pez hubiera mantenido la boca cerrada no hubiera sido atrapado". Se dice que el caracol tiene sus dientes en la lengua, que conserva enrollada como una cinta mientras que no la necesita. Una vez que llega el momento de usarla, saca su afilado apéndice y aunque el tamaño de los dientes es realmente microscópico, esto no impide el que realmente haga una labor devastadora. Lo mismo puede decirse de algunas personas; no parece, sino que tienen dientes en sus lenguas, y muerden al hablar, devorando la buena fama y reputación de sus semejantes.

El gran predicador Spurgeon, lucía en cierta ocasión una larga y vistosa corbata de aquéllas que estaban de moda en su época, cuando el príncipe de los predicadores llenaba los templos y salones de espectáculos más grandes de Londres.

Después de la predicación, se le presentó una señora que era conocida de él, de ésas que son muy devotas pero cuya mayor preocupación es descubrir los defectos del prójimo. "Señor Spurgeon", le dijo: "he traído mis tijeras, pues deseo acortarle la corbata que es muy mundana y demasiado larga para un predicador del evangelio". "Corte como quiera, señora", fue la respuesta. "Pero antes, permítame usar sus tijeras para cortar algo que usted lleva, una cosa que es demasiado larga, y que produce, a mi entender, mucho más escándalo al evangelio que mi pobre corbata". La interpelada aceptó filosóficamente la reprimenda, pensando que se trataba de algún adorno de su vestido que, en aquellos tiempos, abundaban en los trajes femeninos y entonces, le entregó las tijeras. Spurgeon, entonces, con una amplia y simpática sonrisa exclamó: "Señora, saque usted la lengua".

Creo que una de las cosas más peligrosas en este mundo, como ya he dicho, es la lengua. Creo que ésta es una de las cosas más peligrosas que pueda existir dentro de la iglesia. Alguien dijo lo siguiente: "Tú puedes controlar la palabra que no se ha pronunciado, pero la palabra que se ha pronunciado te controla a ti". Uno que trabaja en la radio tiene que tener mucho cuidado con lo que dice, porque uno puede ser malentendido muy fácilmente, y es necesario reconocer esto.

Hermanos míos, no os hagáis maestros muchos de vosotros, sabiendo que recibiremos mayor condenación. [Stg. 3:1]

Lo que tenemos aquí es algo importante de notar. Aquí él está diciendo que el maestro tiene mayor responsabilidad, y la razón para esto es que existe un gran peligro en la boca de la enseñanza hoy, el enseñar algo equivocado. Estoy sorprendido absolutamente, y me siento sobrecogido por la forma en que tantos creyentes caen en toda clase de enseñanzas que tiene que ver con la profecía en el presente. Estas personas siguen cualquier cosa. Todo lo que se necesita hoy es una lengua hábil. Luego, hay quienes caen siguiendo toda clase de métodos, toda clase de sectas. Aún así, estas personas, en realidad, en lo que se refiere a la Palabra de Dios, son completamente ignorantes. Ésa es la razón por la cual digo, y me regocijo en los estudios bíblicos en el hogar. Creo que éstos han llenado un vacío que existía. Pero también descubro que aquí se está enseñando toda clase de cosas vagas, dando una interpretación equivocada, y esta gente necesita saber más de la Palabra de Dios de lo que parece saber. Eso también ha dado lugar a que muchos se crean gran cosa y que sientan orgullo, y me refiero a aquéllos que enseñan en estas clases.

Yo tuve el privilegio de guiar al Señor a un joven, pero luego se apartó por la tangente. Yo traté de que se dedicara a estudiar la Palabra de Dios, pero este joven no lo hizo. Él comenzó a enseñar una clase, y él joven era muy hábil con su lengua. Alguien en esa clase se acercó a este muchacho y le dijo: "¿Sabía usted que lo que está enseñando es contrario a lo que enseñan la mayoría de los maestros bíblicos, en especial a aquél que le llevó a usted al Señor?" El joven respondió: "¿Quién es ése?" Luego esta otra persona le dijo quién era. El joven dijo: "Ah, Dr. McGee. Bueno, él quizá debería corregir su teología, pues quizá lo tenga que hacer". Me sorprendo, mientras más estudio la Palabra de Dios, de lo ignorante que soy en cuanto a lo que ésta enseña, y no de mi conocimiento. Pienso que hay mucho camino que recorrer aún. Ese joven me recuerda lo que dijo un predicador en cuanto a un joven que estaba comenzando. Este joven parecía ser muy orgulloso. El hombre dijo: "Sí, él parece creer que es la cuarta persona de la Trinidad".

La lengua es algo muy peligroso. Santiago está diciendo aquí: Hermanos míos, no os hagáis maestros muchos de vosotros, es una advertencia. No crea que en el momento en que usted es salvo usted ya puede comenzar una clase de estudio bíblico y enseñar el libro de Apocalipsis. Sabiendo que recibiremos mayor condenación—dice aquí Santiago. Dios nos juzgará por la manera en que enseñamos Su Palabra, y estamos bajo Su condenación si no lo hacemos correctamente. Mientras mayor es la oportunidad que usted tenga para predicar y enseñar la Palabra de Dios, entonces, mayor es su responsabilidad.

> *Porque todos ofendemos muchas veces. Si alguno no ofende en palabra, éste es varón perfecto, capaz también de refrenar todo el cuerpo. [Stg. 3:2]*

Porque todos ofendemos muchas veces. Me gusta mucho como esto ha sido traducido. Quiere decir que nosotros podemos tropezar muchas veces y eso lo hacemos todos nosotros. No hay ninguna excepción a esto, digamos de paso.

Si alguno no ofende en palabra, éste es varón perfecto. Esto quiere decir que es un creyente ya maduro como debería ser, como un niño que ya ha crecido. Cuando un niño tiene cuatro años, es un niñito o una niñita, cualquiera sea el caso. Cuando ya tiene 21 años, entonces, ya está listo para contraer matrimonio. Está diciendo aquí que el hombre o varón perfecto es capaz también de refrenar todo el cuerpo. Es decir que, si él puede controlar la forma en que habla, entonces puede refrenar todo su cuerpo, o refrenarlo, en realidad, toda su vida.

Todos ofendemos muchas veces. Pero debemos recordar que la lengua en realidad es el índice de nuestras vidas. La lengua levanta o eleva al hombre del mundo animal. Evita que él sea un simio que produce sonidos sin sentidos o un ave parlanchina. La lengua es un distintivo que usted y yo llevamos. Nos identifica. Es el índice más indicativo de la vida. Esto es lo que nos hace resaltar ante los demás, dice a los demás lo que somos.

Esto ocurre muchas veces a personas que como nosotros trabajan en un medio como la radio. Hay personas que conocen la voz del locutor, y cuando éste viaja por algún lugar, personas que han oído su voz por radio le pueden identificar fácilmente, aunque llegue a decir muy pocas palabras. A veces se sorprende la persona de que le reconozcan en lugares muy apartados, donde él ni siquiera se imaginaba que le podían conocer. Pero por medio del mensaje de la radio, la gente ha escuchado su voz, y le conocen entonces. La lengua, entonces, es lo que hace a esta gente identificar al locutor.

Usted recuerda que el día que crucificaron al Señor Jesús, el Apóstol Pedro le seguía de lejos, y algunos de los que estaban allí le dijeron a Pedro: Verdaderamente tú eres de ellos; porque eres galileo, y tu manera de hablar es semejante a la de ellos. (Mr. 14:70). Él no podía negar de donde venía. La lengua, el lenguaje, la forma de hablar de cada uno, indica de dónde viene, quién es. También demuestra si uno es educado o no lo es. Prueba si uno es limpio o es inmundo; si usted es una persona vulgar o refinada; si usted es un creyente o un blasfemo; si usted es un creyente o si no lo es; si usted es culpable o si no lo es. Pienso que, si tuviéramos una grabación hecha de todas las cosas que usted ha dicho durante el mes pasado, usted no quisiera que el mundo se enterara de lo que dijo.

Vamos ahora a colocar este ácido sobre su lengua y la mía. Él menciona primero una lengua desenfrenada.

> *He aquí nosotros ponemos freno en la boca de los caballos para que nos obedezcan, y dirigimos así todo su cuerpo. [Stg. 3:3]*

Aquí se está hablando de este caballo. Fue David que dijo en el Salmo 39:1: Yo dije: Atenderé a mis caminos para no pecar con mi lengua; guardaré mi boca con freno, en tanto que el impío esté delante de mí. David decía: "Yo quiero presentar el testimonio apropiado, por tanto, quiero ponerle freno a mi lengua". Hay muchos creyentes hoy que deberían poner freno a su boca. El Salmo 32:9, dice: No seáis como el caballo, o como el mulo, sin entendimiento, que han de ser sujetados con cabestro y con freno, porque si no, no se acercan a ti. Hay muchas personas hoy, y tememos que muchos creyentes, que siempre andan con el pie metido en la boca. El cabestro y el freno no son cosas muy grandes, sin embargo, pueden controlar a un caballo muy enérgico y evitar que salga desbocado. Pienso que muchos de nosotros aún recuerdan los días de la carreta y del caballo, y hemos podido observar a un caballo desbocado que provoca hasta muerte y destrucción a los pasajeros.

La lengua puede desbocarse también. Alguna persona hablando de otra persona ha dicho: "¿Sabe una cosa?, su mente hace que su lengua comience a moverse, luego se apaga la mente, y lo deja". Hay muchos de nosotros que pasamos a través de esta vida de esa manera. Se necesita, poner un freno a la lengua.

Ahora, Santiago va a cambiar esta forma retórica de expresarse:

> *Mirad también las naves; aunque tan grandes, y llevadas de impetuosos vientos, son gobernadas con un muy pequeño timón por donde el que las gobierna quiere. [Stg. 3:4]*

Los grandes barcos tienen un timón por el cual son controlados, y este timón es tan pequeño, que casi no se puede ver. Una tormenta muy fuerte puede empujar a un barco, y un timón también puede controlarle. Pero la lengua puede cambiar el curso de su vida. Muchos han sido arruinados por la lengua. Muchos nombres o reputaciones de mujeres han sido arruinados completamente por los chismes de alguna persona. La lengua, es más peligrosa que un caballo desbocado, o una tormenta en la mar. Hoy podemos observar que el alcohol, el licor, está destruyendo las naciones. ¿Pero sabía usted, que la lengua se condena más en las Escrituras que el alcoholismo? Creo que es más peligrosa hoy que el alcoholismo y el licor. Esto puede destruir una nación. La lengua es mucho más peligrosa que eso. Una de las siete cosas que Dios aborrece se menciona en Proverbios 6:16-19: Seis cosas aborrece Jehová, y aun siete abomina Su alma: Los ojos altivos, la lengua mentirosa, las manos derramadoras de sangre inocente, el corazón que maquina pensamientos inicuos, los pies presurosos para correr al mal, el testigo falso que habla mentiras, y el que siembra discordia entre hermanos. Como usted puede ver, entre estas siete cosas, está también la lengua, la lengua mentirosa.

Si ha habido alguna vez un mensaje que nos toca directamente a nosotros, es este mensaje que encontramos aquí en la epístola de Santiago y que trata con la lengua, porque la mayoría de nosotros nos encontramos señalados aquí. Reconozco que es la lengua la que nos lleva a situaciones incómodas, y la lengua revela quienes somos nosotros.

> *Así también la lengua es un miembro pequeño, pero se jacta de grandes cosas. He aquí, ¡cuán grande bosque enciende un pequeño fuego! [Stg. 3:5]*

La lengua nos puede crear muchos problemas, no hay ninguna duda en cuanto a eso. Alguien ha dicho lo siguiente: "Una palabra dicha sin cuidado puede encender una contienda. Una palabra cruel puede arruinar una vida. Una palabra amarga puede instigar al odio. Una palabra brutal puede herir y matar. Una palabra cariñosa puede suavizar el camino. Una palabra de gozo puede iluminar el día. Una palabra amable puede disminuir la tensión. Una palabra amorosa puede llenar y bendecir".

Así es que, necesitamos reconocer la importancia que tiene la lengua, que es algo de suma importancia, por cierto. Nos dice en realidad quiénes somos, y revela cómo somos nosotros.

Hay tantas personas que han escrito que les sorprende la forma en que estoy enseñando la Palabra de Dios. El método que uso es bastante sencillo y lo hago de propósito, porque creo que ésta es la forma en la cual debe enseñarse la Palabra de Dios. Como ya he dicho antes, en otras ocasiones, debemos poner las galletas al alcance de los niños. Esto quiere decir, que las personas maduras también pueden tomar las galletas. Y allí es donde deberían estar. Ahora, Dios no dijo: "Apacienta Mis jirafas"; Él dijo: Apacienta Mis corderos. (Jn. 21:15)

Al final de la Segunda Guerra Mundial, ese gran comandante británico, el Mariscal de Campo Montgomery, dirigiéndose al ejército antes de abandonarlo, hablando a sus generales dijo: "El comandar un ejército tiene que ser algo personal, y tiene que ser verbal. De otra manera no tendrá éxito, porque está envuelto en el factor humano". Continuando, dijo lo siguiente: "Siempre tengo en mi mente ese pasaje del Nuevo Testamento que dice: Así también vosotros, si por la lengua no dieres palabra bien comprensible, ¿cómo se entenderá lo que decís? Porque hablaréis al aire". (1 Co. 14:9) Y usted puede leerlo por sí mismo. De esa clase de lengua quiero hablar hoy. La lengua, que un pequeño, un niño puede comprender; y si los niños entienden, entonces, los mayores también pueden comprender.

Alguien ha dicho: "¿Cómo es posible que el mismo mensaje que lleva a un niño de 9 años a los pies del Señor tenga el mismo resultado en un profesor de Universidad?" Debo confesar que no lo sé, pero sé y creo que Dios bendice Su Palabra, y ésta debe ser enseñada de manera sencilla. Ahora, Santiago dice algo más en cuanto a la lengua:

Y la lengua es un fuego, un mundo de maldad. La lengua está puesta entre nuestros miembros, y contamina todo el cuerpo, e inflama la rueda de la creación, y ella misma es inflamada por el infierno. [Stg. 3:6]

Note la palabra "infierno." Hay quienes se preguntan sobre el buen uso de esta palabra, diciendo que no está traducida correctamente en este versículo. La palabra griega que se utiliza aquí es "Gehena"; no es "Seol". En realidad, ésta es la palabra correcta. Aquí es el valle de Hinom, donde el fuego nunca se apagaba. Esta palabra se utiliza solamente doce veces en el Nuevo Testamento, y el Señor Jesucristo es quien la utilizó once veces. Santiago la usa solamente una vez, y en este versículo 6. Ésta es una traducción correcta. La lengua es inflamada por el infierno.

Hay algo aquí que realmente me llama la atención. La lengua se compara a un fuego en la naturaleza misma. No sé si usted ha visto alguna vez algún incendio de un bosque. Hay algunos lugares en la tierra donde los incendios de los bosques suceden casi todos los veranos. Esto es algo realmente devastador, y en muchos casos ni siquiera se puede controlar. En muchos casos, las autoridades tienen que permitir que estos incendios se consuman a sí mismos.

Por supuesto, que el fuego ha sido uno de los mejores amigos del hombre y de la naturaleza. Los evolucionistas gustan decir que el comienzo de la civilización tuvo lugar cuando el hombre descubrió que podía utilizar el fuego. Cuando el fuego se mantiene bajo control, puede dar calor para nuestros cuerpos, puede cocinar nuestra comida. Es una tragedia, sin embargo, cuando una casa se incendia, pero cuando el fuego está bajo control, tiene poder para hacer funcionar grandes maquinarias, pero es muy peligroso cuando está fuera de control. Usted puede escuchar el sonido de una sirena durante la noche, y sabe que allí va un grupo de hombres que trata de llegar pronto a un lugar para controlar algún incendio.

Nuestra civilización, aun cuando es tan moderna, no puede llegar a controlar todos los fuegos. Un fuego en la ciudad de Londres en el año 1666 destruyó esa ciudad. En la ciudad de Chicago, en los Estados Unidos, también tuvo lugar un gran incendio hace más de cien años. Aún hoy vemos las grandes calamidades que causa un fuego.

La lengua es como un fuego. Cuando está bajo control, es una bendición. Pero cuando está fuera de control, es una verdadera tragedia. Puede ser una bendición y puede ser una maldición. En el libro de Proverbios 12:18, leemos: Hay hombres cuyas palabras son como golpe de espada; mas la lengua de los sabios es medicina. La lengua puede ser como una espada, pero también puede sanar de sí misma. ¡Qué cuadro el que tenemos aquí de la lengua! Una vez más, en Proverbios 15:14, leemos: El corazón entendido busca la sabiduría; mas la boca de los necios se alimenta de necedades.

Permítame repetir un proverbio que mencioné anteriormente, que uno es dueño de la palabra que no ha pronunciado, pero es esclavo de la que ya ha pronunciado. Si usted no lo ha dicho, entonces usted no puede ser responsable de algo que no dijo, pero una vez que lo haya dicho, entonces, ya ha sido dicho, y uno es responsable. Es como cuando un locutor comete una equivocación, o menciona una persona por otra; una vez que se ha dicho ya se ha cometido el error. Usted recuerda lo que Simón Pedro hizo. Su lengua le traicionó la noche en la que él traicionó en realidad al Señor Jesucristo. Pero en el día de Pentecostés, fue Pedro a quién usó el mismo Señor. Ese hombre que cometía errores y equivocaciones fue usado por el Señor.

Un incendio en un bosque deja las cosas ennegrecidas, y son como una plaga; la lengua también puede quemar a través de una iglesia; puede quemar a través de una comunidad; puede quemar a través de una ciudad; y aún puede quemar a través de una nación.

> *Porque toda naturaleza de bestias, y de aves, y de serpientes, y de seres del mar, se doma y ha sido domada por la naturaleza humana; Pero ningún hombre puede domar la lengua, que es un mal que no puede ser refrenado, llena de veneno mortal. [Stg. 3:7-8]*

Cuando yo era joven, un grupo de amigos y yo siempre esperábamos la llegada del circo a nuestra ciudad. Nos gustaba ir a la estación de ferrocarril para verlos descargar las cosas. Nos gustaba ver el desfile por el pueblo, y luego la preparación de la carpa. Una vez nos invitaron a tomar el desayuno con ellos. Pues, bien, en uno de esos circos había un gran domador de fieras, que se llamaba Clyde Beatty, quien presentaba un gran espectáculo domando leones salvajes. Este hombre podía entrar a la jaula de los leones y hacer que estos animales le obedecieran. En cierta ocasión, él entró a una jaula donde había dos o tres cachorros de león, aún en estado salvaje. Sin embargo, este hombre entró a la jaula y comenzó a jugar con estos cachorros. Él los hacía rodar de una parte a la otra, y ellos hacían como que le mordían, y todos se divertían mucho. En una ocasión, mis amigos y yo nos acercamos al señor Beatty y le preguntamos por qué hacía eso, y él contestó: "Es que, yo nunca entro a una jaula con un león con el cual no he trabajado desde que era un cachorro, porque es imposible domar a un león viejo. Uno debe comenzar con los pequeños. Cuando crecen y se forman leones adultos que lucen tan feroces, los pongo en una jaula. Ellos me conocen y yo los conozco". Así, por supuesto, él tenía una mejor oportunidad cuando se presentaba ante ellos. Amigo, usted puede domar a un león. Usted puede domar a un elefante, pero usted no puede domar a esa lengua tan pequeña. No hay ningún zoológico en el mundo que tenga a éste "animal" en cautiverio. No hay ningún circo que lo presente como una atracción en sus funciones. Ningún hombre la puede domar, solamente una lengua regenerada, en cuerpo redimido, que Dios ha domado, puede ser utilizada por Él. Alguien dijo que la fiera más indomable del mundo tiene su guarida justo detrás de los dientes.

El Apóstol Pablo dijo: Que si confesares con tu boca que Jesús es el Señor, y creyeres en tu corazón que Dios le levantó de los muertos, serás salvo. (Ro. 10:9) En otras palabras, debemos cantar como en dúo, y la lengua y el corazón tienen que cantar en armonía. El Señor Jesucristo dijo: Porque de la abundancia del corazón habla la boca. (Mt. 12:34b) Y alguien expresó esto de esta manera: "Lo que se encuentra en el pozo del corazón saldrá a través del balde de la boca". Uno lo dirá tarde o temprano. Usted recuerda a ese hombre a quien el Señor tocó su lengua. Pienso que fue algo muy maravilloso que el Señor Mismo haya tocado su lengua. Amigo, si Él le ha tocado a usted, Él ha tocado su boca también.

Con ella bendecimos al Dios y Padre, y con ella maldecimos a los hombres, que están hechos a la semejanza de Dios.

De una misma boca proceden bendición y maldición. Hermanos míos, esto no debe ser así. [Stg. 3:9-10]

La lengua que usted y yo tenemos es capaz de alabar a Dios o de blasfemar contra Dios. La lengua es lo que eleva al hombre sobre el mundo animal. Como he dicho, el hombre no es un simio que dice cosas sin sentido. Tampoco es un ave que repite palabras sin saber lo que está diciendo. El hombre puede comunicarse con el hombre, y él también puede comunicarse con Dios. Cuando el hombre, durante los días domingos, puede cantar como un ángel, pero habla como un demonio el resto de la semana, entonces, usted puede catalogarlo por sí mismo. La Biblia llama a esa clase de persona "una persona hipócrita". Usted puede llamarle lo que le guste.

Cuando yo anuncié en el banco donde trabajaba que yo iba a estudiar para el ministerio, el vicepresidente del banco me llamó, porque éramos amigos, y me dijo que esperaba que yo llegara a ser un verdadero predicador, un siervo de Dios genuino. Este hombre dijo: "La razón por la cual yo no soy un creyente hoy es a causa de una experiencia que tuve durante la guerra", y se refería a la primera guerra mundial. En esa época, se había establecido una sucursal del banco cerca de un polvorín en la ciudad. Algunos de los que trabajaban allí tenían dificultades cuando llegaba el momento de hacer el balance de los libros. Una de esas personas era un solista en una de las iglesias en el centro. Cierto día, él salió de la iglesia y una de las señoras que le había escuchado cantar le dijo: "¿Sabe una cosa? Ese hombre es uno de los hombres más maravillosos en el mundo. Canta como un ángel". El hombre del banco no dijo nada. Esa señora tenía negocios en el banco, y cierto día fue al banco para hablar sobre una de sus propiedades, y ese hombre que cantaba allá en la iglesia era uno de los cajeros del banco. Mientras ella conversaba con el vicepresidente del banco, de pronto, escucharon el peor de los lenguajes que uno pudiera imaginar. No había sido otra persona sino este hombre, precisamente, que cantaba en la iglesia. Él estaba tratando de hacer el balance de sus libros, pero eso no le estaba dando resultado. Esa clase de trabajo puede ser algo bastante difícil, y puede dejarlo a uno muy desanimado. Uno debe revisar todo lo que ha hecho para poder encontrar el error. Así es que, este hombre comenzó a blasfemar y a maldecir, y esa señora dijo: "¿Quién es ése?" Entonces, el banquero le dijo: "Ése es el solista que canta como un ángel".

Un hombre puede bendecir a Dios con su boca, o puede blasfemar contra Dios. Él puede hacer una de las dos cosas con la boca que tiene. El Señor Jesucristo dijo: "Lo que hay en el corazón del hombre sale por la boca". La lengua lo va a decir.

> *¿Acaso alguna fuente echa por una misma abertura agua dulce y amarga? Hermanos míos, ¿puede acaso la higuera producir aceitunas, o la vid higos? Así también ninguna fuente puede dar agua salada y dulce. [Stg. 3:11-12]*

Es decir, que éste es un hombre que puede actuar con doblez; que puede decir una y otra cosa. Puede decir algo bueno y puede decir algo malo, pero no hay ninguna fuente que pueda dar agua dulce y amarga a la vez. Una higuera no puede producir aceitunas.

Ahora, la lengua revela también la fe genuina, porque con la boca se hace confesión de aquello que está en el corazón.

¿Quién es sabio y entendido entre vosotros? Muestre por la buena conducta sus obras en sabia mansedumbre. [Stg. 3:13]

Como usted puede apreciar, la lengua puede revelar la fe genuina. Puede dar testimonio para Dios. Puede hablar sabiamente.

Pero si tenéis celos amargos y contención en vuestro corazón, no os jactéis, ni mintáis contra la verdad. [Stg. 3:14]

Los celos y la contención no son fruto de la fe. La lengua puede agitar cosas como éstas. Santiago está presentando un contraste entre lo que la lengua puede hacer y aun la lengua de un creyente sin sabiduría, y la lengua de un creyente sabio. En realidad, una lengua fuera de control hace dudar de si esa persona es en realidad, un hijo de Dios. Usted no puede hacerme creer que puede maldecir durante 6 días de la semana, y luego cantar como un ángel en el coro de la iglesia el domingo. Uno no puede contar cuentos de dudosa moralidad durante la semana, y luego ser un maestro de escuela dominical y hablar del Señor Jesucristo. La lengua que usted tiene puede hacer cualquicra dc las dos cosas; pero si hace ambas cosas, entonces, es una lengua que provoca celos y contiendas. Aquí se dice también: no mintáis contra la verdad. Es decir, que una lengua mentirosa es aquélla que niega al Señor durante la semana.

Porque esta sabiduría no es la que desciende de lo alto, sino terrenal, animal, diabólica. [Stg. 3:15]

Él está presentando claramente, que estas cosas no se originan de parte de Dios, no provienen de Él. Es algo terrenal. Es algo animal, y es algo diabólico. El conocimiento no se jacta de que ha aprendido mucho; la sabiduría es humilde y sabe que no sabe más. Porque esta sabiduría no es la que desciende de lo alto, sino terrenal, animal, diabólica.

Porque donde hay celos y contención, allí hay perturbación y toda obra perversa.

> *Pero la sabiduría que es de lo alto es primeramente pura,*
> *después pacífica, amable, benigna, llena de misericordia y de*
> *buenos frutos, sin incertidumbre ni hipocresía. [Stg. 3:16-17]*

La Escritura presenta de una manera muy clara que Dios no es el autor de la confusión. La confusión que uno encuentra en el mundo hoy es una confusión que ha sido un producto de la obra del mal y la lengua que causa tanto problema en este mundo. Pero lo que sale del corazón, lo que se encuentra en el fondo o en el pozo del corazón, sale por el balde de la boca. Porque donde hay celos y contención—dice aquí—allí hay perturbación y toda obra perversa. Pero la sabiduría que es de lo alto es primeramente pura, y eso es lo importante. No ha sido diluida. Es aquello que viene de Dios y es identificado como puro, después pacífica, amable, benigna, llena de misericordia y de buenos frutos, sin incertidumbre ni hipocresía.

La sabiduría que viene de lo alto no es una mezcla, es algo original. Después es pacífica. En realidad, el pensamiento es que de lo puro sale lo pacífico, amable, benigno, lleno de misericordia y de buenos frutos, sin incertidumbre ni hipocresía.

El Dr. Samuel Zwemer menciona el hecho de que las enseñanzas falsas siempre producen contiendas y envidias, celos y problemas. Uno no puede explicar la maldad del mundo como algo sencillamente humano. Es humano con algo más, y ésa es la razón por la cual las religiones que no son cristianas tienen tanto éxito. Son algo sobrenatural, pero de procedencia diabólica. Cualquier cosa que cause división y contienda, no interesa en cuál iglesia se presente, no es del Señor. Usted puede estar seguro de eso. Usted puede jactarse de fundamentalista, pero si usted está causando contiendas, usted está levantando una bandera equivocada.

> *Y el fruto de justicia se siembra en paz para aquéllos que hacen*
> *la paz. [Stg. 3:18]*

Éstos son los frutos de la fe. Tiene que haber justicia antes de que pueda haber paz. No es posible tener paz sin tener justicia. Viene un día, dice el salmista, cuando la justicia y la paz se habrán besado uno al otro. (Véase Sal. 85:10) Hoy, ni siquiera se conocen; no se reconocerían.

Con el capítulo 3 de esta epístola, se concluyó una de las primeras divisiones principales de este libro. A los primeros tres capítulos le dimos el título de "verificación de la fe genuina". La fe que salva debe ser real, y hay una diferencia en la fe. Uno puede creer en algo equivocado, o usted puede sencillamente mover la cabeza y llamar a eso fe. La fe que es una fe que salva, una fe salvadora, va a producir algo. Así es que, Dios en primer lugar, prueba la fe por medio de pruebas y dificultades.

En estos tres capítulos Santiago ha mostrado varias maneras en las cuales Dios prueba nuestra fe para probar que es genuina. Primero, Dios prueba la fe por tribulaciones. El Dr. Lehman Strauss en su libro sobre Santiago usa una cita presentada por el Dr. Richard Seume, un hombre que sufrió mucho de una enfermedad al hígado. Yo quisiera compartir esta cita, porque esto proviene de un hombre que sufrió mucho:

"La vida en este mundo no valdría mucho si cada fuente de irritación fuera quitada, aún así la mayoría de nosotros nos rebelamos contra las cosas que nos irritan, y contamos como una fuerte pérdida lo que tendría que ser una ganancia. Se nos dice que la ostra es inteligente, que cuando algún objeto irritante como un grano de arena llega a su interior, la ostra sencillamente la cubre con la parte más preciosa de su ser, y de allí sale una perla. La irritación termina allí al ser cubierta con esta formación de perla. Una verdadera perla, por tanto, es una sencilla victoria sobre la irritación. Cada irritación que entra a nuestras vidas hoy es una oportunidad para crear una perla. Mientras más irritaciones nos arroje el diablo, mayor es la oportunidad que tenemos nosotros de hacer perlas. Lo único que debemos hacer es darles la bienvenida y cubrirlas completamente con amor. Eso es lo más precioso de nosotros, y esa irritación será quitada, y se transformará en perla. ¡Y qué colección de perlas tendríamos nosotros si hiciéramos esto!" Opino que el Dr. Seume va a tener muchas perlas. Esto proviene del corazón y es algo que sale de la experiencia.

Hemos visto que, (1) Dios examina la fe por medio de las pruebas; (2) la tentación a pecar no viene de parte de Dios. (La maldad sale de nuestra propia carne, de dentro nuestro, de nosotros mismos;

los problemas salen de nuestro propio ser); (3) Dios nos examina por medio de la Palabra; (4) Dios examina la fe por la actitud y acción en la distinción de personas; (5) Dios examina la fe por las buenas obras; y, (6) Dios prueba la fe por la lengua. Lo que Santiago está diciendo, es que, si usted va a ser un testigo para Cristo, el conocer no es suficiente. Eso es importante, por supuesto, ésa es la base, pero usted tiene que edificar algo. El Apóstol Pablo dice: "Edificar sobre la base, o el fundamento. No hay otro fundamento que pueda poner el hombre". Pero, usted puede edificar sobre ese fundamento. Si usted está sobre ese fundamento, entonces, va a poder edificar algo. (Véase 1 Co. 3:10-15)

CAPÍTULO 4

La vacuidad e insipidez de la mundanalidad

El capítulo 4, presenta una nueva parte de este libro. Aquí tenemos el vacío y falta de fe de la mundanalidad. ¿Qué es la mundanalidad? En realidad, aquí trata con muchas preguntas. Tenemos aquí cómo luchar contra el diablo, el mal que está en su vida, y todo eso se basa en el tema de la mundanalidad.

Ahora, ¿qué es la mundanalidad? Para ver esto es necesario regresar al capítulo 3 para tomar de allí el tema de este capítulo. La clave la tenemos en el versículo 18: Y el fruto de justicia se siembra en paz para aquéllos que hacen la paz.

Nosotros tenemos que tener en mente que la lengua que usted tiene debe ser usada para bendecir a los demás. La lengua puede ser una bendición, o puede ser una maldición. Puede ser cualquiera de esas dos cosas.

Se cuenta la historia de un famoso cocinero que estaba al servicio de un hombre muy rico, y el hombre rico le dijo a su siervo: "Esta noche tengo invitados a comer, y yo quiero que usted les sirva a ellos la mejor receta que tenga". Esa noche el cocinero sirvió un cóctel de lengua, lengua como la comida principal, y lengua de postre. El dueño de casa llamó entonces al cocinero y le dijo: "¿Qué está haciendo, hombre?" El cocinero contestó: "Bueno, usted me pidió que le sirviera lo mejor que pudiera servirle y aquí está". El dueño de casa dice: "¿Cómo que esto es lo mejor?" El cocinero respondió: "Bueno, la lengua puede causar mayor cantidad de males, puede causar más tristeza y también puede en realidad arruinar la vida y el carácter de un hombre. Por tanto, es sin lugar a dudas lo más potente que existe". "Está bien", le dijo el dueño de casa, "mañana de noche quiero que me sirva aquello que es lo mejor de todo, lo que hace más bien de todo". A la noche siguiente, tuvieron lengua como cóctel, lengua como plato principal, y lengua de postre. Una vez más, el hombre algo alterado llamó a su sirviente y le dice: "Bueno, ¿y ahora qué?" El sirviente le responde: "Bueno, la lengua no sólo puede hacer mal, sino que la lengua también puede hacer mucho bien. Puede ser una bendición. La lengua puede ayudarle y confortarle".

Debe haber justicia antes de que pueda haber paz. Me agradaría que esto llegara hasta las Naciones Unidas. Me agradaría que esto llegara a todas las capitales del mundo donde uno no puede tener paz ni justicia. Llegará un día, dice el salmista, cuando la paz y la justicia se besarán una a la otra. Pero hoy ellas ni siquiera se conocen, o quizá ni se reconocerían uno a la otra.

Ahora, Santiago entra aquí al capítulo 4, y tenemos aquí algo que es de suma importancia. ¿Qué es, en realidad, la mundanalidad?

> *¿De dónde vienen las guerras y los pleitos entre vosotros? ¿No es de vuestras pasiones, las cuales combaten en vuestros miembros? [Stg. 4:1]*

¿Qué es la mundanalidad de esto? Aquí tenemos lo que él nos dice. La persona común hoy, el creyente común de las así llamadas iglesias fundamentales, especialmente cuando uno habla en cuanto a la separación que existe entre ellas y el mundo, creo que podrían dar una respuesta que sería algo así. Esta gente diría que es la clase de diversiones a las que uno va, a la clase de diversiones que uno acepta, la clase de películas que uno va a ver, si uno baila o si bebe. Esta gente llamaría a eso mundanalidad.

Santiago no está de acuerdo con usted. Alguien quizá diga: "Bueno, ésa es la clase de gente con la cual uno se junta, la camarilla con la cual uno se junta. Dime con quién andas, y te diré quién eres". Si uno se junta con un grupo mundano y hace esas cosas, entonces, uno es mundano también. Pero, Santiago nos está llevando a través de la universidad aquí. Si usted presenta una respuesta como ésa en sus estudios, Santiago dirá que usted ha fracasado en sus estudios. Usted no pasará el curso. No, eso está equivocado. Luego, otra persona dice: "Bueno, es la conversación en la cual uno toma parte. Uno debe aprender a decir, en el momento oportuno: '¡Alabado sea el Señor!' y '¡Aleluya!' Por tanto, eso es lo que es mundanalidad, el tener una conversación mundana".

Una vez más, debo decir, que usted ha fracasado en sus estudios. Quizá otra persona puede decir: "Bueno, es la forma en que uno se viste". Tampoco usted pasará ese estudio.

Todavía hay otra persona que dice: "Bueno, esa persona que se entrega a los negocios tratando de ganar dinero con la exclusión de todo lo demás y no va a la iglesia, ésa es una persona mundana". También usted ha fracasado en este estudio en el colegio o la universidad de Santiago.

Quizá alguien más dice: "Bueno, es la persona que no va a la iglesia, y se pasa todo el tiempo en un campo deportivo, o sale a pescar y a divertirse, o sale a ver un encuentro de fútbol".

Yo no apruebo por supuesto, ninguna de las cosas que he mencionado, pero eso no es mundanalidad. La mayoría de esas cosas mencionadas son pecados de la carne. Si usted señala cualquiera de éstos o todos éstos, usted no ha aprobado el examen. Usted ha fracasado en esa materia.

Tenemos aquí la respuesta que da Santiago. Ninguna de las otras estaba correcta. Ésos pueden ser síntomas de una enfermedad. Pero, ninguno murió nunca de síntomas. La gente muere de la enfermedad misma. Estas cosas son evidencias de algo que está mucho más profundo.

En cierta iglesia, había un reloj muy antiguo que nunca funcionaba. De modo que, el Pastor de esa iglesia cierto día puso una noticia, un anuncio debajo de ese reloj. Allí decía: "No le eche la culpa a las manecillas, el problema está mucho más adentro". Eso es lo que nosotros necesitamos reconocer hoy. Lo que nosotros llamamos mundanalidad se ve simplemente en las manecillas, pero el problema, es algo mucho más profundo. Opino que Thackeray, quien de paso digamos era un creyente, probablemente trató con este asunto en una forma en que ninguna otra persona lo ha tratado. Voy a mencionar algo que él escribió. Él escribió una novela llamada "La feria de las vanidades". Eso habla del mundo. Él escribió esa novela basándose en lo ocurrido en las guerras de Napoleón, y él presenta personajes que están llenos de debilidades, de pequeñeces, de celos, de envidias, de discordia y contienda, y todo eso que está allí, y como trasfondo de todo son las guerras de Napoleón. Alguien le preguntó a Thackeray en una ocasión: "¿Por qué usted no tiene algunos héroes magníficos en sus novelas? Usted siempre presenta a personas insignificantes". Él dijo: "Yo pongo un espejo ante la naturaleza, y no encuentro héroes entre la humanidad. Éstos están llenos de pequeñeces y de contiendas y pecado". Cuando uno llega al final de la feria de las vanidades, él presenta una cosa maestra. Él dice: "Bien, ya se acabó la función. Coloquemos los títeres de vuelta en su caja. Se acabó la presentación". Así es el hombre. Ahora, el Dr. Griffith Thomas en cierta ocasión, fue interpelado por una persona que le preguntó: "¿No cree usted que el mundo se está haciendo más cristiano hoy?" A esto el Dr. Thomas respondió: "No, no creo eso. Creo que el mundo se está haciendo un poquito más religioso, pero creo que la iglesia sí se está haciendo inmensamente mundana".

Yo pienso que esto nos da los antecedentes de lo que vamos a ver aquí. Desde la segunda guerra mundial, ha tenido lugar un quebrantamiento de la muralla de separación que existía entre la iglesia y el estado. La separación que los hombres tenían era algo legalista, y opino sin base en las Escrituras. La iglesia era como ese muchachito holandés, que pone su dedo para tapar el agujero en un dique. Luego, tuvimos el advenimiento de la televisión, la desobediencia a las leyes, la inmoralidad, la delincuencia juvenil; luego las drogas, la marihuana y todo lo demás. Luego, llegó la filosofía del existencialismo, y luego esa ola arrolló los diques de separación, y hasta ese pequeño muchachito holandés fue llevado por las aguas.

No existe una respuesta sencilla a esta pregunta, pero vamos a permitir que Santiago nos presente algo que opino es una respuesta muy definitiva. Es algo que nosotros vamos a ver. ¿Qué es la mundanalidad? La mundanalidad, si usted quiere destacarlo, es orgullo, envidia, y eso es lo que él está diciendo. ¿Quién es sabio y entendido entre vosotros? Muestre por la buena conducta sus obras en sabia mansedumbre. (Stg. 3:13)

La fe es el objetivo principal en la universidad de Santiago, y los otros estudios son relacionados con la fe. ¿Qué es lo que hacen las obras de la fe? Producen misericordia; y eso es de lo que él trata aquí. Pero la sabiduría que es de lo alto es primeramente pura, después pacífica, amable, benigna, llena de misericordia y de buenos frutos, sin incertidumbre ni hipocresía. (Stg. 3:17)

Alguien ha dicho lo siguiente: "El conocimiento se enorgullece de que ha aprendido tanto. La sabiduría se humilla de que no sabe más". La humildad, indica sumisión. Luego tenemos esto en el versículo 16 del capítulo 3: Porque donde hay celos y contención, allí hay perturbación y toda obra perversa.

Eso es mundanalidad. Y ¿a qué lleva esto en la iglesia? Bueno, ha producido dos puntos. Es, en realidad, lo que ha producido todas las denominaciones, divisiones, ese espíritu de rivalidad, los cultos y camarillas que se han presentado y que abundan en la iglesia hoy. Santiago habla de celos, lo que él indica como algo terrenal, es decir que se limita a la tierra. Es algo sensual. Es decir, es psicológico. Eso es algo diabólico. Y, yo hablo de ser diabólico, y eso es algo realmente terrible.

Ahora, ¿qué es lo que esto produce en el mundo? Lo que produce es confusión. Debemos reconocer lo que él está diciendo aquí. ¿De dónde vienen las guerras y los pleitos entre vosotros? Las guerras sí tienen que ver con las guerras de las naciones. Los pleitos tienen que ver con pequeñas batallas, esa pequeña batalla que usted ha tenido en la iglesia. Él dice: ¿No es de vuestras pasiones, las cuales combaten en vuestros miembros? Miembros, usted que quiere siempre salirse con la suya.

Codiciáis, y no tenéis; Matáis y ardéis de envidia, y no podéis alcanzar; combatís y lucháis, pero no tenéis lo que deseáis, porque no pedís. [Stg. 4:2]

Hay una falta de conocimiento, y nosotros necesitamos reconocer hoy, primero que todo, que uno debe nacer de nuevo. Uno debe ser regenerado. La fe en Cristo regenera, y ahora mora en usted el Espíritu Santo. Éstas son las cosas que representaban la vieja naturaleza que usted tenía.

Matáis y ardéis de envidia, y no podéis alcanzar; combatís y lucháis, pero no tenéis lo que deseáis, porque no pedís. ¿Cuál es la respuesta a esto? Aquí podemos ver que esto es el espíritu del mundo. Y cuando el espíritu del mundo entra a la iglesia, como dijo el Dr. Thomas, usted tiene una iglesia mundana. ¿Qué es una iglesia mundana? ¿Es acaso una iglesia que se va a las diversiones? Bueno, yo no apruebo muchas de las cosas que están haciendo muchas de las iglesias modernas, pero detrás de todo esto, se encuentran los celos y las contiendas. ¿Opina usted que es algo malo el estar en un campo de batalla? Bueno, sí lo es. Pero dentro de algunas iglesias y de los corazones de las personas también es malo. En el mundo de los negocios es la competencia. Eso es muy difícil y es una calamidad. Los partidos políticos se enfrentan uno al otro. Uno puede ver eso en las diferencias que hay entre los patronos y los obreros también. Uno los puede ver reunidos en conferencia, y es una batalla la que se está llevando a cabo allí. Uno lo puede apreciar en el mundo social. Hay personas que están tratando de subir en la escala social, pisando las manos de los demás cuando suben. También, cuando en su vecindario y el mío hay personas que no se hablan unas con las otras. También existen peleas en la familia, hermano contra hermano, los hijos contra los padres y luego ese espíritu entra la iglesia. Eso, amigo, eso es mundanalidad. Pero no tenéis lo que deseáis—dice aquí Santiago—porque no pedís.

Pedís, y no recibís, porque pedís mal, para gastar en vuestros deleites. [Stg. 4:3]

Cuando uno le pide a Dios, se lo pide para gastarlo de una forma egoísta.

¡Oh almas adúlteras! ¿No sabéis que la amistad del mundo es enemistad contra Dios? Cualquiera, pues, que quiera ser amigo del mundo, se constituye enemigo de Dios. [Stg. 4:4]

Ésta es la manera del mundo. Tome lo que quiera por la fuerza; agárrelo y sea envidioso y celoso de otras personas; cause contiendas. Eso es mundanalidad. Personas perturbadas y aturdidas que andan por allí en este mundo como animales. Ellos van al siquiatra. ¿Cómo podemos mantener la mundanalidad fuera de la iglesia?

Hay algo que debemos incorporar a nuestra propia vida de oración. ¿Cuál es la cura para la mundanalidad? Primordialmente es la oración. Es, por tanto, la fe en Dios. Juan dice esto de la siguiente manera: Y ésta es la victoria que ha vencido al mundo, nuestra fe. (1 Jn. 5:4b) Es confiar absolutamente en Dios, dirigiéndonos a Él en oración, y entregándole a Él aquello que se encuentra en nuestro corazón. Cuando uno descubre que allí hay luchas y envidias, entonces debemos hablar con Él en cuanto a esto. Muchos de nosotros nos dirigimos al Señor y le decimos lo buenos que somos, y porque hemos sido muchachitos y muchachitas buenos, y porque hemos ido a la escuela dominical, y, Él debería darnos algún premio por eso. Hablemos honradamente con Él y digámosle las cosas tal cual son. Escuche lo que voy a presentarle, algo que fue escrito hace muchos años por el místico y escritor francés llamado Fenelón. Él vivió entre los años 1.651 y 1.715. Él dijo: "Cuéntale a Dios todo lo que hay en tu corazón, así cómo cuando uno desahoga su corazón, hablando de sus placeres y dolores, con un amigo querido. Cuéntale al Señor tus problemas para que Él pueda consolarte. Cuéntale al Señor tus gozos para que Él pueda elevarse contigo. Cuéntale a Él tus deseos para que Él los pueda purificar. Cuéntale a Él las cosas que no te gustan para que Él pueda ayudarte a conquistarlas. Cuéntale a Él de tus tentaciones para que Él pueda protegerte de ellas. Muéstrale a Él las heridas de tu corazón, para que Él las pueda sanar. Muéstrale tu indiferencia a lo bueno, tu deseo depravado por el mal, tu inestabilidad. Cuéntale a Él cómo el amor propio te hace injusto para con los demás. Cómo la vanidad te tienta para que no seas sincero, de cómo el orgullo te hace disfrazarte ante los demás. Si derramas de esta manera, todas tus debilidades, tus necesidades, todos tus problemas, no habrá falta de algo que decir. Nunca uno acabará con ese tema. Siempre se renovará continuamente. La gente que no tiene secretos del uno para con el otro nunca están buscando de qué hablar. No es necesario que pesen sus palabras, porque no hay nada que ocultar. Y tampoco buscan algo que decir. Ellos hablan de la abundancia de su corazón, sin considerar lo que piensan. Benditos son aquéllos que pueden entrar en una relación tan familiar, sin reservas, con Dios".

En cierta ocasión, yo estuve enfermo, y esto me dio oportunidad para pasar más tiempo en mi hogar que lo que acostumbraba. Eso me permitió a mí y a mi esposa poder conversar mucho más tiempo de lo que habíamos hecho hasta ese entonces, porque ahora nos encontrábamos en el hogar por un período más largo de tiempo del que habíamos tenido desde el momento en que nos habíamos casado. Desde el momento cuando nos casamos, yo tuve que ir a buscar trabajo, y desde ese primer día, nunca me había detenido en mi andar, y había algunas cosas de las cuales nosotros necesitábamos hablar, porque uno puede crear malentendidos. Tuve conversaciones maravillosas con mi esposa, y hablamos claramente de todas las cosas que se presentaron. Fue una experiencia realmente maravillosa, y yo le dije a mi esposa: "Querida, esto es mucho más hermoso que lo que fue nuestra luna de miel". Pues bien, ésa es la relación que uno debe tener con Dios.

Después de haber leído lo que dijo ese escritor francés, creo que uno puede llegar a la conclusión de que le va a decir todo al Señor Jesucristo. Uno puede hablar con Él de tal manera que si el Señor hablara con las autoridades y contara todo lo que uno dice, quizá lo envíen a la cárcel a uno, porque Él comprende, Él conoce todo, y Él ha perdonado. Uno le puede decir a Él todo, absolutamente todo. Eso es lo único en este mundo que puede sacar la envidia, los celos y las luchas del corazón de uno. Él puede quitar esa inquietud que uno tiene, y no es necesario que uno vaya a un siquiatra. Lo único que el siquiatra hace es cambiar el problema de uno de un lado para otro. Lo que uno necesita, es librarse de ese problema, y por cierto que podemos ir al Señor Jesucristo y contarle todo lo que tenemos. Eso es lo que Él está diciendo aquí que es la solución para esas cosas. Ésa es la razón por la cual usted y yo oramos, pero muchas veces nosotros oramos con propósitos egoístas, y eso es lo que nos dice aquí, para satisfacer nuestros propios deseos. Luego, estamos dispuestos a llegar a ciertos acuerdos con el mundo para poder obtener nuestros propósitos. Él nos llama a nosotros adúlteros, y adúlteras. Dice que la amistad con el mundo es enemistad con Dios. Es por eso que no conviene unirse a los diferentes clubes que existen en este mundo; no es necesario hacer eso, aunque se lo pidan a uno. ¿Sabe por qué? Porque uno puede encontrar tanta mundanalidad en la iglesia, que no es necesario entonces unirse a una organización mundana.

¿O pensáis que la Escritura dice en vano: El Espíritu que él ha hecho morar en nosotros nos anhela celosamente? [Stg. 4:5]

¿Qué es lo que estamos tratando de hacer? ¿Engañarnos a nosotros mismos de que somos personas muy buenas, y que no existe nada de envidia o celos en nuestros corazones? Cierta señora dijo en una ocasión: "Bueno, yo tengo un esposo maravilloso y él no está celoso de mí". Quiero que usted sepa que algo anda mal si el esposo no tiene celos de su esposa. Tiene que ser de esa manera. Dios dice que Él está celoso de nosotros también. ¿Qué podemos decir de los celos equivocados? Que uno se sienta celoso si no ha sido elegido a cierta comisión, o que uno no fue reconocido como debía haberlo sido en la iglesia, y que nosotros hemos causado problemas y luchas con la lengua nuestra. ¿Por qué no se dirige al Señor Jesucristo y le dice a Él sus problemas? ¿Por qué no le cuenta a Él todo lo que le ocurre? Ésa es la solución a su problema.

Pero él da mayor gracia. Por esto dice: Dios resiste a los soberbios, y da gracia a los humildes. [Stg. 4:6]

Yo lo he dicho una y otra vez: Dios está sobrecargado de gracia. Usted y yo no sabemos cuánta gracia Él tiene para con nosotros. Él tiene una abundancia de gracia tremenda. Gracia, significa un favor no merecido, pero nosotros lo podemos llamar amor en acción. Dios nos dio Su Hijo por gracia, y Él tiene tanta de ella. Usted puede decir: "Ah, pero yo estoy tan mal dentro de mí". Diríjase al Señor y dígale todo lo que anda mal dentro de usted y pídale gracia a Él; que Él le dará Su gracia. Él es el Cristo viviente que está en los cielos por nosotros.

Quizá algunos dudan de Su gracia. Permítame decirle que toda la medicina en el mundo no le puede curar. Hay que tomar la medicina. De igual manera, Dios tiene gracia; agárrela, amigo. Hágase de ella. Es posible que un hombre muera de sed con un manantial de agua pura ante él. Él tiene que beber del agua; él tiene que apropiársela antes de que pueda salvarle la vida. No es culpa del jabón y del agua el hecho de que hay personas sucias en el mundo. Hay bastante jabón y agua para limpiarle a usted.

Dios resiste a los soberbios, y da gracia a los humildes. La gracia se encuentra en las personas humildes.

Hay algo más que está de nuestro lado:

Someteos, pues, a Dios; resistid al diablo, y huirá de vosotros. [Stg. 4:7]

Si usted tiene que ir a visitar al médico, usted tiene que someterse a él. Cuando yo me encontraba enfermo una vez, el médico me dio una receta para algunas medicinas. Quizá estaba tratando de envenenarme, pero yo tuve suficiente fe en ese médico y entonces, me tomé la medicina que él había recetado, y esa medicina me ayudó. Me sometí a él.

Aquí dice: Someteos, pues, a Dios; resistid al diablo, y huirá de vosotros. Hay muchas personas que se preguntan: "¿Cómo voy a resistir yo al diablo?" Santiago está tratando con algo que es muy práctico. Él dice que necesitamos un poco más de gracia, porque Él da gracia a los humildes, y uno no puede hacer eso basándose en su propia fuerza. Usted y yo estamos rodeados por influencias malignas, y los creyentes no estamos solos en esto. Existe la tentación, como ya hemos visto, por todos lados. Pero, Dios suple Su gracia cuando la necesitamos, y lo que Él tiene nunca se acaba, nunca se agota. Esto es de vosotros, eso es lo que nos dice Dios. Vosotros debéis asiros de esto, debéis agarraros de esto.

Acercaos a Dios, y él se acercará a vosotros. Pecadores, limpiad las manos; y vosotros los de doble ánimo, purificad vuestros corazones. [Stg. 4:8]

Dios se acerca a la puerta de su corazón. Él no va a pasar de allí, usted tiene que abrir la puerta y después invitarle a Él, y así es la única forma en que Él va a entrar.

A propósito, se dice que Martín Lutero le arrojó un tintero al diablo. Dirá alguien: "Eso es una locura el hacer eso". Pero no lo es, si uno está resistiendo al diablo. La forma de hacerlo es acercándonos a Dios. Ésa es la respuesta. El diablo huirá, se apartará de usted, porque el diablo no quiere estar cerca de Dios, y el diablo no se puede apoderar de usted a no ser que usted esté demasiado lejos. Un lobo nunca ataca a una oveja mientras ésta se mantenga con el resto de la manada, y cerca del pastor. Mientras más cerca del pastor esté, corre menos peligro. El problema con nosotros es que no estamos cerca del Pastor, es que nos apartamos demasiado de Dios.

Afligíos, y lamentad, y llorad. Vuestra risa se convierta en lloro, y vuestro gozo en tristeza. [Stg. 4:9]

Hay ciertas aflicciones que llevan al llanto y al lamento y no al gozo. Uno nunca debe tratar livianamente al pecado. Cuando uno escucha a algún creyente que trata livianamente el pecado en el presente, pienso que cuando nadie lo está observando, él está participando en el pecado. No debemos tratar al pecado livianamente, uno debe lamentarse y llorar sobre sus pecados. Ése es el problema en el día de hoy.

Hay alguien que dice: "Hemos tenido grandes reuniones evangelísticas hoy y ahora hay varios evangelistas destacados. ¿Por qué pues, no hay avivamiento en la iglesia?" Permítame presentarle alguna idea porque no creo tener la solución completa. Aquí tenemos algo para pensar, porque Santiago está diciendo aquí: ¿Cuál es el problema hoy? Recuerdo de cierto predicador que tuvo una serie de reuniones con una carpa desde donde predicaba el evangelio. A él se le preguntó: ¿por qué es que no hay avivamiento en la iglesia? Este predicador respondió: "Bueno, yo tuve una serie de reuniones en una gran ciudad y antes de comenzar las predicaciones evangelísticas a la gente en general, yo tuve seis semanas de enseñanza para los creyentes". Luego, cuando se hizo un llamado a los incrédulos, hubo avivamiento en la iglesia. ¿Por qué hubo ese avivamiento? Por la sencilla razón de que se había tratado con el pecado que había en las vidas de los creyentes. Ése es el problema del día de hoy. Los creyentes se niegan a tratar con ese pecado. Debemos lamentarnos y llorar hoy sobre ciertas situaciones que se presentan y debemos hacer lo que nos dice:

Humillaos delante del Señor, y él os exaltará. [Stg. 4:10]

Ése el problema del día de hoy. Nosotros pensamos que somos muy inteligentes. Pensamos que somos fuertes. Pensamos que tenemos habilidad. Opinamos que somos—Ah, muy buenos. Sin embargo, Dios dice que no hay nada bueno dentro de nosotros. No hay nada en nosotros que le atraiga a Él; es decir, en lo que se refiere a bondad. Ésa es nuestra gran necesidad. Si estamos dispuestos a humillarnos a nosotros mismos, y a inclinarnos a donde Él pueda levantarnos, Él lo hará.

Usted habrá notado que cuando una persona se está ahogando, aquél que está tratando de salvarle lo primero que hace es darle un golpe para desmayar a esa persona. ¿Por qué? Porque esa persona está luchando demasiado, y si continúa luchando, puede ahogar también a la persona que está tratando de salvarle. El que le quiere salvar no le puede ayudar sino hasta cuando el que se está ahogando deje de luchar. Pienso, que a veces Dios tiene que darnos un golpe, y nosotros no tenemos otra cosa que hacer sino abandonarnos a Él, y dejar que Él haga las cosas.

> *Hermanos, no murmuréis los unos de los otros. El que murmura del hermano y juzga a su hermano, murmura de la ley y juzga a la ley; pero si tú juzgas a la ley, no eres hacedor de la ley, sino juez. [Stg. 4:11]*

Es decir, ¿quién piensa usted que es? Cuando uno comienza a hablar de esa manera, ¿quién se cree usted que es? Usted está tratando de ocupar la posición de Dios. Hay dos clases de personas hoy que toman la posición de Dios. Uno es el pecador que dice que es lo suficientemente bueno para salvarse. Él dice: "Señor, yo no necesito Tu salvación. Tú te puedes hacer a un lado y yo me sentaré allí a Tu lado. Yo soy mi propio salvador". Dios dice que Él es el único Salvador.

Luego, existe la otra clase de persona. Ésta es la persona que juzga a todos los demás, pero que no se juzga a sí misma. Lo que Santiago dice es que el juicio viene sólo de parte de Dios. Aun Dios el Padre le dice: "Yo he entregado todo el juicio al Hijo, al Señor Jesucristo". Hay muchos creyentes hoy que le dicen al Señor que se haga a un lado. Que ellos le van a ayudar. Dicen: "Ah, nosotros vamos a tener aquí una corte suprema, y yo seré uno de los jueces". Tenemos muchas de esas personas hoy. ¡Qué corte suprema la que puede proveerle a Él la iglesia hoy! Usted tiene que ir a Él, pero tiene que ir humildemente.

> *Uno solo es el dador de la ley, que puede salvar y perder; pero tú, ¿quién eres para que juzgues a otro? [Stg. 4:12]*

¿Qué es lo que usted piensa? ¿De dónde sacó la idea de que usted puede juzgar a los demás?

A veces me llegan cartas de crítica a mí, diciéndome que debería hacer las cosas de esta o de esta otra manera, y me indican que yo debo enseñar esto o aquello, o que he cometido alguna equivocación aquí o allí. Esas cartas van a parar a ese archivo circular que existe en todas las oficinas, o sea, a la basura. Yo debo responder directamente al Señor Jesucristo, porque Él es nuestro Juez y no aquel creyente que me escribe una carta de crítica.

¡Vamos ahora! los que decís: Hoy y mañana iremos a tal ciudad, y estaremos allá un año, y traficaremos, y ganaremos. [Stg. 4:13]

Aquí tenemos algo más que los creyentes hacen: muchos planes para el futuro. He aprendido, y me demoré mucho tiempo en aprenderlo, que yo no debo planear las cosas para el futuro lejano. A veces, uno acepta ciertas obligaciones, pero las debe cancelar si uno se enferma. Ahora, es difícil cancelarlas, y a uno no le gusta hacer eso. Pero uno puede pensar en este pasaje de las Escrituras: ¡Vamos ahora! Los que decís: "Hoy y mañana iremos a tal ciudad y tendremos una conferencia bíblica. Allí tendremos un tiempo maravilloso y creo que es la voluntad de Dios". Eso no es exactamente lo que Santiago está diciendo aquí, pero es lo que Dios me ha dicho a mí.

Cuando no sabéis lo que será mañana. Porque ¿qué es vuestra vida? Ciertamente es neblina que se aparece por un poco de tiempo, y luego se desvanece. En lugar de lo cual deberíais decir: Si el Señor quiere, viviremos y haremos esto o aquello. Pero ahora os jactáis en vuestras soberbias. Toda jactancia semejante es mala; Y al que sabe hacer lo bueno, y no lo hace, le es pecado. [Stg. 4:14-17]

Hay muchas personas que están pecando hoy, y no lo saben. Si usted sabe hacer lo bueno en ciertos casos, usted tiene que hacer cierta cosa; usted debe ayudar en cierta causa. Si usted no hace eso, entonces, eso es pecado.

Aquí se dice en realidad que su vida es sencillamente un vapor, una neblina. Note eso: ciertamente es neblina que se aparece por un poco de tiempo, y luego se desvanece. Si usted vive en la costa, a veces comienza un día maravilloso, el agua del océano es azul, y el cielo es tan azul como el agua y todo es realmente maravilloso. De pronto, uno se detiene en una parte del camino, y cuando empieza el día siguiente, todo está cubierto por una neblina. De seguro que usted ha podido apreciar esto. Uno no puede salir porque ocurren accidentes de tráfico, tampoco puede salir a causa de la neblina. La vida humana que se vive aparte de Dios y sin Dios es el fracaso más grande que se pueda ver en este universo de Dios. Todo lo demás sirve un propósito largo y útil, el sol y el cielo, las partículas de energía, y nosotros recibimos solamente algo de eso. La luna sirve un propósito, y muchos de ustedes, se han casado debido a esa luna que está allá arriba. Sirve cierto propósito. Fue el poeta quien dijo: "Sólo el hombre es vil". La vida humana está dislocada, y es un fracaso tremendo. Yo podría mencionar muchas razones, pero una de las razones es la brevedad de la vida humana aquí en la tierra. Uno sólo vive unos 70 años, y luego si uno tiene más de eso, es con muchos dolores y sufrimientos, y esos dolores y sufrimientos le llegan a uno antes de esa época. ¡Ah, la brevedad de la vida humana aquí en esta tierra!

Muchos de nosotros en realidad nunca hemos aprendido a vivir sobre esta tierra, y la causa de ello es que usted y yo no deberíamos pasar nuestro tiempo en luchas, en envidias y celos. Eso arruina una vida. Amigo, venga a Cristo hoy, ponga su vida ante Él, y comience a vivir en realidad. El dijo: Yo he venido para que tengan vida, y para que la tengan en abundancia. (Jn. 10:10b) Él quiere darle a usted una vida que es una vida verdadera. ¿Está usted viviendo esa vida hoy?

CAPÍTULO 5

Las riquezas con un cuidado

Hemos llegado a una sección notable de la Epístola de Santiago, la cual quizá parezca fuera de lugar. Una lectura superficial de los primeros seis versículos podría dar la impresión que Santiago está enseñando una doctrina socialista. Pero, al contrario, una lectura cuidadosa de estos versículos revela que Santiago no está enseñando tal cosa. Él estaba instruyendo a los creyentes en cuanto a su actitud y acción en un mundo que iba de mal en peor, un mundo lleno de injusticia, en que la libertad era sólo un sueño. El mundo romano del día de Santiago, no era como el mundo moderno en el cual nosotros vivimos. El estilo de vida era enteramente diferente. No hay una clase media en los días de Santiago. Había los muy ricos, y había los muy pobres. La mayoría de los cristianos de aquel día, eran de la clase pobre y eran esclavos. No había catedrales ni grandes avenidas, y no estaban construyendo grandes edificios como algunas iglesias hoy. La iglesia primitiva no era esa clase de iglesia.

Al acercarnos a este pasaje de la Escritura, debemos entender que Santiago no está condenando las riquezas. Las riquezas mismas no son inmorales; tampoco son morales. Son simplemente sin moral o amoral. La Biblia de hecho no condena el dinero. Muchas personas tienen el punto de vista que el dinero es inmundo. La Escritura no dice eso. Lo que la Escritura dice es que, ...raíz de todos los males es el amor al dinero... (1 Ti. 6:10) El problema no es la moneda; el problema está en el corazón de los hombres y mujeres. Es el amor al dinero que es la raíz de todos los males. Santiago no está condenando a la gente simplemente por ser rica, sino por su relación equivocada que tienen con su dinero. Le interesaba cómo conseguían su dinero y lo que estaban haciendo con él después de obtenerlo.

El Señor Jesucristo tenía mucho que decir del dinero y de las riquezas. Él dio tres parábolas que creo nos ayudarán a entender lo que Santiago está diciendo. En Lucas 16:19-31 tenemos la historia (creo que es una historia real) del hombre pobre, Lázaro el mendigo, y el hombre rico. Esta parábola tiene que ver con la manera en que el rico gastaba su dinero. Él estaba viviendo suntuosamente. Es interesante que este mendigo, Lázaro, había sido echado a su portón. ¿Quién lo habría echado allí? No lo sé, pero en alguna manera el rico era responsable por él. Y el rico dejaba que el mendigo comiera algunas migajas de su mesa. Permítame decirle, que yo creo que el rico restaba el valor de esas migajas de sus impuestos. Sin embargo, se nos dice que los perros le lamían las llagas del mendigo mientras que el rico vivía suntuosamente. Era la manera en que el rico se había hecho rico que le hacía responsable por la condición del mendigo. Alguien quizá pregunte: ¿Qué le hace creer eso? Bueno, ¿adónde fueron los dos después de la muerte? Lázaro fue al paraíso, y el rico fue al infierno. Eso nos muestra cómo Dios juzgó las vidas de estos dos hombres, amigo.

En Lucas 12, el Señor Jesús dio una segunda parábola de un hombre rico. Éste es el hombre que construyó graneros más grandes—por lo menos tenía pensado construirlos. Sin embargo, él nunca logró construir los graneros porque murió. El Señor Jesucristo no condenó a ese hombre por ser rico. Cuando Él declaró que el hombre era rico, sólo lo dijo como un hecho. Aparentemente, este hombre era bueno y un ciudadano honesto. Pero él almacenaba su dinero. Él quería vivir suntuosamente en su vejez, y él no pensó en la eternidad. El Señor Jesús le llamó un necio. De hecho, él era más que codicioso; era egoísta. Él estaba almacenando su dinero para sí mismo, y eso, si se me permite decirlo, es una forma de idolatría; es la adoración de cosas. Pero el egoísmo es cuando usted se adora a sí mismo. Hay mucho de eso hoy día; de hecho, hasta está siendo enseñado como una virtud cristiana. Se nos dice que debemos tener gran respeto por nosotros mismos y gran confianza en nosotros mismos. Pero el Señor Jesús dijo …separados de Mí nada podéis hacer. (Jn. 15:5b)

Hay una tercera parábola concerniente a las riquezas que el Señor dio. Es la parábola del mayordomo injusto por el cual se nos enseña el uso sabio del dinero por parte de los cristianos. Dios nos demanda responsabilidad en cuanto a cómo gastamos el dinero.

Hay otra pregunta que debemos considerar antes de examinar el texto: ¿Son estos ricos, a quienes Santiago está condenando aquí, creyentes o incrédulos? ¿Son ricos piadosos, o son ricos impíos? Hay alguna controversia y diferencia de opinión entre los comentaristas en cuanto a esta pregunta. Yo personalmente creo que ellos son ricos impíos, y en esto, sigo la opinión de alguien a quien respeto mucho, Juan Calvino. Tomás Manton escribe que era el juicio de Calvino que "estos seis versículos no son tanto una advertencia, sino que son una denunciación, en la cual el apóstol no les dice qué hacer, sino que predice lo que se debe hacerles a ellos, para que los piadosos sean animados a ser más pacientes bajo sus opresiones; porque esto, el apóstol lo infiere claramente."

¿Por qué deja Santiago de hablar a los piadosos y empieza a hablar a los impíos? El hecho es que él no dejó de hablarles a los píos. Él todavía está hablando a los píos. ¿Cómo puede ser esto, cuando él obviamente está hablándoles a los ricos? A la vez que les habla a los impíos, él también está hablando al mismo tiempo diciendo a los píos que ellos viven en un mundo impío, donde los impíos les van a imponer ciertas durezas y van a aprovecharse de ellos, y donde ellos estarán a la merced de estos hombres ricos y malvados. El Señor Jesucristo ya había hecho una referencia general a esto cuando Él dijo, En el mundo tendréis aflicción; pero confiad, Yo he vencido al mundo. (Jn. 16:33b)

Los píos han de ser pacientes en estas circunstancias, sabiendo que Dios tratará con los ricos impíos en la eternidad, si no lo hace aquí. Esto se hace claro en el versículo 6 de este capítulo: Habéis condenado y dado muerte al justo, y él no os hace resistencia. (Stg. 5:6) Parece que Dios les permite que hagan esto. Sin embargo, Él los juzgará al fin. ¿Me permite hacer esta declaración asombrosa? Yo preferiría ir al infierno siendo un hombre pobre que ir al infierno siendo rico. Pero le doy gracias a Dios que no voy allá, y eso es porque Cristo murió por mí y he aceptado Su regalo de vida eterna.

David estaba aturdido por la prosperidad de los malvados; esto le molestaba mucho. En el Salmo 37:35-36, leemos: Vi yo al impío sumamente enaltecido, y que se extendía como laurel verde. Pero él pasó, y he aquí ya no estaba; lo busqué, y no fue hallado. David da el mismo consejo que Santiago da: Guarda silencio ante Jehová, y espera en Él. No te alteres con motivo del que prospera en su camino, por el hombre que hace maldades. (Sal. 37:7) Ésta es una declaración tremenda, y él está hablando de los ricos impíos. David estaba aturdido por esto hasta que fue al templo y vio que, con el tiempo, Dios trataría con estas personas.

¡Vamos ahora, ricos! Llorad y aullad por las miserias que os vendrán. [Stg. 5:1]

¿Está Santiago hablando a los ricos impíos de su día o de algún día futuro? Él está dando una advertencia a los ricos de su día, pero tiene una aplicación para cualquier día y ciertamente para nuestro día. Santiago escribió esta epístola, creo, entre los años d.C. 45 y 50. Muchos otros ahora dan la fecha como d.C. 60. Sin hacer caso de la fecha, la destrucción de Jerusalén estaba por acontecer, porque en d.C. 70 Tito el romano llego y destruyó a Jerusalén como nunca antes había sido destruida. La derribó. Él odiaba a cristianos y a judíos, y los dos estaban en esa ciudad. Créame, cuando él terminó, no había judíos ricos ni pobres. O habían sido matados o habían sido puestos en esclavitud, y todas las riquezas habían sido destruidas, perdidas o confiscadas. Santiago puede hacer estas declaraciones fuertes en vista de lo que venía, porque el Señor Jesucristo había predicho esto antes de que Él ascendiera al cielo. Él les dijo a Sus discípulos, Pero cuando viereis a Jerusalén rodeada de ejércitos, sabed entonces que su destrucción ha llegado. (Lc. 21:20) Esto fue cumplido en d.C. 70.

Vuestras riquezas están podridas, y vuestras ropas están comidas de polilla. [Stg. 5:2]

A la luz de la venida de Cristo, ellos son amonestados que todas las riquezas del mundo vendrán a ser nada. Eso obviamente no impresionaría a un rico impío en aquel día, ni tampoco en el día de hoy; sin embargo, el rico sabía que el futuro era inseguro para él, igual que se dan cuenta hoy de eso. Hay siempre el peligro de una pánica, un derrumbe, una sequía, o una depresión. Eso ha sucedido desde el tiempo en que los hombres empezaron a manufacturar dinero.

Siempre habrá buenos años, y siempre habrá malos años. Algunos de nosotros en los Estados Unidos, podemos recordar la depresión de los años 1930 en adelante, cuando algunos millonarios saltaron de las ventanas de rascacielos, y muchos ricos encontraron que habían llegado a ser pobres de un día a otro. Algunos millonarios tuvieron que buscar trabajos humildes para poder comer.

> *Vuestro oro y plata están enmohecidos; y su moho testificará contra vosotros, y devorará del todo vuestras carnes como fuego. Habéis acumulado tesoros para los días postreros. [Stg. 5:3]*

Santiago dice, vuestro oro y plata están enmohecidos. Y vosotros también van a pudrirse. Éste es el juicio que viene sobre los ricos impíos como los hombres en las dos parábolas que Cristo dio. La muerte les vino a los dos, y la muerte ciertamente separa al rico de su dinero. Se dice que cuando uno de los Vanderbilt estaba muriendo, la familia estaba esperando fuera de su dormitorio. Cuando el abogado y el médico salieron, uno de los miembros de la familia fue al abogado y preguntó, "¿Cuánto dejó?" El abogado respondió, "Él lo dejó todo; no se llevó nada consigo." Permítame decirle que es así que el dinero se enmohece.

Santiago está condenando a los ricos impíos por almacenar su dinero. El oro y la plata se enmohecen. Cuando un hombre hace un millón, él no esté satisfecho con eso. Él quiere hacer dos millones. Es como beber agua del mar—mientras más uno beba, más sed tiene. Los ricos siguen haciendo millones, pero eso no les hace más felices.

Se podría mencionar aquí a dos hombres que se destacaron en el pasado por la cantidad de dinero que lograron acumular. Estos hombres eran millonarios y, sin embargo, eran muy infelices. Estoy seguro que usted ha escuchado sus nombres y uno de ellos era Paul Getty, de quien se decía que era el hombre más rico de todo el mundo. Sin embargo, en su vida, este hombre padeció muchas cosas; por ejemplo, su hijo aparentemente cometió suicidio. No sé exactamente lo que ocurrió, pero se informa que fue un suicidio. Puede usted imaginarse a uno de los hombres más ricos del mundo, suicidándose. ¿Qué fue lo que sucedió? ¿Acaso se le acabó el dinero? El nieto de él fue raptado, de modo que no puedo pensar que esta gente pueda ser muy feliz. La prensa informó que este hombre hizo la siguiente declaración: "Yo daría todas mis riquezas por sólo un matrimonio feliz".

El otro hombre que tengo en mente es Howard Hughes. Usted

habrá leído en cuanto a la forma en que este hombre murió. Él viajaba de lugar en lugar, siempre tratando de esconderse de los demás, y, viviendo una clase de vida muy infeliz. Luego, él falleció encontrándose en una condición extrema completamente. Luego, se cuenta historias en cuanto a un grupo de millonarios que se reunió hace unos cuantos años; pero después, cada uno de esos hombres murió arruinado. Varios de ellos se suicidaron.

Dios no dio riquezas para ser almacenadas, sino para ser distribuidas. El rico en la parábola de Cristo pensaba construir graneros más grandes en que almacenar sus granos y sus frutas. Pero usted puede comer sólo cierta cantidad; usted puede beber sólo cierta cantidad; y usted puede llevar sólo un traje o vestido al mismo tiempo. Después de obtener el primer millón, entonces usted empieza a adquirir más millones, y esos millones son como un montón de piedras. Usted no puede comerlos; no hay nada que usted pueda hacer con ellos. Ésta es la razón por la cual el Señor llamó a ese señor un necio. En vez de llenar sus propios graneros, él debió haber llenado el granero de otra persona.

Conozco a un agricultor que vive en la parte del estado de California en los Estados Unidos donde se produce mucha fruta. Él me dijo que la organización de agricultores a la cual él pertenece, le había pedido que destruyera parte de su cosecha, para mantener los precios altos. Él me dijo que se habían destruido toneladas de fruta. Había mucha gente que podía haber usado esa fruta. Santiago dice que la riqueza es para distribuir y no para almacenar.

Había un agricultor irreligioso que se gloriaba en el hecho de que era agnóstico. Él escribió una carta al periódico, diciendo, "Señor, he estado haciendo un experimento con un campo mío. Lo aré el domingo. Lo sembré el domingo. Llevé la cosecha al granero el domingo. Y, ahora, Sr. Editor, ¿cuál es el resultado? Tengo más grano por acre en ese campo este octubre, que cualquiera de mis vecinos tiene en los suyos". El editor no era un hombre religioso, pero él publicó la carta y entonces escribió bajo ella: "Dios no siempre arregla Sus cuentas en el mes de octubre". Dios tiene ante Él toda la eternidad, amigo.

He aquí, clama el jornal de los obreros que han cosechado vuestras tierras, el cual por engaño no les ha sido pagado por

vosotros; y los clamores de los que habían segado han entrado
en los oídos del Señor de los ejércitos. [Stg. 5:4]

Hay dos cosas en cuanto a los ricos que Dios condena. Él no condena las riquezas como tales, pero si ellos están acumulando sus riquezas pisoteando a los demás, entonces, Dios juzgará eso. En la parábola, el hombre rico dejaba caer algunas migajas para el mendigo. ¡Qué mensaje es ése! El mendigo había sido echado al portón del hombre rico porque el rico era responsable por él.

En Proverbios 22:7, dice, El rico se enseñorea de los pobres, y el que toma prestado es siervo del que presta. Dios condena al hombre impío que gana su dinero deshonestamente, especialmente cuando su método atropella a los hijos de Dios. Quizá Dios no haga nada ahora, pero Él va a juzgar en el futuro. Si los ricos están haciendo sus riquezas pisoteando a los pobres, entonces Dios juzgará eso. Aquí podemos apreciar unas palabras de advertencia para los ricos, para las grandes corporaciones industriales y financieras, para los grandes sindicatos laborales y también para las grandes organizaciones de la iglesia. Eso no sólo en la forma en que logran sus riquezas, sino también en la forma en que son utilizadas.

Dios escuchó el clamor del pobre, y el rico tendrá que responder por eso algún día. También los sindicatos laborales ricos tendrán que hacer lo mismo. No importa donde se encuentran sus riquezas, sólo Dios será capaz de tratar con ellos.

Habéis vivido en deleites sobre la tierra, y sido disolutos;
habéis engordado vuestros corazones como en día de matanza.
[Stg. 5:5]

Los ricos estaban gastando su dinero en una manera pecaminosa. Otra vez, voy a usar un proverbio: Las riquezas del rico son su ciudad fortificada, y como un muro alto en su imaginación. (Pr. 18:11) Entonces en Proverbios 28:11, leemos, El hombre rico es sabio en su propia opinión; mas el pobre entendido lo escudriña. Éste es un cuadro de dos ricos impíos a quienes el Señor habló. Los dos querían vivir suntuosamente. Uno quería almacenarlo para entonces vivir suntuosamente en su vejez. El otro rico estaba viviendo suntuosamente mientras que afuera de su casa, yacía el pobre mendigo. Si usted ha decidido vivir sólo para este momento, esté seguro de vivir bien, pero Dios dice usted es un necio, amigo.

Existe una gran división y ésta no es política tampoco. La gran división que existe hoy, que se aumenta cada vez más, es la que se presenta entre el pobre y el rico, y el poder de los ricos.

Habéis condenado y dado muerte al justo, y él no os hace resistencia. [Stg. 5:6]

Ahora, ¿qué se puede decir en cuanto a esto? Yo no formo parte de los círculos íntimos, pero cuando observamos a nuestro alrededor, parece como si hubiera una estructura de poder que manipula a los gobiernos, que manipula a la economía. Pero lo importante de notar en este versículo es que dice: y él no os hace resistencia.

El rico hace lo que quiere en el presente y se está haciendo aún más rico. Lo mismo ocurre con el pecador. Eso era algo que molestaba a David. David dijo que el impío se extendía como laurel verde. (Sal. 37:35b) Y no sólo eso, sino que ellos no tienen cambios. David dice: "Si yo alguna vez hago algo malo, recibo mi castigo. Dios me lleva a un lugar aparte y me da mi merecido", y, tengo muchos cambios en mí. Pero, el rico continúa haciendo las mismas cosas, y nada lo detiene. Y ése es el juicio de Dios sobre él. Dios no lo está castigando ahora. Pero usted puede notar que dice que los transgresores serán destruidos. Es algo tremendo. Las riquezas nunca trajeron felicidad a la humanidad. Y eso es lo importante de lo cual él está hablando aquí.

Hay una lección aquí para el rico que es cristiano. ¿Qué cantidad tiene usted en su cuenta bancaria? Si Jesús viniera ahora mismo, ¿estaría usted dispuesto a dejarle ver lo que usted tiene ahorrado? Algún día, Él va a hacer eso. Las riquezas nunca le trajeron felicidad a la humanidad.

Proverbios 30:8, dice…no me des pobreza ni riquezas; manténme del pan necesario. Estoy agradecido de que ni soy rico ni pobre, porque si yo fuera rico, me olvidaría de Dios, y si fuera pobre, quizá robaría. Le doy gracias a Dios que soy miembro de la clase media.

La venida de Cristo es un consuelo

Santiago ha hecho claro el tipo de mundo en que vivimos. Es un mundo malvado, donde muchos tratan de aprovecharse de los demás. Aquéllos que están subiendo la escala hacia el éxito, están pisoteándoles los dedos a los demás. ¿Deberían los cristianos unirse a alguna organización y tratar de conseguir un gobierno bueno? Ciertamente, debemos mostrar interés en procurar elegir a los mejores candidatos. Sin embargo, no podemos cambiar este mundo, amigo. ¿Qué, entonces, podemos hacer? Escuche a Dios; Él está hablando ahora a Sus propios hijos:

> *Por tanto, hermanos, tened paciencia hasta la venida del Señor. Mirad cómo el labrador espera el precioso fruto de la tierra, aguardando con paciencia hasta que reciba la lluvia temprana y la tardía. [Stg. 5:7]*

Dios tiene mucho que decir en cuanto al hecho de que cuando Cristo venga a tomar posesión de Su reino, los pobres van a recibir un buen trato, el trato correcto, un trato honrado por primera vez en la historia del mundo. Eso era algo que todos los profetas enfatizaron y mencionaron. Isaías 11:4, dice: ...juzgará con justicia a los pobres, y argüirá con equidad por los mansos de la tierra... Los pobres no han recibido buen trato todavía. Si usted piensa que la solución está en cambiar de un partido político a otro, pues, se va a desilusionar. No quiero ser pesimista, pero, usted siempre va a estar mirando a la humanidad, es decir a hombres que están buscando obtener poder y dinero. Sé bien lo que dicen, pero ellos no cuidarán de los pobres. La única esperanza de ellos es el Señor Jesucristo. Si hay algún grupo de personas que debiera estar interesado en el Señor Jesucristo, ese grupo debería ser formado por los pobres de la tierra, porque Él es quien les tratará de la manera debida cuando Él establezca Su reino en la tierra. Podríamos multiplicar las Escrituras que hablan de esto, todos los profetas, e inclusive cuando Él vino, Él dijo claramente, que los pobres estarían en Su reino. Lea el Sermón del Monte, y eso será cuando el Señor Jesucristo esté en Su reino, y usted podrá apreciar que Él dará a los pobres el trato apropiado. Lea Mateo 6:19-24.

...aguardando con paciencia hasta que reciba la lluvia temprana y la tardía. Ésta es una tremenda declaración. La venida de Cristo corregirá todas las maldades del mundo. Podemos leer esto vez tras vez en la Escritura. No sólo lo mencionan los profetas, sino que Cristo Mismo hizo claro en el Sermón del Monte (el cual será la ley del reino), que Él va a darles a los pobres lo que se merecen bajo Su reino (véase Mt. 6:19-24).

...el labrador espera el precioso fruto de la tierra... Es decir, que el labrador no sale a ver el resultado de lo que plantó el día anterior, sino que tiene que tener paciencia. Ya viene la cosecha.

Muchas veces se escucha decir cuando se sale a evangelizar, que se está cosechando. No estoy de acuerdo con esa forma de expresarse. El Señor Jesús se encontraba al fin del siglo cuando dijo que enviaba a las ovejas perdidas de la casa de Israel, no a todo el mundo; Él dijo: La mies a la verdad es mucha, mas los obreros pocos. (Lc. 10:2) Ellos estaban al final del siglo de la ley. Cada siglo o edad que ha concluido concluye con un juicio. Esta edad concluirá con un juicio de Dios. Ésa será la cosecha. El Señor Jesús dijo en San Mateo 13, que enviaría a Sus ángeles y que ellos recogerían la cosecha. Él es quien separa el trigo de la cizaña.

Por lo tanto, ¿qué es lo que nosotros estamos haciendo hoy cuando damos el evangelio? El Señor Jesús es también el Sembrador, y está sembrando el trigo en la actualidad. Considero eso como asunto mío, ése es mi trabajo, mi labor. Trabajo por medio de la radio, y no puedo ver a nadie que levante su mano, aun cuando no veo qué valor pueda tener eso. No hago otra cosa sino enseñar por medio de un micrófono la Palabra de Dios. Estoy sembrando la semilla. Un poco cae en buena tierra. Quizá no mucha semilla, pero sí cae en buena tierra. ¡Aleluya por eso! Mi tarea es la de sembrar la semilla.

Tened también vosotros paciencia, y afirmad vuestros corazones; porque la venida del Señor se acerca. [Stg. 5:8]

Debemos vivir en la luz. Ésa es la enseñanza a través de todas las Escrituras, la venida de Cristo.

Hermanos, no os quejéis unos contra otros, para que no seáis condenados; he aquí, el juez está delante de la puerta. [Stg. 5:9]

Podría ser muy engorroso para usted, si el Señor viniera en el momento en que usted está juzgando a alguien; y usted descubre que el Señor Mismo le está juzgando a usted. Lo que Él está diciendo aquí es que uno tiene que tener toda su casa en orden, tiene que tener todos sus asuntos arreglados antes de que Él venga, porque Él lo hará si usted no lo hace.

Hermanos míos, tomad como ejemplo de aflicción y de paciencia a los profetas que hablaron en nombre del Señor. [Stg. 5:10]

Los profetas son un ejemplo para nosotros. Ellos sufrieron y demostraron paciencia.

He aquí, tenemos por bienaventurados a los que sufren. Habéis oído de la paciencia de Job, y habéis visto el fin del Señor, que el Señor es muy misericordioso y compasivo. [Stg. 5:11]

He aquí, tenemos por bienaventurados a los que sufren. Habéis oído de la paciencia de Job. Eso es todo lo que conozco en cuanto a Job, su paciencia; he oído de eso. Pienso que Job era un hombre muy impaciente; eso lo aprecio al leer su libro. Pero, en realidad, Job aprendió a ser paciente. Él era un hombre impaciente, pero aprendió la paciencia. Habéis oído de la paciencia de Job, y habéis visto el fin del Señor, que el Señor es muy misericordioso y compasivo. Usted tiene que leer hasta el fin de las pruebas de este hombre para ver que él aprendió una gran lección.

Pero sobre todo, hermanos míos, no juréis, ni por el cielo, ni por la tierra, ni por ningún otro juramento; sino que vuestro sí sea sí, y vuestro no sea no, para que no caigáis en condenación. [Stg. 5:12]

Es decir, que cuando uno dice que va a hacer algo, tiene que ser de la misma manera como si lo estuviera diciendo en los tribunales y se hubiera comprometido a decir nada más que la verdad. Así es como debe ser su conversación. Nuestra palabra tiene que tener tanto valor como si hubiéramos puesto nuestra firma en un contrato.

La oración del justo es potencia

¿Está alguno entre vosotros afligido? Haga oración. ¿Está alguno alegre? Cante alabanzas. [Stg. 5:13]

Los afligidos tienen que orar, y los alegres deben cantar. Esto debería responder a esa pregunta de si uno tiene el derecho de decirle a la gente en una reunión: "Bueno, a ver, todos sonrientes ahora". Un director de canto en mi iglesia acostumbraba decir eso siempre, y, un día le dije, "¿No sabe usted que en esta congregación hay personas que están afligidas y que tienen cargas? Especialmente en una reunión de semana, cuando la gente que va a la reunión ha tenido un día difícil de trabajo, y no tiene la obligación de estar sonriendo siempre". Los afligidos, vemos aquí, tienen que orar, los alegres deben cantar. No es necesario fingir una cosa o la otra. Hay personas que van a la iglesia y, luego, tratan de lograr algún entusiasmo. Ese entusiasmo tiene que estar allí antes de ir a la iglesia, y no es necesario tratar de sonreír solo para complacer a algún director de canto.

> *¿Está alguno enfermo entre vosotros? Llame a los ancianos de la iglesia, y oren por él, ungiéndole con aceite en el nombre del Señor. [Stg. 5:14]*

Hace ya algún tiempo tuvo lugar una tragedia de la cual quiero hacer mención. Un niño estaba enfermo, y necesitaba insulina para poder vivir, pero su padre, diciendo que Dios le iba a sanar, arrojó a un lado la medicina de su hijo. Luego, el niño murió. Después, este hombre, que tiene que haber sido muy fanático, dijo: "El Señor le va a resucitar, porque mi hijo ha sido ungido". No sé de dónde sacó eso porque no se lo enseñaron en la iglesia. Cuando uno es sanado de una enfermedad, es porque ésa es la voluntad del Señor. Nos tenemos que hacer la siguiente pregunta: ¿Es la voluntad de Dios de sanar a todo creyente que se enferma? Si usted responde que sí, y usted sigue esa forma de pensar hasta su conclusión lógica, tiene que reconocer que esa persona, ese creyente, no morirá nunca. Él será sanado de cualquier enfermedad mortal. El decir eso, es ridículo, porque si usted ha sido sanado hoy, como lo han sido muchos, eso es maravilloso y, ¡gloria a Dios! pero si el Señor no viene antes, usted o esa persona que ha sido sanada, algún día morirá. Es un engaño cruel contra algunos creyentes sencillos el decir que todos los creyentes van a ser sanados por Dios.

Lo que él está diciendo aquí es algo interesante. Lo que dice es muy claro, y no es ninguna pregunta. ¿Está alguno enfermo entre vosotros? Llame a los ancianos de la iglesia, y oren por él. Bien, que vengan los ancianos y oren. Eso es una cosa, y algo aparte es lo que sigue: ungiéndole con aceite en el nombre del Señor.

Esta palabra que se usa aquí como "ungir", necesita ser explicada. Hay dos palabras que se traducen como "ungir". Una de ellas se usa en sentido religioso. Una de ellas es la palabra griega chreo, de la cual viene "Cristos". Cristo fue el Ungido. Eso quiere decir, ungir a alguien con un aceite o ungüento perfumado, y es usado así cinco veces en el Nuevo Testamento. Se refiere a la unción de Cristo por el Padre Dios con el Espíritu Santo.

Existe otra palabra, y ésa es la que se utiliza en este versículo, alepo, y uno encuentra que se utiliza muchas veces. Puedo mencionar una referencia en Mateo 6:17, que dice: Pero tú, cuando ayunes, unge tu cabeza y lava tu rostro. Todo lo que se indica allí, es ponerse un poco de aceite en la cabeza para lucir bien. Debo decir lo siguiente cuidadosamente. Según Trench, alepo es lo mundano y lo profano. La otra palabra, chreo, indica una palabra religiosa o sagrada. Aquí tenemos alepo e indica "frotar con aceite". Usted recuerda que cuando enfermó con llagas Ezequías, le pusieron algo medicinal en ellas. Lo que Santiago está diciendo en efecto es lo siguiente: llame a los ancianos para que oren, y luego consiga el mejor médico que pueda encontrar. Hay algunos que piensan que es necesario llevar a cabo una ceremonia en la cual se derrama un poco de aceite, como si eso tuviera algún mérito. Pero, no es así, y Santiago es demasiado práctico para usar eso. Él es lo suficientemente práctico, y es un hombre de oración. Por eso dice: llame a los ancianos para que oren.

Y la oración de fe salvará al enfermo, y el Señor lo levantará; y si hubiere cometido pecados, le serán perdonados. Confesaos vuestras ofensas unos a otros, y orad unos por otros, para que seáis sanados. La oración eficaz del justo puede mucho. [Stg. 5:15-16]

Santiago está destacando una vez más, la fe. Usted recuerda que al principio de su epístola en el capítulo 1, versículo 6, dijo: Pero pida con fe, no dudando nada. En este versículo que acabo de leer, dice: Y la oración de fe salvará al enfermo, y el Señor lo levantará. El Señor lo levantará, siempre y cuando ésa sea Su voluntad. Porque el Señor puede tener otro propósito para ese enfermo; el Señor puede aun glorificarse en la enfermedad de esa persona. Así es que, es necesario que tengamos esto en mente. Luego dice: y si hubiere cometido pecados, le serán perdonados. Le serán perdonados una vez que acepte a Cristo Jesús como su Salvador personal.

Confesaos vuestras ofensas unos a otros: Aquí es necesario que establezcamos una diferencia. Usted, confiesa sus pecados a Dios, pero debemos confesar nuestras ofensas, o nuestras faltas los unos a los otros. Si yo le ofendo, entonces yo tengo que confesarle eso a usted. Pero no debo confesar mis pecados ante usted y no quiero que usted me confiese sus pecados a mí tampoco. Usted se los confiesa al Señor. El Apóstol Juan dice: Si confesamos nuestros pecados, Él, o sea el Señor, es fiel y justo para perdonar nuestros pecados y limpiarnos de toda maldad. (1 Jn. 1:9) Yo, no puedo perdonar pecados. Ningún ministro tampoco puede.

Confesaos vuestras ofensas unos a otros, y orad unos por otros, para que seáis sanados. La oración eficaz del justo puede mucho. Santiago era un hombre de oración; se le llamaba rodillas de camello. Luego, él habla de otro gran hombre de oración:

Elías era hombre sujeto a pasiones semejantes a las nuestras, y oró fervientemente para que no lloviese, y no llovió sobre la tierra por tres años y seis meses. Y otra vez oró, y el cielo dio lluvia, y la tierra produjo su fruto. [Stg. 5:17-18]

¿Puede usted imaginarse esto? Elías pronosticó el tiempo por tres años, y no llovió. Ése ha sido el mejor pronóstico meteorológico que jamás haya existido. No volvió a llover, hasta cuando él oró de nuevo. Usted es la misma clase de persona que Elías. Él no era un superhombre, sino sujeto a pasiones semejantes a las nuestras, como dice aquí Santiago; pero era un hombre que oraba con pasión y ésa, es la clase de oración que necesitamos en el presente.

Hermanos, si alguno de entre vosotros se ha extraviado de la verdad, y alguno le hace volver, Sepa que el que haga volver al pecador del error de su camino, salvará de muerte un alma, y cubrirá multitud de pecados. [Stg. 5:19-20]

Es necesario aclarar que Santiago no está diciendo que aquél que lleva a una persona a Cristo, va a recibir el perdón de sus pecados, sino que aquél que va a Cristo, es quien recibe el perdón de sus pecados.

Porque se supone que la persona que lleva a otra persona a Cristo ya ha recibido el perdón de sus pecados cuando él mismo aceptó a Cristo como su Salvador personal. Lo maravilloso de la justificación por fe, es que una vez que Dios ha perdonado nuestros pecados, se han ido para siempre—removidos tan lejos como el oriente del occidente.

Ésta es una conclusión maravillosa para esta epístola práctica de Santiago.

Made in the USA
Middletown, DE
06 November 2023

41765592R00228